Dem Entsetzen täglich in die Fratze sehen

Richard Riess (Herausgeber)

Dem Entsetzen täglich in die Fratze sehen

Über die dunkle Seite des Menschen

wbg THEISS

Die Deutsche Nationalbibliothek verzeichnet diese Publikation in der Deutschen Nationalbibliografie; detaillierte bibliografische Daten sind im Internet über http://dnb.de abrufbar.

wbg THEISS ist ein Imprint der wbg.

Die Herausgabe des Werkes wurde durch die Vereinsmitglieder der der wbg ermöglicht.
Satz: Mario Moths, Marl
Einbandabbildung: Lenz Walter Gramatté/akg-images
Einbandgestaltung: Harald Braun, Helmstedt
Gedruckt auf säurefreiem und alterungsbeständigem Papier
Printed in Germany

Besuchen Sie uns im Internet: www.wbg-wissenverbindet.de

ISBN 978-3-8062-3854-9

Elektronisch sind folgende Ausgaben erhältlich:
eBook (PDF): 978-3-8062-3949-2
eBook (epub): 978-3-8062-3950-8

„Jetzt haben wir vier Jahre dem Entsetzen täglich in die Fratze gesehen.“

Max Beckmann, 1918

INHALT

Prolog

Tadeusz Różewicz
Unde malum? 12

Richard Riess
Aber man verliert das Licht
Zur Erfahrung mit dem Bösen
Einführung 14

I. Spiegelung in den Künsten 27

Peter Becker
„Bin ich's, Rabbi?"
Lesarten des Bösen bei Johann Sebastian Bach 27

Reiner Strunk
Zwang zur Entscheidung
Beobachtungen zum Roman „Die Pest" von Albert Camus 35

Helmut Koopmann
Über das Böse – im 20. Jahrhundert des Thomas Mann 39

Theo Elm
Mephisto und andere
Über das Böse in der Literatur 46

Peter Schütze
Hexenjagd
Das Theater und das Böse 57

Ingrid Riedel
Vom Umgang der Märchen mit dem Bösen 66

Klaus Raschzok
„Dem Entsetzen täglich in die Fratze sehen."
Max Beckmanns Apokalypse-Illustration von 1941/42 71

Jens Jessen
Das kosmische Vergehen
Andrej Kontschalowskis Film „Paradies"
über den Holocaust 80

II. Spannweite in Wissenschaft und Gesellschaft 83

Thomas Auchter
Zur Psychoanalyse des „Bösen" 83

Adolf Gallwitz
Böse handeln, böse sein
Der allgemeine Rahmen für Böses 89

Wolfgang Schmidbauer
Rache
Der Teufelskreis der narzisstischen Wut 100

Herfried Münkler
Wo kommt all die Gewalt her?
Kommentar zu einer Kontroverse 106

Thomas Assheuer
Wenn der Teufel vom Himmel fällt
Nachahmung, Rivalität, Gewalt
Zum Tod des großen Kulturanthropologen René Girard 110

Luise Reddemann
Das Böse als Heimsuchung
Brief an meine Enkel 113

Herbert Kappauf
Diagnose „Bösartig"
Nachtgedanken eines Onkologen,
eines Facharztes für bösartige Erkrankungen 117

Frank Erbguth
Demenz: Der böse Absturz der Vernunft
Wenn das Gedächtnis zerfällt – wenn die Person verdämmert 119

Verena Kast
Das Fremde in mir
Das Fremde – ist es das Böse?
Das Böse – ist es das Fremde in mir? 127

Bernhard Pörksen
Die neue Medienverdrossenheit 130

Christoph Türcke
Ist Geld böse? 134

Hermann Steinkamp
„ … Sondern erlöse uns von dem Bösen"
Zwischen Drogenabhängigkeit und Geld-Macht-Sucht 138

Thomas Zeilinger
Gefangen im Netz – Getragen im Netz
Mächte und Gewalten im Internet 144

Hans Günter Ulrich / Walter Dörfler
Schöpfer sein wie Gott – jenseits von Gut und Böse?
Zur Forschung am menschlichen Genom 147

Andreas Kruse
Ehe denn die bösen Tage kommen
Selbst- und Weltgestaltung als zentrales Thema
des hohen Alters 155

Traugott Roser
Ritter, Tod und Teufel
Eine Annäherung aus der
bildlichen Darstellung des Todes 161

III. Spektrum der Philosophie 168

Rüdiger Safranski
Das Böse oder das Drama der Freiheit
Eine Schlussfolgerung 168

Christiane Burbach
Die Büchse der Pandora
Variationen 174

Wolfgang Frühwald
Hannah Arendts „Bericht von der Banalität des Bösen“ 179

Otto Betz
Die Aufhebung des Fluchs 187

Heiner Bielefeldt
Religionshass 194

IV. Spuren in Theologie und Religiosität 200

Frank Crüsemann
‚Der Mensch als jene Kraft,
die stets das Gute will und meist das Böse schafft‘ 200

Jörg Frey
Dämonen und Dämonien
Biblisch-theologische Anmerkungen zu einem
vernachlässigten Motiv und seiner bleibenden Aktualität 208

Marcel Nieden
Dämonen, Pogrome, Fegefeuer
Das Mittelalter und das Böse 216

Wolfgang Sommer
Martin Luther und die Macht des „altbösen Feindes“ 222

Ferdinand Schlingensiepen
Bonhoeffer und das Böse 229

Antje Vollmer
Apokalyptiker der Gegenwart
Weltmacht, Ohnmacht und gefährliches Denken 242

Karl-Heinz Röhlin
Erlösendes Lachen
Vom Umgang mit dem Bösen 247

Woty Gollwitzer-Voll
Gott lässt sich nicht entschuldigen
Zur Frage der Theodizee 253

Ute Leimgruber
Das Malum als Mysterium
Eine theologische Betrachtung zum
Geheimnis des Bösen 257

Annette Kurschus
„Sammle meine Tränen in deinen Krug“
Traueransprache im Hohen Dom zu Köln 265

Dorothee Sölle/Fulbert Steffensky
Statt eines Nachwortes
Ein Gespräch über Tod und Unsterblichkeit 269

Epilog
Bertolt Brecht
An die Nachgeborenen 272

Literatur 276

Anmerkungen 278

Die Autorinnen und Autoren 285

PROLOG

Tadeusz Różewicz

UNDE MALUM?

Woher kommt das Böse?
woher wohl

vom Menschen
immer vom Menschen
und nur vom Menschen

der Mensch ist ein
Betriebsunfall
der Natur
ist
ein Irrtum

wenn die menschliche Gattung
sich selbst auskämmt
aus Fauna und Flora

gewinnt die Erde
Glanz und Anmut zurück

die Natur ihre Reinheit
und Un-Schuld

kein Geschöpf außer dem Menschen
bedient sich des Wortes
das Instrument des Verbrechens sein kann

des Wortes das lügt
verletzt infiziert

das Böse kommt weder vom Mangel
noch aus dem Nichts

das Böse kommt vom Menschen
immer nur vom Menschen

wir sind – wie Kant sagt – im Geist
und damit seither im Sein
anders als die reine Natur

Richard Riess

Aber man verliert das Licht
Zur Erfahrung mit dem Bösen
Einführung

Es gibt Ahnungen, die hängen über einem Leben wie ein böser Traum. Dass ein Mensch vor den eigenen Augen von der Brücke in den reißenden Fluss springt. Dass eine Horde von brutalen Typen über einen alten Mann herfällt und wie wild auf ihn eintritt. Dass Schreie von Kindern aus einem Haus zu hören sind, das lichterloh brennt. Und jedes Mal stehst du da wie erstarrt, ganze Momente, ja Ewigkeiten lang, von Entsetzen und Lähmung gepackt. Wirst du eingreifen oder wegschauen, hinlaufen oder fliehen? Horrorszenen sind das, wie geschaffen für einen Hitchcock, Testfälle auch für die Probe aufs Exempel: Ob denn das eigene Selbstverständnis, diese edle Mischung aus Hilfsbereitschaft und Mitgefühl, Zivilcourage und Menschenfreundlichkeit, ob denn das alles so weit reicht, im Ernstfall sein Leben für einen anderen, einen Wildfremden zumal, aufs Spiel zu setzen? Oder ob am Ende nicht jene dunklen Seiten und Schatten die Oberhand gewinnen – Angst um das eigene Leben, Feigheit und Verrat an all den hohen Idealen, für die man ja auch sonst so große Worte findet?

Und es war Nacht

Albert Camus, der französische Existentialist und Schriftsteller, hat in seinem Roman „Der Fall" (1956) eine dieser Erfahrungen in allen Einzelheiten geschildert. Auf ebenso spannende wie bewegende Weise wird darin ein Szenario entfaltet, in dem sich der Leser und die Leserin wie in einem Spiegel wiederentdecken. Leitfigur dieses literarischen „Berichtes" ist ein ehemaliger französischer Advokat, Jean-Baptiste Clamence, der in einer Amsterdamer Hafenkneipe mit dem bezeichnenden Namen „Hölle" die Bekanntschaft von Fremden sucht und sich ihnen gegenüber in langen Gesprächen als „Buß-Richter" zu erkennen gibt. Jedes Mal aber gerät dieses nächtliche Gespräch mit Fremden, selbst fremdesten Touristen, an der Bar zur großen Beichte seines Lebens: Wie er, der Anwalt aus besten Kreisen und mit sogenannten „edlen Fällen" betraut, spät in der Nacht in Paris über eine Brücke geht und den tödlichen Sprung einer jungen Frau in die Seine miterlebt, ohne auch nur einen einzigen Versuch der Rettung zu unternehmen. Wie ein Kartenhaus bricht in der Nacht dann auch alles zusammen, was bis dahin seine Welt ausgemacht hat: die Großzügigkeit und das Mitgefühl, die Selbstlosigkeit und der Edelmut. Verzweifelt flieht er fortan vor der Erinnerung an sein Verhalten, sich im entscheidenden Augenblick herausgehalten zu haben, und stürzt sich doch unablässig in den Versuch, die Schuld seines Scheiterns unbarmherzig an sich abzubüßen – Abend für Abend, Nacht für Nacht, dieser Advokat und – besser noch – dieser Buß-Richter in der Hölle von so viel Selbstvorwürfen, Gewissensbissen und tiefgründiger Abscheu.

Mit den klassischen Bildern von Gericht, Hölle und Schuld scheint Albert Camus die Grundmuster abendländisch-christlicher Überlieferung, Sprache und Moral fortzuschreiben. Aber Camus, der Philosoph des Absurden und moderate Vertreter eines humanistischen Atheismus, führt gerade mithilfe dieser Begrifflichkeit die Weltanschauung und Moralvorstellung der säkularen Gesellschaften des Westens ad absurdum. Längst nämlich hat sich hierzulande die Angst vor dem zornigen Gott des Mittelalters in die grandiose Anmaßung des sogenannten modernen Menschen umgewandelt, sich selbst an die Stelle Gottes zu setzen und sich zum Richter über die Schöpfung, die Geschichte und die Zukunft zu machen. Mit dem Aufruhr des aufgeklärten, prometheischen Menschen wird Gott – dem christlichen Glauben zufolge der gerechte und gnädige Richter am Ende der Zeit – hier und heute durch viele selbsternannte Richter ersetzt, die in ihrer Radikalität und Gnadenlosigkeit selbst von den grausamen Gerichtsvorstellungen des Mittelalters nicht zu überbieten sind. Mit der Aussagekraft seines literarischen Werkes wie „Die Pest, „Sisyphus“ und „Der Fall“ und mit seiner spezifischen Artikulation einer „negativen Theologie“ hat Albert Camus das moderne Dasein des Menschen ohne Gott auf seine Weise zu Ende gedacht.

Vom Ende der Unschuld

Der Roman „Der Fall“, für den Albert Camus 1957 den Nobelpreis erhalten hat, besticht durch seine unaufdringliche Ästhetik, seine unmittelbare Aufrichtigkeit und – nicht zuletzt – seine überzeugende Analyse des Lebensgefühls und der moralischen Leitbilder der modernen Welt. Zwei Aspekte seien an dieser Stelle eigens festgehalten:

Da ist zum einen die Auffassung, dass keine Gesellschaft ohne eine Absprache über das, was gilt und was nicht gilt, auf Dauer auskommen wird – ohne

Spielregel, ohne Weltanschauung und ohne jegliches Ethos. Also auch nicht ohne Auswirkungen von Norm und Moral: von Verfehlung, Urteil und Veränderung. Mögen christlich-kirchliche Vorstellungen und Sprachspiele wie Sünde und Gnade, Schuld und Vergebung, Buße und Umkehr heute weithin verbraucht erscheinen, mit Vorsicht zu verwenden oder sogar für eine Weile aus dem Verkehr zu ziehen sein – einen Abschied von der „Schuld" wird es trotz allem nicht geben. Eher noch kehrt sie in der Gestalt von unerbittlicher Abrechnung durch die Hintertür in die Häuser zurück:

„Keine Entschuldigung", so der Buß-Richter, „nie und für niemanden, das ist der Grundsatz, von dem ich ausgehe. Ich lasse nichts gelten, weder die wohlmeinende Absicht noch den achtbaren Irrtum, den Fehltritt oder den mildernden Umstand. Bei mir wird nicht gesegnet und keine Absolution erteilt. Es wird ganz einfach die Rechnung präsentiert [...]". (S. 123)

Zum anderen aber tut Albert Camus auf seine Weise sehr viel dafür, dass wir – sagen wir, womöglich die Erben eines aufgeklärten Protestantismus oder eines weltoffenen Katholizismus – nicht unsere Erbschaft für ein Linsengericht an herrschende Mächte, Ideologen und selbsternannte Propheten der modernen Welt verscherbeln. Es mutet schon merkwürdig an, ausgerechnet von einem Agnostiker wie Albert Camus auf die Spur des Jesus von Nazareth gesetzt zu werden, genau genommen eine Gegenfigur zu dem Buß-Richter. So finden wir bei ihm unvergessliche Sätze, geradezu Kostbarkeiten, persönliche Bekenntnisse, voll von Weisheit, Hochachtung und Sympathie – Sätze wie diese:

„Ja, man kann auf dieser Welt Krieg führen, Liebe äffen, seinen Nächsten martern, sich in den Zeitungen groß tun oder einfach beim Stricken wider seinen Nachbarn Übles reden; aber in gewissen Fällen ist das Weitermachen, das bloße Weitermachen etwas Übermenschliches. Und er war kein Übermensch, das dürfen Sie mir glauben. Er hat seine Todesangst herausgeschrien, und darum liebe ich ihn, meinen Freund, der da starb mit der Frage auf den Lippen." (S. 107)

Doch sollte man seine Lektüre niemals nur auf geistige oder kulturelle Wahlverwandte, Insider oder Gleichgesinnte begrenzen – obgleich diese keineswegs geringzuschätzen sind. Oftmals entdecken wir auch außerhalb der eigenen Horizonte ganz unerwartet Äußerungen einer Literatur, einer Ästhetik und einer Kunst, von der her einem eine Fülle von Hoffnung, Licht und Trost entgegenleuchtet.

„Aber wenn man sein eigenes Leben nicht liebt", fragt der Buß-Richter an einer Stelle, „und weiß, daß man ein anderes anfangen muß, bleibt einem ja keine Wahl, nicht wahr? Was tun, um ein anderer zu werden? Unmöglich. Dann müßte man schon niemand mehr sein, sich für irgend jemand selbst vergessen, wenigstens ein einziges Mal. Aber wer? Tadeln Sie mich nicht zu hart. Ich gleiche jenem alten Bettler, der eines Tages in einem Café meine Hand nicht loslassen wollte. ‚Ach, wissen Sie, Monsieur', sagte er, ‚man ist ja nicht eigentlich ein schlechter Mensch, aber man verliert das Licht'. So ist es, wir haben das Licht verloren, die Morgenröte, die heilige Unschuld dessen, der sich selbst vergibt [...]" (S. 135 f.)

In der Tat. Es gibt Ahnungen, die hängen über dem Leben wie ein böser Traum. Nicht nur dass eine Frau sich in der Mitte der Nacht in den Fluss stürzt, und du tust nichts und gehst davon. Sondern dass du das Licht verlierst und die Morgenröte und die heilige Unschuld dessen, dem vergeben wird und der (nicht weniger wichtig) sich auch selbst vergibt.

Was der Fall ist

Albert Camus hat für seine berühmte Geschichte aus gutem Grund die Metapher vom „Fall" gebraucht und mit Hilfe dieser Metaphorik denn auch eine ganze Fülle von assoziativen Möglichkeiten eröffnet: aus allen Wolken fallen, in Ungnade fallen, der Abfall, der Rückfall, der Überfall, der Unfall, der Zufall, der Sündenfall und dergleichen mehr. Die moderne Philosophie hat zu dieser Bilderwelt bezeichnenderweise noch eigene Beispiele hinzugefügt, etwa so grundlegende Sätze wie die von Ludwig Wittgenstein:

> *„Die Welt ist alles, was der Fall ist"*
> *und „Die Welt zerfällt in Tatsachen"*
> *(Tractatus logicophilosophicus, 1).*

Was aber ist heute „der Fall"? Was sind heute „Tatsachen, in die die Welt zerfällt"? Das folgende Wortfeld soll mit seinen Bildern, Schlüsselbegriffen und Namen einige Facetten von „Tatsachen" vor Augen führen, mit denen wir es in unserer Welt zu tun haben und mit denen wir Tag für Tag konfrontiert sind:

Auschwitz, Hiroshima, 11. September, Hungersnöte, Alzheimer, Terroranschläge, Klimawandel, Steueroasen, Fremdenhass, Atombombe, Mafia, Artensterben,

Lügen, Drogenkartelle, Gier, Flüchtlingsströme, Dürre, Völkermord, Kindersoldaten, Syrien, Rassismus, Armut, Bürgerkriege, Korruption, Regenwälder, Bankenkrise, Giftgas, Schleuserbanden, Päderasten, Fake News, Korruption, Antisemitismus, Folter, Kinderarbeit, Mittelmeer …

Die Liste ließe sich endlos fortsetzen. Die Liste von Begriffen und Schlüsselwörtern, die das Leben in unserer Welt beleuchten. Das Leben in einer Wirklichkeit und die Wirklichkeit eines Lebens, in der – wie unter dünner Decke – ein Abgrund aus Schrecken und Angst, Ohnmacht und Argwohn lauert. Um es noch mit anderen Bildern anschaulich zu machen – Bildern, die um die Welt gehen: Unzählige Menschen aus Afrika sind auf der Flucht vor den schlimmsten Zuständen in ihrem Land. Sie sind auf dem Weg in die vermeintlich sichere Festung Europa, gelangen nach vielen Entbehrungen und Glücksfällen endlich ans Mittelmeer. Da treffen sie auf unüberwindliche Grenzen, hängen an hohen Zäunen wie Fledermäuse, werden verscheucht wie lästiges Getier. Und niemand kann, niemand will ihnen helfen auf ihrem Weg. Die Welt ist aus den Fugen. Sie hat Risse, tausend Risse, durch die sehr viel Furchterregendes, Düsteres, Unheilvolles bis in unsere Wohnungen dringt. Ist es, „das Böse“, dahin zurückgekehrt? War es, dieses Böse, überhaupt jemals weg – für eine Weile weg, in Zeiten des Wiederaufbaus, in Zeiten relativen Friedens danach?

„Und erlöse uns von dem Bösen"

Die Generationen zuvor, die trotz Bombennächten und Gefangenschaft, Vertreibung und Flucht überleben konnten, mussten das Ende des Krieges 1945 geradezu wie ein Geschenk des Himmels empfinden. Richard von Weizsäcker sprach vielen aus dem Herzen, als er in seiner Rede vor dem Bundestag am 8. Mai 1985 das Ende dieser unseligen Zeit eine „Befreiung“ nannte – eine lang ersehnte Befreiung und Erlösung von so vielem Bösen. Rückblickend erschien nun alles wie ein einziger Spuk. Wäre da nicht – wie eingebrannt bis in die Knochen, die Seelen und das Gedächtnis der Menschen – dieses Meer an Leid und Trauer, Verbrechen, Wunden, Ruinen und Asche gewesen – Traumata „bis ins dritte und vierte Glied“.

Doch nun konnte – Gott sei Dank – wieder das Leben, die Freude am Leben mit all seinen Facetten einen Anfang nehmen: ein Aufatmen allenthalben, der Aufbau der Häuser, der Aufbruch in neue Welten, der Austausch an Geist, Kultur und den Dingen des Alltags und eine geradezu sinnliche Ahnung davon, was „Befreiung“, „Freiheit“ und „eine zweite Chance“ bedeuten. Es war wie der Gang über die Schwelle in eine neue Zeit.

Eine andere, von Grund auf andere Mentalität, ein „gereiftes Bewusstsein", begann im Lauf der Jahre nunmehr Platz zu greifen: Selbstbestimmung, Weltoffenheit, Dialog, Pluralität, Demokratisierung, der Blick nach vorne, Zukunft. In den verflossenen Jahrzehnten waren wie selbstverständlich und in wachsendem Maße Bilder vom Menschen, von der Gesellschaft, von den demokratischen Strukturen des Staates und den Spielregeln der globalen Welt entstanden. Allenthalben festigte sich – nach dem Fall der Mauer zumal und dem Ende des Kalten Krieges – der Eindruck, als lebte man jetzt tatsächlich in der besten aller Welten.

Vom Vergessen all des Vergangenen

Doch die Menschen dieses Landes, denen bis heute – verglichen mit anderen Ländern – wunderbarerweise viel an Lebensqualität und sozialer Sicherheit, Freiheit und Wohlstand beschieden ist, sind allzu leicht versucht, ihre Vergangenheit abzustreifen, all „das Böse", die eigene Schuld und die Schicksalsschläge zu verdrängen, zu verharmlosen und zu vergessen. Sie verlieren damit freilich nicht nur einen wesentlichen Teil der eigenen Geschichte und ihrer Identität, ihrer Überlieferung und ihrer „Wahrheit". Sie vergessen auch ihre Toten, die Opfer, die unerlösten Schreie. Eindringlich klingen die Stimmen jener Mahner, die frühzeitig schon eine „damnatio memoriae", ein Erlöschen der Erinnerung der Millionen von Menschen heraufziehen sahen. Max Horkheimer zum Beispiel:

„Vergessen", schreibt er in seinen Notizen ‚Dämmerung'. „Wenn einer ganz tief unten ist, einer Ewigkeit von Qual, die ihm andere Menschen bereiten, ausgesetzt, so hegt er wie ein erlösendes Wunschbild den Gedanken, dass einer komme, der im Licht steht und ihm Wahrheit und Gerechtigkeit widerfahren lässt. Es braucht für ihn nicht einmal zu seinen Lebzeiten zu geschehen und auch nicht zu Lebzeiten derer, die ihn zu Tode foltern, aber einmal, irgendwann einmal, soll doch alles zurechtgerückt werden. Die Lügen, das falsche Bild, das man von ihm in die Welt bringt, ohne dass er sich noch dagegen wehren könnte, sollen einmal vor der Wahrheit vergehen, und sein wirkliches Leben, seine Gedanken und Ziele, ebenso wie das ihm am Ende zugefügte Leid und Unrecht sollen offenbar werden. Bitter ist es, verkannt und im Dunkel zu sterben."[1]

Wer, um einem Wort Richard von Weizsäckers aus seiner Rede vom 8. Mai 1985 zu folgen, wer vor der Vergangenheit die Augen verschließt, wird blind für die Gegenwart. Viele Menschen scheinen heute tatsächlich blind zu sein für die Gegenwart und starren auf die Zukunft, ob und was ihnen die Technik, die Wirtschaft, der Markt von morgen bescheren.

Wahrnehmen, was mit der Welt geschieht

Nehmen sie, nehmen wir wirklich wahr, was heute um uns herum geschieht, was nicht nur in der Welt, sondern auch was mit der Welt geschieht und, wenn schon mit der Zukunft – vor allem der Zukunft der Schöpfung, die wir heute und morgen unseren Kindern und Kindeskindern doch zu treuen Händen übergeben wollen?

Es war der Schriftsteller Siegfried Lenz, der bereits 1988 in seiner Rede zur Verleihung des Friedenspreises des Deutschen Buchhandels in Frankfurt mit bewegenden Worten darauf hingewiesen hat:

„Die Schöpfung stirbt langsam. Sie muss nicht im atomaren Blitz untergehen, der die Ozeane zum Kochen, die Gebirge zum Schmelzen bringt. Sie kann an unserer Verachtung der Schöpfung und an unserem Egoismus zugrunde gehen. Mit Appellen ist nichts zu erreichen, wir kennen ihr Elend, ihre Wirkungslosigkeit. Wenn überhaupt, dann kann nur eine tatkräftige und phantasievolle Politik etwas ändern, die bereit ist, sich zunächst den Wirkungsraum zurückzuholen, den Wirtschaft und Industrie ihr abgenommen haben. Es gibt kein Abonnement auf die Ewigkeit, und es gehört nicht einmal viel Phantasie dazu, sich die Erde unbelebt vorzustellen, von Staub bedeckt, den kalte Winde vor sich hertreiben. Ein Grabstein für diese Zeit könnte die Inschrift tragen: Jeder wollte das Beste – für sich." (Frankfurt 1988, 50)

Wie aber kommt es dazu? Wie kommt es, dass dieser Perspektive in der großen wie in der kleinen Politik so wenig Aufmerksamkeit geschenkt wird – weltweit und auch vor Ort? Wie kommt es, dass sich im Rahmen der globalen Welt das vielfach beschworene Miteinander der Nationen mitunter über Nacht zu einem kriegerischen Gegeneinander wandelt und ihre klügsten Geister Tag und Nacht darüber brüten, wie sie ihren Gegner bezwingen oder vernichten können? Gleicht das Ganze einem plötzlichen Wetterumschlag, der Inkubation einer Krankheit oder dem schrecklichen Aufwachen aus einem Traum, bis dahin über Jahrzehnte geträumt: Dass doch in dieser Ära des sichtbaren Fortschritts und des mühsam errungenen Friedens „das Böse" mit seinen tausend Facetten aus der Welt der Menschen und der Völker verschwunden sei?

Die Schrift an der Wand

Aber so etwas geschieht nicht über Nacht. So etwas bereitet sich von langer Hand vor. Naturschützer und Schriftsteller, Philosophen und Filmemacher haben seit Langem schon die Menetekel an der Wand gesehen und vor den fatalen Wandlungen des Menschen und der Menschheit gewarnt. Sie wurden freilich kaum gehört oder als Apokalyptiker und Schwarzmaler abgetan: Ingmar Bergman zum Beispiel oder Andrej Tarkowskij, Theo Angelopoulos oder Sebastião Salgado.

„Das Kind starb", heißt es in einem Kommentar zu Sebastião Salgado, bevor es getauft werden konnte. Es liegt in einem Meer aus Blumen. Und in einem kleinen weißen Sarg. Die Augen sind noch offen. Kinder, die nicht getauft werden, hätten kein Anrecht auf das Paradies, glauben die Brasilianer. Doch die, die mit offenen Augen sterben, werden ihren Weg dorthin finden.

Sebastião Salgado hat das tote Kind Anfang der 80er-Jahre in Brasilien fotografiert. Salgado hat viele weitere tote Kinder aufgenommen, auch tote Frauen und tote Männer, überall auf der Welt. Die Mehrheit von ihnen starb nicht natürlich. Sie wurden abgeschlachtet.

Natürlich, ‚abschlachten' ist ein hartes Wort, aber es passt zu dem Bild, das Salgado, einer der renommiertesten Fotografen der Welt, von den Menschen hat. ‚Wir sind bösartige, schreckliche Tiere, wir Menschen [...] Überall sind wir extrem gewalttätig [...]' sagt er.

Seit mehr als 40 Jahren hält der Brasilianer mit seiner Kamera fest, was niemand sehen will oder kann, jeder aber sehen sollte: die Opfer des Völkermords in Ruanda, verdreckte Feuerwehrmänner, die gegen brennende Ölfelder in Kuweit kämpfen, Männer, die sich in den Schlund einer brasilianischen Mine stürzen, um nach Gold zu suchen. Hunderttausende Flüchtlinge, die mit zerschlissener Kleidung durch die Wüsten irren und die vielen Hungertoten der Sahelzone ..." [2]

Mag sein, dass die Schilderung solcher Szenen im ersten Augenblick etwas scharf, vielleicht sogar zu scharf erscheint, sozusagen mit den Augen eines ambitionierten Fotografen und Filmemachers gesehen. Aber selbst Schilderungen aus der Feder von hochkarätigen Journalisten und Redakteuren unseres Landes klingen nicht weniger dramatisch.

„Woher", fragte zum Beispiel vor einiger Zeit schon Jasper von Altenbockum in einer großen Tageszeitung, „woher kommen dieser Hass, die Verachtung, die

Verrohung? Es vergeht kaum eine Woche, in der sich die deutsche Gesellschaft nicht im Spiegel betrachten müsste – sie könnte sich kaum wiedererkennen [...] Das alles habe es in der einen oder anderen Form schon immer gegeben, wird es heißen. Die Bundesrepublik hat schließlich schon ganz andere Wutausbrüche und Gewaltexzesse erlebt. Aber es fühlt sich so an, als laufe etwas grundverkehrt. Wie ein schleichendes Gift sickern eine Feindseligkeit, ein Bürgerkrieg der Worte und manchmal auch schon der Taten in unser Leben, die sich gegen alles richtet, was unseren Staat und unsere Gesellschaft ausmacht [...] Obwohl der Wohlstand noch nie so groß war, sind die Zeiten günstig für irrationales Treiben: Die Angst geht wieder um in Deutschland – vor dem Euro, vor dem Krieg, vor der Technik, vor der großen weiten Welt, vor der Zukunft [...]"[3]

Und der Hass und die Verachtung, die Verrohung und der Abscheu sind seit dem Aufkommen von Facebook und Twitter keineswegs weniger geworden:

Unde malum

In der Tat. Woher kommen der Hass und die Verachtung, die Verrohung und der Abscheu? Es fällt schwer, darauf eine schlüssige Antwort zu finden. Genauso wenig wie eine Antwort auf die jahrhundertealte, schon von Augustinus in seinen *Confessiones* gestellte Frage: „Unde malum?" Wo kommt es denn her, „das Böse"? Wo kommt denn das alles her: die Bereitschaft, die Lust, das Motiv, der Zwang, dem Leben zu schaden oder es am Ende gar zu zerstören, das Leben von Menschen an Leib und Seele, das Leben der Schöpfung, des Geistes, der Kultur, der schönen Dinge, das Leben der Welt im Ganzen und in Teilen? Das Leben, „das leben will, inmitten von Leben, das leben will"? (Albert Schweitzer)

Unde malum? Die Frage ist offen und bleibt wohl offen – offen wie eine Projektionswand für Projektionen und Vermutungen, Erfahrungen und Überzeugungen auf den unterschiedlichsten philosophischen und ideologischen, geistigen und religiösen Ebenen.

„Meine Dämonen trugen schwarze Uniformen"

Die Bemerkung von Hans Blumenberg aus seinem Briefwechsel mit Uwe Wolff am Ende seines Lebens[4] richtet den Blick auf einen höchst bemerkenswerten Aspekt des Bösen: „Dämonen", destruktive Mächte in dieser Welt, neigen offenbar dazu, in der Masse und in Horden aufzutreten – ob als SA- und SS-Kohorten, Islamistische Kämpfer, Mafiabanden, Kameradschaften, Schlägertrupps, Hooligans, Salafisten, und was auch immer. Wie bezeichnenderweise die „Dämonen" in Texten der Evangelien auch in die Herden von Schweinen fahren, um sich am Ende in den Abgrund zu stürzen. Mehr noch. Offenbar neigen „Dämonen" auch dazu, sich in Uniformen zu verstecken, in schwarzen besonders – wie beispielsweise die faschistischen Gernegroße des Mussolini, die brutalen Möchtegerne Himmlers oder die vermummten, ihr Gesicht, ihre Person, ihre Schuld versteckenden islamistischen Kämpfer. Und schwarz ist die Farbe der Finsternis, Zeit der Einbrüche, des Rausches, des Totschlags. Zeiten, in denen Schwärme von Geschwadern wie schwarze Vögel über die Städte flogen und Tausenden von Menschen den Tod brachten.

Ein apokalyptisches Ringen

Und dennoch sind die Zeiten, in denen solches geschah und noch immer geschieht, auch Zeiten, in denen die Aufklärung gewirkt hat und mit ihren vielen segensreichen Wirkungen noch heute am Werk ist: in Wissenschaft und Forschung, Lebensstil und Wertekodex – nicht zuletzt ihren Leitbildern von Menschenwürde, Freiheit und Gerechtigkeit, Solidarität, Toleranz und aufrechtem Gang.

Wie aber kann es so weit kommen, dass sich in dieser Zeit, ausgerechnet in dieser Zeit die Büchse der Pandora öffnet und so viel Schlimmes entlässt? Ist die Rede von der Evolution als einer Entwicklung zum „Besseren" und zur Durchsetzung des „Besten" eine Illusion? Ist das Projekt der Aufklärung an seinen extremsten Herausforderungen gescheitert? Und zwar gerade in dem Augenblick, wo man sie dringend braucht: die Vernunft, die Hoffnung und den Sprung über den Schatten? Es ist ein Zwiespalt zu spüren im Zeitalter des 20. und 21. Jahrhunderts: einer Welt im Lichte der Aufklärung und im Dunkel zugleich eines allzeit drohenden archaischen Unheils.

„Seit je", so verstanden bereits Max Horkheimer und Theodor W. Adorno die Wende von einer vergehenden zu einer neu anbrechenden Zeit, „seit je hat Aufklärung im umfassendsten Sinn fortschreitenden Denkens das Ziel verfolgt, von den Menschen die Furcht zu nehmen und sie als Herren einzusetzen. Aber die vollends aufgeklärte Erde strahlt im Zeichen triumphalen Unheils." [5] Wir Menschen der Moderne, die diesem Zwiespalt ausgesetzt sind und es auf absehbare Zeit wohl auch bleiben, verspüren diesen schicksalhaften Realitätssprung freilich auch als ein apokalyptisches Ringen. Wird das Leben mit dem Wissen und den Wertmaßstäben der Aufklärung gegenüber den Wirkungen „des Unheils" überhaupt Bestand haben? Kann es überhaupt auf lange Sicht die unheilvollen Wirkungen überwinden, die sich mit Symbolen wie der

Krebszelle und dem bösartigen Tumor, dem Panzer und dem Maschinengewehr, der Atombombe und der Langstreckenrakete, dem Börsensturm und der Flutkatastrophe, dem Alzheimer und dem Heroin, der Machete und der Kettensäge, dem Giftgas und der Todesspritze verbinden?

Malum – das Mysterium schlechthin

Malum. Das Böse. Ungezählte Fachbereiche und Forschungsrichtungen suchen ihm seit Menschengedenken auf die Spur zu kommen: Philosophie und Theologie, Ethnologie und Kriminalistik, Psychoanalyse und Verhaltensbiologie, Humangenetik, Sozialisationsforschung, Psychopathologie und viele mehr. Aus ihrem Blickwinkel und mit ihren Methoden möchten sie dem Befund je und je näher kommen. Auch die Beiträge der vorliegenden Anthologie dienen der Konfrontation und der konkreten Auseinandersetzung mit der Thematik des Bösen, sei es in unterschiedlichsten Bereichen der Kultur und der Gesellschaft, sei es unter Gesichtspunkten der Psycho- und Soziogenese sowie der Philosophie und Theologie.

Doch wäre es vermessen, auch nur von einer Disziplin des wissenschaftlich reflektierten Zuganges erwarten zu wollen, dass sie den Geheimnischarakter des Bösen auflösen könnte. Es wird am Ende immer ein dunkler Rest, sozusagen eine Art „black box" übrig bleiben, und auch ein noch so messerscharfer Intellekt und eine noch so hellsichtige Intuition werden es, das Böse, nicht aus dieser Welt vertreiben können. „Den Bösen sind sie los", heißt es wohlweislich und weise im „Faust", „die Bösen sind geblieben." In der Weltpolitik und zwischen den Völkern, in den Städten und in den Dörfern. Und auch zwischen den Menschen und im einzelnen Menschen selbst. Es gibt sie noch. Es gibt sie noch im Übermaß: die Gefängnisse, die Richtertische, die Oberstaatsanwälte, die Kriminalkommissare, die Handschellen. Wie all die anderen Ämter, Praxen, Schiedsstellen, Heime. Und es gibt eine Vielzahl von Theorien dazu: über das Animalische, Radikale, Faszinierende, Erhabene, Banale, Pathologische, Natürliche, Lustvolle, Ästhetische, Gute des Bösen – und was immer auch an Facetten ins Feld geführt werden.[6] Wahrscheinlich haben auch unsere Generationen wie unsere Nachkommen erst einmal zu begreifen, dass wir es beim Menschen wie bei der Menschheit in der Tat mit einem Mysterium par excellence zu tun haben. Selbst wenn, ja, weil man die Metaphysik und das religiöse Menschenbild nicht mehr zu seinem Verständnis heranziehen möchte, so bleibt doch der Verdacht: Das Böse steckt in jedem von uns. Das Böse lauert mindestens als Möglichkeit in uns.

„Die Sünde", heißt es in einer der großen Geschichten aus der Urzeit, „die Sünde lauert vor der Tür, und nach dir hat sie Verlangen. Du aber herrsche über sie."[7]

Warum das so ist und wo „die Sünde" herkommt, sagt die Erzählung freilich nicht. Aber sie sagt immerhin: Sie ist nahe am Menschen. Sie ist in Reichweite – und der Mensch kann sich zu ihr verhalten. Er kann in Verantwortung handeln. Er muss weder zum Täter noch zum Opfer werden. Dass dies trotzdem geschieht, tausendfach an jedem Tag und in jeder Nacht, geschieht, gehört allerdings zu den großen Geheimnissen des Lebens. Der Mensch, der „homo absconditus" (Helmuth Plessner[8]), lässt sich – so viel wird deutlich – mit all seinen Höhen und Tiefen, all seinen Licht- und Schattenseiten niemals begreifen. Und oft genug, und nicht nur nach getaner Tat, kann er sich nicht einmal selbst begreifen. Ich bin mir selbst ein Rätsel. Ein Satz, das traurige Resümee, am Ende einer langen tragischen Geschichte.

Kommt, reden wir zusammen

Das Böse vernichtet. Es ist mit dem Nichts assoziiert. Das Böse zerstört. Es ist mit der Zerstörung, dem Tod assoziiert – und mit allem, was zur Sphäre des Todes gehört: Chaos, Destruktion, Eiseskälte, Ohnmacht, Schockstarre, Sprachlosigkeit. Nicht ohne Grund gelten demgegenüber die Sprache, die Beziehung, die Solidarität als ein Bollwerk gegen das Nichts, den Tod, das Böse. Natürlich nicht jedes Wort. Natürlich nicht eine Sprache, die im Dienste des Bösen steht: die Propaganda, die Lüge, der Verrat. Vielmehr die Sprache, die Beziehung stiftet, Spielräume öffnet, den Bann bricht, das Chaos bändigt, Neues schafft. „Und siehe, es war sehr gut", wird von ihr gesagt. Und auch das Märchen weiß noch, dass es gut wird, wenn man das Böse benennt: „Niemand weiß, dass ich Rumpelstilzchen heiß". Für den Menschen, vom Bösen umfangen, ist es ein unschätzbarer Trost: Dass das Böse, beim Namen genannt, sich am Ende selbst zerreißt. So wie Gottfried Benn es als einen unschätzbaren Trost für den Menschen bezeichnet[9]:

„Kommt, reden wir zusammen.
Wer redet ist nicht tot.
Es züngeln doch die Flammen
schon sehr um unsere Not […]"

Das Geheimnis des Menschen wird dadurch nicht preisgegeben, seine Würde nicht verschachert. Er bleibt immer noch der „homo absconditus". Aber wo sonst Eifersucht und Hass, Neid und Misstrauen herrschen würden, entstehen Austausch und Anteilnahme am Mysterium des anderen. Und auch so etwas Ähnliches wie Respekt vor dem „Rätsel Mensch“. Und auch so etwas wie Aufmerksamkeit und Achtung vor dem Wunder der Schöpfung, die so viel Schlimmes erduldet in aller Welt.

„Nein, schlaft nicht, während
die Ordner der Welt geschäftig sind!
Seid misstrauisch gegen ihre Macht,
die sie vorgeben für euch
erwerben zu müssen!
Wacht darüber, dass eure Herzen
nicht leer sind, wenn mit der Leere
eurer Herzen gerechnet wird.
Tut das Unnütze, singt die Lieder,
die man aus eurem Mund
nicht erwartet.“
(Günter Eich)[10]

Erlangen, Ostern 2018
Richard Riess

I. SPIEGELUNG IN DEN KÜNSTEN

Peter Becker

„Bin ich's, Rabbi?" Lesarten des Bösen bei Johann Sebastian Bach

Für Susanne Rode-Breymann

„Bachs Musik vergibt uns armen Teufeln,
sie verspricht uns neue Lust, sie weint für
uns mit allen Seelen. Wir setzen uns mit ihr,
zu ihr, mit Tränen nieder." (*Hans Werner Henze*)

Nach einer Legende hat ein Jüngling mit einem Antlitz von erlesener Schönheit und gleichsam jenseitiger Reinheit Modell gestanden, als Leonardo da Vinci die Gestalt Jesu in sein Abendmahl einfügte. Die Suche nach einem Vorbild aber, das die überlieferte Vorstellung vom Verräter Judas als dem Inbegriff des Bösen und Verworfenen glaubhaft vermitteln könnte, währte noch viele Jahre. Endlich hat es Leonardo in einem alten Mann gefunden, dem Geiz und Habgier, Gemeinheit und Hinterlist, aber auch Angst und Schmerz, Zerrissenheit und Verzweiflung ins Gesicht geschrieben waren. Als das Bildnis vollendet war, machte sich der Alte wieder auf den Weg. Zuvor aber verriet er dem Maler, dass der ihn vor langer Zeit schon einmal porträtiert und in sein Bild vom letzten Abendmahl gesetzt hatte. Dort erkannte er, der Verlorene, sich jetzt im Antlitz des Erlösers wieder.

Diese Legende ist ebenso berührend wie aufrührend, denn sie umkreist die drei großen Fragen nach Gott, nach dem Menschen und nach dem Ursprung des Bösen. Dass diese Fragen keine Antwort erheischen, dass sie vielmehr da sind, um immer wieder neu gestellt zu werden, macht ihre Last, aber auch ihre Würde aus. Da ringen seit jeher verschiedene Gottesbilder und sich wandelnde Vorstellungen vom Menschen miteinander, da verstummt seit Augustinus das Unde malum nicht mehr, und da gibt es ein unabschließbares Nachdenken und packende Zwiesprachen der „Gottsucherbande“ (Bazon Brock) über die Zeiten hinweg: von der Frage Quis est Deus im Buch der 24 Philosophen aus dem 12. Jahrhundert bis zum „Joseph“-Roman von Thomas Mann: „Er war nicht das Gute, sondern das Ganze“ heißt es da von Gott, „[...] er hieß der Herr der Seuchen, so darum, weil er zugleich ihr Sender war und ihr Arzt“. Über das biblische Menschenbild schließlich gibt der Titel des Heidelberger Passionsspiels von Philipp Ulhart (1538) bündig Auskunft: „Von dem Bawm des Wissens Guts vnnd Böses, davon Adam den Tod hat gessen vnd noch heut alle Menschen den Tod essen [...]“. Der Tod ist fortan das große Malheur, weil er zur Unzeit kommt; er ist das ultimative Böse, „der grimmige tilger aller leute, schedlicher echter aller werlte“, gegen den der Ackermann aus Böhmen des Johannes von Tepl aufbegehrt, dem später Elias Canetti sein ganzes Schaffen als „ein großes Anschreiben gegen den Tod“ entgegenstemmt und das György Ligeti in seiner Oper „Le Grand Macabre“ von 1978 ohne metaphysische Rückversicherung drastisch in Szene gesetzt hat. Als die Matthäus-Passion von Johann Sebastian Bach am Karfreitag des Jahres 1727 in der Leipziger Thomaskirche uraufgeführt wurde, hatte Judas Iskariot als einer der Protagonisten und als Katalysator dieses Welttheaters, dessen Sujet größer und erhabener nicht sein kann, schon eine lange und wechselvolle Karriere hinter sich. Sie nahm ihren Ausgang beim Judasbild der Evangelisten, für die er „einer der Zwölf“ (Markus), „der Verzweifelte“ (Matthäus), „der vom Satan Ergriffene“ (Lukas) oder „der Teufel“ (Johannes) war, für alle Evangelisten aber die Verkörperung des Bösen schlechthin. Seine Rezeptionsgeschichte reicht von der Ächtung bis zur Inszenierung der ewigen Verdammnis des bösen Verräters im mittelalterlichen Passionsspiel bis hin zu seiner Verortung im untersten Kreis der Hölle in Dantes „Divina Commedia“, von seiner Seligpreisung durch den Dominikanermönch Vinzenz Ferrer (1350-1419), der als erster aus dem Sündenbockritual und dem Verdammungsurteil über Judas ausschert, bis zur abwägenden Fürsprache Martin Luthers für einen, der zu einem Leben mit der prophezeiten Schuld bestimmt war: „Unsere große Sünde und schwere Missetat Jesum, / den wahren Gottessohn, ans Kreuz geschlagen hat. / Drum wir dich, armer Judas, dazu der Juden Schar / Nicht feindlich dürfen schelten. Die Schuld ist unser gar.“ Bei Kurt Marti – einem der engagiertesten Anwälte des Judas neben Walter Jens und Helmut Gollwitzer – hat solche Fürsprache einen späten Nachhall gefunden:

Schöner Judas

schöner judas
da schwerblütig nun
und masslos
die sonne
ihren untergang feiert

berührst du mein herz
und ich denke dir nach

ach was war
dein EINER verrat
gegen die VIELEN
der christen, der kirchen
die dich verfluchen?

Ich denke dir nach
und deiner
tödlichen trauer
die uns beschämt *(Kurt Marti)*

Mit dem Wandel des Judasbildes geht ein Wandel von der lehrhaften zur mitleidsvollen Passion einher, wobei sich die compassio zunehmend nicht nur auf das Leiden Christi, sondern auch auf das Schicksal des „Verräters" richtet. Zu fragen wäre also, ob sich – um mit Hans Werner Henze zu sprechen – unsere Tränen, mit denen wir die schwermütige Schönheit des Schlusschores der Matthäus-Passion beweinen, auch dem Ausgegrenzten und vermeintlich Verruchten gelten, ohne den es keine Heilstat und also keine Erlösung gegeben hätte. Diese Frage zu stellen, heißt, sich zu einem Diktum von Helmut Rilling zu bekennen, für den das Nachdenken über die Matthäus-Passion unverzichtbar zu ihrer Rezeption gehört: „Bachs Musik [...] sagt etwas zu Themen, die auch heute noch aktuell sind, etwa in den Passionen zu Hass, Liebe und Furcht, zu Macht und Intrigen, zu enttäuschter Erwartung, Verrat, Reue, Verzweiflung, zu Leiden, Sterben – aber auch zu Hoffnung und Sehnsucht nach Erlösung. Wir heutigen Menschen erfahren Bachs Sprache als eine gewaltige Rede, die uns erreicht, bewegt, bereichert und zum Nachdenken zwingt. Nur deshalb hören wir seine Musik, nur deshalb führen wir sie auf."

Wie in fast allen geistlichen Kantaten Bachs und im Weihnachtsoratorium, so gehört auch in seinen Passionen der Kampf zwischen Gut und Böse und der Appell, dem Bösen zu widerstehen, zum Gesamtkonzept. Dass auch sein eigenes Leben auf oft schmerzvolle Weise von diesem Kampf bestimmt war, ist der eigentliche Gegenstand von Mauricio Kagels Sankt Bach-Passion (1985). Im Fundus der barocken musikalischen Rhetorik konnte Bach Topoi und Symbole finden, die den Sinn der musikalischen Aussage geradezu sinnlich erfahrbar gemacht haben. Das betrifft zum Beispiel die Verwendung von #- und b-Vorzeichen, die die Einheit von Leiden und Erhöhung (Kreuz und Krone) beziehungsweise von Erniedrigung und Betrübnis bedeuten. Abwärts fallende Sekundschritte (in Zweierbindung) ahmen lautmalerisch die menschliche Regung des Seufzens nach, und dissonant klingende Intervalle evozieren schmerzhafte Empfindungen und das Bedürfnis, davon „erlöst" zu werden. Zu den am stärksten dissonant klingenden Intervallen zählt der Tritonus (lat. = Dreiton), ein aus drei Ganztonschritten bestehendes Intervall, das sowohl als übermäßige Quarte wie auch als verminderte Quinte gedeutet werden kann. Solcher Ambivalenz und dem großen Spannungsreichtum des Tritonus ist die Etikettierung dieses instabilen Intervalls als *diabolus in musica* geschuldet. Die Rede vom *diabolus in musica* meint per definitionem ein Verbot, das im Mittelalter nahezu total galt. Um ihn musikalisch an die Wand malen zu können, wurde dem Teufel in der Folgezeit allerdings partiell Lizenz erteilt. Als Rahmenintervall gibt der Tritonus dem aus zwei kleinen Terzen bestehenden verminderten Dreiklang und dem aus drei kleinen Terzen bestehenden verminderten Septakkord jenes „teuflische" Flair, das bei Bach immer wieder anklingt, wenn im Text von Tod und Teufel, Satan und Sünde die Rede ist. So etwa in der Kantate Gleichwie der Regen und Schnee vom Himmel fällt (BWV 18) auf die Worte „Den Satan unter unsre Füße treten, / Erhör uns, lieber Herre Gott" (Bass-Arie), in der Kantate Erforsche mich, Gott, und erfahre mein Herz (BWV 136) auf die Worte „Ja, gar aus Teufels Rachen / frei, los und ledig machen", oder in der Kantate Er rufet seinen Schafen mit Namen (BWV 175) auf die Worte des Schlusschorals „Jesus hat euch zugeschworen, / dass er Teufel, Tod erlegt". (Bass-Arie)

Bach hat das Böse (Sünde, Lüge, Unheil, Krankheit und Tod) in mancherlei Facetten sinnlich erfahrbar gemacht, und stets fällt dem *diabolus in musica* dabei eine besondere Rolle zu: Die Musik wird zum Kampfplatz zwischen dem Guten und dem Bösen, das textlich mit Symbolen geballter Negativität aufgeladen ist (Drache, Schlange, Teufelsschlange). So brechen in der Kantate O Ewigkeit, du Donnerwort (BWV 20) die Schrecken des

Jüngsten Gerichts herein; in kunstvoller Regelwidrigkeit deutet die Choralbearbeitung Durch Adams Fall ist ganz verderbt aus dem Orgelbüchlein (BWV 637) den Text des geistlichen Liedes aus, in dem Lazarus Spengler das Thema der Erbsünde aufgegriffen hat; die Kantate Es ist dir gesagt, Mensch, was gut ist (BWV 45) ist wie die Kantate Widerstehe doch der Sünde (BWV 54) ein eindringlicher Appell, Gottes Gebot zu befolgen und die von Gott gesetzte Grenze zum Bösen hin nicht zu überschreiten; die Kantate Ein feste Burg ist unser Gott (BWV 80) hat wie Luthers Lied den Krieg Satans gegen Gott und das „Wüten der ganzen Welt" zum Inhalt und lässt den Sieg über das Böse Klang werden. Den Sieg über den ultimativen Bösen, den Tod, besingt die Kantate Christ lag in Todesbanden (BWV 4). Bei der bildstarken Übersetzung der vierten Strophe in Musik ist Bach offenbar von den wie in Holz gekerbten Worten Luthers inspiriert worden: „Es war ein wunderlicher Krieg. / da Tod und Leben rungen; / das Leben behielt den Sieg, / es hat den Tod verschlungen. / Die Schrift hat verkündet das,/ wie ein Tod den andern fraß, / ein Spott aus dem Tod ist worden. / Halleluja!" Die Singstimmen werden von Bach dergestalt kanonisch geführt, dass sie sich gleichsam gegenseitig auffressen und damit das Böse selbst als dessen ärgsten Feind erscheinen lassen.

Anders als in seinen Kantaten ist die Frage nach dem Bösen in Bachs Passionen weniger auf abstrakte Bedrohungen und Gefährdungen als vielmehr auf den Gefährder selbst zu richten, als der Judas eine ebenso exponierte wie undankbare Rolle zu übernehmen hat. Er ist eine große Projektionsfläche, und er ist der Böse, in dem sich seit Jahrhunderten das Böse in allen nur denkbaren Ausprägungen angelagert hat. Das Schlimmste aber ist, dass er, der Erbärmliche, kein Erbarmen findet und an seiner heilsnotwendigen Sendung, die er „nicht durch Verrat, sondern aus Gehorsam" (Walter Jens) erfüllt hat, zerbricht. Als Bach die Matthäus-Passion komponierte, hatte sich die Empathie für die tragischste Gestalt der Bibel, den „großen Unheiligen" (Walter Nigg), schon einiges Gehör verschafft. So zeigt das Relief am Bronzeportal der Kathedrale von Benevento (1279) den toten Judas an einer Palme erhängt, umarmt von einem Engel, der ihn küsst. Und auf einem Kapitell an der ehemaligen Klosterkirche St. Madeleine zu Vézelay in Burgund nimmt Simon von Cyrene den Leichnam des erhängten Judas auf seine Schultern und trägt ihn wie der gute Hirte das verlorene Schaf.

Späte Aufzeichnung über Simon von Cyrene

Zum andern Mal hat er sich bekannt,
als sie schaudernd den Baum umstanden,
an dem sich Judas selber gerichtet.
Keiner wollte den Strick abschneiden.
Simon löste sein Winzermesser vom Gürtel
und einer der Jünger schrie:
„Berühr ihn nicht, er ist der Verräter!“

Simon lud sich den Toten auf
und trat aus dem Schatten. „Wo bist du gewesen,
als sie Jesus nach Golgatha schleppten?
Ich habe ihm sein Kreuz nachgetragen,
ich trage ihm auch den Judas nach“,
sagte er. Und sie wichen verstört.
Keiner wagte, ihm nachzufolgen. (Christine Busta)

Musik und Dichtung gaben sich reservierter, und so wird man auch in den Passionsvertonungen von Johann Sebastian Bach keinen lauten Einspruch gegen das größte Skandalon der Bibel vernehmen, als das Judas' Schicksal uns erscheinen mag. Wohl aber gibt es da Zeichen einer Anteilnahme, die „den Verräter“ mit einbezieht und die Frage, wer und was im Schlusschor der Matthäus-Passion zu beweinen sei, noch einmal stellt. Anders nämlich als in seinen Kantaten, die d a s Böse als Widerpart des Guten zum Inhalt haben, steht in Bachs Passionen d e r Böse, ein Mensch mit Geist und Leib und Seele, im Fokus der Musik. Hätte Bach die Matthäus-Passion von Heinrich Schütz gekannt, dann wäre ihm ein Judas begegnet, der auf sehr menschliche Weise lebendig war, etwa, wenn er die Frage „Bin ich's, Rabbi?“ an Jesus richtet. Der 80-jährige Schütz gestaltet diesen Augenblick zu einem klingenden Psychogramm, das die leidenschaftliche Erregung des fanatischen, heißblütigen Cholerikers im wörtlichen Sinn zur Sprache bringt, indem er Judas in den sanktionierten Bibeltext mit impulsiven Wortwiederholungen derart eingreifen lässt, dass man meint, ihn gestikulieren zu sehen: „Bin ich's, b i n i c h's, Rabbi?“ / „Ich, i c h will ihn euch verraten.“ / „Der, d e r ist's, den greifet! “ Auch Bachs kompositorische Einlösung dieser Textstelle lässt einen Blick auf Judas' Gestimmtheit zu. Nach Jesu Worten „Wahrlich, ich sage euch: Einer unter euch wird mich verraten“ fragen die Jünger in einer turbulenten Chorszene wild durcheinander „Herr, bin ich's, bin ich's?" Die Frage wird jedoch nicht zwölf Mal gestellt, wie es der Anzahl der anwesenden Apostel entspräche, sondern nur elf Mal. Judas, so darf man das deuten, scheint die Antwort zu fürchten. Nachdem aber Jesus im folgenden Rezitativ mit höchster Erregung die Strafe für den Verräter verkündet hat, nimmt er sich ein Herz und stellt die für den weiteren Fortgang des Passionsgeschehens alles entscheidende Frage „Bin ich's, Rabbi?", die Jesus mit gefasster Stimme bejaht: „Du sagst's". Zusammen mit dem eingefügten Choral „Ich bin's, ich sollte büßen" gehört diese Szene zum Bewegendsten der Matthäus-Passion. Sie gibt den Blick frei auf das Unergründliche von prophezeiter, heilsnotwendiger und zugleich untilgbarer Schuld, ein Geheimnis, das Judas als eine wahrhaft tragische Gestalt erscheinen lässt. Bachs Musik leuchtet das Böse in seiner ganzen Abgründigkeit aus, jedoch ohne ihre Empathie mit dem Bösen zu verschweigen, der – auserwählt und ausgegrenzt zugleich – seine Untat vollbringen muss. Als unerhörte Volte über die Jüngerfrage „Herr, bin ich's?" ist der Choral „Ich bin's, ich sollte büßen" das Bekenntnis einer Kollektivschuld, das den Hörer zutiefst beunruhigt. In der mystischen Tonart As-Dur notiert, vermag er zugleich zu trösten und wie eine Fürsprache für den zu klingen, der „noch besser nie geboren wäre". Auch der kurze Chorsatz auf die Worte des römischen Hauptmanns und seiner Soldaten „Wahrlich, dieser ist Gottes Sohn gewesen" erklingt in As-Dur. Die eher entlegene Tonart wird hier zur klanglichen Chiffre für das Unbegreifliche, aber auch eine Folie für das einfache, wahre Erkennen und Bekennen.

Ein exegetisches Wagnis Bachs besonderer Art ist die tonartliche Übereinstimmung zwischen zentralen Passagen des Jesus-Parts und der Judas-Arie „Gebt mir meinen Jesum wieder" mit obligater Solovioline, die in Sechzehntelsprüngen und Zweiunddreißigstelläufen das Rollen und Klimpern der Silbermünzen assoziieren lässt. Die Arie steht in G-Dur, einer traditionell als frühlingshaft und freundlich empfundenen Tonart, in der gleich das erste Rezitativ Jesu („Ihr wisset, dass in zween Tagen Ostern wird...") gehalten ist und die zunächst zu dem verzweifelten Versuch Judas', den Verrat ungeschehen zu machen, nicht so recht passen will. („Ich will dir mein Herze schenken" lautet der Text der einzigen anderen G-Dur-Arie der Matthäus Passion!). Aber John Neumeier belehrt uns eines Besseren. In seiner tänzerischen Umsetzung der Matthäus-Passion hat er sich dem christlichen Thema von Schuld und Vergebung gewidmet und dabei der Judas-Arie besondere Bedeutung beigemessen.

Gebt mir meinen Jesum wieder!
Seht das Geld, den Mörderlohn,
Wirft euch der verlorne Sohn
Zu den Füßen nieder,
Gebt mir meinen Jesum wieder!

Die Arie erklingt nach der Reue des Judas, der Rückgabe der dreißig Silberlinge und dem Selbstmord des Judas, also an einer bedeutenden Stelle der Passion. Neumeiers choreografische Notizen erschließen die Komposition mit empathischem Blick in eine aufgewühlte Seelenlandschaft, deren geradezu sinnliche Qualitäten der Musik vom Choreografen abgelauscht werden: „Es ist eine tänzerisch schwere Variation von vitalen Sprüngen, Bewegungen, die den Körper auseinanderreißen, und mit raschen Richtungswechseln, in denen sich die innere Zerrissenheit, Sehnsucht und verzweifelte Bitte spiegeln. Jemand weiß nicht mehr, wohin er gehen, wohin er sich wenden soll in seinem Schrei nach Erlösung und seinem Versuch, die Tat rückgängig zu machen und die Schuld zu tilgen". Es ist ein vergeblicher Versuch, gewiss. Dennoch bleibt es staunenswert, dass das gemeinsame G-Dur Jesus und Judas als Brüder im Leiden erscheinen lässt, von denen jeder – der absolut Gute wie der ultimativ Böse – als Gegenpol des anderen an diesen gefesselt bleibt beziehungsweise einer des anderen Alter Ego ist. Wenn schließlich in Neumeiers Choreografie Jesus auf Judas zuschreitet und ihn küsst, der Judaskuss also nach seinem Adressaten neu definiert wird, dann scheint die Legende von dem e i n e n Modell Leonardos für Jesus u n d Judas eindrucksvoll beglaubigt zu werden.

Postskriptum

Über Gut und Böse in Bachs Musik nachzudenken, gehört – um mit Helmut Rilling zu sprechen – auch zur Rezeption der Matthäus-Passion, die sich in ihrer ganzen Tiefe und Weite Bachs Zeitgenossen nicht erschlossen hat. Inzwischen zum Weltkulturerbe avanciert, gehört das Werk zum Kernbestand dessen, woraus unzählige Menschen Kraft und Orientierung schöpfen in einer stetig sich wandelnden Welt. Das ist insofern bemerkenswert, als sich die Gemeinde der gläubigen Hörer, die Bach voraussetzen durfte, auf dem Rückzug befindet. Glaubensarm und traditionsverlassen sucht und findet der neuzeitliche Hörer keinen Zugang mehr zu Fragen des Heils, die Bachs Passionen zutiefst eingeschrieben sind. Dass Bachs Musik diesen Horizontverlust zu kompensieren und eine worauf auch immer gerichtete Sehnsucht wachzuhalten vermag, macht ihren Mehrwert aus, den ihr ein bekennender Atheist, attestiert hat: „Es ist nicht Gott, der uns Atheisten gefährlich werden kann, sondern Bach.“ (Wolf Wondratschek)

Reiner Strunk

Zwang zur Entscheidung
Beobachtungen zum Roman „Die Pest"[11] von Albert Camus

Camus malt in seinem Roman ein Szenario des Bösen, in grellen Farben und mit Lust am realistischen Detail. Aber sein Interesse gilt trotzdem nicht den Phänomenen des Bösen selber, sondern den möglichen Energien zum Widerstand dagegen.

Er schildert das Böse in der Maske einer Pestepidemie. Wie die Ratten kriecht sie unvermittelt aus Kanälen und Kellerlöchern, wirkt anfangs nur „abstoßend“, bald aber „bedrohlich“ (S. 22). Vorbereitet darauf ist niemand. Darum wird bagatellisiert, was nicht richtig eingeschätzt wurde, man torkelt in eine Katastrophe, ohne es zu merken. Das schreckliche Geschehen, das Camus lokal begrenzt nach Oran, einer Stadt an der algerischen Küste, verlegt, gewinnt gleichwohl exemplarischen Charakter und universale Gültigkeit. Die Pest ist das Böse, das Menschen treffen kann, wie der Weltkrieg sie – zeitlich nah – getroffen hat in unerbittlichem Zugriff. Keiner kann sich entziehen. Dabei schlägt die Pest völlig wahllos zu. Es ist reiner Zufall, wer ihrem Atem erliegt und wer, wenigstens vorübergehend, verschont bleibt.

Camus legt selber Spuren, die das Phänomen der Pest mit Erfahrungen des Krieges in Verbindung bringen. Heute liegt es auf der Hand, eher Erscheinungen des internationalen Terrors zu assoziieren. Das Irrationale daran, das sich jenseits aller gängigen Vorstellungen von Moral abspielt; das Unkalkulierbare und Kaltblütige, das einen lähmenden Schrecken auszulösen vermag und sich für eine Stadt, eine Region zur traumatischen Alltagskulisse verdichtet - dies alles sind Kennzeichen und Begleitumstände der Pest wie des Terrors. Sie sind erbarmungslos real und sogar trivial; aber sie kommen auch daher mit allen Schatten des Unheimlichen und Verstörenden.

Über mögliche Ursachen des Bösen stellt Camus keine Überlegungen an. Er lastet sie auch keinem menschlichen Triebhaushalt an, der irgendwo und irgendwie in heillose Turbulenzen geraten ist. Bezeichnend, dass er als „hoffnungslosestes Laster" des Menschen seine „Unwissenheit" nennt: „Die Seele des Mörders ist blind, und es gibt keine wirkliche Güte oder wahre Liebe ohne die größtmögliche Klarsichtigkeit" (S. 150). Dieses Urteil wirkt unmittelbar einleuchtend, wenn man sich die Selbstmordattentäter aus religiöser Verblendung vor Augen führt, die „blind" zu Werke gehen, weil ihre „Unwissenheit" zum Handlungsprinzip erhoben wurde.

Man möchte daraus schließen, dass eine Bekämpfung der Pest vor allem beim Kampf gegen die „Unwissenheit" anzusetzen hätte, mit Strategien einer möglichst umfassenden Aufklärung, die für unkontrollierte anarchische und atavistische Eruptionen keinen Raum mehr ließe. Doch Camus verfolgt diese Linie nicht weiter. Vermutlich, weil Unwissenheit der Menschen als Erklärungsgrund für die regellosen Erscheinungen des Bösen nicht ausreichen kann.

Er konzentriert sich stattdessen auf denkbare Formen des Widerstands gegen das Böse. Und da rücken nun zwei Figuren des Romans in den Mittelpunkt des Interesses: der Arzt Rieux und der Pater Paneloux. Sie bilden in gewissem Sinne reine Gegensätze, aber nicht, wie man vermuten könnte, in der Weise, dass der Arzt fürs Aktive und der Pater fürs Passive stünde, der eine für den moralisch begründeten Widerstand und der andere für ein religiös begründetes Stillehalten. Denn Paneloux steht, nach anfänglichem Zögern, genauso auf der Seite des riskanten Kampfes gegen die Pest wie der Arzt Rieux. Beide finden sich vereint im entschlossenen Widerstand gegen das Böse: „Wir arbeiten zusammen", sagt Rieux, „aber für etwas, was uns jenseits von Gotteslästerung und Gebet vereint. Nur das ist wichtig" (S. 248).

Wichtig also erscheint die Tat in einer Situation extremer Herausforderung zum Handeln. Doch jede Bereitschaft zur Tat bedarf der leitenden Motivation, die sie überhaupt in Gang setzt und den Handelnden nicht alsbald ermüden und aufgeben lässt. Dem sinnt Camus intensiver nach und das führt ihn zur Gegenüberstellung von Rieux und Paneloux, ohne dass er seine Sympathien einseitig verteilt.

Das Ereignis, das innerhalb des lokalen Pestdramas wie ein Kulminationspunkt wirkt, ist der qualvolle Pesttod eines Kindes. Er wird minutiös geschildert, und er erschüttert die Anwesenden, die das Kind in seinem Todeskampf begleitet haben. Was sie erlebten, bezeichnet der Dichter mit einem Begriff, den Paulus für seine Botschaft vom Gekreuzigten verwendet, dem Begriff des „Skandals" (S. 242). Und im selben Zusammenhang hält Camus, sicher nicht von ungefähr, fest, das Kind habe „in dem zerwühlten Bett die groteske Haltung eines Gekreuzigten eingenommen."

Im Erleben dieses unsäglichen Kindersterbens vollzieht sich eine Radikalisierung, bei Rieux ebenso wie bei Paneloux. Beide sehen sich gezwungen, nach dieser menschlichen Tragödie ihren inneren Kompass fürs Handeln neu zu justieren. Beide müssen sich entscheiden. Und beide tun das durchaus im Rahmen ihrer bisherigen Lebensorientierung und nicht etwa im Protest dagegen. Paneloux trifft seine Entscheidung religiös, Rieux hingegen radikalisiert seine Irreligiosität. Und beide treffen sich wieder im erklärten und praktisch aufgenommenen Widerstand gegen das Böse.

Für Rieux wirft der Pesttod des Kindes ein Schlaglicht auf die Beschaffenheit der Schöpfung. Er hatte vorher schon im Gespräch mit Tarrou, einem zweiten Chronisten der Ereignisse, den Glauben an einen „allmächtigen Gott" verworfen. Gäbe es ihn, würde er „aufhören, die Menschen zu heilen und würde diese Sorge ihm überlassen." Wenn er damit noch eine sehr plakativ-vordergründige Auffassung von der Allmacht Gottes wiederzugeben scheint, argumentiert der Arzt gleich anschließend profunder: „[...] da die Weltordnung durch den Tod bestimmt wird, ist es für Gott vielleicht besser, dass man nicht an ihn glaubt und mit aller Kraft gegen den Tod ankämpft, ohne die Augen zu diesem Himmel zu erheben, in dem er schweigt" (S. 146). Gott und der Tod; Gott und das Böse – es ist die Theodizeefrage, die Camus ins Spiel bringt, und für den Arzt Rieux ist diese Theodizeefrage nach allem Erlebten entschieden: gegen Gott nämlich und für einen moralischen Atheismus. Seine Lebensregel lautet jetzt: „kämpfen und nicht auf die Knie fallen" (S. 152), wobei ihm diese beiden Möglichkeiten bloß als unvereinbare Alternative vor Augen stehen. – Nach seiner Begegnung mit dem pestkranken Kind verstärkt sich diese Position: In einer sinnwidrigen Wirklichkeit gibt es neben der schieren Verzweiflung nur den moralischen Imperativ. Er schafft das Böse nicht aus der Welt, aber er bewahrt die persönliche Integrität. Tarrou gegenüber, der sich von der Frage bewegt zeigt, wie man „ein Heiliger ohne Gott" werden könne, vertritt Rieux die Ansicht: „Wissen Sie, ich empfinde mehr Solidarität mit den Besiegten als mit den Heiligen. Ich glaube, ich habe keinen Sinn für Heldentum und Heiligkeit. Was mich interessiert, ist, ein Mensch zu sein". (S. 290)

Es ist auffallend, dass Camus für die Figur des Paneloux und dessen Entscheidung einen deutlich höheren Aufwand betreibt als bei dem Arzt Rieux.

Paneloux hält zwei Predigten im Lauf der Pestepisode, die eine anfangs in der von Menschen überfüllten Kathedrale, die zweite nach dem Pesttod des Kindes vor reduziertem Publikum. Religiöse Bindungen hatten sich inzwischen gelockert in der Stadt, und alter „Aberglaube" hatte sich breit gemacht. In seiner ersten Predigt vertritt Paneloux, was man von einem Geistlichen in einer außerordentlich bedrohlichen Situation erwartet. Er redet den Menschen ins Gewissen und bestimmt die Pest als göttliches Instrument der Heimsuchung. Sie sei „Gottes Geißel" (S. 109) und mahne zur Abkehr von allem Bösen. Das markiert sozusagen die traditionelle kirchliche Antwort auf die verheerenden Anzeichen des Bösen.

Die zweite Predigt des Paters, nach dem furchtbaren Pesttod des Kindes gehalten, zeigt ein deutlich anderes Gesicht. Der Chronist versäumt darum auch nicht zu erwähnen, „dass die Worte des Paters an Ketzerei grenzten" (S. 254). Was er jetzt vorträgt, ist nicht herkömmlich christliche Lehre, sondern sein persönliches Bekenntnis. Die Stellungnahme eines Christen, der sich dem Grauen der Pest und dem Abgründigen des Bösen in der Welt ausgesetzt sieht. Bewusst verzichtet Paneloux auf illusionäre Ausblicke, nach denen „die Wonnen der Ewigkeit, die auf das Kind warteten, [...] sein Leiden ausgleichen" könnten (S. 254). Keine Flucht also in ein trostreiches Jenseits hinüber. Stattdessen bleibt dieser Paneloux der Erde treu, samt allem Elend, das auf ihr anzutreffen ist, „Auge in Auge mit dem Leiden eines Kindes". Und exakt an diesem Punkt, wo der erlebte „Skandal" des Bösen einem Mann wie Rieux seinen entschiedenen Atheismus bestätigt, erinnert Paneloux an den Christus, der selber „den Schmerz in seinen Gliedern und in seiner Seele empfunden" habe, und bleibt in seiner persönlichen Existenz „jener Zerrissenheit getreu, deren Symbol das Kreuz ist."

Was Camus an dieser Stelle anspricht, ist die überraschende Skizze einer Kreuzestheologie, wie sie in der theologischen Wissenschaft erst Jahre später in Angriff genommen wurde. Die laute Proklamation einer göttlichen „Allmacht", die sich Paneloux noch in seiner ersten Predigt erlaubt hatte, ist jetzt einer leisen, von „Zerrissenheit" geprägten Rede über Gottes Ohnmacht und Leiden gewichen. Und an diesen Gott zu glauben, sich ihm nah und verbunden zu wissen, das ist nun wirklich nicht das Selbstverständliche einer bürgerlichen Alltagsreligiosität. Es ist vielmehr das klare und zugleich paradoxe Ergebnis einer äußerst dramatischen Entscheidung. Der Entscheidung nämlich für Gott – im Angesicht des Bösen. Man müsse, so verdeutlicht Paneloux, „mitten in dieses Unannehmbare (sc. der Pest) hineinspringen, das uns dargeboten wurde, eben damit wir unsere Wahl träfen. Das Leiden der Kinder sei unser bitteres Brot, aber ohne dieses Brot würde unsere Seele an ihrem geistigen Hunger zugrunde gehen" (S. 256) – Anklänge an den Charakter der Glaubensentscheidung bei Kierkegaard sind unverkennbar: Der Christus erwartet nicht laue und folgenlose religiöse Bewunderung, sondern den radikalen Akt der Nachfolge im Leiden. Und wer diesen Akt nicht vollzieht, hat seine Entscheidung noch gar nicht getroffen.

Rieux und Paneloux. Rieux ist Vertreter der irreligiösen Existenz, Paneloux Vertreter einer Existenz im Glauben. Rieux entscheidet sich, ohne Gott gegen das Böse zu kämpfen. Paneloux entscheidet sich, mit Gott gegen das Böse zu kämpfen. Im Roman stehen sie sich gegenüber und arbeiten doch praktisch zusammen und in dieselbe Richtung. Camus entwirft damit zwei Existenzweisen und vermeidet es, Zensuren zu verteilen. Für ihn ist offenbar maßgebend, dass Rieux und Paneloux in ihren Motivationen auseinandergehen mögen, aber in ihrem Handeln einig sind.

Helmut Koopmann

Über das Böse – im 20. Jahrhundert des Thomas Mann

Als die Nazis mit ihren Stiefeln erst auf den Straßen und dann auch in den deutschen Wohnzimmern herumtrampelten, da war Thomas Mann klar, dass etwas Böses hochgekommen war, Urböses, Teuflisches, etwas, das auf Vernichtung, Auslöschung, Tod und Zerstörung aus war, auf den Triumph der Lüge und Gewalt hinauslief. Und in seinem Roman vom Doktor Faustus hatte dieses Böse auch eine Örtlichkeit: Es war der Gestapokeller; in ihm herrschten „Lautlosigkeit", „Vergessenheit" und „Rettungslosigkeit".

Erklärbar ist das Böse offensichtlich nicht mehr – weder im Roman noch für den Autor selbst. Um es zu beschreiben, gibt es nur sprachliche Annäherungsversuche in vielfacher Variation: das Böse, das sind irrationale und dämonische Kräfte des Lebens, die hochgekommen sind, das ist das Antirationale, das sind „letzterreichbare Unmoral und Brutalität"; das Böse ist die Entartung alles Menschlichen zum Unmenschlichen, und Ekstase und Fanatismus sind deren Begleiter. In seinen Radiosendungen für Deutsche Hörer spricht Thomas Mann vom „bösen Traum des Großraumreiches der Deutschen", vom Triumph des „schlechthin Bösen", von der Macht, „das Böse zu tun", und die Rede ist vom „bösen Geist, von dem Deutschland zurzeit beherrscht ist". Das

Böse: das sind die „Wellen von Hass, Elend, abgründiger Verzweiflung", das ist „Satanismus"; das ist „die Bestialität der Nazis, ihr Vandalismus, ihre stupide und lasterhafte Grausamkeit". Und was Thomas Mann im August 1941 wie nichts anderes fürchtet, ist „der endgültige Triumph des schlechthin Bösen".

Die Deutschen sind nicht unschuldig. Sie sind als eine „ursprünglich biedere, rechtlich gesinnte, nur allzu gelehrige, nur allzu gern aus der Theorie lebende Menschenart in die Schule des Bösen" gegangen. Am Ende des Romans vom Doktor Faustus heißt es nicht weniger deutlich, dass das „seelisch abgebrannte Volk" der Deutschen dastehe „als ein Abscheu und als Beispiel des Bösen". Aber was das Böse letztlich war, das entzog sich auch dort der Fixierung nur umso stärker, je mehr es sprachlich dingfest gemacht werden sollte. Und im Roman findet sich denn auch das Bekenntnis, dass die Sprache nicht an das Böse herankommt, dass sie nicht bezeichnen kann, „was nimmermehr zu bezeichnen und in Worten zu denunzieren ist". Das Böse: Es kann nicht „vom Worte zur Rechenschaft gezogen" werden, es verweigert sich dem „anzeigenden Wort". Eigentlich ist es der Bankrott der Sprache: Gegenüber dem Bösen ist ihr das abgesprochen, was sie bedeutsam macht: ihre Fähigkeit zur Identifikation, zur Benennung und damit auch zur Bewältigung eines Phänomens – das, um was es geht, das Böse also, entzieht sich jeder verbal zureichenden Darstellung und Erklärung.

Was blieb, war nur ein Schritt in Metasprachliches hinein, und so bot sich die Hölle an, wenn es darum ging, das zu benennen, was sich der Beschreibung eigentlich entzog. Von der Hölle ist immer wieder die Rede, wenn vom Bösen die Rede ist. Mag der Wunsch, dass die deutschen Führer mit ihren Spießgesellen zur Hölle fahren möchten, auch noch redensartlich verstanden werden können – schon im November 1941 heißt es: „Die Hölle, Deutsche, kam über euch, als diese Führer über euch kamen". Der „Geruch von Ekel und Hölle", die „Bosheit der Hölle" in Hitler und seiner Bande, die Schurken, die nicht allein zur Hölle fahren, sondern immer möglichst viele mit sich reißen wollen, das Hohngelächter von Erde, Himmel und Hölle, die „gegenwärtige Hölle" in Deutschland: Höllenvorstellungen ziehen sich wie ein roter Faden durch die Thomas Mann'schen Radiosendungen. Der Weg Deutschlands: ein Höllensturz, auf jener „körperstrotzend übervölkerten Wand, auf welche Engel hier in die Posaunen des Untergangs stoßen, dort Charons Nachen sich seiner Last entlädt, die Toten auferstehen, die Heiligen anbeten, Dämonenmasken den Wink des schlangengegürteten Minos erwarten, der Verdammte, üppig in Fleisch, von grinsenden Söhnen des Pfuhls umschlungen, getragen, gezogen, grässliche Abfahrt hält, indem er ein Auge mit der Hand bedeckt und mit dem anderen entsetzensvoll ins ewige Unheil startet, nicht weit von ihm aber die Gnade zwei Sünderseelen noch aus dem Falle ins Heil emporzieht".

Michelangelos Bild vom Jüngsten Gericht als Bild von Hölle, Höllensturz und endgültigem Untergang ist das kulturelle Äquivalent, das für den Untergang des Bösen steht. Am Ende des Romans wird das Bild aus der Sixtina noch einmal erscheinen, wenn wieder von Deutschland die Rede ist: „Heute stürzt es, von Dämonen umschlungen, über einem Auge die Hand und mit dem andern ins Grauen starrend, hinab von Verzweiflung zu Verzweiflung." Bilder des Bösen. Es bleibt auch nicht bei Michelangelos Jüngstem Gericht. In dem Oratorium „Apocalypsis cum figuris" findet als musikalisches Gegenstück zu Dürers Apokalypse ebenfalls ein Höllensturz statt. Im Hintergrund steht auch noch Dantes Gedicht.

Um über etwas schreiben zu können, was eigentlich nicht darstellbar und noch weniger erklärlich war, nämlich über das Böse, verfiel der Romanautor aber zugleich auf noch eine ebenso simple wie geniale Lösung: Er ließ den Teufel auftreten, als Sinnbild und Ausdrucksfigur dessen, was verbal nicht eingefangen werden konnte. Das Böse: Das war hier der Böse. Damit bekam das eigentlich weder Darstellbare noch Erklärliche eine Erscheinung und ein Aussehen, und damit war der Autor des Romans zunächst einmal all jener Schwierigkeiten enthoben, die sich ihm stellten, als es darum ging, zu sagen, was das Böse sei. Im Teufel figuralisiert sich das Böse; es ist Gestalt geworden, damit auch beschreibbar und der Anschauung vermittelbar. Und so erscheint der Teufel denn in seinem Roman vom Doktor Faustus als das personifizierte Böse; was dieses war, das blieb weiter ungesagt, aber es ließ sich mithilfe des Teufels wenigstens ersatzweise und stellvertretend verdeutlichen.

Im XXV. Kapitel des „Doktor Faustus" tritt der Böse auf: Und seine Erscheinung zeugt von außerordentlicher Variabilität. Der Teufel ist im Roman von Doktor Faustus confident und Vertrauensmann, Zuhälter und Gelehrter, Theologe und Arzt, Geschäftsmann und Verbrecher. Er spricht mit geschulter Stimme und lacht wie ein Schauspieler, seine Stärke sind Mummenschanz und Mimikry; seine Verwandlungsfähigkeit ist unbegrenzt. Wenn er einmal als Mannsluder erscheint, so kurz darauf als Psychologe, aber auch als Marktschreier und Theoretiker, als Intelligenzler und Schauspieler, als Strizzi und als schnurrbärtiger Kerl mit kleinen scharfen Zähnen, schließlich als käsiger Ludewig, aber durch alle Verwandlungen und Verkleidungen hindurch bewahrt er seine Identität bei fließender Erscheinung, wie es im Roman einmal heißt, er ist sich darin gleich, dass er sich ständig wandelt in einer fast schon unendlichen Reihe von Metamorphosen, ohne dass das Eigentliche, das Böse in ihm, dabei zugedeckt oder aufgegeben worden wäre. Er verändert sich ständig und ist doch stets derselbe: Der Teufel hat vielfältigste Gestalt, aber er bleibt immer der Teufel.

Das war alles andere als Thomas Manns Erfindung. Von mehrfachen Veränderungen der Gestalt ist schon im „Volksbuch von Doctor Faust" die Rede, aber im Hintergrund dieses Metamorphosenreichtums steht natürlich vor allem Goethes Faust, als Subtext den ganzen Roman hindurch gegenwärtig. Bereits in Goethes Faust kann das Böse, kann der Teufel wunderlichste Gestalt annehmen: Er ist ebenso präsent als „des Pudels Kern" wie auch als fahrender Scholast, er ist „Herr der Ratten und der Mäuse, / Der Fliegen, Frösche, Wanzen, Läuse", doch er erscheint auch als edler Junker „in rotem goldverbrämten Kleide, / Das Mäntelchen von starrer Seide, / Die Hahnenfeder auf dem Hut"; bei den Studenten stellt er sich als Reisender vor, bei der Hexe trägt er wieder seine Hahnenfeder und sein rotes Wams; Frau Marthe gegenüber tritt er als fremder Herr auf, wird aber zum „vermaledeiten Rattenfänger", als er Valentin, Gretchens Bruder, trifft, doch am Hof des Kaisers ist er wieder „anständig nicht auffallend nach Sitte gekleidet". So geht das weiter. Auch in Goethes Faust ist Mephistopheles' Wandlungsfähigkeit nahezu unendlich. Der Böse kann überall und in jeglicher Gestalt begegnen: Niemand ist sicher, nicht auf ihn hereinzufallen.

Auch Leverkühn, Thomas Manns Doktor Faustus, fällt auf ihn herein, der Teufel begegnet auch ihm in unterschiedlichster Verkleidung. Er ist anfangs nur ein jemand, der in einer Sofaecke sitzt, „kein rechter Herr". Er hat eine Sportmütze übers Ohr gezogen, rötliches Haar steht von der Schläfe hinauf, käsig ist sein Gesicht, und über einem quergestreiften Trikothemd trägt er eine karierte Jacke mit zu kurzen Ärmeln. Ein sonderbarer Zeitgenosse. Aber er sieht auch aus wie ein frecher Abschaum, ein Mannsluder, ein blutiger Ludewig. Er übt Mimikry, treibt Mummenschanz und Vexierspiel, aber dann ist er wieder „was Besseres, hat einen weißen Kragen um und einen Schleifenschlips, auf der gebogenen Nase eine Brille mit Hornrahmen": ein Intelligenter, Theoretiker und Kritiker. Aber schließlich geht es zurück „ins „Altvertraute": Als „Kerl" reitet er „legèrement im Halbsitz auf der gerundeten Seitenlehne des Sofas, die Fingerspitzen im Schoße durcheinander gesteckt und beide Daumen starr davon wegstreckend. Ein geteiltes Bärtchen am Kinn ging ihm beim Reden auf und ab, und überm offenen Munde, drin kleine scharfe Zähne sich sehen ließen, stand ihm das spitzgedrehte Schnurrbärtchen stracks dahin." Metamorphose ins Bekannte, und doch mehr: Plötzlich spricht der Teufel Goethes Sprache, und Mephistopheles lugt hervor. Verwandlungskunst. Nur der Böse beherrscht sie so vollkommen. Das alles aber geschieht im Roman in einem Gespräch, das an Unwirklichkeit nichts zu wünschen übrig lässt: Leverkühn, Thomas Manns Faustus, erlebt als Vision, was sich ihm im Zustand abgehobener Bewusstheit als Wirklichkeit darbietet. Dafür hat Thomas Mann Vorbilder genutzt: In „Die Brüdern Karamasow" (11. Buch, 9. Kapitel) gibt es bereits das Motiv des auf einem Sofa sitzenden Mannes, der „dabei aber überhaupt gar nicht vorhanden ist", eine Albtraumgestalt, die allerdings nicht sonderlich einfallsreich auftritt; er ist irgendein Herr, etwas heruntergekommen, nur „ein bestimmter Typ von russischem Gentleman". Ein Strizzi ist er freilich auch: Schon bei Dostojewski hat der Böse allzu enge Hosen an wie später der Teufel bei Thomas Mann eine „widrig knapp sitzende Hose": dort also auch eine Erscheinung, die nicht vorhanden ist und dennoch im Erleben des Betroffenen allzu präsent. Von mehrfachen Veränderungen der Gestalt des Teufels ist bei Dostojewski freilich keine Rede – das Motiv der unermüdlich changierenden Gestalt hat Thomas Mann aus Goethes „Faust" übernommen, und seine Darstellung des Teufels steht der Goethe'schen an Einfallsreichtum gewiss nicht nach. Einen Unterschied freilich gibt es: Goethes Mephistopheles ist nicht ein Traum Fausts, sondern steht ihm tatsächlich gegenüber, während bei Thomas Mann der Teufel ein nicht mehr als ein halluzinatorisches Gegenüber ist. Das hat er von Dostojewski übernommen: Iwan schwört, was den Auftritt seines Gegenübers angeht, zwar „Das war kein Traum! Das war doch soeben alles wirklich!", er nimmt sogar plötzlich ein Teeglas vom Tisch und schleudert es auf den Redner, nennt ihn einen „Betrüger". Doch am Ende war da niemand, der ihm gegenübersaß, vielmehr: Er saß sich selbst gegenüber. Das aber haben Thomas Mann und Dostojewski gemeinsam – und das gibt schließlich eine Antwort auf die Frage, wo denn das Böse lokalisiert sei. Iwan sagte in „Die Brüder Karamasow": „Du bist ich, du bist ich und sonst nichts!", und: „mein Traum bist du, selbständig existiert du überhaupt nicht!". Eben das hat Thomas Mann Dostojewski abgeschaut: In jenem berühmten Teufelsgespräch des XXV. Kapitels sitzt auch Leverkühn sich selbst gegenüber. Das Böse also nichts anderes als Teil des eigenen Inneren, ein Seelenphänomen.

Der Roman von Doktor Faustus demonstriert aber nicht nur das; in ihm ist zugleich die Geschichte des Bösen als Seelengeschichte beschrieben, die sich seit Jahrhunderten in Deutschland abgezeichnet hat. Das Böse ist keine Individualerfahrung, sondern ist nicht weniger der Zeit verhaftet; es wurzelt offensichtlich in der Psyche ganzer Generationen und Völker, es hat mit Dämonie zu tun, die schon im Mittelalter aufkam und die sich in der Teufelsverschreibungsgeschichte des noch mittelalterlichen Doktor Faustus konkretisiert;

es findet sich in der Kinderkreuzzugsmentalität des ausgehenden Mittelalters, später dann in der Vorliebe für das Antiintellektuelle, wie es sich in der deutschen Romantik abzeichnet, schließlich in den wildgewordenen Nationalisierungsideen der Zwanziger Jahre des 20. Jahrhunderts. Dabei ist das Böse nicht Folge eines irregulären seelischen Verhaltens, nicht Ausdruck einer nur leicht anomalen psychischen Verfassung, die zu Unbändigkeiten neigt, schlimmstenfalls zur Unverständlichkeit: der Roman lässt erkennen, dass neben den seelischen Gefährdungen und Irregularien auch eine Intelligenz, die seit 1933 zur satanischen Intelligenz geworden ist, zur Geschichte des Bösen gehört.

Was das Böse sei, hat die Menschheit seit Jahrtausenden bewegt – und sie ist sich darüber bis heute nicht einig geworden. „An sich" ist das Böse nicht zu definieren; es ist zunächst einmal nur eine Korrelationsgröße, die ihre Substanz allein aus dem Gegensatz bekommt: Das Böse setzt das Gute voraus. Die Kontrafraktur von Gut und Böse hat ihre lange Geschichte und ist schon alttestamentarisch belegt; das Böse galt bereits bei den Juden als Gottes Widersacher und der Teufel als dessen Inkarnation. Der Widerspruch: „Gott ist gut, aber das Böse existiert" fand im Neuen Testament eine Auflösung: Das Böse verkörperte sich zwar im Teufel, doch weil der ein gefallener Engel war, gehörte auch er noch in den Machtbereich Gottes, blieb ein Geschöpf Gottes, auch wenn er dessen wichtigste Gegenspieler war: Der Herr war und blieb Schöpfer aller Dinge, und das Böse erschien allenfalls als Gegenmythos zur Schöpfungsgeschichte, war ein Versuch, sie zu degradieren, als Täuschung hinzustellen.

Es gab auch andere Erklärungsversuche: Sie kamen aus der Optik. Schon der Manichäismus lehrte, dass das Gute mit dem Reich des Lichtes identisch sei, und so wurde das Böse der Finsternis zugeordnet. Das findet sich auch in Goethes „Faust": Dort ist die Finsternis als Reich des Bösen gedeutet, Mephistopheles spricht von ihr als allem Anfang, sieht sich als Teil der Finsternis, die sich das Licht gebar. Die Vorstellung von der Finsternis als dem Ursprünglichen war in der Goethe-Zeit durchaus verbreitet. Das hatte freilich nicht nur mit antiken Schöpfungsvorstellungen zu tun, sondern auch mit dem Johannesevangelium, wo Licht und Finsternis ebenfalls einander gegenübergestellt sind; Goethe nimmt darauf Bezug, wenn bei ihm von der Finsternis die Rede ist, die sich das Licht gebar. Dass Mephistopheles, der Geist, der stets verneint, ein Teil der Finsternis sei, ist eine Überlegung, die sich auch in Goethes Beiträgen zu Optik findet: Dort heißt es über die Finsternis: „Wir denken sie abstract ohne Gegenstand als eine Verneinung". Aber auch das sind letztlich vage Verdeutlichungen dessen, was offenbar nicht zu definieren und ersatzweise allein aus dem Gegensatz zum Guten bestimmbar ist.

Was das Böse sei, blieb anderswo ebenfalls undefiniert. Wenn Kant vom natürlichen Hang zum Bösen sprach und diesen, weil er sich als Produkt einer freien Willkür zeige, moralisch böse nannte, sogar ein Radikal-Böses annahm, dem nur durch „gute Maximen" begegnet werden könne, so hatte er das Böse zwar als letztlich vom Menschen zu Verantwortendes bestimmt, da dieser ein frei handelndes Wesen sei, aber eine Bestimmung des Bösen an sich ist das auch nicht. Erst Schelling hat das Böse quasi als etwas individuell zu Verstehendes so definiert, dass es nur „im innersten Willen des eignen Herzens" entstehen könne und „nie ohne eigne That vollbracht" werde. Damit war vom Bösen an sich nicht mehr die Rede.

Für Goethe aber war die Feststellung, dass das Böse sich vom Guten her definiere, ausschlaggebender. Dass das Böse mit dem Guten zusammenhänge, das Gute mit dem Bösen, ist schon ein Thema in seiner frühen Rede „Zum Shakespeare Tag" von 1771. Dort hieß es: „Das, was wir bös nennen ist nur die andre Seite vom Guten, die so nothwendig zu seiner Existenz, und in das Ganze gehört, als Zona torrida brennen, und Lapland einfrieren muss, daß es einen gemäsigten Himmelsstrich gebe". Im Juni 1774 schrieb er Ähnliches an Sophie von La Roche: „Das Gute und das Böse, rauscht von den Ohren vorbey die nicht hören. Und ist das böse nicht gut und das gute nicht bös?" Und später wird Mephistopheles das eine vom anderen nicht klar trennen können, bis zu jenem Satz, dass er ein Teil von jener Kraft sei, „die stets das Böse will und stets das Gute schafft".

Das Böse also theologisch gesprochen letztlich im Kontext des Guten. Diese Überlegung ist auch in Thomas Manns „Doktor Faustus" präsent. Er hat, was die Deutschen und deren Schicksal anging, (und dafür steht ja weiträumig auch der Lebenslauf des Doktor Faustus), das Böse und das Gute nicht so voneinander getrennt, dass das Böse mit dem Guten auf keinen Fall vereinbar sei und dass das eine nichts mit dem anderen zu tun habe. Das ist Goethe-Nähe, und im Roman wird diese noch wiederholt sichtbar – so, wenn der Privatdozent Schleppfuß lehrt, dass es eine dialektische Verbundenheit des Bösen mit dem Heiligen und Guten gebe. Das Böse trage sogar bei zur Vollkommenheit des Universums; die Rechtfertigung Gottes bestehe in dem Vermögen, aus dem Bösen das Gute hervorzubringen. Dass zwischen dem guten und dem bösen Deutschland nur schwer zu trennen sei, hatte sich bei Thomas Mann schon länger vorbereitet: Bereits in „Lotte in Weimar" gibt es Annäherungen an diese Feststellung, und an die zumindest partielle Identität von Gut und Böse im Deutschen erinnert auch die Princetoner Vorlesung Thomas Manns über Goethes „Faust". Und in seiner Rede über Deutschland und die Deutschen wird bei aller Wortgewalt dem Bösen gegenüber noch deutlicher, dass das gute Deutschland auch das böse ist, das böse hinwiederum auch das gute. Die Gründe für dieses Neben- und Ineinander sah Thomas Mann in der deutschen Geschichte, in dem fatalen Eindringen irrationaler und dämonischer Kräfte in das, was für ihn deutsche Innerlichkeit war; schließlich habe die Romantik mit ihrer Hingabe an das Irrationale zu irisierenden Doppeldeutigkeiten geführt, die dann in hysterische Barbarei ausgeartet seien, und das alles sei die Geschichte der deutschen Innerlichkeit – aber sie lehre, dass es nicht zwei Deutschland gebe, ein böses und ein gutes, sondern nur eines, dem sein Bestes durch Teufelslist zum Bösen ausgeschlagen sei; das böse Deutschland, das sei das fehlgegangene gute, das Gute im Unglück, in Schuld und Untergang. Darum sei es für einen deutsch geborenen Geist auch so unmöglich, das Böse, das schuldbeladene Deutschland ganz zu verleugnen und zu erklären: „Ich bin das gute, das edle, das gerechte Deutschland im weißen Kleid, das böse überlasse ich euch zur Ausrottung". Also eine „dialektische Verbundenheit des Bösen mit dem Heiligen und Guten": Das ist Faust-Nachfolge, darin kehren die Worte der Shakespeare-Rede wieder. Zu definieren war das Böse nicht – zu beschreiben sehr wohl, auch wenn die Beschreibung an den Rand dessen rückt, was die Sprache zu leisten vermag. Der Roman gibt davon Zeugnis.

Theo Elm

Mephisto und andere
Über das Böse in der neueren Literatur

In seinem Buch „Das Lachen der Täter" (2015) versucht der Kulturtheoretiker Klaus Theweleit die Persönlichkeit des Amokläufers Anders Breivik zu erklären. Aus letztlich unerfindlichem Grund erschoss Breivik 2011 auf der norwegischen Insel Utoya lachend innerhalb von 90 Minuten 69 Menschen. Nach der Tat ergab er sich sofort. Breivik sei, so Theweleit, ein Revenant jenes Kriegers, der als männlicher Funktionstyp über Jahrhunderte hin existierte, mit kalkuliertem Vernichtungsrausch noch Ernst Jüngers „In Stahlgewittern" und die SS-Wehrmachtsberichte des Dritten Reichs durchgeisterte, nach dem

Zweiten Weltkrieg in Europa geächtet und verdrängt wurde, aber heute in den Dschihadisten des Islamischen Staats fortlebt. Spekulativ interessant, aber beweiskräftig ist die These nicht, ebenso wenig wie die wissenschaftlichen Gutachten, die in ihrer Uneinigkeit über Breiviks Geisteszustand nur die Unfassbarkeit des Mörders und seiner Tat dokumentieren.

Für Gestalten wie Breivik hat die Religion einst die Kategorie des moralisch Bösen gefunden, ein metaphysischer Begriff, der in den Ernüchterungen der Aufklärung schwand und doch unabweisbar blieb. Utoya, die Twin Towers, Kambodscha, Ruanda, Srebrenica, Syrien, nicht zu vergessen Auschwitz – wie könnte man sie anders bezeichnen denn als Orte des Bösen. Im Kulturdiskurs wurden sie jedenfalls zu Synonymen radikal bösen Handelns. Offenbar widersteht die Abgründigkeit und Unbegreiflichkeit des dort Geschehenen allen Verstandeskategorien und kann nur in einer voraufklärerisch-archaischen Bildvorstellung gebannt werden, als Hölle, Limbus und Sündenpfuhl, als die sieben Todsünden, als der Teufel in Schlangengestalt, als Satan, Beelzebub, Dämon oder Luzifer. Wie aber vermag sich daraus Erkenntnis ergeben – Erkenntnis dessen, was sich aller Erkenntnis zu entziehen scheint?

Ist das moralisch Böse, so legen die genannten, aus der Theologie rührenden Allegorien nahe, ein Gegenentwurf des moralisch Guten? Hier der Paradiesgarten – dort die teuflische Schlange, hier die Lichtgestalt, Gottes Lieblingsengel – dort die Rebellion gegen Gott und der Sturz in die Hölle. Die erkenntnistheoretische Spannung zwischen dem Guten und dem Bösen umriss Augustinus, als er dem Bösen die positive Qualität verwehrte, es als substanzlos bezeichnete und als bloßen Mangel des Guten bestimmte, so wie die Kälte die Abwesenheit von Wärme oder die Blindheit den Verlust an Sehkraft meint. Auf die These von der Nichtigkeit des Bösen pochte im christlichen Mittelalter auch Thomas von Aquin: „Keine Wesenheit ist in sich böse. Das Böse hat keine Wesenheit.“ Erkennbar sei das Böse also nur in Relation zum Wesenhaften, d.h. zum Gottgeschaffenen, zum Guten. Dergestalt ist in der Rede vom nichtigen Bösen das Gute gleichsam mitgedacht, oder mit Goethe: „Das, was wir ‚bös‘ nennen, ist nur die andere Seite vom Guten“. Damit gewinnt das Böse eine Ambivalenz, mit der es sich aus den archaischen Mythen der Religion zu einem bevorzugten Gegenstand der Literatur entwickelte. Sind doch ihre mehrdeutige Bildersprache und ihr Abstand zur Rationalität des Begriffs zugänglich für jenes Zwiespältige, Ungewisse und Fragwürdige, mit dem sich das unerklärlich Böse umgibt – in seiner Koexistenz zum Guten. Die Höllenglut von Dantes Inferno bemisst sich an der Strahlkraft des Paradiso, und Miltons „Paradise Lost“ überkreuzt im Schicksal von Adam und

Eva die Listen des Satans mit Gottes Fürsorge – der Paradies-Verheißung am Jüngsten Tag. Goethe am Ende des 18. Jahrhunderts pointiert geradezu die Relation des Guten und des Bösen, wenn er beide zur dialektischen Fügung verknüpft. „Ich bin", bekennt sein Teufel-Imitat Mephistopheles, „ein Teil von jener Kraft, / Die stets das Böse will und stets das Gute schafft." In der Tat: das Böse, Fausts Teufelspakt, erzwingt, jedenfalls klassisch – idealistisch, das Gute, Fausts Erlösung.

Das Mephisto-Zitat aus Goethes „Faust I" ist aufschlussreich für die innovative Bestimmung des moralisch Bösen um 1800. Wo Gott nicht mehr die beste, sondern „die beste aller möglichen Welten" gegründet hat – ein relatives Optimum, in dem folglich auch das Böse als Übel, d.h. als Unvollkommenheit, Leiden und Sünde inkludiert ist –, da ist das Böse nicht länger höllischer Gegenentwurf zum Schöpfungs-Guten, sondern ist in ihm eingeschlossen. Mit Leibniz' Theodizee wird das Böse innerweltlich, wird zur dunklen Seite der von Gott geschaffenen Welt. Mephisto, der sich als Teil der Teufelskraft weiß, die in der göttlichen Kreation aufgehoben ist – das Böse im Guten –, hat zweifellos seinen Leibniz gelesen. Aber er hat ihn auch gleich beiseitegelegt. Denn der „Theodicée" von 1710, Leibniz' Rechtfertigung Gottes gegenüber dem Malum der Welt, ist unter dem Eindruck säkularer Sinnzerstörungen wie des Erdbebens von Lissabon und des Blutbads der Französischen Revolution jene metaphysische Gewissheit abhandengekommen, die vordem das Böse in Satansgestalt mitsamt Schlange und Pferdefuß, Hexe und Katzengetier glaubhaft machte. Goethes Mephisto möchte daher lieber als „Kavalier", als „edler Junker" in „goldverbrämtem Kleide" erscheinen, denn als Teufelsgestalt mit „Hörnern, Schweif und Klauen". Hat doch „die Kultur, die alle Welt beleckt", so klagt er, längst „auf den Teufel sich erstreckt." Obgleich im 18. Jahrhundert das metaphysisch Böse sich selbst unglaubwürdig wird, verschwindet es keineswegs aus der Welt. Mit der Aufklärung wird das Böse zwar der Objektivierung in den Höllenvisionen eines Dante oder Milton entzogen, aber dafür den menschlichen Individuen selbst zur Last gelegt, den Robert Lovelace (Richardson, „Clarissa"), Vicomte des Valmont (de Laclos, „Les Liaisons dangereuses"), den Desportes (Lenz, „Die Soldaten") und Gröningseck (Wagner, „Die Kindermörderin"). Der Teufel „ist schon lang' ins Fabelbuch geschrieben", gesteht Mephisto, „Allein die Menschen sind nicht besser dran, / den Bösen sind sie los, die Bösen sind geblieben."

Schlecht für die Menschen, gut für die Literatur. Vorbereitet durch die pietistischen Innenschauen Herrnhutscher und Wesleyanischer Prägung, durch Moritz' ‚Erfahrungsseelenkunde', Schuberts Spekulationen über die ‚Nachtseite der Naturwissenschaft' und die ‚Symbolik des Traums', durch die Befreiung der Wahnsinnigen im Bicetre und in der Salpetrière sowie durch Kants Einsicht vom „radikal" Bösen als einer der menschlichen Natur eingewurzelten Neigung („Die Religion innerhalb der Grenzen der bloßen Vernunft", Erstes Stück; 1793/94) erweitert sich das Inventar der Literatur um die Seelentiefe und Abgründigkeit ihres Figurals und daraus folgend um die Komplexität der Handlungen und die Differenziertheit der Darstellung. Gegen die Abziehbilder des Absolutismus, gegen die plakativ menschenverachtenden Bösewichter Marinelli (Lessing, „Emilia Galotti") oder Präsident Walter (Schiller, „Kabale und Liebe") treten nach der Französischen Revolution um 1800 authentischere Personifikationen des Bösen und führen den Leser zu neuen, existenziellen Fragen und Erkenntnissen.

Zunächst beteiligen sie ihn am romantischen Interesse für die psychologische Recherche, für den Blick auf die Brüchigkeit der Vernunft und in die Abgründe der Seele. Jetzt erst wird, so Ludwig Tieck, zum eigentlichen Erkenntnisziel, was schon Shakespeare in seinen monströs handelnden und zugleich ihrer eigenen Monstrosität ausgesetzten Bösewichtern Richard III., Shylock, Jago und Macbeth aufgedeckt hat: „das ganze verborgene Triebwerk" des Menschen. Um den schurkischen Wahnsinn aus dieser Verborgenheit buchstäblich vor das Publikum zu zerren, weigert sich der Schauspieler Ludwig Devrient, Richard III. zu spielen – er ist selbst der irrwitzig Böse und bricht an manchen Abenden unter Krämpfen auf der Berliner Iffland-Bühne zusammen. Pathologisch wahnsinnig, von destruktiven Kalkülen und einem entfesselten Verstand getrieben, sind sie alle, die das Erbgut des metaphysisch Bösen in sich tragen, de Sades Juliette, aber auch Schillers Franz Moor und Kleists Nicolo, Hoffmanns Medardus und Poes Mr. Hyde, Lewis' Mönch und Shelleys missgestaltete Frankenstein-Kreatur. Ein klassisches Exempel der narrativen Psychologie dieses bösen Wahnsinns ist E.A. Poes berühmte Erzählung „The Black Cat" von 1843: Am Vorabend seiner Hinrichtung versucht sich der Ich-Erzähler an der Analyse seiner ihm selbst unerklärlichen Verbrechen. Obgleich tierlieb, stach er seinem Kater „mit teuflischer Bosheit, [...] ich kannte mich selbst nicht mehr", ein Auge aus und erhängte ihn, um nicht an die eigene Schandtat erinnert zu werden. Aber getrieben vom Gedanken an das geliebte Tier, erwarb er einen zweiten Kater, mit leerer Augenhöhle dem ersten gleich, jedoch unterschieden mit einem Fleck am Hals, dem beängstigenden Abbild eines Galgens. Eines Tages schlug der Erzähler mit der Axt nach dieser Inkarnation seines schlechten Gewissens, traf jedoch tödlich seine eigene Frau. Gepackt von Grauen, Reue und Angst mauerte er die Leiche in die hohle Kellerwand ein, der Kater aber blieb verschwunden. Als die Polizei das Haus durchsuchte, drang plötzlich aus der Wand ein unsägliches Gejammer. Hinter den Steinen entdeckte man auf dem Kopf der Leiche den höllenschwarzen Kater.

Sein Name, wie auch der seines Vorgängers, ist ‚Pluto' – in der griechischen Mythologie der Gott der Unterwelt und zugleich ein Hinweis auf die Abgründigkeit des Geschehens. Es sei, ringt der Erzähler nach einer Erklärung, wohl der „Geist der Perversität" gewesen, der ihn wider besseres Wissen und Wollen getrieben habe, „das Böse zu tun um des Bösen willen". Aber warum gerade das Böse – das Böse als Selbstzweck? Schockierend eingebunden in das Rätsel der Erzählung sind die Logik ihrer Handlungsführung, die Rationalität der Erzählerreflexion, die moralischen Skrupel und Ängste des Täters und die banale Konvention des bürgerlichen Milieus mit Haustieren, Wohnung, Ehe und polizeilicher Ordnungsmacht. Die Herrschaft der Vernunft, die damit aufgerufen wird, ist haarsträubend verquickt mit dem rätselhaft „Dämonischen" und „Teuflischen" – dem Menschen als einem Ungeheuer aus Rationalität und anarchischem Trieb. Der schwarze Kater, von Poes Erzähler als ebenso „intelligent" wie als „Untier" bezeichnet, „dessen Bosheit mich zum Mord verführt hatte", erscheint als Spiegel seines ebenso intelligenten wie boshaften Mörders. Aber auch der Kater selbst ist eine Doppelfigur, aufgeteilt in zwei Gestalten: die eine spiegelt sich in der anderen mit dem Galgenzeichen. Unter ihrem Zwang, das Böse zu sein oder zu tun, bleiben Mensch und Tier in ihren Spiegelungen gefangen. Aus der Sicht des reuigen Täters, der nicht weiß, wie ihm geschah, ist das Böse eine infernalische Macht seines Ichs, der er leidend erliegt.

Dies also ist die Sicht des Täters. Aber aus der Sicht von Poes narrativer Konzeption, die das teuflische Geschehen aus der Ratio des bürgerlichen Alltags aufsteigen lässt, erscheint das Böse als deren *conditio sine qua non*. Ist das Böse das andere der Vernunft, ihre geheime Kehrseite? Poes Erzählung lässt die Frage offen. Es ist eine Frage, die den Ort des Bösen nicht mehr im Ideenhimmel vermutet oder davon abgespiegelt in der Repressionsstruktur der Gesellschaft, sondern im Menschen selbst. Das Böse, im 18. Jahrhundert, in Leibniz' Theodizee, noch ein Teil von Gottes Schöpfung, entfernt sich in der Literatur der Romantik, bei Poe, E.T.A. Hoffmann und in Kleists „Zwillingen" erneut weiter vom Jenseits der Hölle. Gewiss, Poes schwarzer Kater namens Pluto ist ein allegorisches Residuum der theodizeehaft gedachten Welt. Aber gleichzeitig ist das Böse bei Poe nicht mehr nur innerweltlich – es wird auch innerseelisch. Das geschieht parallel zur Begründung der Psychiatrie als medizinischer Wissenschaft nach 1800. Philippe Pinel, Jean-Étienne Esquirol, Johann Christian Reil, William Tuke – sie trennen das Böse vom mythenbildenden Bereich der Theologie ebenso wie von der Moralphilosophie und Kriminologie und pathologisieren es als Krankheit der Seele. Was bedeutet das in der Folge für die Literatur?

Charles Baudelaire, dessen „Les Fleurs du Mal" um die Mitte des 19. Jahrhunderts das Böse in der kalten Rationalität und seelischen Ödnis der urbanen Wirklichkeit aus Technik, Dampf und Elektrizität entdeckt, hat den verfemten Bürgerschreck E. A. Poe für sich entdeckt und übersetzt. Der eine Outcast ohne Geld, Anerkennung und Lebensglück, der andere *Poète maudit*, verfolgt wegen Gotteslästerung und sittenlosem Lebenswandel, der eine Alkoholiker, der andere Morphinist – als Außenseiter besaßen sie beide den Blick für die Nachtseite der Zivilisation, für das Ekelhafte und Böse, das sie – ein Sehnsuchtsideal – gleichwohl mit den Vorzeichen der Schönheit brachen und wie in einem Kaleidoskop zu einem irritierenden Faszinosum verwandelten. Die lippenlosen Gesichter, die abgestandenen Parfums, die verwelkten Dirnen, kurz, der Kehricht der Großstadt Paris als Abbild der Entfremdung ist bei Baudelaire der gleiche Reizstoff wie bei Poe der bürgerliche Privatalltag mit seinen Usancen, seiner scheinbaren Vernunft und Ordnung. Und so wie Poes Spiegelfigur, der schwarze Kater als Widerpart seines Mörders und Abbild des Bösen, mit „feurig glühendem Auge" „schön" und „hexenhaft" die eigene Natur um ein Bizarres und Groteskes steigert, ebenso erfüllt auch Baudelaire das ‚Subjekt' Paris, die pflanzenlose Großstadt, die öden Straßenschluchten und fahlen Gaslichter mit betäubendem Blumenduft und phosphoreszierendem Mondschein. Hegels 1835 posthum publizierte Vorlesungen über die Ästhetik verbannten noch das Böse aus der Kunst: „Das Böse", so Hegel, „ist im allgemeinen in sich kahl und gehaltlos, weil aus demselben nichts als nur Negatives, Zerstörung und Unglück herauskommt, während uns die echte Kunst den Anblick einer Harmonie in sich darbieten soll." Dieses seit Kant favorisierte Ideal aus Harmonie und Regel durchkreuzen nicht nur Poes Perhorreszierungen des Alltags, sondern auch Baudelaires gebrochene Bilder des Bösen von 1857 und geben einen Vorgeschmack auf die Ästhetik des Hässlichen und des Grauens in der Moderne. Mit ihrer Faszination des Bösen werfen sie einen Vorschein auf Rilkes Malte-Roman, auf Benns Morgue-Gedichte oder Jüngers „In Stahlgewittern" – wo die Feuerwand der Kanonen als „flammender Vorhang" über die Schützengräben hochfährt und die Schlacht von Cambrais wie ein satanisches „Schauspiel" eröffnet.

Das Böse – Tod, Mord, Entfremdung, Ödnis und Leere: Ist es Wahnsinn, ein perverser Ausbruch der Vernunft, zynische Bizarrerie und das hässlich Schöne einer nachklassischen Zeit? Jedenfalls ist das Böse nichts Objektives mehr, ist nicht mehr der Satan mit dem Hinkebein und auch nicht Mephisto, der den Schenkel schamhaft verdeckt. Nein, das Böse ist jetzt eine subjektive Zuschreibung, die sowohl den psychologischen als auch den ästhetischen Spielraum der Literatur erweitert. Was dabei zu Tage kommt, zeigt neben Poes vernunftkritischer Triebanalyse und Baudelaires Ästhetik des Hässlichen Joseph Conrads Erforschung des Unterbewusstseins.

Conrads Novelle „Heart of Darkness" von 1899 ist die Ich-Erzählung des Kapitäns Marlow über seine Expedition ins Innere Afrikas. Von einer belgischen Handelsgesellschaft erhält er den Auftrag, den am Oberlauf des Kongo erkrankten Elfenbein-Jäger Kurtz zurückzuholen. Aber je tiefer Marlow mit seinem maroden Raddampfer in die geheimnisvolle Dschungelwelt vordringt, umso deutlicher wird ihm die Fahrt zu einer alptraumhaften Reise in das eigene Ich. Der Dschungel, der sich an das Boot drängt, erscheint ihm als unerforschliche, als dunkle und mitleidlose Urwelt voller Schweigen, manchmal jäh durchbrochen von einem Kreischen und Klagen, als sei das Ufer ein Irrenhaus verfluchter Geister. Die Panik, die ihn erfasst, ergreift auch seine Erzählform, die zwischen Reflexion, Wahrnehmung, Assoziation, Zuhöreranrede, Erinnerung und Vorausblick unstet schwankt und die Erfahrung auf keinen Punkt zu bringen weiß.

Das misstönend Böse, das Marlow in der dunklen Wildnis zu vernehmen glaubt, ist freilich nichts anderes als der symbolische Widerhall jener Schreie und Klagen, mit denen, so beobachtet Marlow, die schwarzen Sklaven unter den Peitschenhieben seiner eigenen Spezies, der weißen Zivilisatoren, dem Urwald die Schätze entreißen und sich selbst zu Tode schuften müssen. Am Ende stößt Marlow vor den zerfallenen Hütten einer Urwaldstation auf den Elfenbein-Agenten Kurtz. Er begegnet einem Menschen, der im Wissen um seine waffengeschützte Allmacht und mit der Gier nach Elfenbein als Herr über Leben und Tod alle Fassaden der Moral und Menschlichkeit verloren hat. In schaurigen Riten lässt er sich von den Eingeborenen als Gottheit verehren und erweist sich als Repräsentant einer Zivilisation, hinter deren Bekenntnis zur Humanität nur Hab und Machtgier erkennbar sind. In Marlows brüderlicher Fürsorge um den Todkranken und seinem Versuch, Kurtz zum Eingeständnis seiner Schuld zu bringen, verrät sich des Erzählers Einsicht in die eigene Gefährdung. Ja, auch er, Marlow, könnte dem Bösen verfallen. Aber die Distanz des Außenseiters und Beobachters ist sein Glück. Die peinvollen Schreie in der Stille des Waldes ebenso wie Kurtz' Scheitern an der Macht der Finsternis umreißen den Schicksalsraum des Bösen, dem Marlow auf dem als Schlange bezeichneten Lauf des Kongo entkommt.

Der pensionierte Kapitän Joseph Conrad, der hier Autobiografisches mit Fiktivem verbindet, hat in die realistische Wirklichkeit der Kongo-Erschließung zwei historische Modelle des Bösen eingearbeitet: Sein Erzähler Marlow entwirft in die Wildnis die Atmosphäre der kolonialen Brutalität, die er unter seinesgleichen entdeckt, bis er im Dschungel das Böse als eine eigene fatale Möglichkeit zu erkennen glaubt. Der im Urwald verschollene Kurtz dagegen, ehedem hochfliegender Philanthrop und Musiker, ist passiv zurückgeworfen auf das Böse als eine mythische Macht, auf ein Widerfahrnis, ein sinnloses Nichts, in das er hilflos stürzt: „[...] the horror, the horror" sind sterbend seine letzten Worte. Kurtz ist der gescheiterte Idealist, der in das Böse als schicksalshafte Macht wie in einem Teufelspakt verstrickt ist und in ihm geistig und körperlich zugrunde geht. Der andere, Marlow, ist der skeptische Aufklärer, dem das Böse nicht als objektiv Seiendes, sondern als subjektive Gefahr begegnet. Der eine stirbt, der andere überlebt – womit Conrad ein Fazit über die Bewusstseinsgeschichte des Bösen zieht. Mit Kurtz' Untergang und Marlows Überleben hat das Böse als Mythos und Metaphysik endgültig ausgedient. Es ist nunmehr der Ausdruck eines mentalen Zustands, der als Trieb, Mangel an Empathie und Selbstkritik dessen verlustig wird, was Kant einmal so umschrieben hat: Kant sagte, nur Gott und die Engel bräuchten keine Moral („Grundlegung zur Metaphysik der Sitten"). In der Tat, die Menschen brauchen moralische Regeln – sonst regieren Mord und Totschlag. Oder anders: Im Diskurs über das Böse dominieren am Ende nicht mehr die mythischen Dämonen oder Teufel, und auch die absolutistischen Leviathane und deren Hofstaat sind nur noch historisch von Belang. Das Böse sind im Laufe der Begriffsgeschichte auch nicht mehr die kranken Seelen wie Poes Mörder und Conrads Elfenbein-Jäger. Nein, die Figur Marlow deutet es an: Das Böse sind – potenziell – wir selbst.

Kein Autor hat diese Einsicht beunruhigender ausgedrückt als Franz Kafka. Seinen 1925 posthum veröffentlichten Roman um den Jedermann, den Bankbeamten Josef K., der eines Morgens „ohne dass er etwas Böses getan hätte" verhaftet, in eine undurchschaubare Gerichtsmaschinerie hineingezogen und am Ende von zwei Schergen in einem Hinterhof umgebracht wird, hat man oft als Vorausspiegelung der willkürlichen und unbegreiflichen Vernichtungsbürokratie des Dritten Reichs verstanden. Aber Kafkas Proceß-Roman relativiert das Gericht. Er stellt die Gerichtsmaschinerie fast durchwegs aus der Perspektive seiner dezidiert durchschnittlichen Alltagsfigur Josef K. dar. Überspitzt formuliert: Das Gericht ist in Kafkas Roman nicht objektive Wirklichkeit, sondern eine Projektion von Josef K.s Bewusstsein. Es gibt Ereignisse im Roman, die mehr von der Subjektivität des Helden abhängen als von den Umständen des faktisch Gegebenen. K. erkundigt sich bei der Suche nach dem Gerichtssaal aufs Geradewohl nach jemandem, den er sich nur ausgedacht hat, nach einem Tischler Lanz und es wird ihm der Weg gewiesen. K. setzt sich willkürlich den Gerichtstermin – und wird vom Richter genau zu dieser Zeit erwartet. Als K. am Ende feierlich schwarz gekleidet in seiner Wohnung Besuch vom Gericht vermutet, klopfen auch wirklich die Henker an die Tür. Bei alledem entspricht das Bewusstsein der Perspektivfigur Josef K. auffällig dem Verhalten des Gerichts und seiner Beamten. K.s moralische Defizienz ist mit Händen zu greifen: Realitätsblind und überheblich negiert er lange Verhaftung und Prozess, er pocht auf seine berufliche Position und fachliche Kompetenz, misshandelt gleichzeitig seine Untergebenen, lässt die Bankkollegen seine Macht spüren, demütigt mit Lust seinen vermeintlichen Konkurrenten, den Direktor-Stellvertreter, verachtet den Kaufmann Block als gesellschaftlich unterlegen, umgarnt Leni, die Haushälterin seines Advokaten, nur ihrer Gerichtskenntnisse wegen, schmeichelt dem bei Gericht einflussreichen Maler Titorelli in Hoffnung auf Fürsprache bei den Richtern und verwendet die untreue Frau des Amtsdieners ebenso für seine Gelüste wie für seine Rache am Gericht: „[...] die Frau verlockte ihn wirklich [...]. Und es gab vielleicht keine bessere Rache an dem Untersuchungsrichter und seinem Anhang, als daß er ihnen diese Frau entzog und an sich nahm." So überrascht es nicht, dass die Perspektivfigur K. gerade jene Charakteristika des Gerichts entdeckt, die K.s eigene Persönlichkeit bestimmen – die Unterwerfungs- und Machtdoktrin zwischen den Advokaten und Richtern, die Korruption der Richter, die heimlich mit dem Publikum paktieren, sich Rangpositionen anmaßen, die sie nicht innehaben und sich die Gerichtsdienerin gefügig machen sowie die Willkür bei der Behandlung seines Falls pflegen, der nicht mit einem klärenden Urteil, sondern mit einem brutalen Mord beendet wird: „An K.s Gurgel legten sich die Hände des einen Herren, während der andere das Messer ihm tief ins Herz stieß und zweimal dort drehte." Indes, bei alledem darf Kafkas Aphorismus über das Böse nicht vergessen werden. „Das Böse", so heißt es dort, „ist eine Ausstrahlung des menschlichen Bewußtseins." Daher die perspektivische Gestaltung des Romans, des Romangeschehens als Bewusstseins-Projektion des Bankbeamten Josef K., der – auf diese Weise gleichsam identisch mit dem Gericht – über sich selbst das Urteil gesprochen hat. Und nur so ist zu verstehen, dass K. sich der Einsicht in die radikale Strafe unterwirft: „K. wußte jetzt genau, daß es seine Pflicht gewesen wäre, das Messer […] zu fassen und sich einzubohren." In einer Tagebuchnotiz vom 30. September 1915 hat Kafka selbst Josef K. als „Schuldigen" bezeichnet. Weshalb schuldig? Darauf gibt Kafka keine Antwort. Und doch wissen wir sie. Josef K.s Bewusstsein, als dessen Projektion die Züge des Gerichts erscheinen, weist jene Mängel auf, über die Jahrzehnte später ein wirkliches Gericht urteilte. Es sind die gleichen Mängel, die Hannah Arendt dem ‚Schreibtischtäter' und SS-Obersturmbannführer Adolf Eichmann zugeschrieben hat: Gewiss, so Arendt, Eichmanns Mangel an Selbstkritik und Urteilskraft, an Realitätsbewusstsein, an Vorstellungskraft, an Einfühlungsvermögen und daher die Bereitschaft zur Dehumanisierung anderer ist „bar teuflisch-dämonischer Tiefe" und nicht „radikal" im Sinne Kants. Nein, das Böse ist nichts anthropologisch Verwurzeltes, sondern im Gegenteil ohne „Tiefe" – ein „Oberflächenphänomen", kurz: es ist „banal", es ist alltäglich und damit, so wäre zu ergänzen, wie im Fall des Beamten Josef K., eine durch entsprechende Verhältnisse beförderte Bewusstseins- und Handlungsmöglichkeit, die auch anderen zukommt. Hannah Arendts zugespitzter Begriff von der Banalität des Bösen steht am vorläufigen Ende einer Begriffsgeschichte, die seit dem Hinfall der Theodizee und dem Beginn der westlichen Säkularisierung das Böse nicht mehr als Seiendes oder dessen Abbild versteht, sondern zunehmend als subjektive Zuschreibung. Für die Subjektzentrierung der neueren Literatur wird deshalb das Böse zum Fundus psychologischer Recherchen nach dem verborgenen „Triebwerk" Einzelner und zur Begründung für eine Ästhetik des Hässlichen mit den Handlungszügen des Absurden und den Stilformen des Grotesken und Bizarren. Wie archaische Zitate erscheinen da die Teufelsheimsuchung des abgründigen Sünders Stawrogin in Dostojewskijs „Bessy" („Die Dämonen", „Böse Geister", 1872) und Leverkühns Teufelsgespräch in Thomas Manns „Doktor Faustus" (1947). Aber da von Poe über Conrad bis Kafka das Malum unbegreiflich ist, ja als Unbegreiflichkeit ästhetisch ausgestellt wird, erscheinen solch haltstiftende Mythisierungen des Bösen als kompensatorische Konsequenz – insbesondere angesichts der Erschütterung von „Revolution" (Dostojewskij) und „Totalem Krieg" (Mann). Weil hier das Böse wie einst im „Volksbuch von Johann Fausten" (1587) letztlich dem Teufel angelastet wird, entfallen freilich auch die Erzählaspekte der Ich-Reflexion und des Sinnzweifels, der Absurdität und der perspektivischen Relativierung, die seit der Romantik mit der Subjektivierung des Bösen verbunden sind. Doch ist damit noch nicht das letzte Wort über das Böse in der Literatur gesprochen.

Bei all der Nähe zwischen dem Bösen und der Literatur kann es gar nicht anders sein, als dass auch der eingangs genannte Fall des Anders Breivig zum literarischen Gegenstand avanciert. 2013 erschien in Norwegen ein Buch mit dem Titel: „En av oss. En fortelling om Norge – Einer von uns. Eine Erzählung aus Norwegen". Die Autorin Asne Seierstad hat mit Überlebenden und Zeugen der unfassbaren Tat gesprochen, sie hat die Verhörprotokolle gelesen, hat Breivigs früh geschiedene Eltern interviewt, sie hat die Berichte des Jugendamts und der Pflegeeltern des späteren Mörders studiert, sie hat auch die 1000 Seiten von Breivigs Internet- „Manifest" ausgewertet, und sie hat dabei den Täter in allen Lebensstationen und Äußerungen als Scheiternden, als stets abgewiesenen Möchtegern und Außenseiter erkannt. Gleichwohl bleibt auch ihr seine Tat im Grunde unerklärlich. Was also ist der Sinn des Buchs? Er liegt in der Kunst des Erzählens. Zum einen montiert Seierstad Breivigs fatale Biografie mit den hoffnungsvollen Lebensgeschichten seiner jungen Opfer. Breivik hat sie wie anonyme Gegenstände mit gleichgültiger Wahllosigkeit erschossen und damit nicht nur getötet, sondern auch entmenschlicht. Mit dem Leben hat er ihnen zugleich ihre Individualität und Würde genommen. Die Erzählerin aber widmet einen Großteil des Buchs diesen unverwechselbaren Opfern, ihren von Erwartungen und Träumen geprägten Geschichten, und konfrontiert sie an den Bruchlinien der Montagen mit der Sinnleere des Täters, der sein Leben jahrelang auf xenophoben Internetseiten verbrachte. Dies zum einen. Zum anderen setzt Seierstad gegen das Böse als den Inbegriff destruktiver Verneinung die narrative Ordnung ihres Buchs. Die „Erzählung aus Norwegen" folgt einer ästhetischen Form, die durch Truman Capotes „In Cold Blood" (1966), der dokumentarischen Geschichte eines Familienmordes, vorgeprägt ist. Es ist die Form des nichtfiktionalen Romans, des Doku-Romans. Mit erlebter Rede und inneren Monologen, mit Verben der Wahrnehmung, des Fühlens und Denkens, mit dem Erzähltempus des epischen Präteritums und der Inszenierung dialogischer Partien vermittelt sie den realen Figuren jene subjektive Tiefe und dem faktischen Geschehen jene Präsenz, die beide das dokumentarische Material zum Leben erwecken. Gewiss, auch Seierstad kann das Böse nicht erklären – sie kann es so wenig wie Goethe, Poe, Conrad und Kafka. Aber so wie diese kann sie es kraft ihrer Gestaltung in all seiner Unerklärlichkeit vorstellbar machen. Derart, mit der Empfindung der Autorin und mit der Form der Darstellung, widersteht der Text dem Bösen, von dem er erzählt. Nietzsche sagte: „Wir haben die Kunst, damit wir nicht an der Wahrheit zugrunde gehen."

Peter Schütze

Hexenjagd
Das Theater und das Böse

„Wo lag das Herz des Bösen,
wenn nicht in uns?"
(Arthur Miller)

Arthur Millers „Hexenjagd" von 1953 ist in diesen Jahren wieder oft gespielt worden, 2014 in Bochum, 2015 in Hagen, 2016 in Bad Hersfeld, Bielefeld, Salzburg, Heidelberg, Zürich. Die Theater scheinen sich darauf zu stürzen. Auf mich kam 2015 die Aufgabe zu[12], die Rolle des Danforth, des Vizegouverneurs und ermittelnden Richters in den Hexenprozessen, zu übernehmen. Ich ergriff die Gelegenheit, mich eingehender auf dieses Stück und seinen Autor einzulassen. Arthur Miller, der dies Drama über den Ausbruch des Bösen ausgebrütet und wahren Begebenheiten anno 1692 in Salem (Massachusetts) nachgeformt hatte, Arthur Miller, stellte ich fest, hat nicht allein hier dem Wahn, der Böses befördert, nachgespürt. In vielen seiner Werke fragt er nach dem Ursprung und den Auswirkungen inhumaner Machenschaften in der Geschichte, in Politik und Gesellschaft, auch „nach dem Sündenfall" im privatesten Bereich. Und immer wieder stellt er sich selbst auf den Prüfstand.

In den Jahren um 1953 ging ein Gespenst in den Vereinigten Staaten um. Es trägt bis heute den Namen McCarthy, obwohl dieser bornierte, von Hass verzehrte und mit Lügen und Verdächtigungen wild um sich schlagende Senator keineswegs die Verhöre vor dem berüchtigten Ausschuss für uname-rikanische Umtriebe leitete. Das House Committee on Un-American Activities war das offizielle Gremium im Repräsentantenhaus und richtete mehr Unheil an, als McCarthy mit seiner Lautstärke und in seinem begrenzteren Wirkungskreis je vermochte. Dic staatliche Inquisition verlangte Bekenntnisse, Selbstbezichtigungen, die Namen weiterer Personen, die kommunistischer Aktivitäten verdächtigt wurden, vernichtete Karrieren und führte zu Berufsverboten. Die angestrebte Panzerung der amerikanischen Lebensweise führte im Klima der ‚McCarthy-Ära' zum Meinungsterror und, wie nicht nur Arthur Miller sah, beschädigte sie zutiefst alle demokratische Denkungsart.

Er erlebte Beispiele dafür im engsten Freundeskreis – Opfer wie Denunzianten. Da nun keimte sein Gedanke auf, den McCarthyismus mit der Hexenjagd in Salem in Verbindung zu setzen. An den Stoff wurde Miller – „als hätte es so sein sollen"– durch eine eher zufällige Lektüre erinnert. Er fuhr nach Salem, forschte – und zögerte. Taugte der Hexenprozess als Parabel? Einiges sprach dagegen. Wäre es nur um die Analogie gegangen, hätte Miller dieses Stück nicht geschrieben. Dass er es dennoch tat, hat tiefere Gründe in Triebkräften, die in beiderlei Verfahren lauerten und zum Ausbruch kamen.

„The Crucible": Die Feuerprobe

1692. Junge Mädchen haben nachts unter der rituellen Anleitung Titubas, einer farbigen Sklavin aus Barbados, eine Art Hexensabbat veranstaltet und nackt im Wald getanzt. Dabei sind sie vom puritanischen Pfarrer beobachtet worden. Zwei der Mädchen gehören zu seinem Haushalt, die Schwarze ist seine Haushälterin. Betty, seine Tochter, liegt regungslos im Bett. Abigail, seine Nichte, wird von den anderen Mädchen aus Angst vor Strafe genötigt, den Mund zu halten: Sie würden sonst verraten, dass die Siebzehnjährige einen Zaubertrank geschluckt hat, um den Bauern Proctor, bei dem sie gedient und mit dem sie geschlafen hat, zurückzugewinnen und dessen Frau, die ihr die Tür wies, unschädlich zu machen. Abigail schweigt. Ist schwarze Magie im Spiel? Ist Betty vom Teufel besessen? Furcht vor Geistern erregt die Nachbarschaft. Als Kenner im Kampf mit dem bösen Feind wird Pfarrer Hale gerufen. Nun bezichtigt Abigail die Sklavin, Tituba gesteht in panischer Angst, sie habe Umgang mit Satan gehabt, und nennt die Namen anderer Frauen, die in seinem Auftrag ihr Unwesen treiben. Nun schaltet Abigail sich ein, schreit die Namen weiterer Hexen aus und wirft sich im Weiteren zur Anführerin einer Rotte von Mädchen auf, die sich, als daraufhin Verhaftungen, gerichtliche Verhöre und Todesurteile erfolgen, wie vom Teufel Besessene aufführen, ihre vermeintlichen Peiniger hysterisch beschreien und damit an den Galgen bringen. Auch Proctors Frau wird vor den Richtertisch gezerrt. Der Bauer selbst, der seine Frau retten und den Betrug aufdecken will, wird angeklagt und zum Tode verurteilt.

Als es soweit ist und das Urteil an Proctor und einigen Mitgefangenen vollstreckt werden soll, ist der Hexenwahn verflogen, die Stimmung in der Bevölkerung ist umgeschlagen. Abigail ist außer Landes geflohen. Um der Hinrichtung beizuwohnen, ist der Vizegouverneur, mein Danforth, nach Salem zurückgekehrt. Er weigert sich, der Forderung, Gnade ergehen zu lassen, nachzugeben. Zwar befürchtet er Unruhen, wenn nun der allseits beliebte

Bauer Proctor wirklich gehängt wird. Doch es gäbe einen Ausweg: Wenn der Delinquent seinen Umgang mit dem Bösen gesteht und weitere Namen preisgibt, bleibt er am Leben: Dann hat er sich vom Bündnis mit Satan freigemacht. Und es gelingt sogar, dem von der Kerkerhaft zermürbten Proctor die Unterschrift unter sein erlogenes Geständnis zu entlocken. Doch angesichts der anderen Todeskandidaten, die standhaft bleiben, die der menschlichen Gerichtsbarkeit sich nicht beugen, weil sie nicht lügen und vor Gott unglaubwürdig erscheinen wollen, die lieber sterben als ein Leben in Furcht vor einem Jenseits, das kein Paradies mehr sein kann, zu führen, zerreißt er das Dokument und damit seine Lüge und begibt sich in die Hand des Henkers. Die Scham vor den anderen leitet Proctor – er aber stirbt selbstbestimmt.

Im Hexenprozess hatten, schreibt Miller, die Urteile sogar eine solidere juristische Grundlage als die Untersuchungen der Kommunistenjäger. Wer der Hexerei überführt war, war ein Gesetzesbrecher nach geltendem Recht und daher zu bestrafen. Einen Verstoß gegen das Gesetz konnte der Ausschuss für Unamerikanische Aktivitäten den Verhörten nicht vorwerfen, „sondern nur ein geistiges Verbrechen (*a spiritual crime*) – und zwar die Übernahme der Ideologie und der Ziele eines politischen Feindes."[13] Nein, das Salem von 1692 ist nicht das Amerika der 50er-Jahre. Sollten sich die modernen Systemschützer etwa gefallen lassen, dass man sie mit Hexenjägern verglich? Schließlich habe es Hexen nie gegeben, wohl aber gebe es Kommunisten. Eric Bentley hatte diesen Einwand erhoben, Hans Sahl hat ihn 1962[14] kolportiert. Miller selbst schreibt in seinen Memoiren[15], dieser Vorwurf sei verschiedentlich geäußert worden, treffe aber nicht den Kern der Sache. Auch abgesehen davon, dass die braven Christen von 1692, gestützt auf die Bibel, davon ausgehen konnten, dass Hexen existierten, seien die Hintergründe der Hatz sehr wohl vergleichbar. Es sei perfide, den religiösen Wahn von einst als Hirngespinst abzutun, um die eigenen Beweggründe streng davon abzugrenzen: „Die Hexenjagd war eine Art zu sagen: ‚Du musst zu uns in die Kirche kommen, denn nur wir stehen zwischen dir und dem Teufel, der die Welt erobert'. Hinter diesem hohen moralischen Unwillen stand damals wie heute unsere alte Freundin, die Macht – und der Hunger nach Macht."[16] An anderer Stelle äußerte er sich so: „Mich bewegte nicht nur das Umsichgreifen des McCarthyismus, sondern etwas, das viel unheimlicher und rätselhafter war. Es war die Tatsache, dass ein politisch zielbewusster, geschickter Feldzug der äußersten Rechten es vermochte, nicht nur Schrecken zu verbreiten, sondern eine neue subjektive Wirklichkeit, eine wahre Mystik zu schaffen, die […] einen geradezu religiösen Widerhall fand."[17] Und Miller forschte weiter: Wie kann Terror von außen her erzeugt werden und Besitz von den fügsamen Seelen ergreifen? War es Schuldgefühl, weil man nicht so weit rechts stand, wie man eigentlich sollte, fragte er sich, ein „innerer Mechanismus des Bekennens und Vergebens von Sünden“? Die Schuld heimlich oder vor anderen Ohren geäußerter Kritik am System? Deren Bekenntnis sogar die immer wieder aufgedeckten Lügen McCarthys heiligte? Die Staatsräson über die Wahrheit stellte? Die eigentliche Entdeckung Millers war das Ergebnis, dass das Gewissen „keine Privatsache mehr sei, sondern eine Angelegenheit staatlicher Verwaltung.“ Und auf dieser Ebene war die Parallele nicht mehr abweisbar.

Aber das tertium comparationis ist nicht in den Vorgängen selbst zu finden. Wäre es nur um die historische Analogie gegangen, hätte er das Stück nicht schreiben können, wie Miller versichert. Seine Untersuchung ermittelt tief im Herzen menschlichen Verhaltens. So erst betrifft sie beide Jagden. Jagden? Nein, nicht das Gesetz der Jagd ist ins Visier genommen, sondern, was sie auslöst, und sodann die Entscheidung: Wild oder Jäger fordert. Mut oder Feigheit. Solidarität oder Egoismus. Anstand oder Gemeinheit. Bewähre ich mich unter diesem Druck oder gebe ich ihm nach, werde ich Denunziant und Kläger? Der Originaltitel des Dramas lautet nämlich nicht etwa Witchhunt, wie man glauben könnte, sondern „The Crucible“. Das ist ein Schmelztiegel und, im übertragenen Sinne, eine Feuerprobe. Und in dem Lehnwort aus dem Lateinischen schwingen weitere Konnotationen mit: Folter, Kreuzigung, das Beugen und Verbiegen von Menschen und Seelen.

Danforth

Wer war das, besser, welche Rolle spielt er in diesem Drama? Was für ein Mensch ist er? Der Vizegouverneur von Massachusetts, der Hexenjäger, der das Gesetz gegen den Teufel aufbringt, der jederzeit die Rolle des Staatsanwalts und des obersten Richters zugleich an sich ziehen kann; der die Beklagten in die Zange nimmt, der, ohne mit der Wimper zu zucken, Todesurteile unterzeichnet wie weiland Hitlers Bluthund Freisler? Aber nein, Danforth ist kein Fanatiker, seine Ausbrüche setzt er gezielt, er gibt sich gerne als kühler Rechercheur. Nur einmal verliert er die Fassung. Als ein zu hysterischer Selbsthypnose gesteigerter Ausbruch der Mädchen ihn von der Anwesenheit des Bösen überzeugt, hat er, für einen Moment, keine Selbstkontrolle mehr, fällt auf die Illusion herein und lässt sich anstecken von ihr. Erst im letzten Bild, in dem die Folgen seiner falschen Schlüsse offenkundig werden, zwingt er sich, auf seine Macht zu pochen – wider besseres Wissen. Sonst muss er seine Macht selten ausspielen, er besitzt sie qua Amt. Und die Angst der Leute spielt ihm zu.

Ich, der Darsteller, muss mich auf meine Persönlichkeit verlassen können, unterstützt freilich vom Verhalten der Spielpartner mir gegenüber. Ich muss nur dem Text folgen, um Nuancen zu finden, von freundlich-sachlicher Zuwendung, ironisch und sarkastisch hervorgekehrter Überlegenheit bis zur maliziös und schneidend hervorgekehrten Autorität. Danforth, ich, habe meine behaglichen Seiten, ich bin kein Frömmler, ich bin lebenserfahren und, soweit mein Glauben das zulässt, weltoffen, fühle mich auch am Wirtshaustisch wohl und stoße dort sogar mit meinem Sorgenkind Abigail an. Doch dem Gerichtssaal bleibt alles Persönliche fern. Ich bin Jurist durch und durch. Ich stehe zu meinem Amt, meiner Aufgabe, ich käme nicht im Geringsten auf die Idee, ich könnte die Rolle des Bösen übernommen haben. Ich bin das Gesetz, das ich vertrete. Ich glaube an die Existenz des Teufels, ich fühle seine Bedrohung und die Gefahr, die von denen ausgeht, die mit Satan paktieren. Ich bin hier, um die Auswüchse des Unglaubens zurückzuschneiden und die Allianz von Kirche und Gemeinde wiederherzustellen. Bemerke ich, dass ich mit meiner Methode der Wahrheitsfindung einen durch nichts zu erschütternden, undurchdringlichen Teufelskreis schaffe? Wie denn? Meine Argumentation ist unerschütterlich logisch.

An zwei Stellen macht Arthur Miller die wasserdichte, unzerreißbare Geschlossenheit dieser Denkweise als circulus vituosus, als nur sich selbst beweisende Logizität, dingfest: „Ich sah in diesem Gericht", sagt Danforth, „sehr merkwürdige Dinge. Ich sah, wie Menschen vor meinen Augen von Geistern gewürgt wurden, ich habe sie gesehen, von Nadeln durchstochen, von Messern geschlitzt. Ich habe bis zu diesem Moment nicht den geringsten Grund zu der Annahme, dass die Mädchen mich betrügen." Es kann nicht anders sein: Diese Kinder, die sich in Exzesse steigern und durch ihre Aussagen andere Menschen an den Galgen bringen, wurden behext und sind vom Teufel besessen. Aber mit meiner und Gottes Hilfe kann man ihn austreiben. Den, der sich lossagt und andere preisgibt, kann ich retten. Oder, und das will man mir an diesem Gerichtstag weismachen, lügen sie etwa? Haben sich nicht vielmehr diejenigen, die sie des Betrugs bezichtigen, selbst ins Buch des Teufels eingeschrieben? Psychische Beweggründe erkenne ich nicht an. Ich denke nicht nach über Frustration, Hysterie, sexuellen Drang, der sich nicht ausleben darf. Der Mensch ist kein Maßstab für mich, den Puritaner, und der Maßstab meines Gesetzes ist die so wörtlich wie möglich genommene Bibel. Und dort liest man doch, dass mit Hexen zu rechnen ist. Davon muss ich doch ausgehen: „[...] wie verteidigt man einen Angeklagten? Man ruft Zeugen auf, seine Unschuld zu beweisen. Aber Hexerei ist ipso facto in ihrer äußeren Erscheinung wie ihrem inneren Wesen nach ein unsichtbares Verbrechen. Also, wer kann hier möglicherweise Zeuge sein? Die Hexe und das Opfer. Niemand sonst. Nun können wir nicht hoffen, dass sich die Hexe selbst anklagt. Zugegeben? – Deshalb müssen wir uns auf ihre Opfer verlassen – und sie bezeugen es, diese Kinder beweisen es, ohne jeden Zweifel." Irrationalität hinter der Maske des Rationalen.

Ich bin nicht bereit, meine Rechtsgrundlage selbst in Frage zu stellen. Ich ahnde nach Gesetz den Verstoß. Ich stehe für Recht und Ordnung. Ich sehe in der Justiz das geeignete Mittel, die Besessenheit zu bannen und der Gemeinde den Frieden zurückzugeben. Es gibt den Teufel, es gibt Hexerei; ich habe mich mit eigenen Augen davon überzeugen können. Selbst wo mir schwant, dass ich falsche Entscheidungen getroffen habe, selbst als offensichtlich wird, dass die Mädchen gelogen und sich nun der Justiz entzogen haben, beharre ich auf dem, was der Staat einmal bestimmt hat. Auch wenn mir der Schweiß dabei ausbricht. Auch wenn im Volk die Stimmung umgeschlagen ist, wenn McCarthys Ende absehbar ist, wenn ich mit Aufständen rechnen muss – gerade dann ist Beharren meine erste Bürgerpflicht. Es mag hinzukommen, ich bin ja nur Vize, dass ein Ukas des Gouverneurs, also ein politischer Auftrag meinen Zweifel nicht zulässt, selbst wenn die Dinge längst eine andere Wendung genommen haben. Zur Not müsste ich Waffengewalt gegen das bessere Wissen einsetzen. Um den Widerstand zu brechen und jedem Aufruhr vorzubeugen. Danforth ist zu intelligent, um nicht am Ende in Zweifel zu geraten – aber er stellt die Staatsräson, das einmal Entschiedene über das Bekenntnis zur Wahrheit – das er am Ende nur mit Phrasen zu übertönen vermag. Dem Gesetz ist Genüge getan.

Böses Theater

„Euch schelte ich nicht grausam, Elemente" – „I tax not you, you elements, with unkindness": Denn ihr schuldet mir nichts, anders als meine Töchter, denen ich meine Krone schenkte … So hadert König Lear mit der Welt und lädt Blitz und Donner ein, sein greises Haupt zu versengen. Nicht die Natur ist böse, nur der Mensch, der aus ihren Keimen entsteht. Und freilich – wer das Böse ausrotten will, muss alle diese Keime, muss den Menschen selbst vernichten.

Auch bei Shakespeare, dem Vater verheerender Missetäter, schurkischer, hinterhältiger und abgrundtief arger Charaktere, ist der Mensch der Anlage nach, wurzelhaft – ‚radikal', wie Kant sagt – böse. Kann aber die Natur selbst ‚böse' sein? Ist ein Vulkanausbruch ‚böse', ist es der Tsunami? Ist der Tod ‚böse'? Nein, die naturentsprungenen Gewalten, die uns bedrohen, mögen schlimm sein, aber böse sind sie nicht. Wie inflationär der Wortgebrauch, der alles und jedes, was uns wehtut und bedrängt, als ‚böse' zu bezeichnen beliebt, auch sei, ich neige zu der Auffassung: Das Böse ist menschlich und nur zwischen Menschen trägt es sich zu. Es ist Menschenwerk. Und nur deshalb und als solches ist es möglicherweise überwindbar. Erst recht im Drama; und wo ich vom Drama erzähle, rede ich über die Welt. Freilich, es gibt auch die Dramatik der aggressiven Verzweiflung, deren Helden nach dem Motto handeln: „Die Welt ist böse, also bin ich's auch". Doch selbst im schwärzesten Schauerdrama dieser Sorte ist das Böse hausgemacht: Christian Dietrich Grabbes Herzog Theodor von Gothland wird durch eine Intrige dazu gebracht zum Schlächter und Mörder zu werden, der im Kampf mit seinem Gegner und Alter Ego Berdoa ganze Heerscharen und Völker ins Verderben stürzt. Er macht Gott und die Schöpfung für seine Untaten verantwortlich: „Ich war nur das Beil. Das Schicksal war der Mörder." Aber am Ende verreckt er als wimmernder Gewissenswurm so wie Schillers Franz Moor. Gothland ist ein Monster, ein Psychopath, dem zu viel Macht gegeben ist. An ihm wird die Problematik des Tyrannen offenbar, der einen unaufhaltsamen Amoklauf des Bösen in Gang setzt, die Problematik von Masse und Macht. Ob durch Befehlsgewalt oder Demagogie veranlasst, das Böse, einmal in die Wirklichkeit getreten, beginnt sich zu verselbständigen. Marc Antons Forumsrede endet mit den Worten: „Nun wirk es fort, Unheil, du bist am Zuge. Nimm welchen Lauf du willst." Es gibt einen Mechanismus des Bösen, der sich von seinem Urheber ablöst: „Das eben ist der Fluch der bösen Tat / Dass sie, fortzeugend, immer Böses muss gebären." (Schiller, „Die Piccolomini"). Nicht die Monster selbst sind auf die Dauer interessant, die abstruse Abweichung vom Humanen, sondern die Faktoren, durch die das Böse um sich greift. Wo das abweichende zum konformen Verhalten, wo das konforme Verhalten, das im Friedensfall Verbrechen verabscheut und geahndet sehen will, selbst mörderisch wird: in der Kriegsmeute, in der Rotte der KZ-Aufseher. Der Wechsel vom einen zum anderen, Dynamik und Konsequenz des Bösen, die Einbezogenen und Mitwirkenden sind dramatisch ergiebig; kein echter Dramatiker wird allein bei der Zeichnung eines Charakters verharren. Und jedes Böse braucht ein Gegenspiel. Das Nur-Böse ist undramatisch, man wird seiner bald überdrüssig. Es ist eine Binsenweisheit, dass das Böse von Gegenspielern (auch Gruppen, Stämmen und Völkern) mit Eigeninteressen unterschiedlich wahrgenommen wird – als ein Überkreuz von Gut und Böse, und dass der jeweils Betroffene es ganz anders erlebt und bewertet als der Verursacher. Daraus ergeben sich die Konstellationen des Dramas, aus denen heraus sich eine unendliche Vielfalt von Stoffen, Motiven, Vorgängen zeigen lässt. Das Theater ist ihr Panoptikum, ein Kaleidoskop des Lebens, in dem das ‚Böse' in allen Erscheinungsformen und Schattierungen sichtbar wird; das bedient die Sensationsgier, aber auch das ebenso menschliche Bedürfnis nach Auflösung tragischer Widersprüche. Oder, und das zurzeit sehr häufig, es stellt die Verirrungen unserer Welt dar und entlässt die Zuschauer ratlos. Doch als böse kann nur das dargestellt werden, was Ethik und moralische Verpflichtung zum Gegenspiel hat und als Horizont voraussetzt.

Doch je länger ich versuche, dem Phänomen des Bösen im Theater nachzugehen, desto mehr entzieht es sich dem Wunsch, etwas Einheitliches zu finden. Desto länger wird die Prozession der menschlichen Schatten, die durch mein Kopftheater zieht: Gestalten über Gestalten. Da hinken und flattern Teufel und Dämonen vorüber, mythische Unholde, allegorische Figuren, Masken, hinter denen der Schauspieler verschwindet, Mörder und Brunnenvergifter. Der Schurke, der sich offen zu seiner Haltung bekennt und in der Lage ist, jedwedes schlechte Gefühl abzuschütteln – so wie Richard III., dem es einfach bestimmt ist, böse zu agieren („I am determined to prove a villain."): Meine Missgestalt veranlasst mich dazu. Ich bewähre mich als Monster. Aus der Not wird freiester Wille, Wille zur Macht. Der Mangel an Charme, an positiver Ausstrahlung wird durch die Faszination des Bösen ersetzt, der vor keiner Schandtat zurückscheut: Ich weiß, dass es böse ist. Aber es ist mir gemäß.

Solche Figuren auf die Bühne zu bringen, ist natürlich ein Genuss für den Schauspieler. Da verweigern sich nur die sogenannten Sympathieträger. Das Teuflische, Pathologische und Gerissene ist in jeder Verkleidung eine dankbare Rolle. Sie frisst nicht allzu sehr am eigenen Seelenhaushalt, die Lust an der eigenen Bosheit ist natürlich gut und gut sichtbar darstellbar; das mimetische Vergnügen überwiegt. Bei Goethe, übrigens, ist das Böse ein Aktivposten für den Fortschritt und die menschliche Bewährung; Mephistopheles, der Neinsager, Verführer, Herausforderer, ist genau das, wogegen er sich immer wehrt: ein Werkzeug Gottes.

Interessanter aber wird es für den Schauspieler, wenn er das Innere der Figur nicht nach außen kehren darf, wenn das Böse, das als böse nicht kenntlich ist, im Gegenteil hinter der Ehrbarkeit lauert. Wenn ein treuherziger Kerl sich als abgefeimter Halunke entpuppt? Der große Regisseur Rudolf Noelte wollte Uwe Friedrichsen den Jago spielen lassen. Die Schurkendarsteller mit der Gangsterphysiognomie sind im wirklichen Leben oft friedliebende, anständige Kerle, und die Giftmischer hinter den Kulissen taugen oft nicht für die Verbrecher in ihnen; sie sind nur unerträgliche Kollegen und oft in Lustspielen sehr beliebt. („Lauter böse Komiker", erzählte mir ein Freund über eine Burgtheater-Aufführung.) Und eine starke Herausforderung stellen die gebrochenen, von ihrem Gewissen verfolgten Charaktere an den Schauspieler. Unsere Verhaltensmuster, die – seien sie angeboren, kulturell bedingt oder durch Erlebnisse gespeist – ermöglichen, dass wir uns die grausamsten Affekte und Handlungen vorstellen können, sind auch das Erbgut des Schauspielers, für den eine reiche und verzweigte Fantasie ein Qualitätsmerkmal, ja eine conditio sine qua non ist. Die von ihm dargestellte Person denkt und handelt zudem in effigie; das hat der Mime vorbereitend so lange geprobt, dass er bei seinem Auftritt die jeweilige Situation an ihrem Ort jederzeit abrufen und wiederholen kann. Es ist nicht ganz falsch, wenn man ihn hier als Artisten, als Sportler betrachtet. Und die seelische Spannung des Schauspielers, der sich über die Folgen des Bösen, das er in die Welt setzt, nicht viele Gedanken machen muss, ist nicht bei jedem gleich. Es gibt „Techniken" der Darstellung, die den Zuschauern den Atem stocken lassen, bei deren Einsatz der Darsteller jedoch ungerührt bleibt, vielleicht sogar amüsiert über seine Wirkung sein kann. Wie stark sich der Schauspieler innerlich beteiligt, ob er eine Entdeckungsreise ins eigene Ich wagen muss, ist auch eine Frage der Spielweise.

Arthur Miller

Und es ist auch eine Frage des Stils. Für Arthur Miller hatte diese Frage konzeptionelle Bedeutung. Er suchte nach einer wirklichkeitsnahen Bearbeitung seiner Fabel, die jedoch auch „das Pantheon der Mächte und Werte, das hinter der realistischen Oberfläche des Lebens liegen muss" [18] erfasst, das Geflecht der Motive, die Wahn und Zerstörung hervorbringen und, eine Zeitlang zumindest, aufrechterhalten. Indirekt spricht er damit auf bestimmte, aus einem entfremdeten Dasein resultierende Zustände an, Gewalten und anderen Faktoren, die sich zwischen System und Mensch geschoben haben, höchst unterschiedlich in Erscheinung treten und helfen, das System in seiner Struktur zu erhalten.[19] Wie wird dieser Brutkasten des Bösen aufrechterhalten? Woher kommt das Böse, wenn man keine bösen Absichten hat? Ist es möglich zu leben, ohne zwischen Gut und Böse zu unterscheiden? Wie ist es möglich, nach gewissenlosen, scheußlichsten Taten sich selbst noch als Mensch zu empfinden?

Noch einmal zurück zur „Hexenjagd". Das böse Spiel der Mädchen, die wissen, was sie tun, die, um sich selbst zu schützen, Glauben und Aberglauben ausnutzen, bringt die Rotte der Mitläufer und Nutznießer auf den Plan, Denunzianten, die sich private Vorteile verschaffen, wenn andere an den Galgen kommen, angstbesessene Gläubige, die böse handeln, um nicht in die Hölle zu kommen, furchtsame Nachbarn, die böse handeln, um nicht selbst verurteilt zu werden, die Befehlsempfänger, die ausführenden Organe des Terrors. Miller zeigt uns, wie Selbstbestimmung und Selbstbesinnung des Menschen in die Binsen gehen. Dass dieses Drama in den heutigen Krisenzeiten die Theaterleute herausfordert, spricht für seinen Beziehungsreichtum. Wäre seine einzige Bezugsebene die Analogie zum McCarthyismus und seinen Folgen gewesen, so wäre es kaum zu uns zurückgekehrt. Nein, es ging Miller um die Darstellung eines Zustands der Verblendung mit unmenschlichen Folgen, politisch wie persönlich, um Spurensuche nach den Ursachen und nach den Menschen, die ihre Kraft darein gaben, solche Zustände zu beenden, hier wie dort. Und eben hierbei ertappte Miller das ‚Böse' in seinem Entstehen, er begriff, „dass die Sünde des öffentlichen Terrors darin besteht, den Menschen seines Gewissens, seiner selbst zu entkleiden."

Auch Miller gehörte zu den Verdächtigen, die vor den berüchtigten Ausschuss geladen wurden. Anders aber als sein Freund, der Regisseur Elia Kazan und andere, die, wie Miller es ausdrückte, „sich selbst demütigten" und ihre Freiheit so verrieten wie die Freunde, deren Namen sie preisgaben, hat er sich geweigert, Namen zu nennen:

„Mein Gewissen erlaubt mir nicht,
den Namen eines anderen zu missbrauchen."

Ingrid Riedel

Vom Umgang der Märchen mit dem Bösen

Dass das Böse, das in den Märchen schonungslos wird, richtig Angst machen kann, wurde mir wieder bewusst, als wir im Freundeskreis ungeplant auf das Thema Märchen zu sprechen kamen: „Mir wird heute noch unheimlich, wenn ich an den Wolf denke, der die Großmutter verschlungen hat und jetzt auch noch auf Rotkäppchen lauert." So in der Erinnerung einer Frau, wenn sie an die Märchen ihrer Kindheit denkt. Oder eine andere: „Mir graut vor allem vor der Stiefmutter Schneewittchens, die es aus Neid wirklich umbringen will und es überall hin verfolgt – und noch dazu mit dieser gemeinen Verstellung und List, als meine sie es gut mit ihm.“ Und schließlich meldet sich eine männliche Stimme in der Runde: „Am unverzeihlichsten finde ich den Blaubart, der die Frauen an sich bindet, um sie töten und seiner Sammlung einverleiben zu können.“

Die Märchen und das Böse, das Kindern von klein auf Angst macht?

Ganz einfach ist das Thema nicht. Geht es denn nun letztlich gut oder böse aus in den meisten Märchen? Hat es wirklich Sinn, Kindern mit den Märchen Angst zu machen – vielleicht, damit sie nie mehr vom rechten Weg abkommen, worauf sich Rotkäppchen am Ende des Märchens ja verpflichten muss, nachdem es immerhin schon im Bauch des Wolfes war?

Gewiss, die Protagonistinnen und Protagonisten eines Märchens werden am Ende fast immer gerettet und sei's wie durch einen Tod hindurch, wie eben bei „Rotkäppchen“ oder auch bei „Schneewittchen.“ Oder sie werden gerettet durch ihren Löwenmut, der sich mit dem Bösen konfrontiert, aber auch durch List und gelingende Flucht, wenn das Böse übermächtig erscheint und noch nicht besiegt werden kann. Dann werden Heldin und Held zwar gerettet, aber das Böse, das in wechselnden Formen von Eifersucht bis Machtgier und Vernichtungswunsch erscheint, bleibt in diesen Märchen unverwandelt. Allenfalls wird es letztlich verbrannt wie die Hexe bei „Hänsel und Gretel“, oder es muss sich in glühenden Schuhen zu Tode tanzen wie in „Schneewittchen“ oder wird von den wütenden Brüdern der zu Tode erschreckten Ehefrau des Blaubart schließlich erschlagen. Das Böse bleibt in diesen Märchen unverwandelt bis zuletzt, kann allenfalls eliminiert werden, während Held und Heldin sich retten, durch Überlistung des Bösen, durch Flucht oder auch durch den Beistand stärkerer Kräfte, als sie selbst sie hätten.

Bei genauerem Zusehen entdeckt man aber überrascht, dass es neben diesem einfacher strukturierten Märchentyp, der nur Rettung vor dem Bösen kennt, auch noch einen differenzierter strukturierten gibt, und dies durchaus auch in der Grimm'schen Märchensammlung, darüber hinaus aber überall in der Weltliteratur der Märchen: den Märchentyp, der die Wandlung des Menschen in der Begegnung mit dem Bösen kennt und außerdem die Wandlung des Bösen selbst.

Manchmal bin ich versucht, nur diesen differenzierten Märchentyp für die eigentliche, die ausgereifte Gestalt eines Volksmärchens zu halten, das deshalb durch Jahrhunderte hindurch immer weitererzählt wurde, weil es eine unschätzbare Lebenserfahrung und Lebensweisheit im Umgang mit dem Bösen weitergibt.

Hier kommt es nicht mehr nur darauf an, Held und Heldin vor dem Bösen zu bewahren und daraus zu erretten, sondern da geht es darum, dass sich diese Menschen in der Begegnung mit dem Bösen erst selber kennenlernen, dass sie daran wachsen, ja über sich hinauswachsen. Sie begegnen in der Berührung mit dem Bösen zugleich sich selbst, oft auch mit dem potenziell Bösen in ihnen selbst. So können sie überhaupt erst eine Phantasie für das Böse entwickeln, das sie dringend brauchen, um nicht in ihrer Naivität von diesem überlistet zu werden. Es kommt darüber zur Entwicklung und Wandlung der Person. Die männlichen oder weiblichen Protagonisten solcher Märchen werden in der Begegnung mit der jeweiligen Gestalt des Bösen – als Blockierendes, Gefährdendes, Bedrohendes – erst im wahren Sinne des Wortes zu Helden, die über sich hinauswachsen. Dabei werden verschiedene Möglichkeiten, dem jeweils Bösen zu begegnen, durchgespielt: es überhaupt wahrzunehmen, es zu durchschauen, um sich dann mit ihm konfrontieren und auseinandersetzen zu können, es zu überlisten, wenn es allzu gefährlich erscheint, oder es durch eine gelingende Verwandlungs-Flucht hinter sich zu lassen. All diese Formen entwickeln, verändern und erweitern den Menschen. In den Märchen der differenzierten Struktur verändert sich mit dem Verhalten der Menschen auch das, was sie zuvor als „böse" erlebten oder dieses Böse löst sich selber auf. Der Teufel zerplatzt, der die gärende Milch trinkt, die dem flüchtenden Menschenpaar in jenem Märchen die Rettung ermöglichte.

Die große Zahl der differenziert strukturierten Märchen verleiht dem Bösen eine besondere Funktion im Entwicklungs- und Wandlungsprozess der menschlichen Psyche, dargestellt jeweils an den Hauptfiguren eines Märchens, deren Weg in der Begegnung mit dem Bösen geschildert wird.

Die Märchen zeigen uns Beispiele, an denen die jeweiligen Zuhörer und Zuhörerinnen bei der Märchenerzählung miterleben können, wie man wann mit welchem Bösen umgehen und die jeweiligen Möglichkeiten und Grenzen unseres Bewusstseins richtig einschätzen kann. Wer dem Bösen gegenüber zu unbewusst, zu naiv bleibt, ist leicht verloren. Die jeweilige Situation muss klar gesehen werden: „Sieh hinter dich. Was oder wer verfolgt uns da?" So wird man lernen, wie eine Verwandlungsflucht gelingt.

Die Ethik, die wir im Märchen vorgelebt finden, ist, wie Verena Kast einmal sagt (Kast/ Jacoby/ Riedel, „Das Böse im Märchen", Fellbach 1978, 44) eine „Weg-Ethik" oder eine Ethik des Unterwegsseins. Das Märchen schildert jeweils eine bestimmte Lebenssituation, oftmals sogar eine sehr gefährliche, in der die Heldin und der Held spontan entscheiden müssen. Das

Handeln ist nicht durch bestimmte Normen für Gut und Böse vorgegeben. Es muss vielmehr in den unvorhersehbaren Situationen so entschieden werden, dass Heldin und Held auf ihrem Weg bleiben, ja, ihn vielleicht erst wirklich finden können. Gerade die Begegnung und Auseinandersetzung mit dem Bösen bewirkt die Entwicklung und Wandlung der jeweiligen Protagonisten hin zu wirklichen Märchenheldinnen und Märchenhelden. Diese Wandlung verwandelt jeweils das Böse mit, und so verändert sich die ganze, meist notvolle Ausgangssituation des Märchens und verweist jetzt in eine offene Zukunft mit neuen Entwicklungschancen. So lehren die Märchen der differenzierten Strukturform einen Umgang mit dem Bösen – vom Flüchten bis zum Standhalten und Überwinden. Ein Respektieren, ein Nicht-Verharmlosen des Bösen gehört zu den Grundvoraussetzungen eines gelingenden Umgangs damit. Hierher gehört auch der Umgang mit Tabuisiertem, mit Familiengeheimnissen, die sich im Märchen oft im Symbol eines verbotenen Zimmers finden. Es wird trotz des Verbotes in all diesen Märchen geöffnet und das unter tiefem Erschrecken und nicht geringem Leiden. Aber mit dem Mut, der Wahrheit standzuhalten, wird manches Verdrängte langsam bewusst und auflösbar, so in „Bekennst du", einem norwegischen Märchen, wo der Tote im geöffneten Tabuzimmer der Heldin noch einmal den verdrängten Tod ihres Vaters, den Tod durch Suizid, hilfreich zu Bewusstsein bringt.

Anderswo werden wilde Tiere (wie in dem Grimm'schen Märchen „Die beiden Brüder") zu schützenden Begleittieren für die Jäger, die sie verschonten. Der Wald selber, in dem der Wolf wohnt, kann als verschlingendes Dunkel, aus dem es keinen Ausweg gibt, erlebt werden, aber auch als schützender Raum, wie für Allerleirau, in dem sich die Heldin vor dem sie verfolgenden, begehrenden Vater geschützt weiß, bis die Zeit reif wird für ihre Verwandlung in die vom König umworbene Geliebte.

Auch die Prinzessin, meist eine Verkörperung des sehnsüchtig gesuchten Guten und Schönen, kann – wie in dem Märchen „Die verwünschte Prinzessin" – selbst böse, ja mordlustig sein, wenn ein Freier ihre selbst erfundenen Rätsel nicht zu lösen vermag. Doch schildert sie das Märchen als „verwunschen", also als erlösungsbedürftig und erlösungsfähig. Das wahrhaft Böse ist der Berggeist, der sie beherrscht und von dem sie sich beherrschen lässt. Von ihm muss sie sich ablösen oder ablösen lassen, von dem Mann, der sie liebt. Auch Könige können in diesen Märchen, genau wie Königinnen, bitterböse sein. Mit allen Mitteln sucht der König in „Der Teufel mit den drei goldenen Haaren", den Helden aus dem Weg zu räumen, der aber ein Glückskind ist, sodass selbst des Teufels Großmutter ihm helfen muss.

So können auch Hexen (wie die Baba Yaga), die durchaus furchterregend sind, eine hilfreiche Seite zeigen, wenn man den richtigen Ton im Umgang mit ihnen trifft. Wassilissa, die junge Frau, etwa antwortet auf die Rückfrage, wer sie sei, die ihrem Bereich so nahe gekommen ist: „Ich bin es, Großmütterchen". Darauf zeigt ihr die Baba Yaga auch wirklich ihre großmütterlichen Züge, die sie ja auch hat. Die gute Seite selbst im Gefährlichen zu erkennen und zu wecken: Das ist die hohe Kunst im Umgang mit dem Bösen, so wie sie uns die Märchen lehren und vor Augen führen.

Was ist es eigentlich, das die Märchen das „Böse" nennen? Es ist gewiss noch nicht das, dass die Märchenhelden andauernd verschiedene Verbote übertreten, wie es der Held in „Der goldene Vogel" unentwegt tut, obgleich die Gebote von seinem besten Freund, dem Fuchs, herkommen. Nein, gerade das Übertreten der Verbote bewirkt oftmals Einsicht und Veränderung. Die Märchen der differenzierten Struktur verfolgen keine Schwarz-Weiß-Malerei. Ganz im Gegenteil.

So differenziert das Verständnis des Bösen ist, so differenziert ist auch der Umgang damit, den die Märchen kennen. Einem Drachen kann man nicht mehr gut zureden, da gilt nur die offene Auseinandersetzung. Man muss dazu aber auch die eigene Fähigkeit zur Aggression voll zur Verfügung haben, sonst ist der Drache stärker. Anstelle des direkten Kampfes gibt es aber auch die List, die man auch nur durch Einfühlung in die Absichten des Bösen gewinnt, also letztlich durch den Kontakt mit „bösen" Regungen in einem selber. So kann Gretel die Hexe überlisten, indem sie vorgibt, sie wisse gar nicht, wie man in den Ofen gelangt. Die genervte Hexe muss es ihr vormachen – und Gretel wirft die Ofentüre zu, als sie drinnen ist. Das tapfere Schneiderlein klettert auf einen Baum, als die Riesen ihm nachstellen, hat dadurch Überblick und beginnt, die Riesen mit Steinen zu bewerfen. Außerstande die wahre Ursache zu erkennen, beschuldigen die Riesen einander der Aggression und fallen übereinander her, während das Schneiderlein fein heraus ist. List und Ablenkung gegenüber Riesenaggressionen, wie sie die Riesen darstellen können, sind hier befreiend. Hilft weder Gegengewalt noch List – wenn man die Macht des jeweils Bösen richtig einschätzt samt der eigenen Widerstandskraft –, dann hilft oft nur die Flucht, vor allem die sogenannte „Verwandlungsflucht", die das verfolgende Böse in die Irre leitet. Die Verwandlungsflucht wird notwendig, wenn der Komplex, der als das Böse empfunden wird, so stark ist, dass das gewonnene Bewusstsein vom Bösen sich dem noch nicht zu stellen vermag, ohne in Gefahr zu geraten, selbst wieder vom Komplex verschlungen zu werden. Auch bewusstes Durchleiden, oft in großer Einsamkeit, ist ein Weg, der Verdrängtes, seinerzeit nur als Böses erlebtes, zu verarbeiten verspricht. Bei solchen Themen gewinnen die Märchen der differenzierten Strukturform eine große Tiefe im Wissen um das Leben. Wegen dieses einzigartigen Wissens wohl, in Erzählung gekleidet, die Miterleben, Mitleiden und Freiwerden ermöglicht, wurden diese Märchen wohl durch Jahrhunderte hin immer wieder neu erzählt. Weil man sie brauchte. Wirklich. Weil man sie brauchte.

Klaus Raschzok

„Dem Entsetzen täglich in die Fratze sehen." Max Beckmanns Apokalypse-Illustration von 1941/42

„Im vierten jahre des zweiten weltkrieges, als gesichte des apokalyptischen sehers grauenvolle wirklichkeit wurden, ist dieser druck entstanden", lautet die programmatische Widmung am Ende der 82 Druckseiten umfassenden, in offiziell lediglich 24 Exemplaren gedruckten großformatigen Ausgabe der Offenbarung des Johannes in der Übersetzung Martin Luthers, die 1943 in Frankfurt am Main im Auftrag des Unternehmers und Kunstsammlers Johann Georg Hartmann als Privatdruck in dessen Bauerschen Schriftgießerei für einen ausgewählten kleinen Kreis von regimekritischen befreundeten Honoratioren gefertigt wurde. Und weiter: „Die bilder des buches sind handkolorierte steinzeichnungen von Max Beckmann. Als textschrift fand die von F.H.E. Schneidler entworfene ‚Legende' verwendung."

Johann Georg Hartmann (1870–1954) ging allein schon durch den Widmungstext seines Privatdruckes, der mit 24 offiziellen Exemplaren unter einer Auflage von 25 blieb und damit die Genehmigung der Zensurstelle des Reichspropagandaministeriums unterlief, ein hohes Risiko ein. Dieser Text wie die gesamte Ausgabe durften nicht in die Öffentlichkeit gelangen. Ebenso riskant war, dass Hartmann mit diesem Illustrationsauftrag einen im Amsterdamer Exil lebenden, von den Nationalsozialisten verfemten sogenannten „entarteten" Künstler förderte, dessen Werke aus den deutschen Museen entfernt worden waren und der im Dritten Reich daher quasi mit Berufsverbot belegt war. Der durch Mitglieder des liberalen Frankfurter Bürgertums wie Ernst Holzinger, den Direktor des Frankfurter Städelmuseums, angeregte Auftrag und seine Durchführung in der Bauerschen Schriftgießerei war nur deshalb möglich, weil Johann Georg Hartmann auch während des Zweiten Weltkrieges in seiner Stellung als erfolgreicher Frankfurter Unternehmer unangreifbar gewesen war. So konnte er zum Beispiel in seiner Firma ohne Folgen darauf verzichten, den sogenannten „deutschen Gruß" einzuführen und unterließ auch im Schriftverkehr bewusst die obligat gewordene Grußformel „Heil Hitler". Hartmann zog als Besitzer der Bauerschen Schriftgießerei in Frankfurt am Main namhafte Künstler für die Entwicklung wegweisender Schrifttypen heran und beschäftigte sich mit Buch und Schriftgestaltung. Seine Schriftgießerei entwickelte sich in den 1920er- und 1930er-Jahren zu einem der weltweit führenden Häuser für den Entwurf und Vertrieb neuer Schrifttypen mit Filialen in Barcelona und New York. Der unternehmerische Erfolg ließ Hartmann Raum für Liebhabereien wie die aufwendige Herstellung bibliografischer Bücher, die Teil des Programms der Schriftgießerei wurde, und bildete die Basis für seine mäzenatische Tätigkeit in Frankfurt wie für den Aufbau einer großen privaten Kunstsammlung.

Johann Georg Hartmann ließ Max Beckmann (1884–1950) im April 1941 den Auftrag übermitteln, eine Illustration der Offenbarung des Johannes in Angriff zu nehmen. Der Auftrag erreichte Beckmann in Amsterdam zu einem Zeitpunkt, als der Zweite Weltkrieg bereits große Teile Europas erfasst hatte und Holland von den deutschen Truppen besetzt worden war. Beckmann befand sich zusammen mit seiner Ehefrau Mathilde seit 1937 unter schwierigen finanziellen Bedingungen im Amsterdamer Exil, von wo aus er bis 1940 noch über einen befreundeten Kunsthändler Gemälde in die USA verkaufen konnte und danach auf die Unterstützung durch Freunde und den gelegentlichen Bilderverkauf an holländische Kunstsammler angewiesen war. Der Auftrag zur Illustration der Johannes-Apokalypse ermöglichte Beckmann über das dringend zum Amsterdamer Lebensunterhalt hinaus notwendig benötigte Honorar zugleich, nach Jahren der Abstinenz wieder einmal druckgrafisch zu arbeiten.

Max Beckmann war bereits am 15. April 1933 aus dem Lehramt an der heutigen Städelschule in Frankfurt am Main, an der er seit 1925 tätig war und seit 1929 als Leiter einer Meisterklasse lehrte, entlassen worden. Beckmann übersiedelte daraufhin nach Berlin. Die Präsentationen eigener Arbeiten in Museen, Kunstvereinen und Galerien wurden jedoch zunehmend schwieriger, die Polemik der NS-Presse gegen Beckmann steigerte sich und seine Werke in den Museen wurden sukzessive aus den Schausammlungen entfernt. Beckmann sondierte zunächst eine Auswanderung nach Paris, die sich zerschlug. 1937 wurden dann in der Aktion „Entartete Kunst“ 590 Arbeiten Beckmanns aus deutschen Museen beschlagnahmt, darunter 28 Gemälde. Beckmann suchte einen Tag nach Hitlers Rede zur Eröffnung des Hauses der Deutschen Kunst in München am 18. Juli 1937 mit seiner Frau Zuflucht in Amsterdam. Nach der Besetzung Hollands durch deutsche Truppen im Mai 1940 konnte er auch dort nur im Verborgenen arbeiten und hatte Sorge, zum Militärdienst eingezogen oder mit seiner Ehefrau nach Deutschland deportiert zu werden. Außerdem setzte ihm sein Herzleiden zu. Dennoch arbeitete Beckmann zurückgezogen in seinem Atelier am Amsterdamer Rokin, einem ehemaligen Tabakspeicher, unermüdlich an seinen Bildern. Beckmann gelang dort wie nur wenigen Künstlern unter den extremen Bedingungen der NS-Zeit und des Zweiten Weltkrieges, mit einer nicht nachlassender Intensität produktiv zu sein.

Wie Beckmann den Zweiten Weltkrieg erlebte, lassen seine Eintragungen aus dem Jahr 1940 im Tagebuch erkennen. Am 4. Mai 1940 eröffnet der Künstler einen neuen Band mit den Worten: „Dieses neue Heft beginne ich im Stadium der vollkommensten Unsicherheit über meine Existenz und den Zustand unseres Planeten. Chaos und Unordnung wohin man blickt. – Völlige Undurchsichtigkeit der politischen, kriegerischen Angelegenheiten [...]“[21]. Und am 9. September 1940 trägt er ein: „Leiser Tod und Brand um mich her, und ich lebe immer noch. [...] Ich muß leben, scheinbar, und bin zum Leben verurteilt von irgendeiner unbekannten Kraft, die das für nötig findet.“[22]

Bei Hartmanns Hilfsaktion für Beckmann spielt der deutsche Kunsthistoriker Erhard Göpel (1906–1966) eine wichtige Rolle als ständiger Verbindungsmann und heimlicher Kurier. Göpel war Mitarbeiter der Dresdner Gemäldegalerie Hans Posse, die von Hitler den Sonderauftrag erhalten hatte, durch Ankäufe und Beutegut das sogenannte „Führermuseum“ in Linz aufzubauen. Erhard Göpel hielt sich in dieser Mission häufig in Amsterdam auf und nutzte dies zur Kontaktaufnahme zu Beckmann, den er 1932 in Paris kennengelernt hatte. Johann Georg Hartmann wünschte sich für die Apokalypse-Illustration Visionen der kriegerischen Gegenwart. Max Beckmann habe dies, so Göpel, abgelehnt und diesem gegenüber erklärt: „Tag und Nacht verfolgen mich, angestoßen von einem surrenden Flieger, einer Nachricht über eine Verhaftung, einer Verschleppung, Phantasien dieser Art, sie würden mich überwältigen, versuchte ich ihnen mit dem Stift zu Leibe zu rücken.“[23]

In der Beckmann-Apokalypse finden sich daher keine unmittelbaren Anspielungen auf den Krieg oder die Umwelt des Künstlers in Amsterdam.

Vielmehr stellt die Notwendigkeit der Transformation in Beckmanns private Mythologie und Bildwelt den ersten Schritt einer Bewältigung der kriegsbedingt bedrängenden Situation des Künstlers dar. „Ohne ein gedeihliches Umfeld, ohne ausreichende materielle Basis, als Ausländer ohne Sicherheit vor den holländischen Behörden, durchlitt Beckmann zusammen mit seiner Frau Quappi entbehrungsreiche Jahre in Amsterdam. Deutsche Besatzung, Bombengefahr, beginnende Herzkrankheit – eine verzweifelte Lage nahmen die wenigen Personen wahr, die noch Kontakt zu Beckmann hielten. So kann es als eine noble Geste gewertet werden, dass Hartman den Künstler um die Illustrationen bat. Wenn man Beckmanns zahlreiche Tagebucheinträge zur Apokalypse liest, kann man sich des Gefühls nicht erwehren, dass der Maler zwar den Auftrag annahm, aber eine solche Aufgabe ganz anders zu lösen gedachte, als sich Hartmann dies vielleicht wünschte. Denn er war nicht willens, den Text so zu behandeln, dass ein Kommentar zur konkreten politischen Situation entstanden wäre „[...] Vielmehr ordnete er das Zeitgeschehen in große Zusammenhänge ein, die symbolisch-allegorische Gestaltungen erforderten. Offensichtlich hat Hartmann diesen Eigenwillen des Künstlers letztlich akzeptiert. Aber für Beckmann gab es noch ein anderes Hindernis, diesen Auftrag zu seiner ureigenen Sache zu machen, nämlich die vorgeschlagene Kolorierung. Diese empfand er als eine Last.“[24] Über die Höhe des Honorars ist nichts bekannt. Vorstellbar wäre wie für den Folgeauftrag zur Illustration von Goethes „Faust II“ eine Summe von 12 000 Mark, was dem Jahresgehalt des Direktors des Städel-Instituts entsprochen hätte.

Beckmann lieferte zunächst die zeichnerischen Entwürfe für 27 Einzelblätter zu Szenen des biblischen Textes. Er fertigte die Zeichnungen auf oberflächenpräpariertem Umdruck-Papier, das für die in Frankfurt am Main vorgenommene Übertragung auf den lithografischen Stein geeignet war. Beckmann wandte diese Umdruck-Technik erstmals 1919 bei den Arbeiten für die Mappe „Die Hölle“ an. Der Eindruck des Textes in die mit der Hand hergestellten Lithografien erfolgte in Buchdruck, anschließend erfuhren die Blätter ihre Kolorierung mittels Aquarellfarben.[25] Beckmann fertigte dazu ein Muster-Exemplar an, seine Ehefrau Mathilde unterstützte ihn mit der Kolorierung einiger weiterer Exemplare.[26] Die Kolorierung der Blätter geriet unter Beckmanns Hand zu einer jeweiligen Neuinterpretation der Motive. Beckmann tat sich schwer, diese Arbeit als mechanische Wiederholung auszuführen, sondern war sofort wieder in eine neue bildnerische Deutung verstrickt.[27] Die kolorierten Bögen wurden durch Erhard Göpel Ende Januar oder Anfang Februar 1943 nach Frankfurt gebracht und dienten der Frankfurter Werkstatt als Prototyp, nach dessen Vorbild die farbliche Fassung der weiteren Lithografien durch dazu beauftragte Frankfurter Künstlerinnen hergestellt wurde.[28] Die ersten gebundenen Exemplare konnten schließlich am 16.2.1943 an die Empfänger ausgehändigt werden.[29]

„Der mit Berufsverbot belegte, zunächst nach Amsterdam geflüchtete, dann nach der Besetzung zudem in die innere Immigration getriebene Beckmann antwortet hier mit künstlerischen Mitteln auf eine historische Katastrophe, die ihn selbst zu verschlingen droht. Ebenso wie seine Auftraggeber demonstriert er eine Form von Mut und Selbstentschlossenheit, die in dieser Zeit bei nur wenigen zu finden ist. Die destruktiven Folgen der nationalsozialistischen Zwangsherrschaft, das der biblischen Überlieferung entlehnte Thema des Weltgerichts und der existenzielle Einsatz der Protagonisten durchdringen sich hier in einer denkwürdigen Form."[30]

Künstlerische Ansätze zur Bewältigung des Bösen im Werk Max Beckmanns finden sich bereits im Zusammenhang des Ersten Weltkriegs, über den Beckmann 1918 im Rückblick schreibt: „Jetzt haben wir vier Jahre dem Entsetzen täglich in die Fratze gesehen."[31] Beckmann stand mit diesen Worten am Ende eines Weges, der mit völlig anderen Erwartungen begann. Zunächst übte der Krieg eine tiefe Faszination auf Beckmann aus. Ein „wildes, fast böses Lustgefühl, so mitten zwischen Tod und Leben zu stehen"[32], schrieb er am 4.5.1915 in einem Feldpostbrief an seine erste Ehefrau. Der Krieg wurde von ihm verstanden als ins Extrem gesteigerte „Erscheinungsform des Lebens, wie Liebe, Krankheit und Wollust. Und genau so, wie ich ungewollt und gewollt der Angst, der Krankheit und der Wollust, Liebe und Haß nachgehe, nun, so versuche ich es eben jetzt mit dem Krieg"[33], notierte er am 24.5.1915 in einem Brief. Beckmann hatte sich als Kriegsfreiwilliger gemeldet und wurde, da er über keine militärische Ausbildung verfügte, als Sanitäter an der Ostfront und später an der Westfront in Belgien eingesetzt. Er arbeitete in einem Typhus-Lazarett, später dann in einem Operationssaal. Beckmann war zunächst fasziniert von der angesichts des Todes gesteigerten Lebensintensität und verstand den Krieg als Stoff-Lieferant für die Kunst: „Fabelhafte Sachen sah ich. In dem halbdunklen Unterstand halbentkleidete, blutüberströmte Männer, denen die weißen Verbände angelegt wurden. Groß und schmerzlich im Ausdruck."[34] Aber die schrecklichen Ereignisse setzten ihm zu, und Beckmann hielt dem Grauen des Krieges auf Dauer psychisch nicht stand. Im Spätsommer 1915 erlitt der Künstler einen psychischen Zusammenbruch und wurde nach einem Sanatoriumsaufenthalt aus dem Kriegsdienst entlassen. Die Folge war ein tiefgreifender Wandel in Beckmanns Bildsprache. Seine durch die Bewältigung der Kriegserlebnisse ausgelöste Suche nach einer neuen Möglichkeit des Ausdrucks begann zunächst in der Grafik und wurde erst später auf die Malerei übertragen. Auch die Ehe mit Minna Tube zerbrach und Beckmann kehrte nicht mehr nach Berlin zurück, sondern siedelte nach Frankfurt am Main über.

Max Beckmann bewältigte insbesondere durch die Gleichsetzung mit dem gekreuzigten und auferstandenen Christus die durch die persönliche Teilnahme am Ersten Weltkrieg ausgelöste tiefe Lebenskrise und gelangte durch ihre Bewältigung hindurch zu einer neuen künstlerischen Ausdruckssprache.[35] Die Erfahrung des Krieges zerstörte Beckmanns an Nietzsche orientiertes vitalistisches Menschen- und Weltbild. Die grausame Wirklichkeit holte ihn ein und zeigte, dass der Kampf nicht der Stärkung und Bewährung des Mannes diente, sondern Menschen auf sinnlose Weise verstümmelte und zerstörte. Schlüsselbild ist das 1918/1919 entstandene Gemälde „Die Nacht". Auf symbolische Weise wird die Bewältigung dieses Umbruches mit Hilfe der Christusgleichgestaltung dokumentiert. Das Bild zeigt den brutalen nächtlichen Überfall einer Verbrecherbande auf eine in einer Dachkammer wohnende bürgerliche Familie. Der Familienvater wird, auf dem Tisch sitzend, brutal erdrosselt, die Frau geschändet und über den Tisch hinweg an das Fensterkreuz gebunden, das Kind wird entführt. Beckmann leiht dem Familienvater seine eigenen Züge, gestaltet aber zugleich das Opfer durch die Art der Bekleidung, durch das zerknitterte Leinentuch, die Körperhaltung sowie die dem Betrachter zugewiesene Passionshand in Analogie zum Christustypus der Kreuzabnahme und vollzieht damit seinen Umbruch hin zu einer neuen, privaten, vom Künstler zu entwickelnden Mythologie, bei dem er sich aus dem traditionellen Kontext der christlichen Ikonografie löst. „Die Nacht" kann als erster Versuch, neue Metaphern zu schaffen, gewertet werden. Der Künstler vollzieht hier sein eigenes notwendiges Sterben. Er gestaltet, wie er selbst ein spätes Opfer des Krieges wird und wie das miterlebte Leiden und das maßlose Sterben ihn zerrüttet haben, damit er über seine bisherige beschränkte und narzisstische Haltung hinauswachsen kann. Die Christusgleichsetzung macht dabei den Tod seines alten Menschen ohne die endgültige Vernichtung der Person anschaulich. Im „Selbstbildnis als Clown" dann 1920 begegnet der durch den Tod hindurchgeschrittene Künstler in der Rolle des auf einem Sessel thronenden Clowns. Stirnlocke und Passionshand sind die wiederkehrenden Zeichen des Opfers der „Nacht". Damit hat Beckmann den Durchgang bewältigt, und sein unbeholfener Handgestus gleicht dem des segnenden Salvator Mundi. Beckmann hat malend seine Krise überwunden und dadurch an Würde zurückgewonnen, auch wenn es nur die eines Harlekins ist.

Die bedrängenden Kriegserlebnisse aus dem Ersten Weltkrieg werden im Amsterdamer Exil wieder wachgerufen. Beckmann erlebt den neuen Krieg als weitere Bedrohung seiner gesamten Existenz und bietet ein Bündel künstlerischer Strategien wie seine eigenständige Bildwelt, die Identifikation mit den biblischen Figuren, ein spezifisches Lektüreverfahren und eine erneute künstlerische Innovation dagegen auf.

Zu Beckmanns Lektüreverfahren gehört, dass er die großen Werke der Weltliteratur so durcharbeitete, „als befände er sich mit ihnen und ihren Verfassern in einem permanenten, zuweilen über Jahrzehnte sich hinziehenden Dialog, der vor allem dazu diente, sich selbst über die Welt und die Götter und die Menschen klar zu werden.“[36] Unterstreichungen, Randbemerkungen, eingefügte Skizzen und Vignetten unterstützen dieses Verfahren. In dieser Weise gestalteten sich auch die Vorarbeiten zur Apokalypse-Illustration. Sie finden sich in Beckmanns Bibliothek im vierten Band von „Die heiligen Schriften des Alten und Neuen Bundes deutsch von Martin Luther“, in München und Leipzig 1910 bei Georg Müller erschienen, im Text der Offenbarung des Johannes. Teilweise legte Beckmann Skizzen in Kohle als eigenständige Bildschicht über einzelne Textstellen. So geht die intensive Lektüre der Offenbarung des Johannes in der Luther-Übersetzung der Arbeit am Illustrationsauftrag voraus. Der gesamten Apokalypse-Illustration Beckmanns eignet ein gewisser Selbstbildnischarakter. Immer wieder taucht der Maler Max Beckmann von der Titelvignette an in diesem Zyklus und seiner Bilderwelt als Seher Johannes auf und trägt der Künstler die eigene Physiognomie in die Zeichnungen ein. Der Seher Johannes wird für Beckmann zum Prototyp des Künstlers. Innovativ für Beckmann sind die farbigen Blätter zur Apokalypse. Beckmanns Druckgrafik war bis dahin in der Regel unkoloriert und kannte lediglich Abzüge auf farbigem Papier, die Apokalypse dagegen ist von vornherein koloriert gedacht. Kolorierte Druckgrafik war bei Beckmann lediglich für den privaten Gebrauch bestimmt. Die Apokalypse-Illustrationen sind, so Beckmanns Sohn Peter Beckmann, zu verstehen als „Dokument seiner Treue und seiner Hoffnung. Zeugnisse einer schöpferischen Pause in der täglichen Arbeit. Es entsteht ein Bildbericht seiner inneren Welt im Spiegel der Offenbarung des Johannes, mit dem Beckmann sich identifiziert. Er ist der Mensch unter dem Thron Gottes. Er ist der Tote, dem die Krone des Lebens gegeben wird. Er ist der, den der Engel tröstet.“[37]

Die Visionen des Sehers Johannes sprechen Beckmann unmittelbar an, der bereits 1938 in seiner sogenannten Londoner Rede formuliert hatte: „Belastet – oder begnadet – mit einer furchtbaren vitalen Sinnlichkeit muß ich die Weisheit mit den Augen suchen [...] Alles Zerebrale und Transcendente bindet sich in der Malerei mit einer ununterbrochenen Arbeit des Sehens."[38] Es entsteht eine innerseelische Abbildung des Bösen. Der Apokalypse-Zyklus zeigt daher nicht vordergründig das Böse der nationalsozialistischen Herrschaft und des menschenverachtenden Krieges, sondern dessen innerseelische Abbildung, und enthält daher keine direkten Bezüge zum realen Leben. Vielmehr durchdringen sich die Ebenen von Traum und Realität, Vision und Wirklichkeit. Für das neue zeichnerische Konzept verlässt Beckmann die geschlossene Bildwelt seiner Malerei und entwickelt einen neuen und eigenständigen Illustrationsstil an der Grenze zur Karikatur.

„Gefüttert von den Vorstellungen der Kriegsschauplätze Europas wachsen sich die Bilder zum Bilderbogen der Apokalypse aus."[39] Das Böse erfährt Beckmann als abgründige Bedrohung, die er durch den Nationalsozialismus in seiner künstlerischen Existenz und dann im Amsterdamer Exil durch den vom nationalsozialistischen Deutschland entfachten Krieg spürt, vor allem nach der Besetzung Hollands durch die deutschen Truppen 1940. Die beobachtete Deportation jüdischer Bürger in Konzentrationslager, die miterlebten Verhaftungen durch die Gestapo, die Besatzer-Willkür deutscher Truppen gegenüber holländischen Bürgern, die alliierten Bombenangriffe auf Amsterdam und die Sorge, selbst zum Militärdienst eingezogen oder mit seiner Ehefrau nach Deutschland deportiert zu werden, setzen Beckmann erheblich psychisch zu. Plastisch werden die Amsterdamer Bedrängnisse in der Schilderung von Mathilde Q. Beckmann, der zweiten Ehefrau des Künstlers. Sie berichtet von einem Erholungsaufenthalt im holländischen Laaren:

„Wegen Sabotage gegen die Nazis befahlen die deutschen Besatzungstruppen, daß sich nicht mehr als fünf Leute auf der Straße versammeln dürften. Vom Hotel aus sahen wir eines Tages beim Mittagessen aus dem Fenster des Speisesaals fünf Personen in einer Gruppe zusammenstehen und sich unterhalten. Eine sechste – eine Frau – kam dazu. Plötzlich hörten wir Schüsse und sahen die Frau zu Boden stürzen, sie war sofort tot. Max wurde kreideweiß, seine Augen waren voller Wut, sein Gesichtsausdruck war der eines zum Sprung bereiten Tigers. Aber es gab nichts, was man hätte tun können."[40] „Je länger der Krieg dauerte, umso schlechter wurden die Bedingungen, unter denen wir lebten. Max hatte ein Herzleiden, das sich in Amsterdam entwickelt hatte, aber trotz dieses Leidens und trotz mancher anderer Widrigkeiten arbeitete er härter als je zuvor."[41] Mathilde Beckmann berichtet von Begegnungen mit der Gestapo, die Nachbarn verhaftet.[42] „Eine der schlimmsten Erfahrungen jener elenden Jahre war der Gestellungsbefehl, den Max von der deutschen Besatzungsarmee erhielt. Dreimal sollte er eingezogen werden – das letzte Mal war er schon über sechzig. Max und ich waren durch diese Vorladungen jedesmal der Verzweiflung nahe. Wir wußten, daß dies für ihn schier unerträglich sein würde, nicht nur physisch, sondern auch seelisch, weil Max den Krieg haßte und weil dieser Krieg ein Verbrechen des Hitler-Regimes war. Die Wochen, in denen wir auf den Tag warteten, an dem er zur militärärztlichen Untersuchung erscheinen mußte, waren kaum zu ertragen. Aber er wurde jedesmal wegen seines Herzleidens, das sich zu Beginn des Jahres 1942 entwickelt hatte, wieder nach Hause geschickt. Die Lebensbedingungen in Holland verschlechterten sich. Die Gestapo arbeitete verbissener denn je."[43]

Wer sich wie Beckmann dem Durchgang durch das Böse stellt und wagt, ihm – wie Beckmann 1918 schreibt – in die „Fratze" zu sehen, kommt als Veränderter heraus. Dieser Durchgang durch das Böse ist bei Max Beckmann sowohl im Gefolge des Ersten wie des Zweiten Weltkrieges verknüpft mit einer Veränderung in den künstlerischen Ausdrucksmitteln. 1918/19 vollzieht sich der Wechsel von der bisherigen Monumentalmalerei zum an spätmittelalterlichen Vorbildern orientierten, aber deren Perspektivik aufsprengenden Malstil, 1941/42 mit der Hinwendung zur Karikatur bzw. zum Cartoon oder Comic.

An Beckmanns Bildwelt wird ablesbar, welche Spuren das Böse in der innerseelischen Bildwelt hinterlässt. Beckmann greift einzelne Motive der Offenbarung des Johannes heraus, wie zum Beispiel das Lamm mit den sieben Siegeln, die apokalyptischen Reiter, die Thronvision, die Hure Babylon, den Weltenrichter oder das Motiv der Krone des Lebens.

Mit der Illustration zu Offb 21 zeigt Beckmann, dass das Böse nicht die Überhand behalten und Gott einst die Tränen abwischen wird. Das Einzelblatt zeigt den die Tränen abwischenden christomorphen Engel am Bett des Malers kniend.[44]

Beckmanns Apokalypse-Motive werden bestimmt von einer Mischung aus Textgenauigkeit und freier Interpretation. Die großformatigen Blätter beziehen sich neben der Titelvignette auf das Lamm Offb 5, 67, die vier apokalyptischen Reiter, an Beckmanns Fenster vorüberziehend Offb 6, 18, die Eröffnung der sieben Siegel Offb 8, 113, den zur Erde fallenden Stern mit den riesigen Heuschrecken Offb 9, 112, den Schwur des Engels mit zwei Engeln, die den Zeiger einer gelben Uhr auf 12 halten Offb 10, 67, die zwei Zeugen mit Ölbäumen und Fackeln Offb 11, 313, die Vision vom schwangeren Weib Offb 12, 117, das Tier und die falschen Propheten Offb 13, 118, den Menschensohn auf der Wolke Offb 14, 1316, die sieben Engel und die sieben Plagen Offb 15,

1 und 16,1, die große Hure Offb 17, 36, die erste eschatologische Schlacht mit dem Richtenden Offb 19, 1121, die Seelen der um des Wortes Gottes Enthaupteten Offb 20,4, das Weltgericht Offb 20, 1113, den Trost Gottes Offb 21,4 und den Engel, der Johannes das himmlische Jerusalem Offb 22,1 zeigt. Dabei handelt es sich um eine wechselnde Folge ganzseitiger und kleiner, in den Text verflochtener Bilder. Beckmann nimmt bei der Auswahl eine eigene Schwerpunktsetzung vor. Zum Teil werden auseinanderliegende Textstellen zusammengefasst. Beckmann setzt der mächtigen Bildwelt des biblischen Textes Teilaspekte in äußerst knapper, prägnanter Form entgegen. Zum Teil nimmt er bildhafte Redewendungen wörtlich und überführt sie ins Bild.

Beckmann transformiert auf diese Weise seine persönliche Konfrontation mit dem Bösen, die er aus der Perspektive des Amsterdamer Exils erlebt, mittels der Bildwelt des Textes der Johannes-Apokalypse in eine persönliche mythologische Bildwelt und setzt sich selbst in diese hinein. Die Verschmelzung von biblischem Text, christlicher Ikonografie und persönlichem Erleben zu einer neuen Einheit in einer individuellen Bildfindung ermöglicht eine Bewältigung des für ihn Bedrohlich-Bösen, das jedoch bereits die Züge der unmittelbaren politischen Realität abgestreift hat. Damit begegnet in Beckmanns Apokalypse ein künstlerisches Verfahren als Mittel der Bewältigung des Bösen, dem bereits auf der Ebene der Zeichnung das Ende angesagt ist. Wie 1918 im Gefolge des Ersten Weltkriegs postuliert, hatte Max Beckmann auch im Zweiten Weltkrieg dem unmittelbar die eigene Existenz berührenden Bösen dadurch standhalten können, dass er wagte, dem Entsetzen „täglich in die Fratze" zu sehen, um es zu überwinden.

Jens Jessen

Das kosmische Vergehen
Andrei Kontschalowskis Film „Paradies" über den Holocaust

Wahrscheinlich wird er über die Welt der Programmkinos nicht hinauskommen, aber anzuzeigen ist ein höchst erstaunlicher, nahezu perfekter, vor allem perfekt und anmutig ausbalancierter Film, den der russische Meisterregisseur

Andrei Kontschalowski über den Holocaust gedreht hat. In Venedig erhielt er letztes Jahr den Silbernen Löwen, kurz darauf wurde er für den Oscar nominiert, „Paradies" lautet sein befremdlicher Titel. Sind wir jetzt so weit? Darf es einen anmutig ausbalancierten Film, noch dazu in nostalgischem Schwarz-Weiß und mit gleichnishaften Zügen, über den Judenmord der Nazis geben?

Freilich spricht manches dafür, dass der Holocaust schon des Längeren seinen präzisen Ort – das Skandalon seiner historischen Tatsächlichkeit – verloren hat und in den internationalen Mythenschatz der Menschheit übergegangen ist, aus dem sich Künstler jederzeit bedienen können. Kürzlich erst hat der englische Romancier Martin Amis ein Liebesdrama vor den Leichenbergen eines Konzentrationslagers entfaltet, Quentin Tarantino mit seinen „Inglourious Basterds" die blutrünstige Fiktion einer jüdischen Rache ins Kino gebracht und einige Jahre zuvor der amerikanische Franzose Jonathan Littell die zweibändige Einfühlung in die Gedankenwelt eines SS-Mannes der verstörten Öffentlichkeit unterbreitet. Die Öffentlichkeit hat sich inzwischen schon wieder beruhigt. Sie wird damit leben, dass sich auch der Holocaust für Kitsch, Comics, Splattermovies und frivole Gedankenspiele eignet. Die Zeit der skrupulösen, ästhetisch enthaltsamen, dokumentarisch keuschen Annäherungen eines Claude Lanzmann oder Marcel Ophüls, deren Entsetzen nur im Hintergrund vibrierte, sind vorüber.

Nicht ganz vorüber allerdings für Kontschalowski. In Spielszenen zeigt er einen französischen Kollaborateur (Philippe Duquesne), eine judenrettende russische Gräfin im Pariser Exil (Julia Wisotskaja) und einen hitlergläubigen SS-Offizier (Christian Clauß), der, um Widersprüche unbesorgt, in Liebe zu dieser Gräfin entbrannt ist.

Dazwischen befinden sich quasidokumentarische Verhörszenen, in denen die Protagonisten ihr Leben beichten müssen, als seien sie nach Kriegsende vor ein alliiertes Militärgericht geraten oder, ärger noch, Jahre später vor die Kamera des milde, aber unerbittlich fragenden Marcel Ophüls. Der Kollaborateur und der SS Mann bestreiten selbstverständlich, das kennt man von Ophüls' echten Zeugen, jede Schuld. Nur und ausgerechnet die russische Gräfin, die doch Juden zu retten versucht hat, ist verzweifelt und voller Selbstvorwürfe.

Befremdlicherweise sind jedoch diese Figuren zu dem Zeitpunkt ihres Rückblicks längst tot, der Franzose von der Résistance hingerichtet, die Russin anstelle einer Jüdin im KZ ermordet, der Deutsche bei der alliierten Eroberung des Lagers umgekommen (vielleicht auch von eigener Hand). Wo und wann finden die Verhöre also statt? Zunächst natürlich: im Film. Die Figuren werden vor den Richterstuhl des Regisseurs gezerrt. Indes, und hier beginnt die bizarre, fast atemberaubende Provokation des Films, muss man nicht notwendig von diesem Bruch der Fiktion ausgehen, einem Wechsel der Erzählebene. Es könnte auch so sein, dass die Ebene zwar wechselt – aber nur vom Diesseits ins Jenseits. Die Figuren, mit anderen Worten, plötzlich vor dem Jüngsten Gericht stehen.

Wann hätte es das je gegeben, in der jüngeren Film- oder Literaturgeschichte, dass sich Menschen vor dem ewigen Richterstuhl verantworten müssen? Nachdem die Russin zu Ende gebeichtet hat, als Einzige verzweifelt und unter Tränen, hört man eine Stimme aus dem Off: „Sei unbesorgt. Du hast nichts zu fürchten." Die Stimme Gottes oder eines himmlischen Generalstaatsanwaltes? Und was haben die anderen zu fürchten? Hölle und ewige Verdammnis? Der Titel des Filmes, der sich zunächst sarkastisch auf das „deutsche Paradies" der Nazis zu beziehen schien, von dem der SS-Mann in fanatischer Verzückung fantasiert, erhält plötzlich eine kindliche, fromme Buchstäblichkeit. Der Judenretterin wird das Paradies versprochen.

In diesem Film lässt sich die christliche Vorstellungswelt, anders als etwa in Martin Scorseses „Silence", nicht auf die Figurenpsyche abschieben. Kontschalowskis Figuren sind gar nicht religiös; sie geraten nur in den religiösen Deutungsrahmen des Regisseurs. Gewiefte Interpreten werden daher, um das Christliche wegzuerklären, die himmlische Stimme aus dem Off mit der Meinung des Regisseurs identifizieren, der über seine Figuren richtet.

Das wäre natürlich auch nicht falsch – nur ganz gegen den Atem und Geist des Films. Kontschalowski ist ein Profi, ein wirklich abgebrüht raffinierter Künstler, der genau weiß, wie man etwas suggeriert, ohne es zu plakatieren. Man versteht als Zuschauer nur zu gut, dass dem Regisseur der Holocaust mehr als ein Verbrechen ist, nämlich ein kosmisches Vergehen, das auf Erden nicht angemessen zu sühnen ist. Es schreit zum Himmel – und dort wird der Schrei gehört.

Damit erreicht der Film einen ungeheuerlichen Ernst, der alles übertrifft und degradiert, was in letzter Zeit sonst so am deutschen Judenmord sein künstlerisches Mütchen gekühlt (beziehungsweise erhitzt) hat. Und alle, die sich die Pointe vom Leibe halten wollen, seien gewarnt: Sie werden die Bilder nicht mehr aus dem Kopf bekommen, vor allem die Gesichter der Hauptdarsteller nicht, die von dem Regisseur zu ungeheurer Intensität geführt werden: der kaum bekannte Christian Clauß vom Dresdner Schauspiel ebenso wie Julia Wisotskaja (mit der Kontschalowski seit 1988 verheiratet ist). Namentlich sie, die an sich selbst verzweifelte Märtyrerin, die mit dem kahl rasierten Schädel, mit dem sie ins Gas geschickt wurde, vor dem Jüngsten Gericht sitzt, wird uns nicht mehr verlassen.

II. SPANNWEITE IN WISSENSCHAFT UND GESELLSCHAFT

Thomas Auchter

Zur Psychoanalyse des „Bösen"

Seit es Menschen gibt, gibt es auch das Böse zwischen ihnen (und das Gute) und das Bemühen, dieses Böse in den Griff zu bekommen oder wenigstens einzugrenzen. Sicher nicht ohne Grund steht die Erzählung von Kain und Abel, dem ersten von unzähligen Brudermorden in der Geschichte des Menschen, ziemlich am Anfang der Bibel. Kain erschlägt seinen jüngeren Bruder Abel, weil er sich von Jahwe nicht hinreichend anerkannt und geliebt fühlt und eifersüchtig auf seinen von Gott-Vater bevorzugten Bruder ist. Er tötet also wegen einer narzisstischen Kränkung.

Von Beginn an besteht im Menschen aber auch die Tendenz, sich dadurch vom Bösen zu befreien, dass man es anderen in die Schuhe schiebt. Auch davon erzählt die Bibel. Von Jahwe angesprochen weist Adam alle seine Schuld auf Eva: ‚Die hat mir die Paradiesfrucht gegeben'. Eva wiederum verschiebt all ihre Schuld auf die Schlange: ‚Die hat mich verführt'! Bei Kain setzt sich dann das Abspalten und Verleugnen der eigenen Verantwortung fort: ‚Ich weiß nichts. Bin ich denn der Hüter meines Bruders'?

Zu den menschlichen Bemühungen der Abspaltung und Projektion des ‚fremden eigenen Bösen' gehört auch die Erfindung der Dämonen und des Teufels. Sigmund Freud schrieb 1930 dazu: „Denn die Kindlein, sie hören es nicht gerne, wenn die angeborene Neigung des Menschen zum ‚Bösen', zur Aggression, Destruktion und damit auch zur Grausamkeit erwähnt wird". Eine andere Formulierung der Distanzierung vom eigenen Bösen ist das Wort ‚unmenschlich'. Aber kein Tier geht derart böse und grausam mit Artgenossen um wie der Mensch!

In der Genesis finden wir auch die Feststellung: „Ist doch das Trachten des menschlichen Herzens böse von Jugend auf". Und der Prophet Micha (ca. 721 v. Chr.) stellt ungeschminkt fest: Die Menschen, „sie alle lauern auf Blut und stellen einer dem anderen Fallen. [...] Vertraue keiner auf seinen Nachbarn. Verlasse sich keiner auf seine sogenannten Freunde [...] Des Menschen Feinde sind die eigenen Hausgenossen". Wie wenig sich daran in über 2000 Jahren menschlicher Weiterentwicklung geändert hat, stellt die Gewaltkommission der Bundesregierung 1989 fest: Die Gewalt in Familien sei die ‚am meisten verbreitete Form der Gewalt'.

Das ‚Böse' in Form von Gewalt oder destruktiver Aggression lässt sich definieren als ein Verhalten, das beeinträchtigt, schädigt, verletzt und/oder zerstört. Das machtvolle destruktive Einwirken auf einen anderen kann sich in körperlicher (zum Beispiel: Schlagen, Stoßen, Treten, Würgen, Bewerfen, Misshandeln, Ruhigstellen durch Medikamente und vieles andere mehr) ebenso wie in seelischer Form (beispielsweise Drohen, Entwerten, Entmündigen, Nichtbeachten, Nichthinhören, absichtliches Missverstehen, Vergessen, Anschweigen, Schuldgefühle-Einreden und anderes mehr) vollziehen. Gewalt vermag sich in aktivem Handeln ebenso wie in passivem Verhalten auszudrücken (zum Beispiel: durch Alleinlassen, Nichthinschauen, Totschweigen oder Verweigern der Elternfunktion). In den Lebensberichten von Patientinnen und Patienten ist immer wieder am berührendsten, wenn sie davon berichten, dass ihre Eltern ‚zur Strafe' stundenlang, tagelang, ja bisweilen wochenlang nicht mit ihnen gesprochen haben, und welche Qual dieses Schweigen als Ausdruck der Nichtbeziehung für die Kinder darstellte.

Neben der Vielfalt massiver und offensichtlicher böser Gewalttaten, gibt es eine ganze Palette versteckter kleiner Bosheiten, mit denen wir unsere Mitmenschen malträtieren und ihnen das Leben zur Hölle machen können. Jean-Paul Sartre formuliert entsprechend in seinem Drama „Bei geschlossenen Türen" („Huis clos"): „Also dies ist die Hölle... Ihr entsinnt Euch: Schwefel, Scheiterhaufen, Bratrost... Ach, ein Witz! Kein Rost erforderlich, die Hölle, das sind die anderen".

Am perfidesten ist es, wenn sich das Böse mit dem Mäntelchen des Guten maskiert: ‚Wir haben nichts gegen Migranten. Aber die Flüchtlinge sind doch in ihren Heimatländern am besten aufgehoben. Auch ihren Glauben können sie dort am besten ausüben. Die deutsche Kultur tut ihnen nicht gut'! Auch der sogenannte Islamische Staat bedient sich dieser Verschleierung bei seinem Dschihad gegen alle ‚Ungläubigen'. Schon im 17. Jahrhundert vermerkte der französische Philosoph Blaise Pascal: „Niemals tut man Böses so vollkommen und freudig, als wenn man es im Einklang mit seinem Gewissen tut".

Dass es das Böse gibt, ist also unbestreitbar.
Die entscheidende Frage ist:
Warum gibt es das Böse
und woher kommt es?

Der Begründer der Psychoanalyse Sigmund Freud geht bekanntlich von einer angeborenen Tendenz zur Destruktion (‚Todestrieb') aus. Einer Auffassung, der die meisten Psychoanalytiker nicht folgen können. Böse Gewalt resultiert nicht nur aus einer missglückten Beziehung, sondern manifestiert sich in der Regel auch in einer Beziehung, entweder zu jemand anderem oder zu sich selbst. Gewalt verletzt die Integrität und die Selbstbestimmung des Opfers und richtet sich gegen die Entfaltung und Verwirklichung von lebendiger Eigenbewegung. Sie ist beim Opfer mit Empfindungen von Überwältigt- Sein, Erniedrigt- Sein, Gedemütigt- Sein, Beschämt- Sein, Ohnmacht und Hilflosigkeit verknüpft. Auch wenn äußerlich betrachtet eine Gewalttat ein Beweis für Stärke, Macht und Überlegenheit des Täters zu sein scheint, ist sie aus psychologischer Sicht immer zugleich ein Ausdruck seiner häufig unbewusst erlebten Schwäche, Ohnmacht, Unterlegenheit, Verunsicherung, Angst oder Minderwertigkeit. Jugendliche zum Beispiel brauchen sich für kurze Zeit nicht mehr überflüssig oder hilflos zu fühlen, wenn sie durch eine Gewalttat für einen Moment direkt machtvoll wirken können oder beispielsweise Medienaufmerksamkeit erregen.

Jemand, der sich seiner selbst
und seiner Sache sicher ist,
benötigt keine Gewalt.

Ödipus wird zum Vatermörder, weil seine Eltern ihn als Säugling verstoßen, ihm die Füße durchstechen und ihn in der Wüste aussetzen lassen, damit er stirbt. Den Beginn der späteren tragischen Gewalttätigkeit von Ödipus bildet also das leibhaftige Erleiden von traumatischer körperlicher und seelischer Gewalt, tödlicher Bedrohung seines Selbst durch seine eigenen Eltern. Und diese narzisstische Verletzung führt, und – auch das ist wichtig – auf unbewusstem Wege dazu, dass Ödipus später selbst gewalttätig wird. Gewalttäter sind in aller Regel in irgendeiner Form vormalige Gewaltopfer.

Der Psychoanalytiker Michael Balint hat das einmal so formuliert: Die klinische Erfahrung zeige, „dass wir eigentlich nie einen angeborenen schlechten oder bösen Menschen, einen wahren Sadisten gesehen haben. Bosheit,

Schlechtigkeit, sogar Sadismus sind analysierbar, heilbar oder, was gleichbedeutend ist: sie haben ihre Entstehungsgeschichte. Man wird schlecht durch Leiden". Dieser Satz lässt sich übrigens unschwer in sein Gegenteil umkehren: Man wird „gut" durch hinreichende liebevolle Zuwendung. „Das Kind wurde um die Liebe betrogen, dem Erwachsenen bleibt nur der Hass", resümiert der Säuglingsforscher und Psychoanalytiker René Spitz seine Untersuchungen. Allerdings ist Böse-werden nicht die einzige Reaktionsmöglichkeit auf Leiden: „Solange der Mensch leidet, kann er es noch zu etwas bringen" schrieb Sigmund Freud an Lou Andreas-Salome.

Der immer wieder gesuchte Weg, die Gewalt mit Gewalt ausmerzen zu wollen, hat sich im Laufe der menschlichen Geschichte noch stets als Irrweg erwiesen. „Das ist eben der Fluch der bösen Tat, dass sie fortzeugend immer Böses muss gebären", sagt Friedrich Schiller in seinem Kriegsdrama „Piccolomini".

Da wir unser Böses niemals ganz aus uns herausbekommen können, liegt der erfolgversprechendere Weg darin, dass wir versuchen, es uns bewusst und kritisch anzueignen. Der wichtigste Beitrag zur Aneignung der eigenen Gewaltbereitschaft ist die Erfahrung, dass es außer dem Bösen auch Gutes in der Welt und in einem selbst gibt. Das gründet als Kind in Erlebnissen des Gehalten-Werdens, Gewärmt-Werdens, Genährt-Werdens, Wahrgenommen-Werdens, Gefördert-Werdens und des Geliebt-Werdens.

Wenn eine Mutter oder ein Vater all die unvermeidlichen phantasierten zerstörerischen Attacken und die realen Wutausbrüche ihres Kindes lebend und liebend „überleben" (Donald W. Winnicott) – statt sie todernst zu nehmen und sich zu rächen –, dann erfährt das Kind, dass seine Zerstörungskräfte nicht total, sondern begrenzt sind. Das vermindert seine Ängste vor der eigenen Destruktivität und erlaubt das Annehmen dieses nun nicht mehr als überwältigend erlebten eigenen Bösen, statt es auf Fremde zu projizieren. Das Aneignen destruktiver Impulse wird zusätzlich unterstützt, wenn das Kind bewusst erfahren kann, dass es nicht nur in der Lage ist, etwas zu beschädigen und zu zerstören, sondern ebenso fähig ist, etwas wiedergutzumachen, zu reparieren und etwas zurückzugeben (‚Wiedergutmachungsprinzip').

Ein psychologisch bedeutsamer Schritt in der menschlichen Entwicklung, ist das Entfalten der Fähigkeit zur Integration statt zur Spaltung, der Erwerb der Möglichkeit zum ‚Sowohl als auch', zu Gut und Böse, zu Schwarz und Weiß, zu Liebe und Hass. Oder wie die Psychoanalytiker sagen, das Erreichen der Fähigkeit zur Ambivalenz, das Anerkennen der „Zebranatur des Menschen" wie es der Freiburger Psychoanalytiker Johannes Cremerius einmal bildhaft formulierte. Cremerius hat in diesem Zusammenhang die Metapher vom „weißen

Zebra" geprägt – Aber diese Fantasie vom weißen Zebra ist auch die Quelle einer tiefen Angst. „Denn, wenn es das gibt, wer bin dann ich mit meinen ach so vielen schwarzen Streifen"?

Die Fantasie vom ‚weißen Zebra' lässt sich nur aufrechterhalten, wenn ich alle die schwarzen Flecken auf meiner weißen Weste und alle meine schwarzen Streifen von mir abspalte und auf den Anderen, zum Beispiel den Fremden, projiziere. Der entwicklungspsychologische Erwerb, die schwarzen und die weißen Streifen anzunehmen, statt den idealen Traum vom ungestreiften, ‚weißen Zebra' weiterzuträumen, bleibt prekär und labil. In Krisensituationen oder bei chronischer Überbelastung kann es immer zu einer Regression auf den Mechanismus der Spaltung in ‚Entweder Oder', ‚Alles oder Nichts', ‚Schwarz oder Weiß', und in deren Folge dem Schaffen von Sündenböcken kommen. Und gegen diese ‚Bösen' wird dann mit aller Gewalt vorgegangen.

Neben dem Terrorismus zeigt sich aktuell die Fratze des Bösen im Umgang mit den Flüchtlingen und den Fremden überhaupt. Gegenüber dem Fremden stehen wir von Lebensbeginn in einer Spannung zwischen Neugier und Angst, zwischen Furcht und Faszination. Ein archaischer Impuls, der zunächst der eigenen Sicherung dient, ist die Ablehnung des Unbekannten und Unvertrauten. Jedes Andere, jedes Fremde wird zunächst als Störung und (existenzielle) Bedrohung erlebt und deshalb zurückgewiesen. Wir hassen das, was wir „wenig kennen und verstehen", schreibt Sigmund Freud 1915, und: „Der Hass ist in Relation zum Objekt älter als die Liebe".

Es gibt offenbar ein sehr archaisches affektives Organisationsprinzip für das vom Baby Wahrgenommene, nämlich die seelische ‚Aufspaltung' in ‚nur gut' und ‚nur böse'. Wobei zunächst alles Gute (zum Beispiel Sicherheit, Lust, Wohlbefinden) mit dem Ich-Selbst-Komplex verbunden wird und alles ‚Böse' (zum Beispiel Hunger, Angst, Schmerz, Wut) mit dem ‚Nicht-Ich-Selbst', ins „psychische Ausland" verwiesen wird. Dies kann natürlich nur gelingen auf dem Wege einer ‚Externalisierung' aller als ‚böse' oder ‚schlecht' erlebten kognitiven und affektiven Wahrnehmungen, kommen sie von einem selbst oder kommen sie vom Anderen. So ist zuerst (aber vermutlich nur für eine kurze Zeitspanne) im frühkindlichen Erleben alles ‚Draußen', alles Nicht-Ich, alles Fremde, alles Feindliche und Gehasste identisch (Freud 1915). Ich möchte für diese archaische Ablehnung, die ungestörte Kontinuität des Seins Störenden und Unlust Bereitenden, pointiert von einer unbewussten ‚primären Fremdenfeindlichkeit' sprechen.

Die aus den lebensanfänglichen Erfahrungen im Rahmen der ‚primären Fremdenfeindlichkeit' und des ‚primären Fundamentalismus' erwachsenen psychischen Strukturen können angesichts späterer massiver narzisstischer Krisen des Individuums und/oder eines Kollektivs zum Beispiel durch Ideologien oder Ideologen mobilisiert werden und tragen essentiell zur ‚sekundären Fremdenfeindlichkeit' und zum ‚sekundären Fundamentalismus' bei. Sie bestehen wesentlich in einer ‚Regression' auf unreife Entwicklungsstadien und archaische psychische Regulationsmechanismen. Im malignen Narzissmus des Extremisten dominieren vor allem die frühkindlichen unbewussten Mechanismen der Spaltung, der Externalisierung, der Projektion, der Fremdabwertung und der Selbstidealisierung. Auslöser für derartige Entwicklungen sind neben realen oder fantasierten Kränkungen – zum Beispiel durch Ungerechtigkeiten – auch bedrohliche Verunsicherungen. Sie erwachsen unter anderem aus informationellen Überforderungen, zum Beispiel bedingt durch die Globalisierung und technologische und kommunikative Entwicklungen, die die Menschen in Echtzeit mit überwältigenden Informationen aus aller Welt überfluten. Reaktiv suchen die Menschen dann Entlastung durch Abschottung, Rückzug, Simplifizierungen, Schwarz-Weiß-Denken und Feindseligkeit.

Böse werden wir, wenn wir Menschen uns selbst
nicht so annehmen, wie wir sind,
nämlich voller Widersprüche.

Mit Fähigkeiten und Stärken, edlen und guten Seiten, auf die wir stolz sein können, aber auch mit Schwächen, Fehlern, Unvollkommenheiten und Bösartigkeiten, für die wir uns vor unserem inneren Ideal schämen. Wer ständig damit befasst ist, sich in der Gewalt zu haben oder zu behalten, wird eine derartige aggressive innere Spannung aufstauen, dass er dann leicht dazu neigt, seine Aggressivität an anderen auszulassen. Wenn es uns nicht gelingt, auch unsere ungeliebten Selbstanteile, unsere ‚schlechtere Hälfte' anzunehmen, dann mündet das häufig darin, dass wir unsere eigenen Fehler und Unvollkommenheiten – unser eigenes ‚Böses' – unbewusst an noch Schwächeren (zum Beispiel: Fremden, Flüchtlingen, Frauen, Kindern oder Behinderten) als das ‚böse Fremde' projektiv wahrnehmen – und dann mit Gewalt an ihnen zu bekämpfen versuchen.

Wir können uns bemühen, das zu vermeiden oder zu vermindern, indem wir uns immer von Neuem weigern, Gott zu sein (Camus). Indem wir auf die Realisierung und Befriedigung unserer narzisstischen, absoluten Ideal- und Omnipotenzvorstellungen bewusst verzichten. Das Annehmen unvermeidlichen eigenen Leidens bewahrt uns davor, andere vermeidbar leiden zu machen.

Vielleicht gibt es die Erlösung vom Bösen lediglich in jenem ,ermäßigten Sinn', in dem nach Sigmund Freud auch das Glück nur zu erfahren ist. So bleibt die uns angeborene Fähigkeit zum Bösen und zur Gewalt eine ständige Herausforderung für uns alle.

Adolf Gallwitz

Böse handeln, böse sein
Der allgemeine Rahmen für Böses

„Das Böse ist eine Wahnidee", so beginnt das Buch von Michael Schmidt-Salomon. Der Autor stellt Gut und Böse als Folge des religiösen Sündenfall-Mythos dar und beschreibt Schuld, Sühne und Rache als Konsequenz daraus. Voraussetzungen dieses Syndroms innerhalb dieses Erklärungsmodells sind die Willensfreiheit sowie Gut und Böse als absolute moralische Kategorien. Und genau dagegen argumentiert der Autor mit einem deterministischen Weltbild. Alles, was passiert, geschieht aufgrund der Naturgesetze. Auch was im Gehirn passiert, gehorcht nur den Naturgesetzen. Es wird, wie in der Philosophie üblich, zwischen äußerer und innerer Handlungsfreiheit und der Willensfreiheit unterschieden, Letztere wird bestritten. Um sich angemessen in der Welt verhalten zu können, simuliert das Gehirn ein virtuelles Ich, das sich einbildet, freier Urheber innerer und äußerer Handlungen zu sein. In Wirklichkeit aber sind alle Prozesse neuronal gesteuert. Doch auch nach Aufhebung der Unterstellung von Willensfreiheit wird der Mensch zu keiner Maschine. Er verfügt nach dieser Vorstellung zwar nicht über einen freien Willen, wohl aber über einen Willen. Und wie jedes Lebewesen versucht der Mensch in jeder Situation, subjektiv das Beste für sich herauszuholen. Dafür wird Kreativität gebraucht, d.h. die Fähigkeit, Vorhandenes für Neuschöpfungen zu nutzen und auf diese Weise Unerwartetes und Überraschendes hervorzubringen. Das unterscheidet den Menschen von Nicht-Lebendigem. Kann sich der Mensch durch dieses Konstrukt dann auch von einer weiteren Konsequenz befreien? Eine moralische Entschuldigung von Tätern impliziert ja keineswegs die ethische Rechtfertigung dieser Taten. Auch jenseits von Gut und Böse ist nicht alles erlaubt. Schmidt-Salomon hebt hier auf eine „Leichtigkeit des Seins" ab, auf ein neues Lebensgefühl, in dem es keine moralische Schuld, keine Willensfreiheit, keine Schuldgefühle und damit weniger Süchte, Depressionen und psychosomatische Erkrankungen gibt.

Waren Ausdifferenzierungen des Freund-Feind-Schemas und somit die Unterscheidung von Gut und Böse für den Menschen einst – evolutionstheoretisch betrachtet – überlebenswichtig, um Freund und Feind zu unterscheiden, so ist heute die Freund-Feind-Erkennung nur noch ein elementares Kommunikationsmuster: Freunde kooperieren, Feinde konkurrieren. Aus der Perspektive des Opfers in der Tierwelt ist der Jäger zwar böse, aber er zeigt kein unethisches Verhalten. Auch Menschen müssen sich im Alltag vor gewalttätigen, betrügerischen, bösartigen Menschen in Acht nehmen, unabhängig davon, ob deren Erbanlagen oder ihre Lebensgeschichte für ihr böses Verhalten verantwortlich sind. Nur der Psychotherapeut trennt das falsche, inakzeptable oder böse Verhalten vom Menschen in seiner ganzen Komplexität.

Moralische Normen unterliegen dem Zeitgeist und hängen zutiefst auch von Kultur und Religion ab. Menschen können unter dem Einfluss mehrerer, sogar widersprüchlicher Moralnormen leben. Ethik stellt, einfach gesprochen, die Begründung und das Verständnis sittlichen Verhaltens dar. Wird die ethische Begründung einer Moralnorm nicht mehr akzeptiert, so verliert sie an Akzeptanz. Die Moral wird als sittliche Norm verstanden. Sie kommt, genau genommen, vor der Ethik. Menschen lernen ja als Kinder Gebote und Verbote, die vor der Geburt schon existieren, oftmals durch Zwang, Strafe und Belohnung, und verinnerlichen sie zum Teil. Die Begründungen dafür werden, wenn überhaupt, erst später gelernt. Moral ist – wiederum evolutionstheoretisch gesprochen – in vieler Hinsicht sinnvoll. Andererseits besteht beim Kind im Normalfall auch eine elementare Sehnsucht nach Harmonie und Akzeptanz. Somit wird der Wunsch, gut zu sein, trotz der Konflikte mit der Umgebung zu einem zutiefst menschlichen Bedürfnis. Von daher entsteht übrigens auch der Dreiklang des Ideals in der klassischen griechischen Philosophie vom „Wahren, Schönen und Guten". Von daher entstehen auch die Grunddisziplinen der Erkenntnistheorie, der Ästhetik und der Ethik.

Entstehung und Wahrnehmung bösen Verhaltens

Böse sein und Böses denken können wir letztlich nur am konkreten Handeln des Menschen festmachen. Hier stellt sich dann erneut die Frage nach der Beziehung zwischen den Grundlagen von Sein und Denken einerseits und den Grundlagen sowie Erscheinungsformen von Handeln andererseits. Ist es Determinismus, der Zufall oder eine Mischung aus beidem, was uns als Erklärung weiterhilft? Vermutungen über die Entstehung des Handelns führen zu unterschiedlichen Erklärungsansätzen. Handeln kann unter anderem auch als höchst komplexe Wechselwirkung zwischen der handelnden Person und der Situation erklärt werden, in der gehandelt wird. Damit ergeben sich drei Grundkomponenten bösen Handelns: die Person selbst, der Kontext und alle Prozesse, die diese Konstellation hervorgebracht haben. Biografie und physiologische Bedingungen bestimmen so vor einem sozialen Hintergrund und in einer konkreten Situation das Handeln. Wiederum ist auch die Wahrnehmung der konkreten Situation ein hochkomplexer sozialer und kognitiver Vorgang. Zum Teil objektiv gegeben, zum Teil subjektiv wahrgenommen, wird Wahrnehmung konstruiert, gefiltert und vor dem Hintergrund der eigenen Lebensgeschichte und von Lernprozessen mit Wahrnehmungsmustern verglichen.

Auf der Titelseite einer Zeitung liest sich das Ende einer solchen Ursachen-Wirkungs-Kette dann so: Ein Mensch mit Misshandlungserfahrungen, körperlich kräftig und leicht erregbar, in einem sozialen Brennpunkt einer Großstadt lebend, trifft auf Gleichaltrige, deren Äußerungen er als herabwürdigend erlebt. Er schlägt zu und macht sich der schweren Körperverletzung schuldig.

Die Analyse konzentriert sich dabei auf die Erklärung des konkreten, bösen Handelns. Warum, zu welchen Zwecken, mit welchen Zielen hat der Mensch so und nicht anders gehandelt? Diese Fragen unterstellen aber eine wichtige Verhaltensperspektive: eine Handlung im engeren Sinne, d.h. gezieltes und kontrolliertes, beabsichtigtes und bewusst gewähltes Verhalten. Sie setzt das Bewusstsein von und die Fähigkeit zu Verantwortung voraus.

Nach der Theorie des geplanten Verhaltens von Icek Ajzen sind als die zentralen Elemente für die Intention die Überzeugungen („beliefs") und die Bewertungen („desires, evaluations") eines Menschen zu unterscheiden. Erwartungen, Kontrollüberzeugungen oder soziale Wahrnehmungen einerseits und Werte, normative Überzeugungen, Bedürfnisse, Wünsche und Ziele andererseits bestimmen die Intentionen von Menschen. Diese wiederum beeinflussen via Handlungskontrolle letztlich das konkrete Verhalten.

Andere psychologische Erklärungsmodelle für die Bildung von Handlungsabsichten finden sich beispielsweise in den sogenannten Erwartung-mal-Wert-Modellen: Die Motivation zu bestimmtem Verhalten wird dort aus den Einschätzungen der subjektiven Erwartung, der Wahrscheinlichkeitskalkulation und der Verhaltensfolgen abgeleitet, d.h. dem subjektiven

Wert der Verhaltensfolgen. Einstellungen gegenüber dem „bösen Verhalten", soziale und subjektive Normen und wahrgenommene Verhaltenskontrolle sowie Kontrollüberzeugung wirken sich spürbar auf die Entscheidung aus.

Bei der Wert-Erwartungstheorie (wie zum Beispiel der „Theorie der rationalen Entscheidung" von Hartmut Esser) geht es im Blick auf menschliches Handeln nicht nur um wahrscheinliche Folgen, sondern auch um Folgen, die dem handelnden Menschen sozusagen etwas „wert" sind, wenig schädlich bzw. nicht zu aufwendig. Handeln hat nach dieser Theorie eine spürbare Wirkung auf das Wohlbefinden.

Alles, was in der Welt an Bösem geschieht,
kann durch jeden Menschen und an jedem Menschen
geschehen.

In seinem Buch „Ganz normale Männer" versucht der amerikanische Historiker Christopher Browning Massenmorde zu rekonstruieren, die durch das Reserve-Polizeibataillon 101 aus Hamburg begangen wurden. Diese etwa 500 Mann starke Truppe war im Lauf eines Jahres an mindestens 83 000 Ermordungen beteiligt. Wie ist so viel Böses überhaupt möglich?

Christen machen den Teufel für das Böse verantwortlich. Doch bleibt dabei immer die Frage offen, warum eigentlich der allmächtige Gott den Satan nicht stoppt und das Satanische nicht verhindert. Eine offene Frage. Mehr noch. Ein Rätsel. Schon für Thomas von Aquin war das Böse das größte Problem des christlichen Glaubens. Dualistisch denkende Religionen suchten und suchen durch die Zeiten das Problem dadurch zu lösen, dass sie dem guten Gott einen Gott der Finsternis gegenüberstellen.

Roy Baumeister postulierte aus psychologischer Sicht vier Erklärungsbündel des Bösen, warum Menschen andere Menschen verletzen oder berauben, quälen oder umbringen. Es sind dies im Einzelnen: Zweckrationalität, Sadismus, Rache aus verletztem Narzissmus und nicht zuletzt Ideologien beziehungsweise Religionen, d.h. Fanatismus oder die Besessenheit von fixen Ideen. Gehen wir diesen Erklärungsversuchen etwas näher nach.

Zweckrationalität

„Zweckrationalität", die aggressive Durchsetzung eigener Ziele und das Böse als Mittel zum Zweck sind sehr verbreitet unter Menschen, die unablässig bestrebt sind, die eigenen Interessen durchzusetzen. Von kleinen Rücksichtslosigkeiten anderen gegenüber, quer durch das Bürgerliche Recht und das

Strafrecht, bis hin zu Kapitalverbrechen über Verleumdung, Vergewaltigung bis hin zu Raubmord oder dem Verdeckungsmord. Als klassisches Motiv hilft das Verständnis dieses Motivbündels häufig bei der Aufklärung von Verbrechen. Wer stand in einer Beziehung zum Opfer? Wem nutzt die Tat? Das sind wichtige Fragen. Auch hinter einem blutigen Angriffskrieg kann Gier nach Wasser, Öl oder Macht stecken. Teile der Mongolen, auf der Suche nach neuem Weideland, planten ursprünglich, durch einen Eroberungsfeldzug die gesamte Bevölkerung Nordchinas auszurotten. Letztlich entschieden sie sich gegen die Ausrottung, änderten ihr Ziel und trieben von den Besiegten lieber Steuern ein. Die Mongolen waren in dieser Hinsicht nicht blutrünstig. Sie wollten im Grunde ihre Ziele entschlossen umsetzen und dachten daher pragmatisch. Vor jeder Einnahme einer neuen Stadt stellten sie die Einwohner vor die Wahl, die Tore zu öffnen und Tribut zu entrichten oder Widerstand zu leisten und möglicherweise alles zu verlieren. Im Falle eines Sieges veranstalteten die Mongolen meist ein Massaker. Dies geschah nicht aus reiner Mordlust, sondern als abschreckendes Beispiel und als Strategie für die nächsten Städte auf ihrem weiteren Weg der Eroberung. Anders als den Nationalsozialisten ging es ihnen jedenfalls nicht darum, vermeintliche Untermenschen zu vernichten.

Moralisch verwerfliche Taten bescheren häufig – zumindest kurzfristig – einen mehr oder weniger großen Gewinn. Anstatt zu fragen, warum Menschen oft böse handeln, erscheint es hilfreicher zu fragen, warum sie oft nicht böse handeln, obwohl die Gelegenheit dazu günstig wäre. Und darauf gibt es mehrere Antworten. Menschen verhalten sich moralisch einwandfrei, inmitten böser Alternativen, wenn sich Böses als Mittel zum Zweck langfristig nicht lohnt. Baumeister führt als Beispiel den durchschnittlichen Gewinn bei Überfällen auf Tankstellen an. Für 303 US-Dollar würden die meisten Menschen keine Haftstrafe riskieren. Wer sich dennoch dafür entscheidet, hat den schnellen Gewinn vor Augen und nicht die folgenschweren Konsequenzen. Impulskontrolle oder umgangssprachlich auch „Selbstkontrolle" ist es, was dem gewöhnlichen Kriminellen, vor allem bei Gewalttaten, sehr oft fehlt. Nur im Film und bei Eigentumsdelikten werden Taten manchmal bis in viele Kleinigkeiten hinein geplant. Wenn der schnelle Gewinn in Aussicht steht, greift auch der Kunde bei scheinbaren Sonderangeboten unüberlegt zu. Nach Hirschi und Gottfredson lassen sich die meisten Ordnungswidrigkeiten, Vergehen und einfache Straftaten mit mangelnder Impulskontrolle erklären. Auch grobes Fehlverhalten und Straftaten am Arbeitsplatz fallen hierunter. Dies messen Marcus und Schuler mit ihrem Integrity-Test bei Personalauswahlverfahren, einer Art „Weiße-Weste-Check". Vielleicht steckt hinter dem

Impuls zum schnellen Zugreifen ohne Verluste ja auch ein genetisches Erbe. Evolutionspsychologen wie David Buss nehmen an, dass sich blitzartiges Zugreifen in der Entwicklungsgeschichte bewährt heben könnte und keine moralische oder pathologische Störung ist. Kontrolle über die Impulsivität wäre dieser Auffassung nach sozusagen ein Resultat der Anpassung.

Sadismus als Antrieb

Sadisten genießen die Angst und die Verzweiflung, die Schmerzen und das Elend ihrer Opfer. Obwohl kaum ein Genre so häufig in den Kriminalfilmen und in der Person von Serienkillern dargestellt wird, macht Sadismus als Antrieb für böse Handlungen in der realen Lebenswirklichkeit nur einen Bruchteil aus. Vermutlich sind es zwei bis fünf Prozent. Zusammen mit Persönlichkeitsstörungen wie der Psychopathie, erzeugt Sadismus jedoch besonders viel Angst. Er scheint sich, so ist zu fürchten, beinahe hinter jedem Kapitalverbrechen zu verbergen. Folterer und andere besonders grausame Angestellte in Vollzugseinrichtungen wie Abu Ghreib sind, wie Untersuchungen von Philip Zimbardo weltweit gezeigt haben, meist besonders folgsame Mitarbeiter, die ihre Verantwortung für das, was sie tun, gut nach oben delegieren können. Er stellte bei seinen vielen Experimenten fest, dass Sadisten in der Regel – während der Ausbildung von den Trainern – bewusst oder unbewusst aussortiert werden. Foltern im Rahmen der „Wahrheitsfindung" kann dem echten Sadisten wenig Vergnügen bereiten, da der Schmerz so dosiert werden muss, dass Informationen preisgegeben werden oder ein Geständnis unterzeichnet wird.

Auch in den Recherchen Brownings über das Polizeibataillon 101 zeigte sich, dass es viele Männer zunächst nicht schafften, den vor ihnen liegenden Menschen umzubringen. Manche drückten sich auch langfristig vor solchen Einsätzen. Sie nannten bei den 20 Jahre später stattfindenden Vernehmungen als Grund dafür rein körperlichen Ekel und nicht ethische oder politische Prinzipien. Die übrigen Männer gewöhnten sich an das Morden. Einige Männer gewannen sogar Freude daran. Dieses Phänomen zeigt sich bei vielen Kriegseinsätzen. Im Zweiten Weltkrieg gab es eine für die Wehrmacht schockierende Untersuchung. Sie brachte für die legendäre Landung in der Normandie ans Licht: Bis zu 80 Prozent der Soldaten an der Front hatten absichtlich daneben geschossen. Psychologen nennen dieses Phänomen „Tötungshemmung". Auf der anderen Seite werden Soldaten zitiert, denen nach Einsätzen in Exekutionskommandos das Töten mehr und mehr sogar Spaß macht (Peter Wyden). Es wird deshalb auch darüber diskutiert, ob Misshandeln und Töten sogar eine Art Suchtpotenzial in sich tragen können. Richard Solomon und John Corbett stellten in den 70er-Jahren die sogenannte Gegenprozess-Theorie der Motivation auf: Danach versucht der Körper nach Einnahme einer Droge stets auch, durch einen Gegenprozess die normale chemische Balance und sein inneres Gleichgewicht wiederherzustellen. Je öfter die Droge eingenommen wird, umso effektiver wird der Gegenprozess zur Herstellung des alten Gleichgewichts. Umso geringer wird der Effekt der Droge und umso wahrscheinlicher kippt die Euphorie ins Gegenteil um. Für den gleichen Effekt muss dann die Dosis erhöht werden und die Sucht nimmt zu. Am Beispiel Fallschirmspringen oder Gleitschirmfliegen muss der Gegenprozess über die Ausschüttung von Endorphinen die Angst bekämpfen. Im Verlauf der Anzahl der Sprünge oder Flüge wird der Gegenprozess dann so stark, dass es anfängt, Freude zu bereiten.

Was bedeutet das im Zusammenhang mit unserem Thema „Böses Handeln"? Es ist durchaus denkbar, dass sich Sadismus entwickeln und verstärken kann, da ein anfänglich böses Handeln über die entstehenden inneren Gegenprozesse die Abscheu und den Ekel ins Gegenteil umschlagen lassen kann und es später mehr und mehr lustvoll erlebt wird. Musste der Soldat beim ersten Mal noch mit dem Kriegsgericht bedroht werden, um einen unbewaffneten Zivilisten zu erschießen, so musste er sich beim zweiten Mal möglicherweise noch übergeben, so gehorcht er beim dritten Mal schneller, und irgendwann kann ihm das Töten von Unbewaffneten sogar Spaß machen. Im Zusammenhang mit virtueller Kriegsführung, dem Steuern von Killer-Drohnen, kommt hier auch noch die Überstiegsfähigkeit von der virtuellen in die reale Welt und zurück hinzu. Sie hilft, das Böse „nur" als Computerspiel zu bewerten oder virtuelle und reale Welt mehr und mehr zu verwechseln.

Es gibt noch eine andere Erklärung, warum die meisten Soldaten keine Freude am Töten entwickeln. Weil ihr Gewissen für Schuldgefühle sorgt, die es nicht gestatten, nicht einmal vor sich selbst, zuzugeben, dass es Spaß gemacht hat, anderen Schaden zuzufügen. So Roy Baumeister. Wer andere verletzen und umbringen will oder als Soldat keine Wahl hat, muss mit tiefsitzenden Schuldgefühlen fertig werden. Diese Schuldgefühle entstehen keineswegs erst nach der Tat. Menschen wissen oft schon vorher, welche Gewissensqualen sie erwarten, und wappnen sich dagegen. So gibt es beispielsweise Soldaten, die nur in die Luft schießen und die den ganzen Kriegseinsatz hindurch keinen einzigen Menschen absichtlich umgebracht haben.

Kathleen McGraw hat herausgefunden, dass Menschen komischerweise mehr Schuldgefühle nach Handlungen empfinden, die sie unabsichtlich begangen haben. Eine Erklärung für das scheinbar paradoxe Ergebnis ist, dass Menschen, die versehentlich ein Unglück anrichten, keine Chance hatten, sich vorher gegen Schuldgefühle zu rüsten. Selbst scheinbar brutalste Eroberer entwickeln ausgefeilte Rechtfertigungsstrategien für Taten, die manchmal, von außen betrachtet, geradezu absurd erscheinen. So ermordeten Konquistadoren die Indios offiziell im Rahmen der Verbreitung des Christentums. Aus diesem Grund musste zuerst eine Erklärung verlesen werden, die in Absprache mit der Kirche aufgesetzt worden war und in der die Eingeborenen aufgefordert worden sind, auf der Stelle zum Christentum zu konvertieren. Das anschließende Gemetzel und der Raub von Gold konnten so als gerechte Strafe dafür angesehen werden, dass die Eingeborenen nicht sofort ihrem Glauben abschwören wollten.

Es ist leichter ein Verbrechen zu begehen, wenn die Menschen anscheinend von Grund auf keine Schuldgefühle haben. Dieser Mangel und dieses Manko ist ein wichtiges Merkmal des Psychopathen. In diesen Menschen findet das Böse nach Robert Hare kein Gewissen. Psychopathen stellen denn auch den harten Kern der Kriminellen dar. Sie begehen einen Großteil der schwersten Straftaten. Ihr Gehirn weist – im Vergleich zu anderen Menschen – eine Reihe von Auffälligkeiten auf, die dazu führen, dass ihnen die Grundlage für die Empfindung von Gewissensbissen fehlt. Offenbar erleichtert es das emotionslose Hirn der Psychopathen, kriminell zu werden.

Verletztes Selbstwertgefühl, beleidigter Narzissmus und Kränkung als Ursachen für das Böse

Nach Baumeister sind Narzissten besonders gefährdet, Böses zu tun, da sie eine zu hohe Meinung von sich selbst haben. Narzissmus bedeutet eine Stagnation der Persönlichkeit durch den beharrlichen und fatalerweise erfolgreichen Versuch, in einem Kernbereich der Seele unverändert kindlich zu bleiben. Dies führt ständig zu Begegnungen mit anderen Menschen, die den Eindruck nicht teilen, den der narzisstisch orientierte Mensch von sich selbst hat. Eine häufige Reaktion auf dieses Erlebnis ist Aggression oder Gewalt gegen die Person, die diese narzisstische Selbstbeweihräucherung nicht nachvollzieht.

Als Bespiel wird häufig der 19-jährige Schulhofattentäter in Erfurt, Robert Steinhäuser, genannt. Er empfand es offenbar als schwere Kränkung, dass er wegen gefälschter Atteste von der Schule geflogen und zu keinem Abschluss zugelassen war. Kurz darauf, am 26. April 2002, kam er mit Gesichtsmaske und schwarzer Kämpfer-Kluft, mit Pistole, Vorderschaftrepetierflinte und viel Munition ins Erfurter Gutenberg-Gymnasium zurück und erschoss elf Lehrer, eine Referendarin, zwei Schüler, eine Schulsekretärin, einen Polizisten und schließlich sich selbst. Wenige Wochen vor seiner Tat tauchten Informationen auf, dass er einmal berühmt werden wollte.

Auch bei vielen anderen Amokläufen spielen narzisstische Motive eine Rolle. Eine psychologische „Autopsie" ist zwar nicht einfach und zuverlässig, da der Begutachtete tot ist. Jedoch ist der starke Wunsch nach Anerkennung häufig unschwer zu erkennen. Die beiden Columbine-High-School-Attentäter Eric Harris und Dylan Klebold sagten in einem selbst gedrehten Video zueinander: „Ist es nicht schön, so respektiert zu werden, wie wir es verdienen". Wenig später erschossen die beiden zwölf Mitschüler und einen Lehrer. Die Psychologin Jean Twenge diagnostizierte auch hier narzisstische Persönlichkeitszüge. Sie konnte zeigen, dass Narzissten besonders aggressiv reagieren, wenn sie gekränkt wurden. Sie ließ in einem Experiment durchspielen, dass keiner der anderen Testteilnehmer mit ihnen zusammenarbeiten wolle. Als Beleidigte durften sie ihre angeblichen Beleidiger dann im Rahmen eines Computerspiels mit Lärm bestrafen. Ergebnis war, dass sich Versuchspersonen umso aggressiver rächten, je narzisstischer sie sich im vorausgegangenen Test verhalten hatten.

Ideologische Fixierungen und religiöser Fanatismus als Ursachen des Bösen

Die größten Schandtaten der Geschichte wurden vermutlich von fanatischen Ideologen und von Menschen begangen, die sich als die wahren Gläubigen betrachteten. Von den christlichen Kreuzzügen über Verbrechen im Rahmen der chinesischen Kulturrevolution bin hin zum sowjetischen Archipel Gulag erfolgte eine Unzahl von Massenmorden. Zerrformen von Ideologie und Religion sind vielfach die Grundlage eines unbändigen Hasses. Wer den vermeintlich einzig wahren Glauben nicht teilt, verkörpert das Böse. Er muss mit allen Mitteln beseitigt werden. Gleichzeitig erlauben Massenmorde, begangen durch große Gruppen von Menschen, eine Aufteilung und Abschiebung der Verantwortung. Der einzelne Täter kann sich im Nachhinein als ein angeblich unbedeutendes Rädchen im Getriebe der Entscheidungen fühlen – auch als ein Mensch, der selbst kaum persönliche Verantwortung trug und die tödlichen Entscheidungen hätte selbst gar nicht verhindern können.

Während der Inquisition, um ein Beispiel aus der Geschichte aufzugreifen, haben die Vertreter der Katholischen Kirchen in der Regel nur die theologischen Gutachten erstellt und bestimmt, wer als Ketzer zu gelten habe. Für Folter und Exekution selbst waren dagegen weltliche Stellen zuständig.

Und diese Täter wiederum konnten sich darauf berufen, nur auszuführen, was die heilige Kirche bereits entschieden hatte. Dieses Muster, ein Wechselspiel mit einem weit verzweigten Apparat von Schreibtischtätern, Folterern und Henkern funktionierte in perfekter Form Jahrhunderte später auch im Nationalsozialismus, im Militärgefängnis von Abu Ghraib und vermutlich auch im syrischen Militärgefängnis Saydnaya.

Berühmt gewordene Experimente wie das Gefängnisexperiment von Stanford oder das berüchtigte Milgram-Experiment haben zeigen können, dass böses Handeln nicht nur mit der Herkunft aus bestimmten Kulturkreisen, mit Veranlagung und Erbgut, bestimmten Persönlichkeitsmerkmalen oder anderen organischen Variablen zusammenhängt, sondern dass auch Grundprinzipien der Verhaltenskonditionierung, der soziale Kontext und die jeweilige Situation einen großen Einfluss auf das Verhalten haben. So waren unter anderem auch die Freiwilligkeit bei der Meldung für das Experiment, die scheinbar zufällige Zuordnung zur Lehrer- oder Schülerrolle mit einem Regelkodex und delegierten Aufgaben, ein Vertrag, ein Versprechen zur Zusammenarbeit und akzeptierbare Rechtfertigungen des eigenen Tuns für einen wichtigen, höheren Zweck (etwa im Rahmen der Wissenschaft) von hoher Bedeutung. Sie machten und machen aus unauffälligen, normalen Menschen in absehbarer Zeit sadistisch handelnde Gefängnisaufseher oder strafende Lehrer. Auch die beschönigende Beschreibung spielte eine Rolle. Helfen, Verhalten durch Bestrafung verändern, eine neue wissenschaftliche Erkenntnis gewinnen – das klingt allemal besser als Angst machen, einschüchtern, verletzen. Der Tabubruch und die Grenzüberschreitung erfolgten in scheinbar harmlosen kleinen 15-Volt-Schritten – weit über die aus dem Alltag bekannte, lebensgefährliche Grenze hinaus bis zu einer Stromstärke von bis zu 450 Volt. Wer abbricht, so hieß es zu Anfang und während des Experiments, übernimmt rückwirkend die Verantwortung für alles. Es stellt sich dann in jedem Fall auch die Frage, warum sich die Person überhaupt freiwillig bereit erklärt hat, bei dem Experiment mitzuwirken, und warum sie oder er mit der Bestrafung angefangen hat. Es war erschreckend festzustellen, dass über die Hälfte aller Versuchspersonen mit den Bestrafungs-Reizen in den Milgram-Experimenten bis zum Ende, d.h. bis 450 Volt gegangen sind. Im wirklichen Leben kommen zum „Befehl von oben" und zum „wichtigen Auftrag" noch andere enthemmende Einflüsse hinzu wie etwa die Entmenschlichung der Opfer durch Propaganda oder das sichtbare Handeln der anderen Gruppenmitglieder. Unter diesen Voraussetzungen waren und sind es nicht nur Psychopathen oder verletzte Narzissten, nicht nur Menschen mit mangelnder Selbstkontrolle, die zu Tätern werden und Böses tun. Fast jeder Mensch könnte mit dem richtigen Setting dazu gebracht werden mitzumachen.

Die Angehörigen des Polizeibataillons 101, von denen die oben erwähnte Untersuchung des amerikanischen Historikers Christopher Browning gehandelt hat, waren keine ausgesuchten Nationalsozialisten. Viele stammten aus der eher nazifernen Arbeiterschicht. Sie waren um die 40 Jahre alt und zur Reservepolizei statt zur Wehrmacht eingezogen worden. Der Kommandeur machte nach dem Befehl allen Mitgliedern des Bataillons, die sich zum Töten außerstande fühlten, das Angebot, beiseitetreten zu dürfen, ohne eine Strafe befürchten zu müssen. Nur ein Dutzend Männer machte davon Gebrauch. Keiner von ihnen wurde bestraft. Mindestens 80 Prozent der Polizisten mordeten mit und gewöhnten sich oftmals schnell daran. Das war so nicht zu erwarten. Manchmal entsprachen und entsprechen freilich auch Selbstmordattentäter nicht unbedingt dem Klischee, das wir von ihnen haben.

Bei einer Befragung von gescheiterten palästinensischen Selbstmordattentätern wurde zum Beispiel festgestellt, dass keiner völlig verarmt, einfältig oder depressiv war. „Sie schienen alle ganz normale Mitglieder ihrer Familien zu sein" (Nasra Hassan). An Freiwilligen, die bereit sind, ihr Leben für eine ihnen wichtige Sache zu opfern, fehlt es in der Tat den Radikalen nicht. Die Drahtzieher des Terrors können so die eifrigsten von ihnen aussuchen und in kleinen Gruppen schulen. Gegen Ende der Ausbildung wird häufig ein Video aufgenommen – zum Zweck der Selbstverpflichtung. Mit dem Koran und einer Waffe in der Hand, erklären sich die Aspiranten schon zu Lebzeiten zu lebenden Märtyrern, eine – wie man weiß – aus religiöser Sicht unwiderrufliche Verpflichtung. Aber auch Atheisten unter ihnen verpflichten sich auf die wichtige Sache. Beispiele dafür sind die tamilischen Tiger in ihrem weltlichen Kampf für einen unabhängigen Staat im Norden Sri Lankas.

Abschluss

Die Frage, ob prinzipiell jeder Mensch für das Böse anfällig ist, ist so prinzipiell nicht zu beantworten. Sie war und ist auch in diesem Beitrag nicht zu beantworten. Obgleich es sicher auch Menschen gibt, die sich in Situationen solcher Art zu schützen wissen und nicht „mitmachen". Mehr noch. Die sogar ihr eigenes Leben riskieren, um Opfern zu helfen. Im Grunde wäre es denn auch interessant und sinnvoll, sich mit deren Entscheidung, ihrer Motivation und ihrem Mut zum Leben zu beschäftigen. Hier schlösse sich beinahe nahtlos die sogenannte „Resilienzforschung" an. Das freilich wäre ein neues Kapitel.

Ob wir allerdings bei unserem Fragen und Forschen im Blick auf die Thematik des Bösen immer an den richtigen Stellen ansetzen, ob nicht manche Einschränkung auf bestimmte Blickwinkel unser Auge trübt, bleibt hier wenigstens als Frage noch anzumerken. Eine Story mit dem ihr eigenen Humor kann und soll uns das zum Schluss vor Augen führen:

Bei der Suche nach Ursachen wird manchmal gerne auf die alte Geschichte vom betrunkenen Schlüsselsucher verwiesen. In ihr geht es um einen Mann, der zu viel Alkohol getrunken hat und nachts auf dem Heimweg ist. Ein Polizist sieht ihn im Schein einer Laterne panisch den Boden absuchen. Danach gefragt, was er da tue, antwortet er, er suche seinen verlorenen Hausschlüssel. Und auf die Frage, ob er sicher sei, dass er ihn genau hier verloren habe, erwiderte der Betrunkene: „Nein, aber hier ist es hell."

Wolfgang Schmidbauer

Rache
Der Teufelskreis der narzisstischen Wut

Rache ist eine unheimliche Emotion. Sie erhebt sich wie eine Stichflamme aus scheinbar nichtigem Anlass oder wuchert verborgen, bis nach ausdauernder Jagd ein Opfer zur Strecke gebracht wird, das den Anlass längst aus den Augen verloren hat. Forscher haben herausgefunden, dass Rache ein Belohnungszentrum im Gehirn aktiviert und selbst dann noch genossen wird, wenn sie ökonomisch keinen Gewinn erbringt. Was experimentell im Labor bewiesen wurde und unser Alltagserleben – „Rache ist süß!" – spiegelt, entpuppt sich seit dem 11. September 2001 als globales Risiko.

Die Gefahr wiegt gegenwärtig in Brennpunkten der Erniedrigung besonders schwer. Aber sie ist ihrem Wesen nach universell, wie sich in dem friedlichen niederbayerischen Dorf Hutthurm gezeigt hat, wo sich der 22-jährige Johann L. am 26. November 2004 in die Luft sprengte, weil er keine Chance mehr sah, dem Gentest zu entgehen, mit dem die Fahnder nach einem namenlosen Rächer suchten.

Vorher hatte sich keiner der Dörfler vorstellen können, dass einer von ihnen Briefbomben an prominente Lokalpolitiker geschickt hätte, von denen immerhin eine explodierte und die Sekretärin des Regener Landrats Heinz Wölfel (CSU) leicht verletzte. Der Täter war ein kontaktgestörter Außenseiter ohne berufliche Zukunft. Er hatte die Mutter früh verloren und lebte abgekapselt in einer von Rachefantasien geprägten Welt. Wegen seiner Jugend und der Harmlosigkeit seiner Knallbriefe hätte Johann L. mit einem milden Urteil und einer Behandlungsauflage rechnen können. Aber so denkt die Rache nicht. Sie ist radikal und lässt nicht mit sich verhandeln.

Issa Abu Aram, ein Vertreter der palästinensischen Behörde, die Selbstmordattentaten vorbeugen soll, führt die Beweggründe seiner Landsleute auf drei Motive zurück: „Erniedrigung, Erniedrigung, Erniedrigung!" Berüchtigt sind die Demütigungen der Palästinenser an den Kontrollposten. Manchmal müssen sich Frauen nackt ausziehen. Eine von ihnen dachte danach nur noch daran, die Schmach durch ein Selbstmordattentat zu tilgen. Es ist ein Teufelskreis: Die israelischen Soldaten an den Schranken rächen sich durch ihre Schikanen dafür, dass wieder ein Selbstmordbomber zugeschlagen hat. Die Opfer denken nur noch an Rache für die Erniedrigung ihres Volkes.

Rachegefühle werden ausgelöst, wenn uns Unrecht geschieht. Wir erleben sozusagen einen Fehler in der Wirklichkeit, den wir weder ertragen noch verleugnen können. Wo ein Mensch nicht verletzt wurde, wird er sich nicht rächen. Rache hängt mit seelischen Qualitäten zusammen, die man früher Ehre oder Stolz – in China „Gesicht" – nannte und heute unter dem Begriff des Narzissmus erforscht.

Die Radikalität und Herzlosigkeit der Rache wurzelt darin, dass ein Mensch in seinen seelischen Grundfesten erschüttert wurde. Er hat etwas verloren oder nicht gewonnen, das für sein Gleichgewicht unentbehrlich scheint. Er kann sich nicht vorstellen, mit dieser Kränkung weiterzuleben. Er muss sie auslöschen, sie aufheben, die Zeit rückgängig machen. Da er das in der Realität nicht kann, muss er wenigstens ein Symbol vernichten, das für seine Kränkung steht. Es gibt ein Beispiel für diese Dynamik, lange vor dem Anschlag auf die Twin Towers. Der Grieche Herostratos fühlte sich gekränkt, weil er bisher keinen Ruhm in seiner Heimatstadt Ephesus erworben hatte. Daher beschloss er, eines der Weltwunder der Antike, den Tempel der Artemis, in Brand zu stecken und lieber den Tod zu erleiden, als ruhmlos zu bleiben.

Eine Kränkung ungeschehen machen

Wenn ich die treulose Geliebte erschlage, ist es so, als ob ich sie nie kennengelernt hätte. Entweder alles oder nichts, entweder ganz oder gar nicht, entweder ist die Ehre rein, der Stolz ungebrochen, oder das Leben wertlos.

In solchen Alternativen des Denkens und Fühlens bewegt sich die Rache. Wir betreten die seelische Welt des primitiven Narzissmus. Es ist eine Welt, in der sehr mächtige und oft unheimliche Kräfte wirken. Wir dachten, dass der Fortschritt von Zivilisation und Gesittung die Rache kraftlos machen würde. Wir haben uns getäuscht.

Die Dynamik der Rache wurzelt in einem Dilemma der menschlichen Entwicklung. Die Natur hat, um die überlebensnotwendige Bindung zwischen Kind und Eltern zu stärken, eine hochbrisante Reaktion auf die Enttäuschung von Erwartungen an unsere Mitmenschen geschaffen. Wenn wir den schöpferischen Impuls der Evolution in Sprache setzen, lautet er etwa so: Wir müssen unser Selbstgefühl mit allen Mitteln schützen und Zeichen setzen, die andere davon abhalten, uns zu verletzen.

Teufelskreis der narzisstischen Wut

Das soziale Problem liegt in der selbstbezogenen Grenzenlosigkeit der narzisstischen Wut. Sie respektiert nicht, dass andere Menschen anders sind, dass sie auch verletzlich sind und oft nicht verstehen können, was sie ausgelöst haben. Wenn ein Baby schreit, kommt die Mutter und stillt es. Wenn sie nicht kommt, steigert sich das Schreien und wirkt auf den Beobachter „wütend". Kommt die Mutter zu spät, kann es sein, dass das Baby in die Brust beißt oder die Brust verweigert. Es „rächt" sich für die Versagung.

Sinn dieser Aktion ist, der Mutter zu verdeutlichen, dass sie sich nicht verspäten darf. Wenn die Mutter das versteht, wird die Entwicklung gut weitergehen; wenn sie aber mit Gegenkränkungen reagiert, absichtlich zu spät kommt oder die Brust verweigert, weil das Baby gebissen hat, entstehen Teufelskreise. „Die Brust ist böse, sie gibt mir nichts, ich muss sie mit den Zähnen festhalten" ist die eine Position. „Das Kind ist böse, es beißt, ich gebe ihm die Brust nicht" die Gegenposition.

Es scheint einfach, einen Ausweg zu zeigen: Das Baby beißt nicht mehr, die Mutter kommt rechtzeitig. Aber wer fängt an? Das Beispiel ist nur scheinbar harmlos; in der Behandlung zerstrittener Paare gibt es ähnliche Probleme. „Ich würde nüchtern nach Hause kommen und freundlich mit dir reden, wenn du öfter mit mir schläfst", sagt der Mann. „Ich würde öfter mit dir schlafen, wenn du nüchtern nach Hause kommst und freundlich mit mir redest", sagt die Frau. Auch hier kennt jeder den Ausweg – und auch hier ist die knifflige Frage: Wer fängt damit an, ihn zu beschreiten? Der Selbstmordterror, die bedrohlichste soziale Veränderung der Gegenwart, zeigt diese unheimliche Verwandtschaft.

Die frühkindlichen Wurzeln der Rache machen sie so radikal, verbinden sie mit dem primitiven „Alles oder nichts“. Wenn ein trotziger Dreijähriger, dessen Mutter partout nicht tut, was er will, Zünder und Dynamitstange bedienen könnte, würde er die Familie in die Luft sprengen. Wenn sie ihn ablenken oder beruhigen kann, ist er zehn Minuten später wieder der süßeste Engel. Unter den Bedingungen, die unsere Psyche geprägt haben, ist das kein Problem. Die Eltern erkennen, wie wichtig es für die Kinder ist, ihren Willen, ihre Autonomie zu entwickeln. Die Kinder lernen, die überlegene Kraft und das überlegene Wissen der Eltern zu achten. Explosivstoffe und wirksame Mordwerkzeuge sind in unserem seelischen Haushalt nicht vorgesehen. Unsere primitiven Affekte sind auf Fäuste und Zähne zugeschnitten. Der Vergleich zwischen dem trotzigen Dreijährigen und einem Terroristen oder Amokläufer löst Unbehagen aus. Er hilft aber, die Bedeutung der Umwelt und der Gegenkräfte besser zu verstehen.

Nach dem psychoanalytischen Modell ist nicht der Impuls zu blutiger Rache und Terror die Ursache für die zerstörerische Aktion, sondern der Mangel an Gegenkräften bzw. die Überforderung der menschlichen Gesellschaft durch neue technische Mittel. Das erklärt auch, weshalb es unter extrem kränkenden und entwürdigenden Lebensumständen, unterstützt durch eine fanatische Propaganda, in Palästina gegenwärtig zu einer „normalen“ Fantasie von Kindern geworden ist, sich in die Luft zu sprengen.

Das Selbstmordattentat mit einer am Leib getragenen Bombe ist für den Rachsüchtigen auch deshalb so verlockend, weil es ihm verspricht, dass seine eigene Kränkungsqual zusammen mit der Rache am Feind beendet sein wird. Seine seelische Dynamik verbindet Elemente des Zapping vor dem Bildschirm mit der militärischen Verzweiflungsstrategie der Kamikazebomber und wird durch die grelle Medien-Aufmerksamkeit angeheizt. „Moderne“ narzisstische Bedürfnisse und „traditionelle“ Vorstellungen von einem seligen Leben im Paradies nach dem Opfer des Lebens im heiligen Krieg verschmelzen.

Wer von narzisstischer Wut besessen ist, kann nicht mehr differenzieren. Alles kann Symbol sein für das Gehasste. Das Zeichen, dass nie hätte geschehen dürfen, was doch geschah, kann gar nicht groß und zerstörerisch genug sein. Wenn die Gegenkräfte schwinden, der Glaube an Gerechtigkeit, die Einsicht in die goldene Regel der Ethik („Was du nicht willst, dass man dir tu [...]“), dann tritt die archaische Rache wieder an die Oberfläche. Und nur unter günstigen sozialen Umständen, in Gruppen, deren Selbstgefühl nicht durch kollektive Kränkung geschwächt ist, kann diese Urmacht durch Vernunft gemildert und ihr Fanatismus durch Kreativität und Humor gebrochen werden.

Diese Gegenkräfte werden in der Konsumgesellschaft allgemein geschwächt. Es gehört zu ihrem Stil, Disziplin aufzugeben und schnelle Befriedigung als soziales Ideal zu definieren. Nicht immer, das sehen wir an der Rache, sind diese schnellen Befriedigungen harmlos. Inzwischen ist eine ganze Themensparte in Hollywood beschäftigt, Racheszenarien auszumalen und nicht selten den Rächer zu idealisieren.

In einer reichen Gesellschaft, die ihren jungen Männern und Frauen viele Zukunftsperspektiven bieten kann, bleibt es für die meisten Menschen beim visuellen Genuss. Die Vernunft hilft, sich von der selbstzerstörerischen Seite der Rache zu distanzieren. Nur alleingelassene, kontaktgestörte Jugendliche entwickeln sich hier zu Amoktätern.

Heiße und kalte Rache

Wo sich ganze Kulturen als gekränkt und beschämt erleben, geschieht etwas ganz anderes. Die Vernunft zügelt nicht die Rache, sondern die Rache greift zur kalten Vernunft als ihrem Werkzeug und wird vernichtender als je zuvor, eben weil diese Vernunft gewaltige Machtmittel geschaffen hat. Jede kalte Rache verbindet sich mit den technischen Möglichkeiten der Zeit und stellt sie in ihren Dienst.

Der moderne Terror ist aus der Verbindung von Massenmedien und Dynamit entstanden. Dass er entstehen konnte, hängt mit der menschlichen Ur-Sehnsucht zusammen: dem Paradies, dem Leben ohne Kränkungen und wenn dieses Leben denn schon nicht möglich ist, der Zurückgabe jeder Kränkung an den Urheber, um sie, soweit es eben möglich ist, ungeschehen zu machen und abzuwehren.

Im islamistischen Terror sind beide Sehnsüchte konzentriert und verbinden sich mit moderner Technologie. Die Täter rächen sich an den „Gottlosen", deren Übermacht sie beschämt, und erringen durch diesen Schritt einen Platz im Paradies.

In den letzten dreißig Jahren ist die kalte Rache wieder salonfähig geworden. In Filmen (wie „Blue Steel") übergibt die Polizistin nicht mehr den Verbrecher, den sie endlich gestellt hat, der Justiz, sondern erledigt ihn triumphierend mit einigen wohlgezielten Schüssen. In anderen („Ein Mann sieht rot", „Kill Bill") beginnt das Opfer eines brutalen Verbrechens einen Rachefeldzug.

Rache und Terror funktionieren scheinbar schnell und eindeutig. Sie werden von derselben Strömung getragen wie die sofortige Wunscherfüllung des modernen Konsumenten. Kaufe jetzt, zahle später, räche dich jetzt, denke später darüber nach. Die moderne Rache befriedigt Aggressionen, die aus der Kränkung individueller Bedürfnisse nach Selbstverwirklichung entstehen. Das unterscheidet sie von der traditionsgebundenen „Blutrache" oder der Sitte, Beleidigungen in einem Duell zu rächen. Damals ging es vor allem darum, einen ziemlich genau definierten, schichtspezifischen Ehrbegriff zu verteidigen: die „Satisfaktionsfähigkeit" des Adeligen, des „Gebildeten" gegenüber der proletarischen Prügelei. Heute trifft die Rache wahllos den, der narzisstische Ansprüche nicht erfüllt.

In der traditionellen Gesellschaft musste der Angehörige der Oberschicht lernen, formvoll im Spiel zu verlieren. In der Moderne kann es vorkommen, dass ein frustrierter Zocker Amok läuft und – wie es vor einigen Jahren in den USA geschah – die Angestellten der Broker-Firma erschießt, die er für seine Verluste verantwortlich macht. Disziplinierte, zum Beispiel juristische oder politische Konfliktlösungen sind „umständlich" und daher unbefriedigend. Ihre Fähigkeit, Ungerechtigkeiten zu verhindern, wird im Impuls zum Faustrecht verachtet. In allen Hollywoodfilmen, die das Rachethema auswalzen, ist die Polizei entweder unfähig oder korrupt.

In der Literatur des 19. Jahrhunderts wurde das Rachethema unermüdlich aufgegriffen, ein Zeichen dafür, wie sehr die damals noch junge Einrichtung des Rechtsstaats die Gemüter beschäftigte. Karl May hat in seinen Beduinen-Romanen, von „Durch die Wüste" bis zum „Schut", die Handlung am Thema verschiedener Blutrachen aufgefädelt und immer wieder die Pflicht des Christen, auf Rache zu verzichten, gegenüber der „mohammedanischen" Rachsüchtigkeit idealisiert. Alexandre Dumas malte in „Der Graf von Monte Christo" die Entwicklung des naiven, harmlosen Seemanns Edmond Dantes. Unschuldig verurteilt, dem Egoismus falscher Freunde geopfert, seiner Ehre und seiner Braut beraubt, wandelt er sich durch Kerkerhaft und Schatzfund zum dämonischen Übermenschen, der seine Rache mehr genießt als seine neu gefundene Liebe. In das Urteil der populären Romanciers über die moralische Fragwürdigkeit und die selbstzerstörerischen Qualitäten der Rache mischt sich eine geheime Faszination.

Gegenkräfte wecken

Was können wir gegen die Rache tun? Es gibt in allen Menschen und in allen zwischenmenschlichen Beziehungen Gegenkräfte, die uns helfen, die narzisstische Wut zu zügeln. Sie beruhen auf dem Prinzip der Empathie: Wenn sich ein Gekränkter respektiert und in seiner Verletzung wahrgenommen fühlt, kann er sich besser von ihr distanzieren und darauf verzichten, durch Grenzüberschreitung und Gewalt seine Verletzung zu demonstrieren. Der Weg dahin scheint in einem von Feindbildern und Unversöhnlichkeitsdogmen zerrissenen Land wie Palästina sehr viel steiniger und weiter als im Umgang mit den potenziellen Amokläufern und Rachetätern in unserer Umgebung. Hier ist die Maxime schlicht die, einen Gekränkten nicht noch einmal zu kränken, indem man ihm das Recht auf seine Gefühle abspricht und ihn als Psychopathen oder Querulanten, als Sonderling oder Arbeitsscheuen entwertet. Rache wird durch Schuldzuweisungen und Vorwürfe verstärkt, durch Verständnis und Gerechtigkeit begrenzt.

Wer Rachsüchtigen begegnet, muss zwei Fehler vermeiden: Die Gegenkränkung auf der einen, die Verwöhnung auf der anderen Seite. Das gilt für den Umgang mit einem bockigen Jugendlichen ebenso wie für den mit einem Terroristen. Kränkungswut ist zu respektieren. Sie ist kein Zeichen, dass ein Mensch böse oder minderwertig ist. Gleichzeitig verdient niemand deshalb Respekt, weil er bereit ist, sich selbst und andere weit über den Anlass hinaus zu schädigen. Er muss sich genauso dem Recht unterwerfen wie wir alle.

Rachsüchtige können in Gruppen eine destruktive Macht gewinnen, wenn die besonnenen Gruppenmitglieder nachgiebig sind und ihre berechtigten Ansprüche zurückstellen, sobald der narzisstisch Gestörte mit Beziehungsabbruch droht. Dann kann es dazu kommen, dass in einem „toleranten" Team nicht der Vernünftigste die Leitung übernimmt, sondern der Gestörteste, dessen Wutausbrüche andere veranlassen, ihn zu schonen.

Herfried Münkler

Wo kommt all die Gewalt her? Kommentar zu einer Kontroverse

Gewalt ist ein Sammelbegriff, der für vieles steht: für Schlägereien auf Bahnhöfen und vor Fußballstadien, für Massaker in Bürgerkriegen, für die systematische Auslöschung von Menschengruppen bei der Errichtung einer als Ideal angesehenen politisch-sozialen Ordnung, schließlich für die Führung von großen wie kleinen Kriegen. Dabei ist nicht nur die Art der Gewaltausübung verschieden, sondern das sind auch die Motive und Absichten, die Begründungen und Zielsetzungen, die mit der Gewaltanwendung verbunden werden. Wer über Gewalt schreibt, spürt sehr schnell den schwankenden Boden unter seinen Füßen, und deswegen beschäftigen sich wissenschaftliche Studien fast immer nur mit einer bestimmten Form von Gewalt: der von Jugendlichen, der in Gefängnissen, der in einem mittelamerikanischen Bürgerkrieg und so weiter. Die meisten Gewaltforscher sind bestrebt, ihr Thema räumlich und zeitlich einzugrenzen, um es in den Griff zu bekommen. Wer das nicht tut und Gewalt im Allgemeinen untersucht, muss entweder ein sehr erfahrener Forscher sein oder Lust an der Kontroverse haben.

Auf Jörg Baberowski, Osteuropa-Historiker an der Berliner Humboldt-Universität, trifft beides zu. Baberowski hat sich lange Zeit mit dem stalinistischen Terror in der Sowjetunion befasst und dazu mehrere Veröffentlichungen vorgelegt. Die Beschäftigung mit den von Stalin, aber auch von Lenin und Trotzki veranlassten Gewaltorgien ist ein Thema, bei dem man nicht nur aufmerksame Leser und Zuhörer hat, sondern das immer auch politische Kontroversen umfasst, die mit großer Heftigkeit ausgetragen werden. Nicht viel anders ist das bei der allgemeinen Thematik der Gewalt, und die Debatte beginnt sogleich damit, ob dem Menschen von Natur aus eine Gewaltdisposition eigen sei, etwa in Form eines Aggressionstriebs, oder ob er ein eher friedliches Lebewesen sei, das, wenn nur die äußeren Umstände dementsprechend seien, ohne Weiteres in Frieden mit seinesgleichen leben könne.

In dieser Allgemeinheit ist das freilich eher eine Frage für Biologen und Verhaltensforscher, während Historiker nicht umhinkommen, den Zeitraum ihrer Beobachtungen und Argumente einzugrenzen. Bei Baberowski ist das im Wesentlichen das 20. Jahrhundert und hier vor allem dessen erste Hälfte, also die Zeit von Bolschewismus und Nationalsozialismus, mit kürzeren Ausblicken auf das Pol-Pot-Regime in Kambodscha oder das große Massaker in Ruanda. Aber, so könnte der erste Einwand lauten, lässt sich aus zwei exzeptionellen Gewaltsystemen, wie sie das der Hitler und Himmler oder Stalin und Dserschinski waren, etwas über die menschliche Gewaltdisposition im Allgemeinen aussagen? Pointiert: Zeigt sich in der Gewaltpraxis des Nationalsozialismus und Stalinismus das wahre Gesicht des Menschen, von dem alle Masken der Zivilisation abgefallen sind, oder begegnen wir hier einem entmenschlichten Ungeheuer, das mit dem, was der Mensch ist, nur noch rudimentär etwas zu tun hat? Baberowski weiß um die Kontroverse bei der Debatte über diese Frage und hat sein Buch entsprechend angelegt.

Seine Untersuchung über die Räume der Gewalt ist als eine Arbeit über die Theorien der Gewalt und der Zivilisation strukturiert, mitsamt deren kritischer Kommentierung anhand historischer Beispiele.

Es sind zwei Paare einander widersprechender Großtheorien, die im Zentrum von Baberowskis Gewaltstudie stehen: Da ist zunächst Norbert Elias' Arbeit über den Prozess der Zivilisation, die sich um die These einer mit dem zivilisatorischen Fortschritt einhergehenden Verwandlung von Fremdzwang in Selbstzwang dreht und dabei ein zunehmendes Verschwinden der offenen Gewalt konstatiert.

Und dem entgegengesetzt sind die Arbeiten von Zygmunt Bauman, für den die Ermordung der europäischen Juden gerade kein Zivilisationsbruch war, sondern die Verwirklichung dessen, was in der Moderne im Gefolge der Aufklärung an Möglichkeiten freigesetzt worden ist. Für Bauman ist die Moderne darum das, was überwunden werden muss, weswegen er die Postmoderne als eine Ära gelassener Toleranz gegenüber dem Verschiedenartigen begrüßt.

Baberowski ist beiden Großtheorien und ihren Versprechen gegenüber skeptisch: Er bezweifelt, dass die Zwangsinstrumente des Staates je verschwinden können, mit denen die Menschen am Gebrauch von Gewalt zur Durchsetzung ihrer Absichten wie am Ausleben von Gewaltfantasien gehindert werden. Deswegen teilt er weder Elias' Optimismus, noch schließt er sich dem Bauman'schen Verdikt über die Moderne an, die schließlich erst jenen starken Staat hervorgebracht habe, der erstmals in der Geschichte seine Gewalt nicht ständig und überall zeigen müsse, um ja keinen Zweifel an seiner Macht aufkommen zu lassen.

Das andere Paar opponierender Theoretiker bilden der schwedische Friedensforscher Johan Galtung und der deutsche Gewaltphänomenologe Wolfgang Sofsky. In den 60er- und 70er-Jahren hat Galtung mit dem Begriff der „strukturellen Gewalt" Furore gemacht, einer Gewalt somit, bei der es im Unterschied zur personalen Gewalt keiner Täter bedarf, sondern die Gewalt in Verhältnissen verborgen ist, die den Menschen daran hindern zu werden, was er sein könnte. Galtungs Perspektive bestand darin, eine Welt zu schaffen, in der neben der personalen auch die strukturelle Gewalt verschwunden ist. In Baberowskis Darstellung steht Galtung für den politischen Illusionismus dieser Zeit, eine Form der Unbescheidenheit bei den Zielsetzungen, die im Ergebnis dann doch wieder eine Legitimation der revolutionären Gewalt zwecks Abschaffung der strukturellen Gewalt zur Folge hatte. Dagegen läuft Sofskys schwarze Anthropologie auf die

Vorstellung einer Omnipräsenz der Gewalt hinaus, die immer und überall ausbrechen kann und zu der zu greifen wir alle disponiert sind.

Der Historiker Baberowski hat gegen diese Sicht Vorbehalte, während der Gewaltanalytiker Baberowski sie zu brauchen meint, um das Gewaltmonopol des Staates legitimieren zu können. Demgemäß bleibt sein Urteil über Sofsky in der Schwebe.

In der Auseinandersetzung mit diesen Theorien entwickelt Baberowski seine eigene Sicht, und danach sind es vor allem bestimmte Räume, auf die sich die Gewaltanalyse konzentrieren muss. Auch und gerade die historische Analyse der Gewalt muss einen Blick haben für die divergierende Ordnung von Räumen, in denen Gewalt strikt begrenzt ist oder in denen sie geradezu gefordert wird. Es ist der Wechsel zwischen gewaltoffenen und für Gewalt geschlossenen Räumen, der den roten Faden in Baberowskis Analyse der Gewalt bildet. Hierzu kommen noch die jeweiligen Regulationen in den gewaltoffenen Räumen, die vom Kriegsrecht bis zu den Regeln im Boxring reichen. Damit ist auch bestimmbar, was das Exzeptionelle von Stalinismus und Nationalsozialismus in der Geschichte der Gewalt ausmacht: dass sie Räume eröffnet haben, in denen es keinerlei Limitierung der Gewalt gab und jeder, vom Sadisten bis zum bloßen Befehlsempfänger, tun konnte, wonach ihm der Sinn stand. Es kommt nicht von ungefähr, dass der Krieg in der Sowjetunion ab 1941 mit einer sehr viel größeren Grausamkeit geführt wurde als andernorts, aber auch hier wurden Gewalt und Grausamkeit durch die militärische Symmetrie der gegeneinander Kämpfenden begrenzt. Das macht den Unterschied zum System der Lager, in denen die dort Eingepferchten jeder Chance des Widerstands, der Gegengewalt und der Rache beraubt waren. Dementsprechend hemmungslos wurde hier Gewalt praktiziert.

Jörg Baberowski hat ein überaus kluges Buch über die Gewalt geschrieben, weil er auf große Theorien und einfache Lösungsvorschläge verzichtet hat. Es gibt, so die Summe seiner Beobachtungen, nur vorletzte Lösungen, und wir sollten uns mit diesen begnügen. Denn jeder Versuch, etwas Endgültiges zu erreichen, hat die Neigung, wegen eines hohen und hehren Zieles zeitweilige Gewalt zu erlauben – und ist damit schon wieder Teil des Problems, anstatt endgültige Lösung zu sein.

Thomas Assheuer

Wenn der Teufel vom Himmel fällt
Nachahmung, Rivalität, Gewalt[45]
Zum Tod des großen Kulturanthropologen René Girard

Was weckte stets den größten Zweifel an René Girards Theorie? Der Umstand, dass sie perfekt funktionierte. Mit Girards Netzen machte man im Meer der Phänomene den größten Fang. Die archaischen Religionen, die griechische Tragödie, die heiligen Schriften, die unheiligen Kreuzzüge, der Konkurrenzkapitalismus, der Kalte Krieg, der Zerfall des Nahen Ostens: seine Kulturanthropologie ist ein Alleserklärer. Aber auch in der Literatur passt sein Deutungsschlüssel, bei Shakespeare, Hölderlin, Flaubert, Stendhal oder Proust. René Girard, so rühmte der französische Philosoph Michel Serres, habe eine Jahrhunderttheorie aufgestellt. Er sei „der Darwin der Humanwissenschaften".

Falsch war das nicht. Tatsächlich wollte der französisch-amerikanische Kulturanthropologe die Konfliktgeschichte der Zivilisation erklären, er wollte zeigen, warum sich unter Menschen eine bestimmte Urszene immer wiederholt und aus winzigen Rivalitäten explosive Gewalt entsteht. Girards Ausgangsthese war dabei verführerisch schlicht und lautete: Der Mensch lernt durch Nachahmung, er liebt durch Nachahmung, und vor allem: Er tötet durch Nachahmung. Wo immer Menschen zusammenkommen, lauert die mimetische Rivalität, die Nachahmung der Gewalt. Sie geht bis zum Äußersten, bis zum „Krieg aller gegen alle".

In seinen frühen Werken beschrieb Girard, wie archaische Gesellschaften Schutztechniken entwickeln, um Konkurrenzkonflikte einzudämmen und Gewalt zu beenden: Sie suchen einen Sündenbock und machen ihn für alles verantwortlich. Mit der Tötung des Sündenbocks schlägt dann das „Alle gegen alle" um in das „Alle gegen einen" – und es herrscht Frieden. Danach allerdings geschieht etwas Merkwürdiges. Das Opfer des Lynchmords wird zum neuen Stammesgott verklärt, es wird „divinisiert". Dieser Gott, schrieb Girard in seinem Buch „Das Heilige und die Gewalt" (1972), ist die reine

Ambiguität: Er ist Fluch und Segen, sowohl absolut böse als auch absolut gut – erst brachte er die Krise, dann den Frieden.

Archaische Religionen durchschauen ihre Grausamkeit nicht und verkennen, dass die Stabilität der Gemeinschaft auf der Opferung Unschuldiger beruht. Voller Bewunderung war Girard deshalb für das Juden- und Christentum. Sie wechseln radikal die Perspektive und nehmen Partei nicht für die Verfolger, sondern für die Opfer. Jesus lässt sich ans Kreuz schlagen, er macht sich zum Sündenbock, und jeder erkennt: Das Opfer ist unschuldig.

Girard sah in dieser Opferkritik einen Fortschritt in der Bewusstseinsgeschichte der Menschheit, eine spektakuläre Zäsur. Der biblische Gott ist der Gott der Opfer und nicht mehr der Gott der Täter; menschliche Gewalt ist nicht mehr heilig, sondern nur noch roh und hässlich. Und doch wussten die Autoren der Bibel, dass damit nicht der ewige Frieden einkehren würde. Wenn Christus sagt: „Ich bin nicht gekommen, den Frieden zu bringen, sondern das Schwert", dann heißt dies in Girards genialer Deutung: Die Religion nimmt uns zwar das Opfer, aber sie nimmt uns nicht unsere Rivalitäten und Konflikte. Und diese Konflikte sind schneidend wie ein Schwert. Wir müssen sie lösen – doch nicht mit Gewalt.

René Girard war seine eigene Schule, und seine Bücher lesen sich zuweilen wie ein einsames Selbstgespräch. Doch die Behauptung, seine Theorie sei von Anfang an vollendet gewesen und der Rest nur Wiederholung, ist ein Gerücht. Tatsächlich hat Girard, wie sein meisterhafter Interpret, der Innsbrucker Theologe Wolfgang Palaver, zeigen konnte, seine Argumente immer wieder neu gewichtet. Er hat die schroffe Entgegensetzung von archaischer und monotheistischer Religion abgemildert, ohne den epochalen Bruch infrage zu stellen. Und keine Ruhe ließ ihm die Frage, warum Christentum und Islam selbst gewalttätig wurden. Was, um einen seiner Buchtitel zu zitieren, verhinderte das „Ende der Gewalt"?

Girard gab vor allem zwei Antworten. Zum einen hatten Juden und Christentum den Gesellschaften die Möglichkeit genommen, durch die Erfindung von Sündenböcken ihre Gewaltkonflikte zu lösen; zum anderen wurde der Opferstatus selbst zur Quelle von Gewalt. Wer sich als Opfer fühlt (oder es tatsächlich ist), der verfällt leicht einem mörderischen Unschuldswahn und glaubt, seine Rache sei moralisch gerechtfertigt.

Christen, die sich an den „Mördern Christi" rächen wollten und Massaker an den Juden begingen, handelten angeblich in Gottes Auftrag. Heute, so Girard, sei es der radikale Islam, der sich als Opfer des säkularen Westens grausam in Szene setze. Je unschuldiger sich der Täter dabei wähne, desto exzessiver seine Gewalt. Absolute Unschuld münde in absolutem Terror.

Zum Ärger einiger Kollegen, die darin Propaganda für die Katholische Kirche vermuteten, glaubte Girard, dass gegen einen religiös aufgeladenen Unschuldswahn nur eines hilft: die Religion. Sie lehre Demut und führe dem Opfer vor Augen, dass es selbst der Täter hätte sein können. So aktualisierte Girard auf seine Weise die Erbsündenlehre: Im mimetischen Spiel („Ich ahme dein Begehren nach") kann ein jeder die Stelle des anderen einnehmen, er kann ebenso gut Täter wie Opfer sein, die Motiv- und Interessenlage ist dabei zweitrangig. Zuletzt demonstrierte Girard seine These in fesselnden Analysen an Napoleon und Clausewitz, doch bei seinen geschichtlichen Weiterungen musste man auf der Hut sein. Dass der Zweite Weltkrieg aus einer mimetischen Rivalität zwischen Faschismus und Kommunismus entstand, ist eine These, die Historiker nicht wirklich befriedigt.

Politische Empfehlungen enthielt Girards Denken nicht, höchstens die Aufforderung zu extremer Wachsamkeit. Wenn der „Teufel der Gewalt vom Himmel fällt", muss man ihm in die Parade fahren, man muss Rivalitäten riechen, noch ehe sie entstehen, man muss sie diplomatisch entschärfen oder in einem kalten Frieden einfrieren – Heroismus war nichts, was Girards Herz höher schlagen ließ. Als Prophet erwies er sich im Fall des Iraks. Der „Realist" George W. Bush war gerade erst in das Land einmarschiert, da warnte Girard bereits vor einem Weltenbrand im Nahen Osten, vor einer endlosen Überbietungsgewalt der Religionen und Machtgruppen. Der Arabische Frühling ließ sich mit Girards Theorie nicht so gut erklären, dafür aber die Ukrainekrise. Wenn die Brüsseler Euro-Eliten weniger ihren kapitalistischen Hayek und mehr den katholischen Girard gelesen hätten, dann wäre ihnen rechtzeitig klar geworden, dass der Eurasier Putin die westliche Politik als Objektbegehren („meine Krim") wahrnehmen und ein bedrohliches Steigerungsspiel beginnen würde – übrigens mit dem maliziösen Hinweis, er ahme den amerikanischen Völkerrechtsbruch im Irak ja bloß nach.

Keine Frage, die neuen Kriege und der globale Terror haben Girards Denken verdunkelt. Sein letztes Buch trug die Apokalyptik bereits im Titel und verstand sich als Warnung: Auch die Zeit der Moderne hat eine Frist. Sie ist nicht unendlich und kann sich auf nichts mehr verlassen, weder auf eine verborgene Vernunft noch auf eine gütige Hand; weder auf einen festen Grund noch auf eine garantierte Zukunft. Garantiert ist ihr nur die menschliche Rivalität, was in einer grenzenlosen Weltgesellschaft besonders gefährlich ist, weil Konflikte rasend schnell auf andere Regionen überspringen. Am

Ende liegen in den geschrumpften politischen Räumen alle mit allen um alles im Streit – und ging der Streit anfangs auch nur um ein paar traurige Inseln im Südchinesischen Meer. Einst trieb die mimetische Rivalität die Zivilisation voran; heute kann sie ihren Ruin bedeuten.

Wie jede Apokalyptik enthält auch die Girard'sche ihr eigenes Gegengift. In dramatischen Bildern malt sie den Untergang an die Wand, um ihn durch heilsame Schrecken doch noch zu verhindern. Für Girard hieß dies: Da die Nachahmung unser Schicksal ist, müssen wir die Laufrichtung ändern. Die Menschen dürfen nicht das Böse, sie müssen das Gute nachahmen, denn nur der Wettkampf um das Gute verzögert die Apokalypse – bis zum Jüngsten Tag.

Luise Reddemann

Das Böse als Heimsuchung
Brief an meine Enkel

In Vorbereitung auf eine Vorlesung bei den Lindauer Psychotherapiewochen zu den Folgen von nationalsozialistischem Terror und Zweitem Weltkrieg lernte ich Alice Sommer-Herz durch ihre Biographie „Ein Garten Eden inmitten der Hölle" und über YouTube kennen. Bis zu ihrem Tod im Jahr 2014 galt sie als die älteste Holocaustüberlebende. In zahlreichen Interviews, die sie vor allem als weit über Hundertjährige gab, betonte sie immer wieder: „Ich weiß um das Böse und ich kümmere mich nicht darum!" Die Welt sei schön, betonte sie mit strahlenden Augen und pries die Schönheiten der Welt. Die Musik habe ihre Seele gerettet und sie gebe die Hoffnung niemals auf. Als Pianistin liebte sie Bach und Beethoven. Bis zu ihrem Tod spielte sie täglich. Die Kraft, den Naziterror zu überleben, zunächst in ihrer Geburtsstadt Prag, später im KZ Theresienstadt trotz der Ermordung ihrer Mutter und ihres Mannes in Auschwitz, und für das Wohl ihres Kindes zu sorgen, schien sie aus ihren Überzeugungen und der Musik zu gewinnen.

Durch die Vorlesung war ich immer tiefer in die Geschichte von 1933 bis 1945 eingedrungen und war häufig tief verzweifelt über die Untaten, das Mitläufertum, das Wegsehen, die Feigheit der Elterngeneration. So schaute ich jeden Morgen vor der Vorlesung in Alices Augen, die so viel Güte und Weisheit ausstrahlten. Und ich beendete jede Vorlesung mit Esther Bejarano und der Mikrofon-Mafia und ihrem Song „Hand in Hand" ihrer CD „La vita continua". Esther Bejarano hat Auschwitz überlebt im sogenannten Mädchenorchester. Weit über achtzig Jahre alt, strahlt sie Lebensfreude und Kampfesmut aus. In der Ankündigung der CD heißt es: „Trotz aller Probleme geht es um Zuversicht und Mut und das ‚Hand in Hand, mit Herz und Verstand'! […] Wie kann ein Mensch so viel Liebe und Kampf aufbringen und Viva la libertà! singen, der das KZ überlebt hat?!"

Seit sechsundvierzig Jahren begleite ich als Ärztin und Psychotherapeutin Menschen, die Entsetzliches, das Grauen, das Böse überlebt haben. Es ist mir aufgrund dieser Erfahrungen mehr als deutlich geworden, dass es „das Böse" gibt. Der Frage, warum werden die einen, die dem Bösen begegnet sind, nicht ihrerseits zu Verbrechern und warum die anderen doch, konnte ich nicht ausweichen, aber Antworten, die Gültigkeit beanspruchen können, habe ich nicht gefunden.

Im Folgenden stelle ich einige Überlegungen an, die mögliche Antworten, zumindest in Bezug auf die Menschen, mit denen ich zu tun hatte, geben können. Das aus Psychotherapien stammende Material ist so verfremdet, dass Rückschlüsse auf PatientInnen nicht möglich sind. Zum Schutz der Betroffenen mache ich das Geschlecht nicht deutlich und spreche vom „erwachsenen Menschen". Geschichten wie diese widerfahren Mädchen und Jungen!

Ein Kind erfährt Gewalt und extreme sexualisierte Gewalt, es wird von den Eltern an Menschen verkauft, die dieses Kind in grausamster Weise misshandeln und sexuell ausbeuten. Zu Hause wird es eingesperrt, bis es in die Schule kommt. Der erwachsene Mensch erzählt in der Therapie, wie das Kind sich umgeben sah von Engeln, die es getröstet haben. Das sei die Rettung gewesen. Das erwachsene Leben war trotzdem schwer, denn Menschen auf dem Weg lösten häufig großes Misstrauen aus. Konnte ihnen wirklich vertraut werden? War die Therapeutin vertrauenswürdig? Manchmal gab es Momente für die Therapeutin, in denen sie das Gefühl hatte, sie habe keine Chance gegen all dieses Grauen. Das Böse, das dem Kind angetan worden war, hatte den Glauben an Gutes und Hilfreiches beinahe zerstört. Der erwachsene Mensch war anstrengend für die Therapeutin, aber es gab immer wieder Hoffnungsschimmer, sodass beide gemeinsam durchhalten konnten. Das Böse hatte sich im Kind eingenistet als bösartige Stimmen, die es demütigten, ihm das Recht auf Existenz absprachen. Diese Stimmen waren nie verstummt, sie suchten den erwachsenen Menschen immer noch heim. Es kam teilweise zu hoch destruktiven Selbstverletzungen und Suizidimpulsen. Die Stimmen forderten auch zum Schweigen über das Böse auf und beschimpften die Therapeutin. War der erwachsene Mensch deshalb „böse“?

Es gibt Theorien, die das unterstellen. Und es liegt mir fern zu behaupten, dass das niemals so vorkommt. Auf der anderen Seite gibt es Theorien, die von einem grundsätzlichen Gutsein des kleinen Kindes ausgehen, und dass erst durch die Erfahrung von Ablehnung und Schlimmerem qua Verinnerlichung und „Identifikation mit dem Aggressor“ sich Gemeinheit und Destruktivität bilden. Beide Theorien haben ihre Begründungen, letztgültige Beweise gibt es nicht. Ich betrachte meine PatientInnen so, als sei in ihnen zumindest ein „heiler Kern“. Weiter, dass „das Böse“ beim Kind als Schutz vor überwältigender (Todes-)Angst entsteht. Kleine Kinder sind auf ihre Bezugspersonen angewiesen, wie destruktiv diese auch sein mögen. Den Bezugspersonen im Denken, Fühlen und gegebenenfalls Handeln ähnlich zu werden, schafft eine Art von Sicherheit und Verbindung. Kleine Kinder, die Gewalt und sexualisierte Gewalt erleben, können auch nicht denken, dass die Erwachsenen ihnen Böses antun, sondern sie nehmen an, dass sie selbst böse sind und das Schlimme verdienen.

„Du willst das doch“, wurde ihnen gesagt. Und sie hatten keine Wahl, das in Zweifel zu ziehen. Die Therapeutin fragt den erwachsenen Menschen: „Sind Sie sicher, dass das Kind das wollte? Wonach hat es sich gesehnt?“ „Dass er/sie mich liebt, mich sieht, mich versteht.“ „Hoffen Sie das heute noch?“ „Eigentlich schon, obwohl ich das blöd finde. Ich hasse mich dafür.“ „Die erwachsene Person hasst das Kind?“ „Ja, ich möchte nichts mit ihm zu tun haben.“ „Würde es wehtun, wenn Sie es gernhätten?“ „Es hat es einfach nicht verdient, es war so schrecklich!“ „Wer hat das gesagt?“ „Meine Eltern.“ „Sie, der erwachsene Mensch, was meinen Sie, wenn Sie sich ein Kind vorstellen, das Sie gerne haben? Ist es schlecht, ein bedürftiges, schutzbedürftiges Kind zu sein?“ „Nein.“ „Und das gilt für das Kind, das Sie waren, nicht?“ Lange Pause. „Eigentlich schon.“ „Vielleicht würde es zu sehr wehtun, wenn Sie das Bedürftige zulassen würden und deshalb ist es ein Schutz, das Kind zu verdammen?“ Es braucht Zeit für den erwachsenen Menschen, diese Möglichkeit in Betracht zu ziehen, und diese inneren Gestalten, die inneren Dämonen, als ursprünglich nicht zu ihr/ihm gehörig anzuerkennen. „Vielleicht war es leichter sich Vater/Mutter so ähnlich wie möglich zu machen, um den Boden nicht ganz zu verlieren? So könnten die Dämonen entstanden sein. Sie haben Verbindung geschaffen.“

Alle Menschen, mit denen ich als Psychotherapeutin zu tun hatte, haben Geschichten von Gewalt, Vernachlässigung und sexualisierter Gewalt mitgebracht. Die gesellschaftliche Gewalt, die ihnen angetan wurde, weil ihnen nicht geglaubt wurde, hat sie teilweise bitter, verzweifelt und teilweise auch gewalttätig werden lassen. Lange Zeit wurden auch wir Psychotherapeutinnen angegriffen, weil wir bereit waren, unseren PatientInnen zu glauben. Einbildung, Lüge sei das, und wir seien genauso verrückt und lügnerisch wie die, die wir behandeln. Die Nazi-Täter seien „normale Menschen", heißt es. Ich wüsste gerne mehr über ihre frühen Lebensgeschichten. Es war normal im 19. und 20. Jahrhundert, dass Kinder geschlagen wurden, mit Spott überzogen und gedemütigt. Im „Untertan" von Heinrich Mann lässt sich das nachlesen oder bei Karl Philipp Moritz in seinem autobiografischen Roman „Anton Reiser". Sexualisierte Gewalt wurde weitestgehend verleugnet. Es gibt sehr angesehene Menschen, die das bis heute tun.

Die Theorie, dass wir aggressiv auf die Welt kommen, anderen schaden wollen, ist vielleicht eine Rechtfertigung, um nicht genauer hinzusehen, was große Menschen kleinen Menschen antun. Doch ich kann nicht mit Gewissheit behaupten, dass es immer so ist. Vielleicht gibt es Menschen, die als schizoide, unbezogene Menschen auf die Welt kommen. Ich habe solche Menschen nie getroffen, aber darüber gelesen.

Ich komme zurück zu Alice Sommer-Herz: „Ich weiß um das Böse, aber ich kümmere mich nicht darum." Das kann ich in meiner Arbeit so nicht tun. Meine PatientInnen wollen mir ihre Geschichten erzählen und sie wünschen sich, dass ich ihnen glaube. Allerdings dränge ich sie nicht, dass wir uns mit dem Schlimmen ausschließlich befassen.

> Ich frage auch danach, „was hat Ihnen geholfen zu überleben?
> Gibt es Momente von Wohlbefinden und wie kommt es dazu?"

Damit lade ich PatientInnen ein, „in die Sonne zu schauen" und sich ihrer „Sonnenhaftigkeit" bewusster zu werden. In sechsundvierzig Jahren habe ich es nicht erlebt, dass keine Sehnsucht nach Schönheit und Glück wenigstens als zartes Pflänzchen vorhanden war. Damit versuche ich auch zu arbeiten.

Je weniger Angst bei meinen PatientInnen da ist, desto mehr wächst die Sehnsucht nach Freiheit und Liebe und der Wille, sie zu erfahren und zu leben. „Das Böse", selbst wenn es eine Konstante menschlichen Seins ist, muss nicht genährt werden. Es kann sein, dass uns mehr nicht gegeben ist.

Herbert Kappauf

Diagnose „Bösartig"
Nachtgedanken eines Onkologen, eines Facharztes für bösartige Erkrankungen

„Der Befund ist leider bösartig". Weit öfters als eine halbe Million Mal im Jahr fällt in deutschen Kliniken oder Praxen dieses Verdikt, dann eben, wenn Ärzte ein Krebsleiden neu diagnostiziert oder den Rückfall einer früheren Krebserkrankung aufgedeckt haben.

Es ist erstaunlich, dass sich in der wissenschaftlichen Medizin moralisch normative Begrifflichkeiten finden: bösartig oder – aseptischer klingend, aber mit gleicher Bedeutung – maligne. Eine Krebsgeschwulst sei eben bösartig, weil sie zerstörend wachse und letztlich töte, lautet die Erklärung bereits in einem Papyrus des ägyptischen Arztes Imhotep vor 4500 Jahren. Behandlung: „Es gibt keine." Nun war das Fehlen einer wirksamen Behandlung in der Medizingeschichte das Merkmal vieler Krankheiten, von Wundbrand, Typhus, Pocken, Gelbfieber bis zum sprichwörtlichen „schwarzen Tod", der Pest. Nicht einmal Aussatz, bei dem Betroffene im Mittelalter sofort nach der Diagnose mit einer Totenmesse aus der Gesellschaft ausgeschlossen wurden und ihre bürgerlichen Rechte verloren, war mit „bösartig" attribuiert. Und auch heute wird niemand eine Alzheimer Demenz als „bösartig" bezeichnen, obwohl sie unheilbar die Persönlichkeit der Erkrankten und deren soziale Einbindung zerstört und oft innerhalb eines Jahrzehnts zum Tode führt.

Was macht eine „bösartige" Erkrankung assoziativ im Krankheitserleben? „Warum ich? Ich hab' doch nichts Böses getan" ist auch in einer säkularen Welt, die ein biblisches Konzept von Krankheit als göttliche Strafe (Leviticus 26,16) hinter sich gelassen hat, keine so seltene Reaktion auf eine Krebsdiagnose. Dagegen wird sich ein Patient mit einem Herzinfarkt nie fragen, ob er böse, sondern allenfalls ob er unvernünftig gelebt hat, eben durch Rauchen, wenig Bewegung und Stress.

Krebs ist laut dem Gründungsvater des Deutschen Krebsforschungszentrums (DKFZ) in Heidelberg, Prof. Karl Heinrich Bauer, „wirklich eine Krankheit sui generis, mit keiner anderen Krankheitsgruppe vergleichbar". Und er führt den normverletzenden Charakter einer bösartigen Erkrankung in seinem langjährigen deutschen Standardbuch „Das Krebsproblem" (1949) – noch sehr in den völkischen Denkmustern der eben zurückliegenden Jahre verhaftet – weiter aus: „Krebs ist eine Erkrankung wider alle Natur. [...] ein Widerspruch gegen die Grundordnung des Lebens. [...] ein cellulärer Kampf [...], ein Bruderkampf, [...] Revolution und Anarchie." Mit innerer Konsequenz führten diese primär semantischen Assoziationen dann auch zu dem von ihm formulierten problematischen Therapiedogma: „Bei Krebs gibt es nur Kampf bis zur Vernichtung und Selbstvernichtung." Krebskranke als Träger des Bösartigen und Unterschlupf der Anarchie gerieten in Gefahr, Kollateralschäden im Krieg gegen das „Widernatürliche" zu werden.

Keiner anderen Krankheit ist so wortwörtlich auf höchster Ebene der Krieg erklärt worden: Gleichzeitig zu den Flächenbombardements gegen die „bösen" revolutionären Vietcongs und seiner ernsthaften Überlegung, auch Atombomben einzusetzen, erklärte der amerikanische Präsident Richard Nixon 1971 feierlich den Krieg gegen Krebs. Eine bisherige Militäreinrichtung zur Erforschung von biologischen Waffen wurde ein neues Krebsforschungszentrum. Erklärtes Ziel des „War on Cancer" war nichts weniger, als bis 2015 Leiden und Tod durch Krebs zu beseitigen (Eliminating the Suffering and Death Due to Cancer).

Es gibt Krebskranke, die ein derartiges therapeutisches Vernichtungsszenario gegen die „Achse des Bösen" verinnerlicht haben: „Herr Doktor, wenn die bisherige Therapie nicht gewirkt hat, dann geben Sie mir bitte die doppelte Dosis – ich unterschreibe, dass es auf meine Verantwortung geschieht. Lieber sterbe ich an Komplikationen, als dass ich zusehe, dass dieser Krebs mich umbringt."

Die meisten Patienten mit einer Krebserkrankung wehren sich jedoch dagegen, in ihrem Körper „einen Bürgerkrieg" zu führen. Sie wünschen sich eine eher „sanfte Medizin", wollen keine Abwehrschlacht, sondern setzen sich existenziell mit ihrer Krankheit auseinander. Für manche ist dann die Krankheit eine Botschaft, die es zu verstehen und anzunehmen gilt, damit sie zu einem Wendepunkt werde. Für andere ist die Krankheit einfach der wertfrei stochastisch genetische Unfall, nicht viel anders als ein Oberschenkelbruch bei Glatteis – und sie wünschen sich eben die beste verfügbare Therapie.

Jeder zweite Patient, der vom Arzt den Befund „bösartig" mitgeteilt bekommt, kann heute auf eine dauerhafte Heilung seiner Erkrankung hoffen. Ist eine Heilung nicht oder nicht mehr realistisch, ist das möglichst lange gute Leben mit der bösartigen Krankheit Ziel einer modernen Onkologie. Sie schaut eher befremdet auf Konzepte einer „Krankheit wider alle Natur" und davon abgeleitete therapeutische Vernichtungsfeldzüge zurück. Onkologen, die nicht Krieg gegen das anarchisch Bösartige führen, sondern sich bemühen, Menschen in einer sehr bedrohlichen biografischen Lage dialogisch die beste kurative oder palliative Hilfe zu geben, lernen dann nicht selten überraschende Sichtweisen einer bösartigen Erkrankung: „Die Krankheit war ein Segen für mich. Wirklich. Aber an manchen Tagen ist es einfach beschissen!", sagt ohne jegliche Idealisierung diese 50-jährige lebenshungrige Frau, die bereits fünf Jahre mit ihrer metastasierenden Krebserkrankung lebt. Und ein 60-jähriger Mann mit Darmkrebs vor sieben Jahren mit zwischenzeitlicher Chemotherapie, Strahlentherapie und Metastasenoperation formuliert es so: „Was ich durch die Krankheit gelernt habe, ist schon fabelhaft. Der Krebs ist für mich auch eine gute Sache, wenn nur die Angst nicht wäre [...]"

Frank Erbguth

Demenz: Der böse Absturz der Vernunft Wenn das Gedächtnis zerfällt – wenn die Person verdämmert

Serré, fourmillant, comme un million d'helminthes,
Dans nos cerveaux ribote un peuple de Démons,
Gleich Würmern wimmelnd ist ins Hirn gedrungen
Die Teufelsschar, die uns zerstören muss.
(Charles Baudelaire, Les Fleurs du Mal; Die Blumen des Bösen. Paris 1861) Das Szenario „Demenz"

Für mich als Neurologen ist es professionelle Routine: die diagnostische Frage, ob eine Demenz vorliegt. Rein statistisch ist die Demenz auch nichts Besonderes: In Deutschland leben gegenwärtig fast zwei Millionen Demenzkranke; zwei Drittel von ihnen sind von der Alzheimer Krankheit betroffen. Jahr für Jahr treten fast 300 000 Neuerkrankungen auf – das bedeutet, dass die Diagnose an jedem Tag in Deutschland fast 1000 Mal gestellt wird. So wundert es auch nicht, dass wir um viele Prominente wissen, die eine Demenz entwickelt haben;

die Liste ist lang: unter anderen der „Macher“ und Fußballclub Manager Rudi Assauer, der Rekord-Torjäger Gerd Müller, der Schauspieler und Äthiopien-Helfer Karlheinz Böhm, „Columbo“ Peter Falk und die Staatslenker Ronald Reagan und Margaret Thatcher. Ein Prominenter ist nicht an einer Demenz verstorben, sondern an seiner Angst, eine zu entwickeln: Gunter Sachs hat sich angesichts vager Anzeichen suizidiert.

In den nächsten 30 Jahren wird sich die Zahl der Demenzkranken in Deutschland auf ca. drei Millionen erhöhen. Für den Einzelnen bedeutet das: wenn man alt wird, läuft man dem Demenzrisiko entgegen; bei fast jedem dritten Mann, der ein Alter von 65 Jahren erreicht und bei fast jeder zweiten Frau wird sich im weiteren Altersverlauf eine Demenz entwickeln. Wird da nicht die Gnade des hohen Alters zur Bedrohung durch den Absturz des Geistes, der Orientierung, der Vernunft und auch der Persönlichkeit in einen rätselhaften Abgrund?

Was geht verloren?

Die medizinische Definition der Demenz liest sich zunächst klar und nüchtern: Es geht um einen fortschreitenden Abbau vieler höherer Gehirnleistungen wie Gedächtnis, Denken, Orientierung, Auffassung, Rechnen, Lernfähigkeit, Sprache, Sprechen und Urteilsvermögen. Am Ende des Abbaus kann ein völliger Verlust auch des Bewusstseins stehen. Viel mehr Alltagsprobleme als der reine Gedächtnisverlust machen aber die auftretenden Störungen des Verhaltens, der Psyche und der Affekte – und da spürt man sehr deutlich den Schrecken der Erkrankung: zielloses Herumirren, Essstörungen, aggressive Gereiztheit, Störungen des Tag-Nacht-Rhythmus, Angst und Depressionen, Wahnvorstellungen und Halluzinationen. In fortgeschrittenen Phasen erlischt der Antrieb zum Essen; das Hungergefühl und die Schluckfähigkeit gehen verloren. Lungenentzündungen oder Stürze mit ihren jeweiligen Folgen führen schließlich zum Tode. Was ist von der Persönlichkeit übriggeblieben? Die Demenz als böser Stachel im Fleisch des „Cogito ergo sum“!

Gewissheit und Angst

Wenn ernsthafte Anzeichen einer Demenz auftauchen, sind es meistens die Angehörigen, die die Betroffenen zum Arztbesuch in meine Sprechstunde bewegen – manchmal sogar nötigen. Oft sind diese Situationen kommunikativ schwierig; jedenfalls immer dann, wenn die Angehörigen im Beisein der Erkrankten von Defiziten und Ausfällen der Gedächtnis- und Orientierungsleistungen berichten. Viele Betroffene fühlen sich dann vorgeführt und entlarvt und schämen sich. Selbst nehmen sie ihre Defizite oft nicht so wahr oder wollen sie nicht wahrhaben. Was im Lehrbuch als „erhaltene Fassade" beschrieben wird, bekommt hier tragische Gestalt. Da erinnert der adrett gekleidete mittelständische Unternehmer mit tadellosen Umgangsformen, der noch jeden Tag im Büro erscheint, nicht mehr den Namen seiner Sekretärin. Bei den Erstgesprächen scheue ich mich – auch wenn Gewissheit über die Diagnose besteht – das Wort „Demenz" oder „Alzheimer" zu benutzen. Manche Patienten signalisieren auch klar, dass sie das Wort nicht hören wollen. Scheu vor einem bösen Wort?! Und für mich den Neurologen ist klar: Das ist meistens erst der Anfang eines schwierigen – vielleicht schrecklichen und bösen – Weges. Aber man kann ihn nicht vorhersehen – er bleibt rätselhaft.

Diejenigen, die sich selbst in meiner Sprechstunde mit der Fragestellung „Demenz" vorstellen, haben meist keine. Sie haben Angst, dass die mit zunehmendem Alter auftretenden kleinen Alltagsaussetzer erste Anzeichen der Demenz sein könnten: ... Wie hieß eigentlich dieser und jener nochmal? Oder der ständig verlegte Hausschlüssel macht besorgt. Meist sind das sogenannte milde kognitive Defizite im Alter. Nur ein Teil wird demenzkrank werden. Aber ob es die konkrete Person treffen oder verschonen wird, ist zunächst unklar, bleibt ein Rätsel. Wenn man es genau wissen will, kann man mit speziellen Untersuchungen versuchen zu klären, ob man eine Alzheimer-Erkrankung im Frühstadium hat. Soll man das wissen, will man das wissen? Kann man die Demenz abwenden? Kann man das Böse bannen?

„Müll im Gehirn" – will man das wissen?

Man kann sein individuelles Demenzrisiko in den mittleren Lebensjahren senken – wenn die ersten Anzeichen da sind, ist es zu spät. Da geht es um die „üblichen" gesunden Verhaltensweisen: viel Bewegung, ausgewogene mediterran geprägte Ernährung, kein Rauchen und Übergewicht, möglichst niedriger Blutdruck. Damit werden beide Hauptursachen der Demenz günstig beeinflusst: zum einen die Variante der chronischen Durchblutungsstörungen des Gehirns („Vaskuläre Demenz"; ca. 20 Prozent) und zum anderen die Variante der Alzheimer Demenz (ca. 65 Prozent). Bei der kommt es zum unaufhaltsamen Absterben von Nervenzellen im Gehirn, der sogenannten Neurodegeneration. Aber selbst wenn man noch so gesundheitsbewusst lebt, ist das Schicksal nicht abgeschafft. Ein Teil des Schicksals „Alzheimer" ist genetisch verursacht. Dabei werden vermehrt fehlerhafte Eiweißstoffe (ß-Amyloid, Tau-Protein) gebildet, die zu einer Art „Vermüllung" des Gehirns führen. „Müll im Gehirn" – das klingt nicht gut! Diesen Zustand kann man heute bereits früh in der

Krankheitsentwicklung durch Untersuchungen des „Nervenwassers“ (Liquor) oder mit ausgefeilter Bildgebung durch radioaktive Markierung der krankhaften Eiweißablagerungen aufdecken. Medizinisch nützt das wenig, solange es keine Therapie gibt, die diesen Prozess aufhält. Aber nützt die Information dem Betroffenen? Oder seinen Angehörigen? Will man wissen, dass einem der geistige Verfall bevorsteht, wenn man nichts Wirkliches dagegen tun kann – außer sich vielleicht irgendwie in seiner Lebensart darauf einzustellen. Und eines weiß man dennoch nicht: in welcher Art und Weise die Demenz einen trifft. Und da gibt es viele Möglichkeiten. So bekommt man mit Früherkennung etwas mehr Klarheit, aber vieles an Unsicherheit bleibt, vieles bleibt rätselhaft.

Demenz-Verläufe: die tröstliche Betrachtung und die böse Variante

Krankheit als Chance

Man kann ja versuchen, „bösen“ Krankheiten etwas „Gutes“ abzugewinnen. Zum Beispiel mit der Sichtweise, die die „Krankheit als Chance“ betrachtet. Der Vertreter der medizinischen Anthropologie und Neurologe Viktor von Weizsäcker hat über solche Patienten berichtet und das Konzept klug formuliert und begründet. Da sind durch die Krankheit oft neue und gute Einsichten und Veränderungen möglich, die vorher undenkbar waren. Ich kann das nur bestätigen und habe solche „guten Facetten der Not“ erlebt. Ein Schlaganfall-Patient hat mir bei Entlassung in die Reha-Klinik einmal gesagt: „Ich musste erst krank werden, um ein gesundes Leben führen zu können.“ Aber funktioniert diese „gute Facette“ der Krankheit auch bei der Demenz? Anders als der junge Multiple-Sklerose-Kranke oder der Schlaganfall Patient mit seiner stabilen Halbseitenlähmung geht es bei der Demenz ja nur abwärts und in durchschnittlich fünf bis sieben Jahren unaufhaltsam in den Tod.

Der Lebenszyklus

Es gibt harmonische Bilder der Integration der Demenz ins Unausweichliche des Lebenszyklus: das „Auf“ und das den Kreis schließende „Ab“ des Lebens. Der Säugling: abhängig, pflegebedürftig, unvernünftig, unmotiviert schreiend mit vollgemachten Windeln. Dann die Entwicklung zum Erwachsenen: kompetent, selbstbestimmt und souverän. Und dann eben wieder eine Rückentwicklung, so wie man als Säugling war: der Verlust der Autonomie und Souveränität, das Nachlassen der geistigen Fähigkeiten, die Auflösung der Sprache, das Versiegen der Persönlichkeit. Und manchmal schreien die Dementen wie die Säuglinge: ohne Grund. Das harmonische an dem Bild mag der „Zyklus-Gedanke" in seiner Unausweichlichkeit sein und vielleicht das „Unschuldige" des abhängigen Säuglings und des Dementen, die beide eingebettet sein sollten in ein liebevoll umsorgendes Umfeld. Aber da wird es bei Demenz schon schwierig: dem liebevollen Umsorgen des Demenzkranken fehlt es anders als beim Säugling an jeglicher spannenden Entwicklungsperspektive – abgesehen davon, dass es oft gar keine Pflegepersonen mehr gibt; Großfamilien gibt es auch nicht mehr. Und wenn Ehepartner und Kinder den dementen Menschen umsorgen wollen, sich sogar aufopfern, sind sie oft überfordert mit der Krankheit.

Das Bild von der Demenz im Lebenszyklus wirkt allerdings schon etwas mühsam zusammengezimmert. Und es kollidiert mit einem anderen Bild vom Alter: Alter und Weisheit. In dieser Vorstellung kondensiert und kristallisiert all das Wissen und die Erfahrungen des Lebens zu einer abgeklärten, gelassenen und wissenden Klugheit, die auch noch offen für Neues ist. Man kann Glück haben, dass es so kommt im Alter; beim Alt-Bundeskanzler Helmut Schmidt hatte ich immer dieses Bild vor Augen. Gesund gelebt hatte der allemal nicht!

Romane und Filme

Es gibt tröstende – sogar humorvolle – Bilder der Demenz in Romanen, Biografien und Filmen. Das Tragische scheint erträglich. So etwa die Demenz von Konrad Lang in Martin Suters „Small World" (Buch und Film) oder im Film „Honig im Kopf" mit Dieter Hallervorden. Im Film „Still Alice" ist man sicher berührt vom geistigen Abbau der Linguistik-Professorin Alice Howland – oscarprämiert eindrucksvoll gespielt von Julianne Moore. Aber es ist eben Hollywood: Der Würdeverlust wird in einer Szene kurz tangiert, aber ansonsten geht alles geordnet und weitgehend „hygienisch" zu und die Demenz schweißt die Familie am Ende zusammen. Also doch „Krankheit als Chance"?

Dass die Demenz „gute Kollateraleffekte" haben kann, prägt auch den Tenor des Buchs des Schriftstellers Arno Geiger „Der alte König in seinem Exil" über die Demenz seines Vaters. Da ermöglicht die Demenz eine gewisse (Wieder-)Annäherung zwischen Vater und Sohn. Das Buch wurde hochgelobt; einige Kritiker fanden es zu rührselig. Für die Betroffenen wäre es schön, wenn die Demenz solche Optionen bereithielte. Oft tut sie es nicht. Und das zeigen Filme nicht: keine kotschmierende, schreiende Menschen. Das wären „dirty pictures".

Mein Vater

Wenn wir Glück haben, kommt das Böse der Demenz milde daher: Das Denken mag versiegen, aber der Kern der Persönlichkeit bleibt erhalten. Dieses Glück im Unglück hatte meine Familie bei meinem Vater: Zwar war nichts mehr übrig vom klugen Akademiker und die immerwährend gleichen Fragen haben genervt. Aber er blieb meist zufrieden und hat die liebevolle Pflege meiner Mutter freundlich akzeptiert. Die schlimme Phase, wo er kaum mehr etwas erkannt hat, nur noch im Bett lag und kaum mehr etwas zu sich nahm, war glücklicherweise kurz; er ist mit 92 Jahren friedlich neben meiner Mutter im Ehebett gestorben. Eine künstliche Ernährung war uns nie in den Sinn gekommen. Dazu später mehr.

Über die Krankheit zum Tode – oder – „Forever young"?

Immerhin ist die Demenz (meist) eine Erkrankung des hohen Alters. Wenn man den Weg des Lebens als einen Weg auf den Tod zu versteht, dann ist es ja unausweichlich, dass auf der letzten Strecke dieses Weges etwas passieren muss, was zum Tode führt. Diesen Weg des Lebens aufs Ende hin wollen uns die Parolen des Zeitgeists vergessen machen: „Forever young" heißt eines der Erfolgsbücher des „Jungbleibe-Papstes" Dr. Ulrich Strunz.

Die Vorstellung, als alter Mensch eines Tages einfach nicht mehr aufzuwachen oder lebenssatt einfach umzufallen, bleibt unrealistisch. Und so sind es eben Krankheiten, die das Totenglöckchen anschlagen. Da ist die Demenz nur eine unter den bösen Vermittlern des Todes. Aber anders als der Krebs oder die Herzerkrankung attackiert die Demenz die Person – zum Schluss ist sie wie ausgelöscht. Das macht den Umgang mit ihr so viel schwerer. Arno Geiger schreibt: „Die Person sickert Tropfen für Tropfen aus der Person heraus."

Es wird dann noch schlimmer, wenn die Persönlichkeit nicht nur „heraustropft", sondern sich verändert. Dann wird es erst recht böse: Friedliche nette Menschen werden aggressiv und boshaft. Da kann man nichts mehr von der Krankheit als Chance erkennen.

Wenn das krankhafte Böse hilflos und böse macht

Ziellos getrieben herumirrende Demenzkranke stellen für die Angehörigen, die nicht mehr erkannt und boshaft und aggressiv beschimpft werden, eine Herausforderung dar. Meistens ist es eher eine Überforderung. Dann zerspringt das Bild vom „liebevoll umsorgten" hilflosen Alten. Dann wird Liebe zur Wut, man hält es nicht mehr aus und die Sicherung brennt durch. Und es nützt nichts, wenn man weiß, dass der Kranke nichts dafür kann. Bei mindestens

10 Prozent der Demenzkranken kommt es zu gewaltsamen Übergriffen durch Angehörige und Pflegepersonen. Dann wird das Böse mit Bösem vergolten. Traurig und furchtbar. Spätestens dann brauchen auch die Angehörigen und die Pflegenden Hilfe von außen. Und zwar rechtzeitig.

Wenn Therapie zum Bösen wird

Am Thema Demenz kristallisieren sich auch einige Aspekte der Debatte um die „Sterbehilfe" in ihren unterschiedlichen Ausformungen. Ein zentraler Punkt ist die künstliche Sondenernährung der Demenzkranken, die im späten Krankheitsstadium nicht mehr essen können und wollen. Die moralisch aufgeladene Fehlinterpretation der Essstörung „Man kann sie/ihn doch nicht verhungern lassen" führt zum Routine-Reflex der Anlage einer Ernährungssonde durch die Bauchdecke (Perkutane endoskopische Gastrostomie, kurzgenannt PEG). In Deutschland ist deren Zahl um ein Vielfaches höher als zum Beispiel in Skandinavien. Dabei hat die Medizin genug wissenschaftliche Erkenntnisse, dass die Demenzkranken von dieser Maßnahme nicht profitieren: Weder verlängert sich ihre Überlebenszeit gegenüber Patienten, die oral ernährt werden (wenn denn dazu die Zeit zur Verfügung steht), noch ließen sich Infekte oder Druckgeschwüre vermeiden, noch besserte sich das Allgemeinbefinden. Im Gegenteil: Die Sondenernährung hatte viele Nebenwirkungen zum Schaden des Kranken. Damit ist die Sondenernährung in späten Stadien der Demenz eigentlich ein Behandlungsfehler. Und dennoch werden PEG-Sonden bei Demenkranken in Deutschland pro Jahr 100 000 Mal gelegt. Immerhin: Wenn eine PEG aus guter Absicht gelegt wurde, sich aber dann als problematisch oder sinnlos erweist, könnte man sie einfach auch wieder herausziehen. Das wäre rechtlich erlaubt, passiert aber kaum, weil die Akteure fälschlicherweise glauben, beim Entfernen der Sonde handele es sich um verbotene aktive Sterbehilfe. So wird die vermeintliche Hilfe bei der bösen Demenz durch eine PEG selbst zum Bösen.

Ambivalenzen - Das Rätsel wird bleiben

Wir wissen nicht, ob wir selbst dement werden oder unsere Partner. Wir wissen nicht, wie es mit der Demenz unseres Angehörigen weitergeht. Wir wissen auch nicht so genau, wie der vielzitierte Begriff der „Würde" bei Demenz zu interpretieren ist. Der glänzende Rhetoriker Walter Jens hat sehr beredt mit Hans Küng in dem Buch „Menschenwürdig sterben" 1994 im „Notfall" einer schweren Demenz für die Möglichkeit einer „Tötung auf Verlangen" geworben. Etwa zehn Jahre später hat der Gelehrte seinen eigenen Demenzprozess nicht so rechtzeitig bemerkt oder bemerken wollen, dass er in seiner Position klar gewesen wäre. Hin und her gerissen war er zwischen „Ich will sterben“ und „Nicht totmachen“. Auf dem Bauernhof seiner Pflegerin saß der früher strenge, verkopfte und manchmal morose Gelehrte am Boden und spielte lächelnd mit Tieren. Vom ehemals scharfzüngigen Intellektuellen wäre dieses Bild seiner selbst sicher als würdelos empfunden worden. Aber war das kindliche Spiel mit den Tieren nicht auch ein Stück des „anderen“ Walter Jens, der in anderer Weise immanent ist?

Wie ist die Wahrnehmung von außen, wie ist die Wahrnehmung des Betroffenen selbst? Wie ist es mit antizipierenden Festlegungen in einer Patientenverfügung?

Ein Jurist hat mir einmal mit großem Ernst seine Patientenverfügung gezeigt, in der er geschrieben hatte, dass man sein idiotisches Grinsen im Falle einer Demenz nicht als freudige Lebenszustimmung fehlinterpretieren solle. Das ist eine klare Sicht. Ob sie „stimmt“, bleibt ein Rätsel.

Epilog

Immédiatement sa raison s'en alla.
L'éclat de ce soleil d'un crêpe se voila;
Tout le chaos roula dans cette intelligence,
Temple autrefois vivant, plein d'ordre et d'opulence.
Sous les plafonds duquel tant de pompe avait lui.
Le silence et la nuit s'installèrent en lui,
Comme dans un caveau dont la clef est perdue.

In diesem Augenblick entfloh ihm der Verstand,
Ein schwarzer Flor sich um sein leuchtend Denken wand,
Das Chaos wirbelte durch seine kranke Seele,
Lebender Tempel einst voll Ordnung und ohn' Fehle,
Von dessen Dach gestrahlt der hellsten Lichter Pracht,
Auf ihn sank Schweigen jetzt und Finsternis und Nacht.
Ein Grabgewölb' zu dem den Schlüssel man verloren.

„Die Blumen des Bösen“ (Charles Baudelaire)

Verena Kast

Das Fremde in mir
Das Fremde – ist es das Böse?
Das Böse – ist es das Fremde in mir?

Das Fremde in mir

Die große grüne Gestalt in einem meiner Träume, die unbeweglich und dennoch auffordernd am Eingang zu meinem Garten steht, die mich fremd anmutet und doch meine Vorstellungskraft und meine Gefühle in vielfältiger Weise anregt: Was will sie von mir? Wohin kann sie mich entführen? Was soll dieses Gefühl von Faszination – und auch von etwas Angst? Die fremd anmutende Gegend in meinem Traum – eine Gegend, die ich noch nie gesehen habe –, eigentlich eher eine Unterwasserwelt, voll Geheimnis. Welchen Aspekten in meiner Psyche entspricht diese Gegend? Es ist das Spiel der Imagination, die angeregt wird, verbunden mit einem Drang und einem Wunsch, mehr zu wissen. Die große gelbe Schlange im Traum, in gutem Abstand zwar, aber eindeutig gefährlich in meiner Wahrnehmung. Was will sie? Auch als Tier ist sie eines, das mir fremd ist. Ein gefährlich aussehender unbekannter, mir unheimlicher Mann, der in mein Haus einbrechen will. Er hat kein Recht dazu – ich rufe um Hilfe.

Das Fremde in uns können wir in den Träumen erleben. Etwa ein Viertel aller Traumgestalten sind uns fremd. Diese Fremden können uns faszinieren oder aber auch ängstigen, sie können uns neugierig machen, aber auch abstoßen: Was will denn der Einbrecher in meinem Traum? Träume sind unsere ureigenste Schöpfung im Schlaf. Deshalb können wir auch die Träume als Ausdruck unserer Persönlichkeit in der Vergangenheit und in der Zukunft sehen. In den Träumen zeigt sich das Fremde in uns – und es ist in keiner Weise nur böse: gewöhnungsbedürftig manchmal, befremdlich – unheimlich, aber oft auch einfach anregend, interessant.

Die Neugier auf uns selbst – uns selber, unser Leben, unsere Gefühle, unsere Träume –, noch immer ist viel Geheimnisvolles da, noch immer sind wir uns, auch im höheren Alter, für Überraschungen gut. Dann zeigt sich das Fremde nicht in den Träumen, sondern in unserem alltäglichen Fühlen und Verhalten oder in unseren Vorstellungen. Wir können das einfach etwas erstaunt hinnehmen oder aber interessiert genauer hinsehen und dabei Fremdes, Neues entdecken. Manchmal ist es Anlass zu Freude oder aber auch zum Ärger: Wir entdecken Seiten an uns, die nicht so gefallen, werden ärgerlich, sind mit uns selbst zerfallen – oder wir verdrängen diese Seiten. Wir haben da noch unbekannte Seiten an uns entdeckt, die wir zunächst nicht akzeptieren können, dunkle Seiten, andere würden sie vielleicht böse Seiten nennen, wenn der Ausdruck böse nicht ein so schwammiger Begriff wäre, der mit so viel Geistesgeschichte und Moralgeschichte überformt wäre. Also: dunkle Seiten.

Unsere Entwicklung verdankt sich der Integration von fremden Seiten an uns selber. Versetzen wir uns in einen bestimmten Zeitpunkt unseres Lebens. Was war uns mit 20 Jahren noch alles fremd! Wir sehen das noch Fremde an anderen Menschen, an älteren: So werde ich auch einmal sein. Ich werde auch einmal zur „tragenden Generation" gehören, so viel Verantwortung tragen. Ich werde auch einmal älter und schwächer werden [...] Als fremd und gleichzeitig wesentlich für uns erleben wir Entwicklungsaufgaben in dem Moment, wenn sie zur Bewältigung anstehen.

Das als noch fremd Anmutende zerstört das Vertraute, stellt zumindest das Vertraute infrage, bringt eine Identitätsunsicherheit, steht für einen Identitätswandel. Für den, dem Entwicklung wichtig ist, ist das kein Problem, sogar erwünscht. Wer keine Veränderung haben möchte – und es gibt kein Leben ohne Veränderung –, für den ist aller Einbruch des Fremden ein schlechter Einfall des Schicksals – vielleicht sogar ein „böser". Ohne das Fremde in uns würden wir uns nicht entwickeln. Aber das Fremde in uns fordert uns heraus, ist immer auch eine Anfrage an unsere Identität.

Ängstigt uns das Fremde, ängstigen uns Erfahrungen, die uns befremden, die uns herausfordern, wollen wir Veränderungen und Wandlungen vermeiden: Wir versuchen, unsere Erfahrungen zu kontrollieren, sagen dann etwa, wir würden das alles schon kennen, und versuchen, Fremdes unter der Hand zu Altbekanntem zu machen. Und dennoch: Es gelingt nicht, wir erleben Fremdes an uns. Und es wird – weil nicht kontrollierbar – immer wieder auch als böse erlebt.

Dem Fremden begegnen wir Menschen mit Faszination, Neugier und Angst – wenn es denn als das Fremde erkannt wird. Fremd ist, was wir nicht kennen, was uns aber etwas angeht im Moment des Zusammentreffens – wir müssen uns mit dem Fremden in irgendeiner Weise auseinandersetzen. Das ist der Grund, warum wir viele fremde Menschen, denen wir in einer Stadt begegnen, nicht als „fremd" erleben. Erst, wenn wir mit ihnen etwa ins Gespräch kommen, dann erleben wir sie als fremd: unvertraut, aber manchmal auch als faszinierend – und wir gehen dann gerade daran, aus unvertrauten Menschen etwas mehr Vertraute zu machen, uns ihnen anzunähern, neugierig zu werden. Neugier. Wir Menschen mögen Neues, Unvertrautes, Spannendes: Wir wollen explorieren, die Welt erkunden, wissen, was es denn noch zusätzlich gibt. Das ist die große Chance für das Fremde und auch für die Fremden: Wenn wir explorieren, dann sind wir in Vorfreude, etwas Interessantes herauszufinden. Und weil das Fremde so lustvolle Tätigkeit verspricht, sind wir fasziniert vom Fremden, wesentlich mehr als vom Bekannten. Es gibt die Neugier – keine Altgier.

Und so, wie wir uns mit fremden Menschen vertraut machen können, nach und nach, so werden wir auch mit eigenen fremden Seiten vertraut, besonders, wenn sie uns auch gefallen. Aber: Wir wissen natürlich, dass das, was uns fremd ist, auch so sein kann, wie wir auch: liebevoll, zugewandt, aber auch verachtend, bösartig, besitzergreifend. Eine gewisse Vorsicht ist angesagt. Die Vorsicht kann so weit gehen, dass nackte Angst vor dem Unvertrauten besteht. Man fühlt sich dann ausschließlich bedroht vom Fremden. Kein Ausgreifen in die Welt macht dann mehr Lust, kein Vertrauen, dass man mit der neuen Situation zurechtkommt: Nur böse Erfahrungen werden erwartet. Und dann wird das Böse auf die Fremden projiziert – noch bevor sie sich überhaupt mit einem in Verbindung gesetzt haben. Die Fremden sollen schuld sein an der Verstörung.

Und was wir von den Fremden erwarten – und zu einem Teil auch in sie hineinsehen. Fremd ist uns auch, was wir an uns nicht akzeptieren können. C. G. Jung sprach in diesem Zusammenhang vom „Schatten". Unter dem „Schatten" verstehen wir das, was wir an uns selbst von unserem Ich-Ideal her nicht akzeptieren können, es sind die Seiten, die uns peinlich sind, deren wir uns schämen, Handlungen, die wir, wenn wir sie nicht vermeiden konnten, zutiefst bedauern, sie bereuen. Das sind zunächst Seiten, die uns an uns selbst bekannt sein könnten, würden wir sie denn akzeptieren. Weil wir sie nicht akzeptieren, entfremden wir sie uns – und sehen sie nur noch überdeutlich an den anderen Menschen –, nicht nur an den Fremden, sondern durchaus auch an unseren nahen Mitmenschen. Diese sind dann habgierig, nicht etwa wir.

Es gibt aber auch so etwas wie einen Schatten des „Man", also dessen, was „man" so meint, wie „man" zu sein hat. Eine ganze Gruppierung von Menschen, ein „Man", bei dem niemand die Verantwortung übernimmt, ist sich zum Beispiel einig darüber, dass zu viel nachgedacht und zu wenig gehandelt wird. Dann wird das „Nachdenken" zu etwas Schattenhaftem, und die, die mehr reflektieren wollen, werden als eine „befremdliche Spezies" gesehen. Das kann sich aber alles auch wieder verändern.

Das Fremde in mir als das Böse?

Das Fazit der Fragestellung, ob das Fremde in mir das Böse sei, müsste dann lauten: Mache ich in der Begegnung mit dem Fremden in mir selbst auch solche Erfahrungen, die ich als „böse" erlebe, die mich zu zerstören drohen? Wenn ich „Böses" in mir erfahre, ist das für mich fremd? Das gilt so nur, wenn ich das Fremde mit der Angst verbinde, mit der Erfahrung des Unheimlichen, also der Erfahrung des Schattens. Oder anders gesagt: Solange ich das Fremde fürchte, attribuiere ich ihm „Böses" – werde ich damit vertraut, dann kann ich differenzierter hinschauen, was mir aus dem noch Fremden zukommt, an schlechten Erfahrungen, aber auch an guten Erfahrungen, an Anregungen zur Entwicklung.

Bernhard Pörksen

Die neue Medienverdrossenheit

Medienkritik ist in Mode. Medien gelten als Kriegstreiber,
Propagandamaschinen und Skandalprofiteure,
Journalisten als korrupt und übermächtig.
Eine Widerrede aus gegebenem Anlass.[46]

Ich bin nicht gekauft. Kein Chefredakteur hat mich angerufen und mich um diesen Artikel gebeten oder mir irgendetwas angeboten. Ich bin nicht als PR-Söldner im Dienste der Leitmedien unterwegs und finde, um dies gleich vorauszuschicken, nicht alles gut, was die ARD und ZDF senden oder was im Spiegel, in der Zeit, in der FAZ oder in der Süddeutschen steht, sondern ich ärgere mich mitunter über den real existierenden Journalismus, über manche Selbstgerechtigkeit und einen Skandalisierungsfuror, der mich frösteln lässt. Aber inzwischen ist etwas gekippt. Auf einmal scheint wie beim Erhitzen von Wasser aus dem noch gerade noch undeutlichen Brodeln ein Kochen geworden, aus der Skepsis Wut, ja sogar Hass. Seit den 80er-Jahren wird mit guten Gründen die rapide zunehmende Politik- und Parteienverdrossenheit beschrieben – ungezählt sind die Symposien, die Publikationen, die Diskussionen und Debatten. Aber die Medienverdrossenheit, der dramatische Vertrauensverlust in die Orientierungs- und Informationsleistung des Qualitätsjournalismus, hat keine Öffentlichkeit, vermutlich, weil sich hier, unbemerkt und unkommentiert, eine Bewegung formiert hat, die sich kaum als Bewegung und gewiss nicht als soziales oder politisches Milieu fassen lässt. Sie ist radikal im Urteil, aber weltanschaulich pluralistisch, nicht eindeutig rechts oder links. Ihre Gemeinsamkeit ist allein der böse Blick auf Treiben von Journalistinnen und Journalisten. Die Mehrheit der Deutschen, so die Diagnose eines Forscherteams um den Dresdner Kommunikationswissenschaftler Wolfgang Donsbach, der die bislang einzige umfassende Untersuchung zur Medienverdrossenheit in deutscher Sprache vorgelegt hat, hält Journalisten für unmoralisch, rücksichtslos, manipulativ, bestechlich und für deutlich zu mächtig, so der im Jahre 2009 veröffentlichte Befund. Was ist der Grund? Die Antwort: Es gibt ihn nicht, diesen einen Grund. Medien- und Fälschungsaffären, die Boulevardisierung der Berichterstattung, der Negativismus der Nachrichten, der Einfluss von PR-Agenturen und Lobbyorganisationen – all dies munitioniert den großen Verdacht. Der Philosoph Michel Foucault würde in einer solchen Situation höchst unterschiedlich begründeter Einheitsurteile von einem Dispositiv im Diskurs sprechen – einem Sammelsurium unterschiedlichster Stellungnahmen, das aber doch durch ein gemeinsames Wahrnehmungsschema geprägt ist, eine Art Hintergrundbild. Es ist ein Bild des Niedergangs und der Verwahrlosung. Es erzählt von Auflösung und von Zerstörung. Es handelt von Kampagnen, von Verschwörung und von menschenverachtender Manipulation. Das verrostete Begriffsbesteck der 70er-Jahre, das eigentlich das Selbstbild mündiger Gesellschaftsmitglieder beleidigen müsste, wird für aktuelle Medienanalysen wieder nach Kräften benutzt.

Alles scheint Kampagne. Die Berichterstattung über einen Limburger Bischof genauso wie über einen Fußballgott aus Bayern. Man begegnet diesem Bild auf Demonstrationen, die gegen die Kriegshetze der Qualitätsmedien und die Dämonisierung Putins protestieren und auf denen sich verwirrte Reichsdeutsche genauso finden wie Friedensbewegte. Man wird auf dieses Bild gestoßen, wenn man sich in den Echokammern der sozialen Netzwerke und in Online-Foren bewegt, die von der Gleichschaltung, der Propaganda der Mainstreammedien und der Systempresse berichten oder aber die Aktivitäten der ehemaligen Nachrichtensprecherin Eva Hermann verfolgt, die in schrillen Netzvideos gegen „viele Unwahrheiten“ und „viele Lügen“ der etablierten Medien ansendet. Man entdeckt das Stereotyp einer irgendwie außer Kontrolle geratenen, seltsam einheitlich agierenden Macht, wenn man Leserzuschriften und empörte Zuschauerreaktionen auf die Berichterstattung über Karl-Theodor zu Guttenberg, Günter Grass („Israel-Gedicht"), Thilo Sarrazin, Peer Steinbrück und Christian Wulff studiert. Blutrausch und Medienbestie, Hetzjagd und Meute, Kampagne und Rudel – das sind Vokabeln, die hier auftauchen und zur Schwarz-Weiß-Zeichnung eingesetzt werden. Und man stößt auf die düstere Stimmungslage der Medienverdrossenen, wenn man sich auf das vergleichsweise neue Genre der journalismuskritischen Abrechnungsliteratur einlässt: Christian Wulff hat ein solches Abrechnungsbuch aus der Ich-Perspektive vorgelegt, das wochenlang die Bestsellerlisten anführte („Ganz oben, ganz unten"). Auch Bettina Wulff („Jenseits des Protokolls") und Thilo Sarrazin („Der neue Tugendterror") haben dies getan. Zuletzt publizierte Susanne Gaschke ihren Erfahrungsbericht über die Zeit als Kieler Oberbürgermeisterin („Volles Risiko") – auch dies ein Entsetzensschrei über die Erfahrung der Mediengewalt am eigenen Leibe. Aber es sind nicht nur solche Bücher, die Erfolg haben. Verschwörungstheoretiker wie der ehemalige FAZ-Journalist Udo Ulfkotte („Gekaufte Journalisten"), der gleich zwei Folgebände zum Niedergang der Qualitätsmedien und der von ihnen produzierten „Scheiße" angekündigt hat, finden ihr Publikum und klettern dieser Tage die Bestsellerlisten empor.

Es ist, so muss man festhalten, die Wut über den real existierenden Journalismus, es ist die individuell erzeugte, heterogen begründete, aber kollektiv wirksame Stimmung der Medienverdrossenheit, die all diese Menschen, die so unterschiedlich sind und die gewiss keinen entspannten Abend miteinander verbringen könnten, verbindet. Ihr Unbehagen entzündet sich am Einzelfall, der mit großer Entschiedenheit zum Symptom umgedeutet wird. Eigene Erfahrungen in der Politik, ein individuelles Skandalisierungserlebnis, ein missglücktes, überdramatisiert geführtes Interview von Markus Lanz, Marietta Slomka, Claus Kleber – stets führt der Weg des Denkens vom Konkreten unmittelbar ins Allgemeine, vom Einzelbeispiel zum grundsätzlichen Urteil, das eine besondere Schärfe besitzt, geht es doch mit einem Mal um die Verderbtheit der Branche insgesamt.

Lässt es sich, so kann man fragen, bei diesem dürftigen Ertrag an Gemeinsamkeiten überhaupt rechtfertigen, die vom Empörungs- und Skandalisierungsfuror Gedemütigten, die alarmistischen Verschwörungstheoretiker und die von Kriegsangst Bewegten, die Sarrazin-Anhänger, die Grass- und Putin-Verteidiger mit dem Universaletikett der Medienverdrossenheit zu versehen? Ist das nicht selbst eine schrecklich pauschale Kritik des Pauschalurteils? Vermutlich besteht die einzige Möglichkeit, die Warnung vor der aggressiven Abwertung des Journalismus zu rechtfertigen, im Eingeständnis der eigenen Subjektivität, in der Offenlegung des persönlichen Urteils. Denn die grundsätzliche Einschätzung von Verfall und Verwahrlosung, aber eben auch die Fundamentaldiagnose, dass dieses Land in der Summe von guten, oft hervorragenden Journalistinnen und Journalisten bevölkert wird, ist nicht letztgültig beweisbar. Sie basiert auf unvermeidlich individuellen Maßstäben und Erfahrungen, die das eigene Grundsatzurteil prägen. Ich bin, um dies klar zu sagen, froh über die NSA-Berichterstattung deutscher Medien, die trotz des allgemeinen Desinteresses am eigenen Überwachungsschicksal fortgesetzt wird; ich bewundere die NSU-Berichterstattung, weil sie einen geschichtsvergessenen Stichflammen-Journalismus zum Rechtsextremismus endlich durch eine nachhaltigere Form der Auseinandersetzung ersetzt hat. Und ich war auf eine erschütterte Weise froh über die Art und Weise, wie die Qualitätsmedien des Landes den sexuellen Missbrauch in der Odenwaldschule zum Thema gemacht haben – sensibel gegenüber den Opfern, hart gegenüber den Tätern, kritisch im Umgang mit den eleganten Wortemachern der Reformpädagogik, die all dies lieber vertuschen und vergessen machen wollten. Kurzum: Die auch unter manchen Medienwissenschaftlern beliebte und allenfalls pseudoempirisch begründete These, der Qualitätsjournalismus befinde sich insgesamt im Niedergang, scheint mir falsch – ohne dass ich für mein eigenes Urteil den Anschein letzter Gewissheit reklamieren könnte. Meine Befürchtung ist aber, dass die Unfähigkeit, einen (im Vergleich zu anderen europäischen Ländern) oft mustergültigen Journalismus zu würdigen, im Sinne einer selbsterfüllenden Prophezeiung selbst zu der Krise beitragen könnte, die man mit solcher Lust beschwört.

Womöglich ist die aktuelle Medienverdrossenheit jedoch selbst Symptom einer Zeitenwende, Ausdruck und Folge einer grundsätzlichen, noch nicht ausgereiften Neuordnung der Beziehung zwischen den Medien und ihrem Publikum, das sich in einer bis dato unvorstellbaren Direktheit und Geschwindigkeit in den Kommunikationsprozess einschalten und sichtbar machen kann. Die Aufgabe des Qualitätsjournalismus wird es sein, auf die Einfälle und Einsprüche der Leser und Zuschauer dialogisch und im Sinne einer kritischen Partnerschaft zu reagieren, eine Art Mittelweg zu suchen, der sich nicht opportunistisch einem vermeintlichen Publikumswillen und der Diktatur der Klickzahlen beugt oder aber selbst in die Abwertungsspirale einsteigt und jede kritische Regung pauschal als Shitstorm oder dumpfes Gröhlen eines digitalen Mobs verunglimpft. Berechtigte Medienkritik und echte Grenzüberschreitungen (und die gibt es natürlich) gilt es anzuerkennen und zur Veränderung der eigenen Arbeitsweise zu nutzen – auch in dieser Hinsicht war die Entschuldigung von Thomas Roth (ARD) im Angesicht der echten Fehlleistungen in der Ukraine-Berichterstattung, die Zuschauern aufgefallen waren, ein positives Fanal. Was heißt es, so lautet die grundsätzliche Frage im Übergang von der Mediendemokratie zur Empörungsdemokratie des digitalen Zeitalters, wenn die vierte Gewalt der Medien durch eine fünfte Gewalt in Gestalt des Publikums ergänzt wird, die längst die Arena des Öffentlichen betreten hat? Wie wird sich in der neuen Zeit das Beziehungsgefüge zwischen den Medien und ihrem Publikum verändern, wie wird und muss es sich neu und anders zurechtruckeln?

All dies mag die Zukunft zeigen, aber Journalisten sind auch in der Gegenwart und gerade in den Zeiten einer spürbaren Neuordnung der Kommunikations-und Machtverhältnisse existenziell auf gesellschaftliche Akzeptanz angewiesen. Sie brauchen eine Art Grundvertrauen als Grundlage ihrer Arbeit, denn sie selbst erzeugen, um eine erhellende Formulierung des Medienforschers Matthias Kohring aufzugreifen, Vertrauen durch Misstrauen, benötigen aber eben für die misstrauische Beschreibung kritikwürdiger Zustände selbst das Vertrauen ihres Publikums, weil sich nur so die Wirkung einer kritischen Enthüllung wirklich entfalten kann. Es besteht eine eigene Tragik darin, dass die pauschale Kritik die Qualitätsmedien in einem Moment trifft, in dem manche von ihnen um ihre Existenz kämpfen. Eigentlich müsste in diesen Zeiten die Solidarität besonders groß sein. Die Mode einer grassierenden Medienverdrossenheit ist in der gegenwärtigen Situation fatal. Sie vergiftet das Beziehungsklima, von dem guter Journalismus lebt.

Christoph Türcke

Ist Geld böse?

Geld an sich ist weder gut noch böse. Es kommt darauf an, was man damit macht; ob man es verprasst oder für mildtätige Zwecke spendet, tödliche Waffen damit finanziert oder lebensrettende Aktionen. So sagt der Alltagsverstand – und hat recht. Nur seine Begründung trägt nicht. Für sich genommen sei Geld moralisch neutral: nichts als ein Mittel zum Erwerb verschiedenster Dinge. Wenn dem so wäre, warum übt es dann so ungeheure Anziehungskraft aus? Nun, es hat in doppeltem Sinne Potenz. Zum einen stellt es potenziell die Gesamtheit der Dinge dar, die dafür käuflich sind. Zum andern hat der, der über eine bestimmte Geldmenge verfügt, die Potenz, sich dafür die entsprechende Gütermenge nach Belieben zu beschaffen. Und wer Geld zu scheffeln versteht, erweckt den Eindruck, auch in anderer Hinsicht potent zu sein. Der Sexappeal, der von reichen Männern ausgeht, steht oft in keinem Verhältnis zu ihrer physischen Erscheinung.

In einer Gesellschaft, deren Fortbestand davon abhängt, dass sie wirtschaftlich wächst, dass ständig mehr produziert und verdient wird, ist das Tauschmittel Geld stets mehr als ein Mittel. Seine unablässige Anhäufung, die stetige Erweiterung seines Volumens ist der Endzweck, auf den die Gesellschaftsordnung angelegt ist. Das Tauschmittel Geld hat sich in den eigentlichen Zweck verkehrt und die Zwecke, denen es dienen soll, zu Mitteln seiner Anhäufung herabgesetzt. Was seiner Anhäufung zuträglich ist, gilt in der Regel als gut. Kriminelle Ausnahmen bestätigen die Regel.

Als Geld entstand, gab es den Vorbehalt „es kommt darauf an, was man damit macht" noch nicht. Zahlung hatte nur einen Zweck und Sinn: höhere Mächte zu besänftigen. Das Wort „Geld" kommt nicht, wie viele glauben, von „Gold"; es kommt vom angelsächsischen „gilt": Schuld, Geschuldetes. Gemeint war damit, was steinzeitliche Hominidenkollektive den übermächtigen Naturgewalten zu schulden glaubten: Opfer. Gilde heißt ursprünglich Opfergemeinschaft, nicht Handwerkszunft, und geopfert wurden nicht goldene oder silberne Metallscheibchen, sondern lebendige Wesen, und zwar gerade die unentbehrlichsten: eigene Stammesgenossen und gezähmte Großtiere. Warum tat man so etwas? Warum versuchte man die schrecklichen Naturgewalten zu besänftigen, sich ihr Wohlwollen zu erkaufen, indem man selbst Schreckliches beging und ausgerechnet Lebewesen schlachtete, die einem am nächsten waren?

Das ist anfangs, in der Altsteinzeit, schwerlich absichtsvoll kalkulierte Tat gewesen, eher ein Notwehrreflex. Man suchte den traumatischen Schrecken zu bewältigen, indem man das Schreckliche auf eigene Faust wieder und wieder tat und so das Unerträgliche allmählich erträglich, das Unfassliche fasslich machte. Markerschütternde Schreckerlebnisse in Eigenregie zu wiederholen, war eine physiologische Immunisierungsstrategie. Dennoch blieb diese Wiederholung immer noch schrecklich. In ihrer Not gaben die zwanghaften Wiederholer ihrem Tun eine Deutung und überzeugten sich im Laufe von Jahrtausenden davon, dass der zwanghafte Wiederholungsreflex deswegen sein muss, weil die traumatisierende Naturgewalt selbst ihn verlangt. Damit wurde aus dem Reflex eine Gabe, die man dieser Gewalt schuldig war. Der Reflex bekam einen Adressaten, ein Wozu. Er wurde zu einer sinnvollen Handlung, zur Begleichung einer Schuld: zur Zahlung.

Zahlung war anfangs alles andere als nüchterner Einsatz eines neutralen Mittels zum Erwerb begehrter Güter. Es gab nur ein begehrtes Gut, dem die Zahlung diente, und zwar das höchste: die Errettung vom Schrecken. Und das Zahlungsmittel par excellence waren Stammesgenossen. Ihre Veräußerung war ihre Opferung; ein schrecklicher, blutiger Vorgang. Aber war er böse? Nicht für die, die ihn vollzogen. Sie litten zwar furchtbar darunter, aber sie hießen dieses Schreckliche gerade gut, weil sie sich davon das Ende des Schreckens versprachen. Die Frage, wie das Böse in die Welt gekommen sei, stellt sich erst von der Fiktion eines rundum guten, paradiesischen Anfangszustands aus, wie ihn die biblische Genesis suggeriert. Und die Herleitung des Bösen aus dieser guten Welt scheitert. Sie setzt das, was sie herleiten soll, schon voraus. Sie umgibt den Baum der Erkenntnis mit einem Verbot, das die Übertretung im Modus der Verneinung bereits enthält. Sie setzt in den Garten Eden eine Schlange, die Adam und Eva zur Übertretung des Verbots ermuntert. Im Paradies ist buchstäblich der Wurm. Die Figur des guten, autarken, idealen Anfangs, die die monotheistischen Religionen und der gesamte philosophische Idealismus von Platon bis Hegel voraussetzen, hat nie einsichtig machen können, warum es bei diesem guten Anfang nicht geblieben ist.

Es ist der Realgeschichte von bestimmten Säugetieren, die im Laufe vieler Jahrtausende den aufrechten Gang, den Umgang mit Steinwerkzeugen und Feuer gelernt haben, weitaus angemessener zu fragen, wie das Gute in die Welt gekommen ist. Die Antwort wurde schon gegeben: nicht aus Lust, sondern aus Not. Das Urgute ist die Gutheißung des Schrecklichen durch seine Wiederholung, die sich als Schuldbegleichung auslegt. Bei Lichte besehen – ein kapitaler Etikettenschwindel. Aber nur durch ihn ist Moral in die Welt gekommen.

Nur wo es Schuld und ihre Begleichung gibt, gibt es Verantwortlichkeit. Der Löwe, der die Antilope reißt, ist dafür nicht verantwortlich. Er kann nicht anders; er folgt bloß seinem Trieb. Nur wer auch anders gekonnt hätte, kann schuld sein und ist für sein Tun verantwortlich. Womit sich zeigt, dass die Gutheißung des Schrecklichen nicht nur ein Etikettenschwindel, eine Umbenennung ins Gegenteil ist, sondern auch eine Triebumwendung. In der zwanghaften Wiederholung des Schrecklichen haben Hominiden sich gegen ihren eigenen Fluchtimpuls gewendet. Sie haben ein Verhältnis zu ihrer eigenen Triebnatur gewonnen. Dieses Verhältnis manifestiert sich im Schuldbegleichungs-, oder wie man auch sagen kann, im Zahlungs- oder Opferritual. „Ritual" kommt vom indischen Wortstamm „rta“, was so viel wie das schlechterdings Beständige, Rechte, Wahre heißt. Rituale sind keine Instinktordnungen. Es sind elementare Gesellschaftsordnungen. Man kann sie übertreten, beeinträchtigen, ignorieren. Und wer das tut, handelt böse.

Bosheit ist stets bezogen auf ein vorausgesetztes Gutes. Es gibt kein absolut Böses. Wer böse handelt, hat irgendetwas an der als gut geltenden Ordnung nicht gut vertragen. Er hat sich ihrem Druck widersetzt. Und an seiner Widersetzlichkeit zeigt sich: Das real existierende Gute ist nie gut genug. An seinem Anfang war es sogar grauenhaft. Man bedenke: Das Urgute waren Menschenopfer. Und das ganze Kollektiv musste mitmachen, sonst, so die Kollektivsuggestion, hatte das Ritual keine schuldbegleichende Wirkung. Kein Wunder, dass es steinzeitliche Hominidenverbände zu weniger furchtbaren Ritualen drängte. Im Laufe vieler Jahrtausende wurden denn auch furchtbare Zahlungsmittel durch weniger schmerzende ersetzt: die Währung Mensch durch die Währung Tier, Großtiere durch Kleintiere, Lebewesen durch Edelmetall, Metall durch Papier, Papier durch Pixel. Weniger geht nicht; irgendeinen materiellen Träger müssen Zahlungsmittel haben, sonst kann nicht wirklich gezahlt werden.

Fast immer hat die Ersetzung einer Geldart durch eine andere böse angefangen: indem einige Wagemutige eine geltende Ordnung übertraten und viele andere auf den Weg zu einer neuen Ordnung mitnahmen. Ist aber die neue Ordnung etabliert, dann gilt das Festhalten an der alten als böse. Wo das Tieropfer allgemeiner Brauch geworden war, galt das Menschenopfer als Verbrechen. Wo man mit Münzen und Papier zahlen kann, geraten rituelle Tierschlachtungen in Misskredit. Daraus folgt freilich nicht, dass das neue Zahlungsmittel immer das bessere ist. Mit Münzen zahlen tut zwar weniger weh als mit Tierschlachtungen. Von Papier trennt man sich leichter als von Goldstücken. Es ist auch ungleich leichter in Geld zu verwandeln. Aber wenn die Erleichterung der Zahlung dazu führt, dass sich Billionen von Euro oder Dollar mit Hochgeschwindigkeit auf einem deregulierten Finanzmarkt herumtreiben, der durch Spekulation die Preise von Rohstoffen und Lebensmittel bestimmt, dann zeigt sich: Die Erleichterung hat vor allem einem globalen Expansions- und Akkumulationszwang Vorschub geleistet und es immer schwerer gemacht, seiner selbstzerstörerischen Tendenz – nichts Irdisches kann ewig wachsen – Einhalt zu gebieten.

Das Böse ist stets Widersetzlichkeit. Aber geschieht es, weil ihm die geltende Ordnung zu gut ist – oder weil sie ihm nicht gut genug ist? Im ersten Fall hat es niedere Beweggründe, im zweiten moralische. Da ist das Böse der Vorbote eines Guten, das zur real existierenden Ordnung erst werden soll. Beides lässt sich oft schwer unterscheiden – wie gemeine Straftat und ziviler Ungehorsam.

Ist es stets kriminell, wenn Kredite nicht zurückgezahlt werden? Wenn hoch verschuldete Staaten darauf dringen, dass ihre Gläubiger auf den größten Teil der Rückzahlung verzichten? Noch hat es sich nicht genug herumgesprochen: Die gesamte Staatenwelt sitzt in einer gigantischen Schuldenfalle. Ohne einen Weltschuldenschnitt, bei dem der riesig aufgeblähte Finanzmarkt, auf dem sich seit der mikroelektronischen Revolution Unmengen gesparter Lohnkosten samt Steuern angesammelt haben, viele Billionen verlieren würde, ist aus dieser Falle kein Herauskommen. Ohne Vertragsbrüche keine Humanisierung der Zahlungsverhältnisse.

Das Böse kann Statthalter des Guten sein, weil kein real existierendes Gutes gut genug ist. Die Urzahlung war einst das einzig Gute – und sträubt uns heute nur noch die Haare. Und dennoch steckte selbst in ihr etwas, was immer noch gut genannt zu werden verdient. Obwohl sie schrecklich war, wollte sie doch bloß den Schrecken begleichen. Er sollte aufhören – und damit die ganze Zahlerei. Das ist der schlechterdings gute Wunsch, der seit der Menschwerdung in allem Geld steckt. Keine reale Zahlung hat ihn je erfüllt, aber als Kriterium zur Unterscheidung von gutem und bösem Geld leistet er nach wie vor gute Dienste.

Hermann Steinkamp

„...Sondern erlöse uns von dem Bösen..." Zwischen Drogenabhängigkeit und Geld-Macht-Sucht

Lange habe ich mir die Bedeutung dessen, was wir ‚Das Böse' nennen, am Zusammenhang der beiden letzten Vaterunser-Bitten zu erklären versucht. Die letzte Bitte („... erlöse uns von dem Bösen") steht in einer hintergründigen Spannung zur vorletzten, die von der Versuchung des Menschen (durch was und zu was auch immer) handelt. Gleichwohl unterstellt sie eines seiner wichtigsten humanen Mitgifte: seine Freiheit.

Für manche Theologen stellt die menschliche Freiheit den Ausgangs- und Bezugspunkt seiner Möglichkeiten dar, ‚Gott' zu denken, der eine Welt erschaffen hat, in der auch ‚Das Böse' existiert: Weil Gott leidenschaftlich an einem Menschen als seinem Gegenüber interessiert ist, der in Freiheit auf sein Liebesangebot antwortet.

Die deutsche Formulierung der vorletzten Bitte („… führe uns nicht in Versuchung“) ist irreführend. Als könnte Gott daran liegen, uns in Versuchung zu führen. Der französische Text („ … und lass uns nicht in Versuchung geraten“) trifft den Sachverhalt besser, weil er ‚Das Böse' als Agens der Versuchung benennt, insofern es die Freiheit des Menschen bedroht.

Versuchung, Fallen stellen als Erkennungsmerkmale des Bösen, im Grenzland zwischen (noch) Freiheit und (drohender) Ohnmacht. Sucht-Karrieren, Hass-Spiralen, Eskalationen der Gewalt und dergleichen sind Beispiele, auch für den oft unsichtbaren Zusammenhang zwischen individueller Sucht und (weltweiten) Macht-Kartellen, die sie bewirken bzw. von ihr profitieren.

Ein Name also, eine Signatur des ‚Bösen' – das könnte eine wichtige Spur sein – heißt: „Versuchung“.

Die folgenden Erkundungen der Realität des Bösen bewegen sich im Grenzbereich der beiden Bitten, auf der Suche nach Zusammenhängen von Freiheit, Ohnmacht und Versuchung zum ‚Bösen'.

Dass diesen drei vom menschlichen Individuum erlebten und erlittenen Phänomenen globale Systeme der Machtballung, Vermarktung und Ausbeutung entsprechen, wird am Beispiel der Sucht veranschaulicht.

Dieser Zusammenhang – der gerade das Wesen des Bösen ausmacht und um den man es nicht verkürzen darf – ließe sich an vielen anderen Beispielen ebenso zeigen, zum Beispiel dem Zusammenhang von Klimawandel, Bodenspekulation und stumpfsinnigen individuellen Essgewohnheiten.

Menschliche Freiheit und ihre Bedrohungen

Das Böse beginnt oft damit, dass es die Freiheit von Menschen und Völkern missachtet, bedroht und zerstört. Damit ist noch nicht seine Rätselhaftigkeit begriffen, wohl aber eine erste Spur gelegt, die Palette seiner gegenwärtigen empirischen Erscheinungsformen zu identifizieren: von den vielfältigen Formen der Sucht, immer häufigeren Drogen- und Gewalt-Exzessen bis zu willkürlichen Inhaftierungen, Terror-Anschlägen und (häufig religiös begründeten) Völkermorden.

Die Ohnmacht der Häftlinge im ‚Freiheits-Entzug' verkörpert nur die individuell erfahrbare und öffentlich sichtbare Form dieser Enteignung. Die zumeist und zunächst latenten Formen der Sucht (Alkoholabhängigkeit, Spielleidenschaft, Fernsehsucht usw.) sind nicht selten von Lustgefühlen begleitet und benebelt, aber dadurch umso effektivere Weisen eines schleichenden Verlustes von Autonomie und Selbstbestimmung.

Die täglich bedrohte Freiheit politischer Systemkritiker und Gruppen in totalitären Staaten ist dagegen von anderer Art, zumeist mit Angst verbunden, die ihrerseits die innere Freiheit der Betroffenen einschüchtern kann.

Überall, wo menschliche Freiheit eingeschränkt, missachtet und ohne Grund entzogen wird, ist das Böse am Werk. Dass auch die Macht, einem ganzen Volk Freiheit willkürlich zu entziehen, Sucht- ‚Charakter' entwickeln kann, ist an gegenwärtigen Despoten (Erdogan, Kim und anderen) eindrucksvoll zu erkennen.

Das Beispiel der ‚fröhlichen Unfreiheit' (Drogen, Spielsucht ...) kann gleichzeitig als Veranschaulichung dafür dienen, dass ‚das Böse' oft im dialektischen ‚Zwischen' äußerer Umstände und mehr oder weniger freier Beteiligung der Subjekte entsteht und wirksam wird, also nicht ‚objektiv' bestimmbar ist.

Macht – Ohnmacht - Spiralen

Ich kenne ohnmächtige Wut. Der Impuls, mich für eine Kränkung zu rächen, lässt sich stunden- und tagelang, manchmal über Jahre nicht in den Griff bekommen.

Konkret erfahrbar ist das ‚Teuflische' der Macht in den vielfältigen Formen der korrespondierenden Ohnmacht. Sie kommt auf ganz leisen Sohlen: schon im Kindesalter, wo die Macht der Erwachsenen tagtäglich erlebt wird, zumeist im Gewand wohlmeinender Sorge.

Diese Ohnmacht setzt sich fort in Erfahrungen komplementärer Rollen-Muster: Lehrer-Schülerin, Chef-Untergebener, Ausbilder-Rekrut und anderen. Auch wenn diese Strukturen durch Aufklärung und Lernprozesse in Richtung komplementärer Rollen verändert werden können: die Macht des Despoten stellt die Ohnmacht auf Dauer, darin ist sie eine böse Macht. Macht in den extremen Erscheinungsformen unveränderbarer Ohnmacht ist eine Weise der Existenz des Bösen.

Wenn das Erleiden jahrhundertelanger Unterdrückung von Staaten und Völkern, Regionen und Religionen in ihr Gegenteil umschlägt, wie im gegenwärtig weltweit erlebten Terror, wird auch die tödliche Spirale der Macht-Ohnmacht-Dynamik erfahrbar: als teuflisch, als Inbegriff des Bösen.

Drogen

Wo Drogenabhängige ihre Ohnmacht spüren, um verspielte Freiheit trauern oder mit der Entscheidung ringen, eine Therapie zu beginnen, bewegen sie sich im Grenzbereich zweier Erscheinungsformen der Macht des Bösen: zwischen Ohnmacht und dem Verlust der Freiheit. Weltweit operierende Drogenkartelle und Kleindealer wissen um die Ambivalenzen der Gefährdeten und die Abhängigkeit unzähliger Drogensüchtiger und kalkulieren damit.

In den Städten wächst die Zahl der Plätze illegalen Drogenhandels, meistens im Schatten großer Bahnhöfe, wo sich die meist obdachlosen Drogensüchtigen aufhalten, Tag und Nacht, in Hinterhöfen und öffentlichen Toiletten ihre Spritzen setzen und ihre Notdurft verrichten. Polizei, Bahnhofsmission und Streetworker geraten ebenso an ihre Grenzen wie die Ordnungsbehörden, die dem zunehmenden Druck empörter Bürger kaum standhalten können.

Eine offenbar neue Qualitätsstufe erreichten diese Szenarien in jüngster Zeit in den USA, wo in ganzen Landstrichen die Heroinabhängigkeit quantitativ neue Dimensionen erreicht hat, sodass die Regierung den Notstand ausrufen musste.

Als Hintergrund für die Heroin-Epidemie wird ein neues Phänomen der Ausbreitung der Drogen sichtbar bzw. vermutet. Was als massenhafter Konsum von Opioiden (als Schmerzmitteln) beginnt, führt in vielen Fällen unbemerkt in die Drogensucht.

Die Fotos von scheinbar schlafenden, offenbar aber betäubten und mit dem Tod ringenden Menschen in ihren Fahrzeugen, mitten im Straßenverkehr, sind nicht weniger grauenvoll als die Bilder sterbender Fixer, die blutend noch an ihren Nadeln hängen.

Diese Momentaufnahme ist nicht vollständig ohne den Hintergrund einer neuen Allianz weltweiter Kartelle der Drogenproduktion.

An diesem jüngsten Beispiel wird nämlich gleichzeitig ein neues („teuflisches") Phänomen sichtbar: das Faktum der weltweiten Expansion einer – mehr oder weniger intendierten – Machtballung zweier Giganten: eine Überlappung bzw. Verzahnung von internationaler Pharma-Industrie und industrieller Drogen-Produktion.

Dass beide wiederum nicht mehr durch benennbare Personen zu identifizieren sind und auch nicht regional eingrenzbar erscheinen, stellt ein weiteres Merkmal des Bösen dar: seine anonyme Allgegenwart.

Politische Macht und Ohnmacht

Den Ohnmachts-Erfahrungen im persönlichen und im Mikro-Bereich korrespondiert gegenwärtig das Erleben vieler Millionen Menschen, die angesichts der unkontrollierbaren Machtfülle der Erdogans, Assads, Kims und Trumps nichts als pure, dumpfe Ohnmacht empfinden.

Jahrtausendealte Gesetze und in der Neuzeit vermehrt entwickelte Formen der Machtkontrolle (Parlamente, Gewerkschaften und ähnliche) funktionieren offenbar nicht mehr wie ehedem: Das Böse scheint den längeren Atem zu haben.

Die These, Terror und massenhaftes Töten beliebiger Opfer durch den IS seien womöglich eine Reaktion und Rache für die jahrtausendealte Demütigung und Unterwerfung von Völkern des Vorderen Orients durch den ‚auf- geklärten' Westen, leuchtet nachdenklichen Zeitgenossen ein. Das Böse dieses Zusammenhangs ist damit allenfalls erklärt, nicht gebändigt oder gar gerechtfertigt. Wohl lassen sich Gründe für die Eskalation von Hass und Rache-Spiralen auf diese Weise erahnen, wenn schon nicht verstehen oder rational begründen.

„Verführung" im Grenzland von Freiheit und Ohnmacht

Die Allgegenwart optischer und akustischer Reize, von Reklame und Werbung, im privaten Raum und in der Öffentlichkeit die digitalen Netze überschwemmend, übt subtilen Einfluss und verborgene Macht auf die vermeintlich freien Individuen aus. Sie werden gezielt als Käufer, Konsumenten und Wahlberechtigte ins Visier genommen, wobei beiläufig oder gezielt ihre vermeintliche Freiheit schleichend unterminiert wird.

An einem neueren Phänomen, das durch das Theorem der ‚Gouvernementalität' (M. Foucault) minutiös beschrieben wird, kann man den (suchtähnlich anmutenden) perfiden Zusammenhang zwischen dem weltweit expandierenden Kartell von staatlicher Macht und Ökonomie (‚Gouvernement') veranschaulichen. Auch wenn dabei der Sucht-Begriff analog verwendet wird, so ist das Phänomen selbst nicht mehr allein rational zu erklären. Geld in unsinnigen Mengen zu horten und zu vermehren, ist seit jeher an der Persönlichkeit von Millionären (auch) als Form von Sucht gedeutet worden, ebenso wie Gewaltherrscher von ihrer Macht nicht genug bekommen können.

Das Theorem der Gouvernementalität beschreibt zugleich jenen anderen, ebenso teuflischen Zusammenhang: zwischen dem expandierenden Macht-Geld-Kartell und einer von ihm ebenso gezielt wie lautlos erzeugten ‚Mentalität' der Arbeitnehmer, Kunden und Sparer, denen das Ganze als alternativlos suggeriert wird. Die dadurch erzeugte Mentalität stabilisiert das neue Machtphänomen: ein buchstäblich ‚böser' Zusammenhang, der sich von benennbaren Akteuren längst entkoppelt hat, d.h. keinen konkreten Personen als moralisch ‚böse' zugeschrieben werden kann.

Wo Massen charismatischen Gurus und demagogischen Führern zujubeln und blindlings folgen, üben sie vor allem auf ich-schwache Individuen eine Macht aus, deren ‚Bös'-Artigkeit nur schwer zu lokalisieren ist: Besteht das Böse in den faszinierenden ‚Lichtgestalten' oder im Sog der Masse? Womöglich ist es gerade in der Dynamik ihrer Wechselseitigkeit zu suchen.

Solche beliebigen Beispiele stehen für viele: Die Tarnkappen des Bösen sind Legion, Undurchschaubarkeit und Vieldeutigkeit seine teuflischen Wesensmerkmale ebenso wie unkontrollierbare Macht und gezielte Zerstörung menschlicher Freiheit.

Ratlosigkeit und offene Fragen am Ende

Zur ‚Bos'-haftigkeit des Bösen gehört, dass der Versuch, es zu begreifen, immer neue Fragen und Aporien erzeugt. Wie zum Beispiel die folgenden:

Existiert das Böse nur in der ‚Welt des Menschen'? Ist es also ‚an sich' nicht Gegenstand menschlicher Erkenntnis, sondern nur als ‚Welt des Bösen'? So wie ‚Gott' an sich nicht sinnvoller Gegenstand einer epistemologisch verantwortlichen Theologie sein kann, sondern allenfalls das ‚Reich Gottes'?

Das Böse, so scheint es, existiert nur, insofern Menschen es erleben, erleiden, schaffen. Oder sind auch Katastrophen, Explosionen im Weltall und gigantische Überschwemmungen ‚böse' zu nennen, zumal wenn sie als blindes (‚böses') Schicksal erlebt werden?

Erleben nur Menschen das ‚Böse' als solches?
Erleiden Tiere es lediglich?
Gibt es überhaupt das ‚objektiv Böse'?

Offenbar nehmen Menschen es nicht alle in gleicher Weise wahr, sondern weitgehend subjektiv und parteilich. Wie für viele Zeitgenossen ‚im Westen' der sogenannte ‚Islamische Staat' derzeit der Inbegriff des Bösen ist, so stellt es sich für dessen ‚Gotteskrieger' genau umgekehrt dar. Besteht womöglich gerade auch darin heute ‚das Böse'?

Auch wenn das ‚Böse' immer in konkreten Menschen verankert, sozusagen ‚inkarniert' erscheint, so geht es doch darin nicht auf. Es ist offenkundig immer auch ‚mehr' und ‚anders' als die Gesamtheit böser Menschen. Wenn Zeitgenossen in den Gesichtern der Assats, Erdogans, Trumps, Kims und anderen das Böse zu erkennen glauben, so handelt es sich doch allenfalls um seine ‚Inkarnationen', so wie Gläubige die Buddhas, Jesus, Mohammed und andere als ‚Erscheinungen' Gottes oder der Götter deuten.

Ist das Böse womöglich das ‚Ganz-Andere',
wie die theologische Rede dies auch von Gott behauptet?

Kann es sein, dass sich in der Bitte um Erlösung vom Bösen
am Ende mehr Geheimnisse verbergen,
als wir ahnen?

Thomas Zeilinger

Gefangen im Netz - Getragen vom Netz
Mächte und Gewalten im Internet

Lock-in I: München und Redmond

„Wir befinden uns im Jahre 50 v. Chr. Ganz Gallien ist von den Römern besetzt ... Ganz Gallien? Nein! Ein von unbeugsamen Galliern bevölkertes Dorf hört nicht auf, dem Eindringling Widerstand zu leisten." Der berühmteste Comic-Prolog der Welt könnte im 21. Jahrhundert auch auf die Stadt München gemünzt sein. 2003 begann sie mit dem Vorhaben, die IT der Stadtverwaltung auf Open-Source-basierte Softwarelösungen umzustellen und so den Einsatz von Microsoft-Lösungen abzulösen. Europaweit wurde mit Interesse verfolgt, wie die Verwaltung einer Großstadt sich der Monopolstellung von Microsoft im Bereich der Büro-Software widersetzte – noch dazu am Standort von Microsofts Deutschlandzentrale. Zehn Jahre nach Projektbeginn wurde im Mai 2013 die erfolgreiche Umstellung zum auf München adaptierten Linux-System „LiMux" verkündet. Keine drei Jahre später beschließt die Stadtratsmehrheit im Februar 2017, von Linux zu Windows und den zugehörigen Office-Produkten zurückzukehren. Was auch immer den Stadtratsbeschluss motiviert hat: Als Ergebnis bleibt, dass auch die Stadt München sich der Macht des Konzerns aus Redmond ergibt. Und so einen Trend in der öffentlichen Verwaltung verstärkt, mit dem die Staaten Europas in Gefahr stehen, die Hoheit über ihre IT zu verlieren und sie der Willkür von Microsoft anheimstellen. So bleibt auch der EU-Kommission nur übrig, die Abhängigkeit staatlicher Strukturen vom von Bill Gates geschaffenen Konzern mit den Worten einzugestehen, die öffentliche Verwaltung in Europa befinde sich „in effektiver Gefangenschaft bei Microsoft". (Der Tagesspiegel vom 10.4.2017)

Lock-in II: Filterblasen und Werbeetats

Der Algorithmus macht den Unterschied. Ob bei einer Suche auf Google oder der Startseite auf Facebook: Anders als in einem Lexikon oder in der Zeitung sehen zwei Personen keineswegs das gleiche Ergebnis. Vielmehr sehen sie die für sie algorithmisch personalisierte „Wahrheit". Das bisher spektakulärste Ergebnis dieser Entwicklung war die Überraschung über den Ausgang der US-amerikanischen Präsidentschaftswahlen im November 2016. Bürgerinnen des gleichen Landes, möglicherweise sogar der gleichen Stadt, sahen völlig unterschiedliche Realitäten. Die zuvor für viele Menschen theoretisch klingenden Begriffe „Filterblasen" und „Echokammern" wurden greifbar und konkret. Viele Menschen informieren sich ausschließlich über soziale Netzwerke, allen voran Facebook, und sehen die Sicht der Dinge, derer sie dort ansichtig werden, als einzig wahre an.

Spätestens seit dem Herbst 2016 begegnen die sozialen Netzwerke dem Vorwurf, sie würden ihrer faktisch gegebenen gesellschaftlichen Verantwortung für die Seriosität von Nachrichten und Informationen im Zeitalter von Fake News und alternativen Wahrheiten nicht annähernd gerecht. Kein Wunder also, dass Mark Zuckerberg als Gründer von Facebook sich beeilte, im Februar 2017 ein Manifest vorzulegen, in dem er die globale Verantwortung seines Unternehmens für die Integrität von Nachrichten betonte. Sein Plädoyer für „gute" Nachrichten hat freilich einen erheblichen Haken. Denn diejenigen, die mit ihrer Arbeit professionellen Qualitätsjournalismus garantieren, erleben die andere Seite der Macht von Facebook: Der Zeitungsmarkt, vor allem in den USA trocknet immer mehr aus. Von 59 Milliarden US-Dollar, die 2015 für Digitalwerbung ausgegeben wurden, gingen nach einem Bericht der New York Times 36 Milliarden an Facebook und Google, Tendenz steigend. Der Zuwachs an Geldern für digitale Werbung im Jahr 2016 floss zum größten Teil in die Taschen der beiden Internetgiganten. Verlage und Medienhäuser weltweit schauen in die Röhre und sehen kein Licht am Ende des Tunnels.

Lock-in III: „I have nobody - I need someone"

Die Kanadierin Amanda Todd dürfte das weltweit bekannteste Opfer von Cybermobbing sein. Berühmt wurde sie, weil sie die Ausweglosigkeit, die sie mit fünfzehn Jahren in den Selbstmord trieb, kurz vor ihrem Suizid via eines neunminütigen Videos im Netz publik machte. Darin erzählt sie ihre Geschichte mittels handgeschriebener Zettel, die sie vor der Kamera nacheinander aufblättert. Als sie in der siebten Klasse im Rahmen von Videochats neue Leute kennenlernen wollte, begegnete ihr ein Chatpartner, der sie dazu bewegte, ihren Oberkörper zu entblößen. Dieser speicherte das Bild ab und forderte ein Jahr später von ihr weitere Akte vor der Kamera. Nachdem das nicht passierte, nutzte er das Bild aus dem Chat als sein Profilbild im Netz und machte gezielt Mitschüler von Amanda darauf aufmerksam. Trotz mehrerer Wechsel von Wohnort und Schule entkommt Amanda nicht dem Mobbing über die sozialen Netzwerke. Nach einem versuchten Suizid, psychiatrischer Behandlungen mit Antidepressiva und folgenden Selbstverletzungen veröffentlicht sie Anfang September 2012 das Video und nimmt sich am 10. Oktober 2012 das Leben.

Im April 2014 wird in den Niederlanden ein 35-Jähriger als der mutmaßliche Täter festgenommen, im März 2017 wird er wegen mehrerer ähnlicher Taten zu elf Jahren Haft verurteilt, die Auslieferung nach Kanada ist beschlossen.

Lock-in IV: Cyberattacken und das Gesundheitswesen

Im Mai 2017 legte die weltweite Cyberattacke „Wanna Cry" das britische Gesundheitswesen lahm: Viele Kliniken konnten nicht auf Patientendaten zugreifen, Operationen mussten abgesagt, Patienten entlassen oder in andere Krankenhäuser verlegt werden. Mindestens 16 Einrichtungen des Nationalen Gesundheitsdienstes „NHS" waren betroffen, als in fast 100 Ländern weltweit sog. „Erpressungstrojaner" in Computersysteme eingeschleust wurden. Per Verschlüsselung machten sie den jeweiligen Computer funktionsunfähig und versprachen, die Funktionalität wiederherzustellen, wenn Lösegeld gezahlt würde. Je mehr Alltagsgeräte mit dem Internet vernetzt werden (vgl. das sog. „Internet der Dinge") desto größer wird die Anfälligkeit nicht nur von Computern in Kliniken oder zu Hause, sondern auch der elektronisch vernetzten medizinischen Geräte vom Herzschrittmacher bis zum ferngesteuerten Skalpell. Im Prinzip jede vernetzt gesteuerte Funktion ist dem kriminellen Missbrauch ausgesetzt – mit potenziell verheerenden Konsequenzen. Das Netz nimmt in Besitz, auch die Gesundheit und das Gesundheitswesen.

Hans Günter Ulrich / Walter Dörfler

Schöpfer sein wie Gott – jenseits von Gut und Böse? Forschung am menschlichen Genom im Gespräch zwischen Molekularbiologie und Geisteswissenschaft im Blick auf die fundamentale Frage nach dem „Bösen"

Wo die weitläufige Frage nach dem „Bösen" auf die Tagesordnung kommt, wird oft direkt das in den Blick genommen, was Menschen als die „Herren der Schöpfung" auszuzeichnen scheint und ihre besondere Macht zeigt, über das hinauszugehen, was ihnen zusteht – dort, wo Menschen ins „Leben" eingreifen. Damit sind vor allem die neuesten Eingriffsmöglichkeiten im Fokus, die durch die Genforschung und Gentechnologie eröffnet werden. Wo des Menschen Macht thematisiert wird, kommen manche Traditionen, Geschichten und Mythen ins Spiel, in denen darüber reflektiert oder fantasiert wird – wie in Gothes „Faust" und der Erzeugung eines Menschenwesens unter den Augen des Mephisto. Warum Mephisto, warum ein geheimnisvolles Labor, was ist die Verbindung?

Wo „Leben" tangiert wird, wie auch immer das zu sehen ist, werden fundamentale Fragen akut, wie sie wirkmächtig auch in den biblischen Texten enthalten sind. Sie helfen, zur Sprache zu bringen, was hier erscheint. Auch hier ist die Frage, warum und wie diese Tradition und Genforschung aufeinandertreffen, aufgrund welcher Einsicht oder Weisheit, die vielleicht doch etwas aussagt – über das hinaus, was plakative Titel – wie „Gott ins Handwerk pfuschen" oder „Schöpfer Mensch" – anzeigen wollen, aber doch nicht erfassen können. Wie hier biblische Texte kritisches Wahrnehmen und Denken leiten können, zeigen Interpreten wie Martin Buber. Er hat in seinen Essays über „Bilder von Gut und Böse" entscheidende Konturen markiert, mit denen einzigartig kenntlich wird, wie überhaupt die Thematisierung des „Bösen" hier ins Spiel kommen kann, ohne irgendwie nur einer allgemeinen Verteufelung zu dienen, die nichts aussagt darüber, was denn wirklich das Böse sein könnte, von dem hier zu reden wäre.

Die Universität ist immer noch der Ort, an dem nicht nur verschiedene Forschungsbereiche nebeneinander existieren sondern an dem sich Diskurspartner aus verschiedenen Wissenschaften und ihren Traditionen zusammenfinden können, um eben solche Fragestellungen direkt und gemeinsam zu verhandeln. Das Folgende ist ein Beispiel aus einer mehrjährigen gemeinsamen Lehrveranstaltung, in der wir, ein Virologe und Molekularbiologe und ein Theologe, es wirklich darauf ankommen ließen, was geschieht, wenn solche Fragen gemeinsam, im direkten Austausch verhandelt werden.

Setzen wir ein bei dem biblischen Text, der immer schon mitspricht, wenn von der Macht des Menschen im Verhältnis zu Gott, vielleicht gar von seiner gottähnlichen Macht die Rede ist.

„Und Gott der Herr sprach: Siehe, der Mensch ist geworden wie unsereiner und weiß, was gut und böse ist. Nun aber, dass er nur nicht ausstrecke seine Hand und breche auch von dem Baum des Lebens und esse und lebe ewiglich!" Martin Buber übersetzt: „ER, Gott, sprach: Da, der Mensch ist geworden wie unser einer im Erkennen von Gut und Böse. Und nun könnte er gar seine Hand ausschicken und auch vom Baum des Lebens nehmen und essen und in Weltzeit leben!" (Gen 3,22).

Diese biblischen Verse aus dem Schöpfungsbericht haben in vielen Reden und Kommentaren den Blick auf die Gentechnologie gelenkt. Dies auch, weil hier beides zusammentrifft, sowohl, wie noch zu zeigen ist, die Erkenntnis dessen, was „gut und böse" genannt wird, wie auch die Vorstellung vom Griff nach dem „Lebensbaum" und der Möglichkeit, dem menschlichen Leben Verstärkung, neuartige Heilung oder gar ewige Dauer zu verschaffen. Das Letztere wird nach Gen 3 von Gott verhindert, indem er den Menschen aus dem Paradies wirft und ihm mühselige Arbeit verordnet. Diese mühselige Arbeit betrifft auch die Wissenschaft. Durch stetige Arbeit ist denn auch Schritt für Schritt ein solches Forschungsfeld erschlossen worden wie die Gentechnologie.

Nach der biblischen Erzählung, wenn wir sie lesen, wie sie da steht, ist es Menschen nicht gegeben, ewiges Leben zu schaffen oder auch lebendige Wesen aus Unlebendigem zu kreieren. Das mag ein Traum bleiben, eine Fantasie, keine Möglichkeit, die zu verfolgen wäre. Aber dennoch ist den Menschen, nachdem Adam und Eva von dem anderen Baum gegessen haben, die „Erkenntnis von Gut und Böse" gegeben und eben damit eine Eigenschaft, die sie gottgleich oder gottähnlich erscheinen lässt, daher sagt Gott: „Siehe, der Mensch ist geworden wie unsereiner und weiß, was gut und böse ist." Was ist dem Menschen damit eröffnet, was bedeutet die Erkenntnis von Gut und Böse für die Wissenschaft? Martin Buber hat den Text der Genesis so ausgelegt, dass wir direkt in diesen Zusammenhang eingeführt werden. Es geht um die Bedeutung jener Erkenntnis von „Gut und Böse", die dem Menschen gegeben, ja ihm aufgegeben ist, nachdem er vom Baum der Erkenntnis gegessen hat. Er wird in dieser – durchaus begrenzten, aber doch weitreichenden – Hinsicht wie Gott.

„Sein wie Gott". Vieles ist dazu geschrieben worden, als läge es nahe, dies so zu thematisieren. Jahrhundertealte fantasien und Reflexionen haben daran ihren Anteil, so wie eben Goethes Bearbeitung des „Faust", die zu dem Punkt führt, an dem es nichts mehr anderes oder Neues gibt, als einen Menschen zu schaffen – im Einverständnis mit Mephisto und vor seinen neugierigen Augen, freilich mit der fatalen Aussicht, dass Menschen – wie schließlich Mephisto festzustellen hat – abhängig werden von dem, was sie geschaffen haben. „Am Ende hängen wir doch ab von Kreaturen, die wir machten." Was hier geschieht, heißt wahrhaftig nicht, unbeschränkte Macht auszuüben – welche Beschränkung auch immer zu denken ist, sondern eher damit konfrontiert zu sein, dass menschliche „Macht" überhaupt etwas anderes ist als göttliche Schöpfermacht. Überdies bleibt das Schöpfer-Werk hier unvollendet, was auch immer der vollendet geschaffene andere Mensch, der aufleuchtet, hätte sein sollen. Würden wir hier an die Möglichkeit des „Klonierens" denken, das heißt der künstlichen Kopie eines Menschen – ohne Zeugung (wie Mephisto bemerkt), würden wir, auch wenn dieses Werk dann im Sinne des Machbaren nicht unfertig wäre, doch mit dem Problem konfrontiert sein, dass wir abhängig sind von diesem Werk, weil es unser Werk ist. Überdies muss sich der so „gemachte" Mensch seinerseits abhängig wissen eben von den Menschen, die ihn gemacht haben. Was geht diesem Menschen damit an Wirklichkeit verloren, die zu ihm gehört?

Bei einer so unermesslich hoch angesetzten Rede wie „Sein wie Gott" liegt es schon nahe, solche Texte und ihre Botschaften aufzurufen, die diese Rede und ihre Kritik immer neu angestoßen haben – und zwar eben durchaus in Bezug auf das, was Menschen als diejenigen kennzeichnet, die etwas „schaffen", hervorbringen, in die Welt setzen, und zwar so, dass nicht bisheriges Wissen und Können nur weitergeführt und vervollkommnet werden, sondern etwas geschaffen oder ermöglicht wird, das der „Wirklichkeit" gegenübertritt, in der sich der Mensch findet und zurechtfinden muss.

Martin Buber hat in seiner Auslegung der Schöpfungsgeschichte und der Vertreibung aus dem Paradies das „Sein wie Gott" in der Erkenntnis von Gut und Böse beschrieben als die Fähigkeit des Menschen, Gegensätzliches zu erkennen und zu imaginieren, also der einen Wirklichkeit Entgegengesetztes.

Buber legt so Gen 6,5 und Gen 8,21 aus:

Zunächst Gen 6,5, dort wird erzählt:
„Als aber der Herr sah, dass der Menschen Bosheit groß war auf Erden und alles Dichten und Trachten ihres Herzens nur böse war immerdar [...]" (Übersetzung Luther). Buber übersetzt: „ER sah: ja, groß war die Bosheit des Menschen auf Erden und alles Gebild der Planungen seines Herzens bloß böse all den Tag [...]"

Nach der Sintflut wird dann erzählt (Gen 8,21), dass Gott sagt: „Ich will hinfort nicht mehr die Erde verfluchen um der Menschen willen; denn das Dichten und Trachten des menschlichen Herzens ist böse von Jugend auf. Und ich will hinfort nicht mehr schlagen alles, was da lebt, wie ich getan habe." (Übersetzung Luther) Buber übersetzt: „ER sprach zu seinem Herzen: Nicht will ich hinfort den Acker wieder verwünschen um des Menschen willen, weil das Gebild des Menschenherzens von seiner Jugend her bös ist, nicht will ich hinfort wieder alles Lebende schlagen wie ich tat [...]"

Was hier das „Dichten und Trachten" bei Luther und das „Gebild" bei Buber meint, ist genuin Gottes Sache: das „Bilden", das bildende Schaffen. So erfahren wir im Schöpfungsbericht: „[...] und ER, Gott, bildete den Menschen, Staub vom Acker, er blies in seine Nasenlöcher Hauch des Lebens, und der Mensch wurde zum lebenden Wesen." (Gen 2,7). Das, was genuin Gott zukommt, erscheint nach dem Essen vom Baum der Erkenntnis auch aufseiten des Menschen, auch er schafft „Gebilde", die dem Bestehenden etwas anderes hinzufügen, so wie Gott den Menschen bildet und in das Paradies setzt.

Gottes „Bilden" des Menschen ist Gottes Realisierung eines Möglichen, das sich nicht aus dem Gegebenen ableitet. Hier bei Gott wird Mögliches zu einer guten Realität. Gott kann so Wirklichkeit erschaffen und erweitern, so wie es in dem anderen Schöpfungsbericht auch heißt, dass Gott den Menschen „schuf". Es ist Gottes ureigenste Eigenschaft, dass er aus dem Nichts „erschaffen" kann. Und so ist auch die Realisierung des Möglichen Gottes ureigenste Eigenschaft. Nun ist die Fähigkeit, Mögliches zu erkennen und zu „bilden", auf den Menschen übergegangen, aber mit eben der Einschränkung, dass der Mensch das Mögliche immer allzu leicht gegen das Wirkliche stellt. Sprachlich, semantisch ist die biblische Erzählung hier von dichter Genauigkeit, die nur in der Übersetzung von Buber auch kenntlich wird. Es wird in aller Klarheit erzählt, was dem Menschen zukommt, was Mensch und Gott zukommt, und was einzig Gott zukommt. Nur innerhalb dieser Unterscheidung von Gott und Mensch ist der Mensch einer wie Gott, beschränkt auf seine Fähigkeit, Wirkliches und Mögliches zu erkennen.

Buber schreibt (S. 45): „[...] an die Stelle der wirklichen, der wahrgenommenen Frucht ist eine mögliche, ersonnene, erdichtete gekommen, die man eben doch zu einer wirklichen machen kann, machen könnte – macht. Diese Möglichkeitsbilderei, und in diesem ihrem Wesen, wird böse genannt. Das Gute wird nicht ersonnen; jene ist böse, weil sie von der Wirklichkeit, der von Gott gegebenen ablenkt." Der Mensch kann – das ist seine Erkenntnisfähigkeit, die ihn wie Gott sein lässt – das Gegensätzliche von Wirklichem und Möglichem nicht übergreifen, er ist dem Gegensatz von Wirklichkeit und Möglichkeit ausgeliefert. Dies bedeutet, dass das Wirkliche und das Mögliche auseinanderfallen, oder dass der Mensch gar das Mögliche gegen das Wirkliche setzt. So ist dem Menschen zwar eine Erkenntnis gegeben, die er mit Gott teilt, eine Erkenntnis, die das je Wirkliche mit einem Möglichen konfrontiert, aber es ist ihm nicht gegeben, dieser Gegensätzlichkeit wirklich Herr zu werden, das heißt, das eine mit dem anderen wieder genuin zu verbinden. So ist nach Bubers Auslegung, gerade das, was „böse" genannt wird, nämlich die Fähigkeit, das Mögliche zu „bilden", dasjenige, was den Menschen gottähnlich sein lässt, aber nicht, weil die Erkenntnis von Gut und Böse, von Wirklichkeit und Möglichkeit selbst schon etwas „Böses" ist, sondern weil es beim Menschen zu etwas Bösem wird, sofern das Mögliche dem Wirklichen entgegengesetzt wird. So generiert der Mensch mit seinen Möglichkeiten einen Verlust an Wirklichkeit, so wie zum Beispiel der klonierte Mensch eben doch nicht als „wirklicher" Mensch erscheint, sondern als etwas Eigenes, ja Fremdes, wie die leuchtende Figur in Goethes Labor, die nun als ein anderes – wie auch immer – „menschliches" Wesen erscheint.

Wenn man die immer wieder gebrauchte Rede davon, dass der Mensch „Schöpfer spielt", in der biblischen Logik liest, wie sie Buber eindringlich beschreibt, dann ist also die Frage im Raum, inwiefern das, was Menschen hervorbringen, sich vom Wirklichen entfernt, dass den Menschen aber gerade die Vorstellung vom Möglichen und seiner Realisierung vorantreibt. Die Entfernung von der Wirklichkeit ist das Böse. Gut und Böse müssen wie das Wirkliche und das Mögliche jedenfalls so weit zusammenbleiben, dass sich das Böse nicht gegen das Gute, das Mögliche nicht gegen das Wirkliche wenden kann.

Wenn im Zusammenhang mit der Entwicklung der Gentechnologie, wie oft gesagt wird, der Mensch nicht „Gott" oder „Schöpfer" spielen kann, dann heißt dies nach diesem Verständnis, dass der Mensch durchaus das Mögliche erkunden und ausloten darf, ja auch soll, weil Erkenntnis nun seine Aufgabe ist, aber er soll sich damit nicht von der Wirklichkeit entfernen wollen, sondern dabei bleiben zu verstehen, was wirklich ist und das Mögliche daran messen und darauf bezogen erproben. Der Mensch soll sich also nicht von der Wirklichkeit entfernen oder sich gar gegen sie wenden – denn das hieße das Böse freizulassen, es in irgendeine Richtung laufen zu lassen, die er nicht bestimmen kann.

„Sein wie Gott" heißt also, dass menschliche Erkenntnis und menschlicher Erkenntnistrieb durchaus darauf gerichtet sind, zusammen mit dem Wirklichen auch das Mögliche zu erfassen, dass es ihm aber versagt bleibt, das Mögliche getrennt vom Wirklichen „realisieren" zu wollen, und das heißt, sich von der gegebenen Wirklichkeit entfernen zu wollen oder sich über sie erheben zu wollen. ‚Das Dichten und Trachten des Menschen ist böse', ist damit gegeben, dass dem Menschen die Erkenntnis von Gut und Böse, von Wirklich und Möglich, zukommt und damit eine Erkenntnis, die den Menschen gottgleich macht, aber zugleich zum Bösen wird, wenn sich der Mensch nicht permanent durch mühselige Arbeit darum bemüht, dieses „Dichten und Trachten" mit der gegebenen Wirklichkeit zu verbinden und zu vermitteln, das heißt, das Mögliche im Einverständnis mit der gegebenen Wirklichkeit zu „realisieren". Hier, im Einverständnis mit der Wirklichkeit, im Verstehen der Wirklichkeit ist das Maßgebliche, das „Normative", der Auftrag enthalten, aus dem der Mensch mit seiner Fantasie und seinen Vorstellungen nicht ausbrechen soll. In diesem Sinne gilt hier das „Menschbleiben".

Es ist oft gesagt worden, dass der Mensch nicht alles tun soll, was er kann, sondern dass er Grenzen zu beachten hat. Dabei wird aber oft die entscheidende Frage nicht gestellt, um welche Art von Grenzen es geht. Es können auch Grenzen des Könnens sein, die selbst zu erforschen sind. So bleibt auch die Frage im Spiel, was der Mensch wirklich kann – gemessen an dem Anspruch, im Einverständnis mit der Wirklichkeit, im Verstehen zu bleiben. Wenn es zum Beispiel gelingt, durch menschlichen Eingriff im Genom „Gene" auszutauschen oder Gene „abzuschalten", das heißt durchaus gezielt und mit entsprechenden Methoden, dann bleibt immer noch zu fragen, was damit „wirklich" realisiert ist, und das heißt, was der Mensch damit als „Können" erwiesen hat. Vielleicht zeigt sich, dass es tatsächlich möglich ist, eine bestimmte Krankheit von weiterer Vererbung auszuschließen. Bei einer Diskussion über „genome editing" wurde Dieter Birnbacher gefragt, ob es denn Machbarkeitsgrenzen für die Veränderung des Genoms am Menschen gibt. Seine Antwort war, dass es bei Tieren schon möglich ist, warum nicht dann auch beim Menschen? Damit wird Wirklichkeit verkürzt wahrgenommen, denn es wird nicht gefragt, ob es nicht Gründe gibt, dass das, was bei Tieren eben „gemacht" wird, auf den Menschen nicht übertragbar ist, nicht nur wegen anderer Risikofaktoren, sondern weil psychische, ethische und moralische Fragen eingeschlossen sind, die von der „physischen" Wirklichkeit des Menschen nicht abgetrennt werden können und unüberschaubar bleiben. Was also „kann" der Mensch, wenn er in den Vererbungsvorgang eingreift? Diese Frage muss wachgehalten werden in dem beständigen Bemühen darum, nicht gegen die Wirklichkeit des Menschen, nicht gegen seine „Natur" etwas machbar Mögliches zu setzen, sondern im Einverständnis mit ihr zu agieren. Hier kommt, was Jürgen Habermas in seinem Essay über die „Zukunft der menschlichen Natur" ausgeführt hat, der Begriff „Natur" ins Spiel, der eben diese „Wirklichkeit" kennzeichnet, die als „geborene", als gegebene, als durchaus dem Menschen auch anvertraute erscheint. Sie ist dem Menschen so gegeben, dass er sich von seiner Natur nicht trennen kann, ohne einen tiefgreifenden Wirklichkeitsverlust, wenn auch vielleicht mit einem Möglichkeitsgewinn eben in der Nähe desjenigen „Bösen", das Buber so gekennzeichnet hat. Das Böse ist hier nicht im einfachen Sinn moralisch zu fassen, sondern ist das der Wirklichkeit Entgegengesetzte. Den Gegensatz von Böse und Gut kann der Mensch erkennen. Das ist Kennzeichen seiner Gottebenbildlichkeit. So bleibt die zentrale Frage, wie die Wirklichkeit, der Menschen zugehören, immer neu zur Geltung kommt. Dass dies geschehen kann, dass Menschen Gut und Böse, Wahr und Unwahr, Wirklich und Möglich unterscheiden können, bleibt ihr Kennzeichen. Damit freilich ist auch gegeben, dass Menschen das Unwirkliche, das nur Mögliche, das der Wirklichkeit Widersprechende verfolgen und Wirklichkeit und Möglichkeit auseinanderfallen lassen.

So weit ist der biblischen Aussage von der Ebenbildlichkeit (in der Auslegung von Martin Buber) nachzugehen. Aus dem allen folgt als zentrale Forderung und Anforderung, die Wirklichkeit in ihrer Gegebenheit nicht zu verlieren oder auch hinter sich zu lassen. Dies heißt im Zusammenhang von Wissenschaft und Technologie, wie in allen Bereichen menschlicher Aktivität, dabei zu bleiben, Wirklichkeit erkennen zu wollen und Wirklichkeit zu verstehen. „Verstehen" ist wiederum ein biblisches Leitwort für das, was dem Menschen als Aufgabe zukommt. Es ist im Sinne der Unterscheidung von „Gut und Böse", das Gute, das dem Menschen zukommt, zu verfolgen, also das Einverständnis mit der gegebenen Wirklichkeit, mit den „Fakten" zu suchen und innerhalb dieses Verstehens dann durchaus auf sie verändernd einzuwirken. Das „Verstehen" ist in der biblischen Tradition durchaus dem Menschen möglich. So bittet Salomo Gott um ein „verstehendes" Herz, um recht urteilen zu können. Dieses „verstehende" Herz steht so dem Herz entgegen, das eine Wirklichkeit erfindet, fingiert – das cor fingens. Martin Luther hat dementsprechend die aristotelische Definition des Menschen erweitert und den Menschen als „rationales Lebewesen" „mit einem dichtenden Herzen" gekennzeichnet gesehen. Dieses fingierende Herz ist es dann, das auch Götter und Götzen erfindet. Wirklichkeit aber gilt es zu verstehen, weil es eben die Wirklichkeit ist, der wir Menschen uns zugehörig wissen dürfen, sodass wir uns schließlich nicht selbst verlieren.

Dies ist die Leitlinie dann für eine wissenschaftliche Forschung, die sich zum Ziel setzt, aus dem Verstehen dessen heraus, was gegeben ist, zu erkunden, was innerhalb dieses Verstehens auch der Auftrag an den Menschen ist, etwas zu verändern – innerhalb des Verstehens, nicht außerhalb oder dagegen. Was Menschen können, hängt entscheidend davon ab, was sie von der Wirklichkeit verstehen, in der sie sich finden.

Dies alles trifft, so beschrieben und entfaltet (was freilich noch manches weitere Kapitel notwendig macht), in besonders signifikanter Weise auf die Forschung am menschlichen Genom und auf ihre medizinische Anwendung zu, denn die Bio-Welt insgesamt und insbesondere das menschliche Genom gehören zu der Wirklichkeit, der Menschen nicht einfach gegenübertreten können, indem sie ihre so oder so gewollten oder gedachten „Möglichkeiten" realisieren. Es ist nicht nur eine Frage des Risikos, dass etwas Ungewolltes herauskommt oder etwas zerstört wird, sondern es ist allem voran die Frage, wie menschlicher Eingriff hier gegen die „Natur" des Menschen, gegen die Wirklichkeit arbeitet, der er zugehört. Die entscheidende Frage ist dann aber auch umgekehrt, inwiefern eben diese „Natur" den Menschen geradezu auffordert, sie zu verstehen und in eben diesem Zusammenhang auch gezielt verändernd – also nicht nur ungewollt – einzugreifen.

Genau an dieser Schnittstelle ist die Forschung am Genom mit ihrer Erkenntnisarbeit verbunden, die darauf zielt, Wirklichkeit zu verstehen und zu sehen, was innerhalb dieses Verstehens dem Menschen zukommt, verändernd einzugreifen. Für die Genomforschung ist dann vor allem die Frage entscheidend, woraufhin dieses „Eingreifen" geschieht. Liegt es noch im Verstehen der „Natur" des Menschen, so wie sie das „Genom" dem Menschen nach Maßgabe seiner – bisherigen – Erkenntnismöglichkeiten zeigt, diese Natur – wenn schon nicht jenseits der zu verstehenden Gegebenheiten zu verändern – zu „verbessern", oder verbleibt die Genomforschung und die ihr folgende

Gentechnologie innerhalb der genuinen Aufgabe der Medizin zu helfen, zu lindern und zu heilen? Bleibt also die Genomforschung einzig einer medizinisch-therapeutischen Aufgabe zugeordnet und verfolgt sie dann eben nicht andere „Möglichkeiten"?

Wirklichkeit verstehen: In welchem Sinn ist dies als Aufgabe nicht etwa nur von den Geisteswissenschaften oder der Theologie gefordert, sondern von der Genom-Forschung und der Molekularbiologie, wenn sie denn ihrem eigenen Verständnis von Wissenschaft folgt? Was gilt es hier, von der Molekularbiologie und der Genomforschung zu lernen?

Andreas Kruse

Ehe denn die bösen Tage kommen
Selbst- und Weltgestaltung als zentrales Thema des hohen Alters

In der vom Florentiner Gelehrten Pico della Mirandola im Jahre 1427 verfassten Schrift „De hominis dignitate" (deutsch: „Über die Würde des Menschen") – in der Philosophiegeschichte als eine der ersten grundlegenden Schriften zur Menschenwürde eingeordnet – wird als ein zentrales Merkmal der Menschenwürde die Fähigkeit des Individuums zur Selbst- und Weltgestaltung genannt. Pico leitet diese Schrift mit folgenden Aussagen ein, die die Fähigkeit zur Selbstgestaltung und Weltgestaltung in das Zentrum rücken (1990, S. 6f):

„Endlich beschloss der höchste Künstler, dass der, dem er nichts Eigenes geben konnte, Anteil habe an allem, was die Einzelnen jeweils für sich gehabt hatten. Also war er zufrieden mit dem Menschen als Geschöpf von unbestimmter Gestalt, stellte ihn in die Mitte der Welt und sprach ihn so an: ‚Wir haben dir keinen festen Wohnsitz gegeben, Adam, kein eigenes Aussehen noch irgendeine besondere Gabe, damit du den Wohnsitz, das Aussehen und die Gaben, die du selbst dir ausersiehst, entsprechend deinem Wunsch und Entschluss habest und besitzest. Die Natur der übrigen Geschöpfe ist fest bestimmt und wird innerhalb von uns vorgeschriebener Gesetze begrenzt. Du sollst dir deine ohne jede Einschränkung und Enge, nach deinem Ermessen, dem ich dich anvertraut habe, selber bestimmen. Ich habe dich in die Mitte der Welt gestellt, damit du dich von dort aus bequemer umsehen kannst, was es auf der Welt gibt. Weder haben wir dich himmlisch noch irdisch, weder sterblich noch unsterblich geschaffen, damit du wie dein eigener, in Ehre frei entscheidender, schöpferischer Bildhauer dich selbst zu der Gestalt ausformst, die du bevorzugst."[47]

Jeder Mensch besitzt Würde; diese ist nicht an Eigenschaften, nicht an Leistungen gebunden. Sie ist a priori gegeben. Jeder Mensch hat zudem eine Vorstellung von seiner Würde, das heißt, er stellt implizit oder explizit Kriterien auf, die erfüllt sein müssen, damit ihm das eigene Leben als ein würdevolles erscheint. In dem Beitrag von Pico della Mirandola ist ausdrücklich auch die Verwirklichung von Würde angesprochen, denn es wird eine Bedingung genannt, unter der die Würde des Menschen „lebendig" wird. Diese Bedingung lautet: die Möglichkeit zur Selbstgestaltung und Weltgestaltung zu besitzen.

Die Sorge oder, im Falle persönlich erlebter kognitiver Einbußen, die Angst vor Demenz ist bei nicht wenigen alten Menschen erkennbar. Deren Kern bildet die gedankliche Vorwegnahme einer Situation, in der man sich mehr und mehr der Fähigkeit zur Selbst- und Weltgestaltung beraubt sieht. Doch nicht nur die Demenz ist Gegenstand der gedanklichen Vorwegnahme potenziell belastender Lebenssituationen im hohen Alter. Der antizipierte Verlust der Partnerin bzw. des Partners, die Sorge vor einem etwaigen Umzug in eine stationäre Einrichtung der Altenhilfe, schließlich die Befürchtung, ab einem gewissen Zeitpunkt nicht mehr jene finanziellen Ressourcen zu besitzen, um ein unabhängiges Leben zu führen, sind weitere seelische Belastungen, die aus der gedanklichen Vorwegnahme der persönlichen Lebenssituation im hohen Alter hervorgehen können.

Formen der Verletzlichkeit im hohen Alter

Die hier in Kürze beschriebene gedankliche Vorwegnahme ist vor allem dann erkennbar, wenn sich Menschen der erhöhten Verletzlichkeit bewusst werden, mit denen das hohe Alter (neuntes, zehntes, elftes Lebensjahrzehnt) konfrontiert. Verletzlichkeit meint dabei nicht Krankheit, meint auch nicht Gebrechlichkeit im Sinne von Pflegebedürftigkeit. Vielmehr ist mit körperlicher Verletzlichkeit eine Verringerung der körperlichen Leistungsfähigkeit, eine Verringerung der Fähigkeit zum Ausgleich gestörter physiologischer Funktionen und Prozesse gemeint. Unter geistiger (kognitiver) Verletzlichkeit lassen sich die Verringerung der Geschwindigkeit von Wahrnehmung und Informationsverarbeitung, der Rückgang der Umstellungsfähigkeit, die wachsende

Anzahl geschädigter oder untergegangener Nervenzellen, schließlich die Lockerung neuronaler Netzwerke zusammenfassen. Die emotionale Verletzlichkeit beschreibt das erhöhte Risiko depressiver Symptome und Angstsymptome im Falle chronischer gesundheitlicher Einschränkungen, kognitiver Einbußen und sozialer Verluste. Schließlich ist zu berücksichtigen, dass diese verschiedenen Formen der Verletzlichkeit in einer sozialen und materiellen Notlage weiter zunehmen können und dabei in noch stärkerem Maße als belastend erfahren werden. Es sei noch einmal betont: Verletzlichkeit ist eine Risikokonstellation, unter der sich mit höherer Wahrscheinlichkeit körperliche und psychische Krankheiten ausbilden können. Verschiedene Formen und Grade von Verletzlichkeit lassen sich durch Gesundheitsförderung und Prävention vermeiden bzw. durch Therapie und Rehabilitation lindern. Aber trotzdem: Dem Individuum wird mehr und mehr seine Endlichkeit bewusst, es erkennt mehr und mehr, dass auch das eigene Leben (und nicht nur das Leben anderer Menschen) an Grenzen stößt, vor allem: Es befürchtet oder erlebt hautnah die eingeschränkten Möglichkeiten der Selbstgestaltung und Weltgestaltung. Und es sind gerade diese eingeschränkten Möglichkeiten, die das Individuum sorgenvoll oder ängstlich in die Zukunft blicken lassen.

Sorge oder Angst vor Demütigung

Warum lösen die Gedanken an eingeschränkte Möglichkeiten der Selbst- und Weltgestaltung Sorgen oder Ängste aus? Drei Gründe sind hier zu nennen: Erstens der befürchtete Verlust der Autonomie (also der Selbstständigkeit und Selbstverantwortung), zweitens der Verlust an persönlicher Kontrolle über die eigene Lebenssituation (wie sie vor allem mit einer Demenzerkrankung assoziiert wird) und drittens die Befürchtung, von Institutionen gedemütigt zu werden.

Die Beschneidung des Individuums in seinen Möglichkeiten zur Selbstgestaltung und Weltgestaltung ist als ein Akt der Demütigung zu verstehen. In seiner Schrift „Politik der Würde. Über Achtung und Verachtung" (im englischsprachigen Original: „The decent society") definiert der israelische Philosoph Avishai Margalit (2012) eine „anständige Gesellschaft" wie folgt[48]:

„Eine Gesellschaft ist dann anständig, wenn ihre Institutionen die Menschen nicht demütigen. Ich möchte dabei zwischen einer anständigen und einer zivilisierten Gesellschaft unterscheiden. In einer zivilisierten Gesellschaft demütigen die Menschen einander nicht, während es in einer anständigen Gesellschaft die Institutionen sind, die den Menschen nicht demütigen. […]

Gesellschaftliche Institutionen lassen sich auf zweierlei Weise beschreiben: abstrakt durch ihre Regeln und Gesetze oder konkret durch ihre tatsächlichen Verhaltensweisen.“ (S. 15)

Und an anderer Stelle nimmt Avishai Margalit folgende Definition von Demütigung vor:

„Unter Demütigung verstehen wir alle Verhaltensformen und Verhältnisse, die einer Person einen rationalen Grund geben, sich in ihrer Selbstachtung verletzt zu sehen. [...] Als Grund für das Gefühl der Demütigung – und das ist hier das Entscheidende – ist alles anzusehen, was Folge des Verhaltens anderer Menschen ist. [...] Natürlich erleiden Menschen nicht nur durch Verhaltensweisen Demütigungen; auch die Bedingungen, unter denen sie leben, können berechtigte Gründe für das Gefühl der Demütigung sein.“ (S. 23)

Die Sorge vieler alter Menschen, in Zukunft einmal in ein Pflegeheim umziehen zu müssen, hat auch damit zu tun, dass in der Öffentlichkeit mit dem Leben in einem Pflegeheim vielfach Demütigungen assoziiert werden, wie sie von Margalit in das Zentrum seiner Argumentation gerückt werden: Gemeint ist hier die Unterwerfung des Individuums unter institutionelle Routinen und Praktiken, die weit entfernt von dessen Werten, Neigungen und Bedürfnissen sind. Dabei ist hervorzuheben, dass es sich bei diesen Bewertungen vielfach um öffentliche Vorurteile handelt, die – wenn man von Ausnahmen absieht – nichts mit der Realität in stationären Einrichtungen zu tun haben. Aber diese öffentlich vermittelten Bilder vom Leben in einer Institution sind wirkmächtig und lösen in alten Menschen Sorgen, wenn nicht sogar Ängste aus.

Hohe seelische Anforderungen an das Individuum

Das hohe Alter bildet aufgrund der gedanklichen Vorwegnahme möglicher Einschränkungen und Verluste oder aufgrund der unmittelbaren Erfahrung solcher Einschränkungen und Verluste eine Lebensphase, die hohe emotionale, geistige und sozialkommunikative Anforderungen an das Individuum richtet. Diese Antizipation, dieses unmittelbare Erleben spiegelt sich in Aussagen wie: „Das Alter ist nicht schön!“, „Im Alter wird alles schlimmer!“, „Werde erst selbst einmal so alt!“ wider. Diese Aussagen nehmen noch einmal an Intensität zu, wenn sich alten Menschen kaum oder gar nicht mehr die Möglichkeit des befruchtenden, auf Gegenseitigkeit von Geben und Nehmen gründenden Kontakts mit engen Vertrauten bietet. Aus Niedergedrücktheit und Trauer (ob der antizipierten oder erlebten Einschränkungen und Verluste) können dann (allerdings vielfach nur vorübergehend, aber sich doch wiederholt einstellend) Abneigung, Abwertung und Aggression im Kontakt zu anderen Menschen werden. Dann erscheint nicht nur dem Individuum die Gegenwart oder Zukunft als „böse“, sondern das Individuum selbst wird möglicherweise von Familienangehörigen und Nachbarn als „böse“ wahrgenommen – und umgekehrt. Und damit sind Grundlagen der Welt- wie auch der Selbstentfremdung geschaffen, verbunden mit erheblichen Kränkungen für den alten Menschen selbst wie auch für seine (wenigen) Bezugspersonen.

Es sei hervorgehoben: Hier handelt es sich nicht um eine für das hohe Alter charakteristische Risikokonstellation und – im Falle ihres Auftretens – auch nicht notwendigerweise um eine über Monate oder sogar über Jahre anhaltende Risikokonstellation. Und doch: Im Falle sich einstellender Risikokonstellationen dieser Art ist es notwendig, zum einen der Frage nachzugehen, wie man diesen vorbeugen oder wie man diese (auch in ihren Folgen) lindern kann. Zudem ist eine ganz andere, fast „querständige“ Perspektive einzunehmen: Können Menschen in der gedanklichen Vorwegnahme von Verlusten oder in der inneren Verarbeitung tatsächlich eingetretener Verluste seelisch „wachsen“? Mit letzterer Frage ist auch die psychische Widerstandsfähigkeit des Individuums, ist auch die Plastizität der Psyche („Resilienz“) angesprochen.

Welche Hilfen geboten werden können oder sollen

Zunächst seien einige Aussagen zur Vorbeugung möglicher und Linderung tatsächlich eingetretener Risikokonstellationen getroffen. Entscheidendes Gewicht ist hier der Teilhabe, verbunden mit dem Gefühl der Zugehörigkeit, sowie der Entwicklung von Verarbeitungsstrategien beizumessen. Teilhabe meint neben dem Engagement des Individuums die Schaffung von Gelegenheitsstrukturen zur natürlichen Begegnung mit anderen Menschen wie auch zum Engagement für andere Menschen. In einer eigenen Schrift zur „Verletzlichkeit und Reife“[49] führe ich den empirischen Nachweis, das für alte Menschen Sorgestrukturen von größter Bedeutung sind, in denen sie von anderen Menschen Sorge empfangen, in denen sie anderen Menschen aber auch Sorge schenken (im Sinne der Sorge für und der Sorge um andere Menschen). Nur in solchen Sorgestrukturen – sinnbildlich ausgedrückt: in „sorgenden Gemeinschaften“ – wird es alten Menschen gelingen, die Sorge oder Angst vor dem Künftigen weitgehend zu vermeiden oder zu überwinden.

Der Austausch von Zuneigung und Hilfe in lebendigen Sorgestrukturen kann in seiner Bedeutung für Reifeprozesse in antizipierten oder tatsächlich erlebten Verlusten nicht hoch genug bewertet werden. (Hier sehe ich übrigens auch ein bedeutsames Feld für den religiös fundierten Gemeindegedanken.) Reifeprozesse zeigen sich vor allem in der Entwicklung von wirksamen Verarbeitungsstrategien, mit denen es Menschen gelingt, die Wirkung von Verlusten (antizipierten wie tatsächlich erfahrenen) erkennbar zu lindern.

Und wenn solche Risikokonstellationen tatsächlich eingetreten sind? Weist das Selbst des Individuums jene emotionalen und kognitiven Kapazitäten auf, um derartige Konstellationen innerlich zu überwinden? Auch hier lautet die Antwort: In dem Maße, in dem es dem Individuum gelingt, den Weg in neue Sorgestrukturen zu finden und neue Bindungen einzugehen, ist eine Verwirklichung dieser emotionalen und kognitiven Kapazitäten erkennbar, zeigt sich mithin die Plastizität der Psyche (Resilienz). Bindungen beschreiben dabei nicht nur soziale Bindungen, sondern auch Bindungen an Weltausschnitte anderer Art (zum Beispiel an Ideen oder an verschiedenste Weltausschnitte).

Das heißt: Nicht nur dem Individuum selbst, sondern auch seiner gesellschaftlichen und kulturellen Umwelt wie auch seinen nächsten Bezugspersonen („Stabilisatoren") kommt hier große Bedeutung zu. Inwieweit zeigen diese dem alten Menschen gegenüber Respekt (im Sinne der unbedingten Anerkennung seiner Würde)? Inwieweit schaffen diese öffentliche Räume, in denen sich das Individuum in seiner Einzigartigkeit zeigen, auf die Bühne der Welt treten, sich aus der Hand geben kann – wie Hannah Arendt[50] den lebendigen, zur Initiative motivierenden öffentlichen Raum so treffend umschreibt?

Mit anderen Worten: In dem Maße, in dem wir alten Menschen die Überzeugung vermitteln, von ihnen lernen zu können (wie sie auch von uns lernen), von ihnen in fundamentale Fragen des Lebens eingeführt zu werden, wird sich auch die subjektive Bewertung des hohen Alters wandeln oder zumindest differenzieren.

Ein Vers von Paul Celan, der nach seinem Tod in seinem Nachlass gefunden wurde, umschreibt diese Befruchtung, die von alten Menschen ausgehen kann, wie folgt:

Ich führe Dich hinter die Welt –
da bist Du bei Dir –
unbeirrbar und heiter –
vermessen die Stare den Tod –
Das Schilf winkt dem Stein ab. –
Du hast genug für heute Abend.

Traugott Roser

Ritter, Tod und Teufel
Eine Annäherung aus der bildlichen Darstellung des Todes

Der gute Tod

Ein Mann in deutlich vorgerücktem Alter, ebenso erschöpft von der aufwendigen Versorgung seiner schwer kranken, bettlägerigen Ehefrau wie davon, diesen unabänderlichen Verfall tagtäglich miterleben zu müssen, nimmt am Ende eines noch einmal wehmütig empfundenen Zusammenseins ein Kissen in die Hände und presst es seiner wehrlosen Frau aufs Gesicht, bis ihr Körper regungslos daliegt. Anschließend räumt er die gemeinsame Wohnung auf und verlässt sie selbst auf Nimmerwiedersehen.

Filmregisseur Michael Haneke beendete im Jahr 2012 seinen Film um ein hochaltriges französisches Ehepaar mit einem Mord und einer Andeutung einer Suizidhandlung, ein doppeltes Ende einer Geschichte unter dem Titel „Amour". Hanekes Film, der bei den 65. Filmfestspielen von Cannes mit der Goldenen Palme und im Jahr darauf auch mit dem Oscar für den besten fremdsprachigen Film ausgezeichnet wurde, inszeniert ‚Tod' als ‚Erlösung' der Protagonisten und nicht zuletzt auch der Zuschauer, die nicht nur den körperlichen Verfall, sondern auch das Ende einer großen Liebe durch Krankheit und Alter mit ansehen müssen. Der Tod in diesem Film erlöst vom Bösen, von einem Leben, das nicht mehr als lebenswert erscheint, an dem nichts mehr Gutes ist. Ist, wer vom Bösen erlöst, schon gut?

Hanekes Film ist keine dramatisierende Überspitzung, sondern entspricht der Realität. In der Frankfurter Allgemeinen Sonntagszeitung vom 7. Februar 2016 berichtet Markus Günther unter der Überschrift „Der gute Tod" von einer Tochter und einem Vater, die anonym „aber ausführlich schildern, wie sie die kranke Mutter mit dem Kopfkissen erstickt haben", indem sie der sich wehrenden Mutter immer wieder sagen: „Mama, gleich bist du erlöst!" Dem Tod am Ende eines Wegs irdischen Leids haftet selbst nichts Böses an, im Gegenteil, er wird als Ausdruck von Empathie positiv aufgeladen. Der selbst herbeigeführte eigene Tod wird als „Freitod" entsprechend als Ausdruck von

Würde und Autonomie stilisiert, ganz in der Tradition des Philosophen Seneca († 65 n.Ch.), der in einem Brief an Lucilius (61,2) formuliert hatte: „Vor dem Eintritt ins Greisenalter war es mein Bestreben, in Ehren zu leben, nun, da es da ist, in Ehren zu sterben." In der berühmten Darstellung des sterbenden Seneca von Peter Paul Rubens (um 1612/13, Alte Pinakothek München) geht der noch immer muskulös-maskuline Philosoph dem Tod mit aufrechter Haltung und sehenden Auges entgegen, mit ausgestreckter Hand.

Böse ist nicht der Tod. Böse ist das Leben, wenn politische Ränke oder Altersgebrechen jede freie Entfaltung von Ehre und Erfahrung von Würde im Keim ersticken. Ingolf U. Dalferth formuliert entsprechend: „[...] ohne Leben [gibt] es auch kein Übel und nichts Böses [...]: Eine Welt ohne Leben ist eine Welt ohne Böses." (I. Dalferth, K. Lehmann, N. Kermani, Das Böse. Drei Annäherungen, Freiburg i.Br. 2011, S.25) Selbstverständlich stellt er die „radikale Lösung: Beende das Leben!" durch das konsequente eschatologische (und gar nicht unwahrscheinliche) Szenarium „Eine Welt ohne Leben" infrage und sucht nach anderen Sichtweisen menschlichen Lebens." (ebd. S. 28)

Der böse Tod

Das 20. Jahrhundert hat so viele Bilder des Bösen gesehen, dass ihre endlos wiederholbare technische Reproduktion durch Fotografie und Film das vor aller Augen Liegende steigern oder etwas wesentlich Neues bringen könnte. Das Antlitz des Bösen hat sich zu erkennen gegeben in Menschengesichtern, apokalyptisch-symbolischen Bildern (Atompilz, einstürzende Wolkenkratzer, zu Waffen umfunktioniertes Kraftfahrzeug, toter Säugling auf Sandstrand). Alle Bilder des Bösen, längst auch im 21. Jahrhundert, sind mit dem Tod verknüpft. Dem ist nichts mehr hinzuzufügen. Nichts könnte den Betrachter mehr schrecken als die Realität des Bösen. Die bildnerische Reproduktion kann keine weiteren Nuancen hinzufügen, sondern nur eine Banalisierung bewirken. Das Tod bringende Böse hat kein Gesicht mehr, das man ablichten könnte, aber es ist alles andere als nicht identifizierbar. Paul Celan fasste dies in seiner „Todesfuge" (1944/45) in die unausradierbaren Worte „der Tod ein Meister aus Deutschland". Ingolf Dalferth nennt dieses Übel das Böse im anthropozentrischen Sinn: das, „was eine Person schädigt oder erniedrigt" (a.a.O., S.46).

Der Tod ist Werk derer, die alles auslöschen wollen, was sie als übel, leidend, störend empfinden, was ihre maßlose eigene Gier behindert. Dieser Tod ist das schlechthin Böse – und er verbreitet Angst und Schrecken. Das Gesicht des Todes ist nicht malbar, aber das seiner Opfer wohl.

Der Maler Gerhard Richter, der einem der Opfer der Vernichtung „lebensunwerten Lebens“ mit seinem Bild „Tante Marianne“ (1965, zu sehen in den Staatlichen Kunstsammlungen Dresden) ein Gesicht und einen Namen gegeben hat, hat in der Hochphase des RAF-Terrorismus einen Zyklus von 15 Bildern gemalt, auf der Grundlage von Fotografien, die damals in allen Zeitungen und TV-Berichten zu sehen waren. Richters Bilderzyklus, zehn Jahre nach den Ereignissen gemalt, bezieht keine Position für oder gegen die Terroristen; er enthält sich der Zuordnung der Kategorien Gut/Böse. Wie Zeitungsbilder sind die Ölgemälde in scheinbar indifferentem Grau gehalten, mal heller abgestuft, mal dunkler. Immer bleibt ein Rest Undurchdringlichkeit: Das Grau der Bildoberfläche lässt keinen tiefer gehenden Blick zu, der die Ereignisse analysieren könnte.

Die Bilder zeigen ein Jugendbild von Ulrike Meinhoff, Bilder der Leichen, die Zelle und das Begräbnis; chronologische Reihenfolge ist nicht beabsichtigt. Ein Bild sticht aus allen Bildern heraus, ein Bild der Bösen im vergangenen Jahrhundert. Es zeigt einen Schallplattenspieler.

Unscharf, verwackelt von oben gesehen, einem unscharfen Stillleben gleich. Der Tonarm befindet sich nicht auf der Schallplatte, deren helles Etikett den Mittelpunkt des Bildes markiert. Der Plattenspieler läuft nicht. Die Musik ist verstummt – vom Bild geht eine schreckliche Stille aus. Der Plattenspieler war in die Isolationshaft gebracht worden. Was ein Relikt aus der Privatsphäre sein könnte – mit schöner Musik –, wurde zum Katalysator der Geschichte: Im Inneren des Plattenspielers war die Pistole versteckt, deren Schuss Andreas Baader tötete. Mit Kabeln, wie sie im Bild links neben dem Gerät erkennbar sind, knüpfte sich Gudrun Ensslin eine tödliche Schlinge.

Ein banaler Gegenstand der Alltagswelt jener Jahre. Und doch diente er als entscheidendes Medium für eine Geschichte des Terrors und des Schreckens. Die Rillen der Schallplatte kennen nur eine Richtung: das tödliche Ende. Gerhard Richters „Plattenspieler“ (Museum of Modern Art, New York) zeigt nicht „Das Böse“. Aber es zeigt, wie das Böse im 20. Jahrhundert permanent Bestandteil der Wirklichkeit gewesen ist. Als banaler Gegenstand der Alltagswelt, der seine Unschuld durch den ideologischen Kampf verloren hat. Das Böse ist banal; die Gegenwart ist nicht länger mehr sicher. Nicht einmal einem Plattenspieler kann man mehr trauen. Aber genau dadurch bringt das Böse nichts anderes als Tod. Und nichts Gutes ist an diesem Tod.

Der modische Tod

Man möchte meinen, das hält kein Mensch aus. Und so ist es auch. In den letzten Jahren haben viele Menschen ihrer Verdrängung der Schrecken verbreitenden, allgegenwärtigen Gesichtslosigkeit des Todes dadurch Ausdruck gegeben, dass sie das gesichtslose Gesicht auf jeden nur erdenklichen Alltagsgegenstand druckten. Der Totenschädel wurde bei Billig-Mode-Labels und bei Luxusmarken gleichermaßen auf T-Shirts, Jacken und Handtaschen genäht, gedruckt und eingeprägt. Aus den anfangs noch obskuren Ecken von Tattoo-Läden und der ‚Heavy-Metal' und ‚Death-Metal'-Szene wurde der Tod spätestens seit der Provokation der britischen Kunstfabrik Damien Hirsts in das Zentrum einer hedonistischen Modewelt gestellt. Hirst ließ 2007 den Abguss des Schädels eines 35 Jahre alten Georgiers mit Diamanten bekleben und bot das Werkstück für die abstruse Summe von 74 Millionen Euro zum Kauf an. Der Titel „For the Love of God" tat sein Übriges: „Ich habe mir einfach überlegt, was kann ich maximal erfinden, um den Sieg über den Tod zu markieren. Da dachte ich mir: Du musst einen perfekten Schädel mit perfekten Diamanten überziehen. Auf mich wirkt der Schädel einfach zart, fast weich. Ich würde mir wünschen, dass der Betrachter ein wenig Hoffnung in sich aufkeimen, sich erhoben fühlt. Wir brauchen in dieser Welt schöne Objekte, die uns Hoffnung geben." (Zitat aus Die Welt, 5. Juni 2007).

Seitdem zieren aus Strass gefertigte Totenschädel alles Mögliche und Unmögliche, selbst die Kleidung von Kindern und Säuglingen. Wenn man in einer Modeboutique nachfragt, was auf dem edlen Stoff eigentlich abgebildet werde, kommt die Assoziation zum „Tod" gar nicht mehr in den Sinn. Das Böse und Schreckliche hat sich durch die Verniedlichung und Veralltäglichung als Modeaccessoire verflüchtigt. Aber überwunden ist es nicht. Eine Krankenschwester auf einer Palliativstation erzählte, dass sie einmal einen Besucher mit Totenkopf-T-Shirt gefragt habe, ob er wisse, wo er sich hier befände. Erschrocken ergriff er die Flucht, wechselte das Hemd und kehrte ohne Totenschädel dorthin zurück, wo das weichende Fettgewebe in den Gesichtern der Patienten längst die Konturen ihrer Schädel durchscheinen lässt. Mode ist eben ein Signum der Endlichkeit. Da nutzen auch keine Diamanten.

Der Tod und die Sünde

Albrecht Dürers Meisterstich „Ritter, Tod und Teufel" (1513) stammt aus einer gänzlich anderen Zeit. Auch dieses Bild ziert ein Totenschädel, just platziert oberhalb der Initialen Dürers am Bildrand links unten genau dort, wohin das Pferd des Ritters sein Huf als Nächstes setzen wird. Trotz Harnisch und teurer

Rüstung kann der reitende Kämpfer der mit Schlangenkrone geschmückten Gestalt vor ihm und dem dämonischen Fabelwesen hinter ihm nicht entkommen.

In die Entstehungszeit des Bildes fallen die Jahre vor dem reformatorischen Durchbruch Martin Luthers. Der Schrecken des Todes war allgegenwärtig, allein – aber nicht nur – aufgrund massenhaft ansteckender Krankheiten, von denen manche unvermeidlich zum Tod führten. Neben den in regionalen Wellen auftretenden Pestepidemien waren die ansteckenden Krankheiten ‚Aussatz' und Syphilis eine Herausforderung an medizinische und pflegerische Versorgung und das Sozialwesen als Ganzes. Krankheit und Sterben bedeuteten neben den gesundheitlichen Herausforderungen vor allem eine Gefährdung der materiellen Existenz der Kranken und ihrer Familien. Neben den zum Tode führenden Krankheiten zogen auch Verletzungen und Verstümmelungen durch Waffen oder Arbeitsunfälle Brotverlust und drohende Verarmung nach sich. Es gelang wohl, die Krankheiten zu behandeln, aber viele Kranke waren chronische Behandlungs-, Pflege- und Versorgungsfälle. Krankheit und Armut wurden vielerorts als Synonyme verwendet. Anders als in der Gegenwart stellte sich die Frage nach der moralischen Bewertung des Todes gar nicht: Der Tod brachte nichts Gutes, weder für die Sterbenden noch für die Lebenden. Letztere brachte er in materielle Not, Erstere konfrontierte er mit der Sündhaftigkeit ihrer Existenz und damit mit der Angst vor einem zweiten, einem ewigen Tod.

Die Zeit der Reformation entwickelte ein neues Verhalten angesichts des Sterbens. Sie griff dabei die Vorstellungen der mittelalterlichen ars moriendi auf, transformierte sie aber auf nachhaltige Weise. Die deutsche Ausgabe der „Bilder-Ars" vom Ende des 15. Jh. (in der Universitätsbibliothek Heidelberg digital abrufbar unter https://doi.org/10.11588/diglit.334) leitete in Texten und zwei Folgen von je fünf Bildern zu einem seligen Sterben an und zeigt Bilder mit Anfechtungen und Anklagen durch Teufelsgestalten. Den Sterbenden konfrontieren sie mit den Verfehlungen seines vergangenen Lebens, von der Versuchung durch weltlichen Besitz, Gier, Ehebruch, Mord bis zu Verfehlungen in Krankheit und Todesstunde wie Ungeduld, Hochmut und Selbstüberschätzung. Wiederum ist es nicht der Tod, der böse ist, sondern der Mensch, der sich am Ende das Böse in seinem Leben wahrhaben muss. Die Frage ist: Macht der Tod mit der Vernichtung des Bösen das ganze Leben des Menschen zunichte, weil nichts Gutes daran ist?

In den anderen Tafeln der Bilder-Ars mahnen Engel zu Trost in Verzweiflung, Geduld und Demut. Heilige, biblische Gestalten, die Gottesmutter und die heilige Dreifaltigkeit selbst stehen um das Sterbebett, bis in der Sterbestunde der Kranke „die Fackel abgibt". Die Teufel weichen angesichts der Heiligen um das Kreuz und der Engelschar und beklagen, dass ihr Bemühen um die Seele des Sterbenden fruchtlos bleibt. Das Gute kommt aus dem Leben guter Menschen und ihrer Werke. Angesichts der Lehre von einem gnädigen Gott, der den Sünder rechtfertigt, statt ihn zu strafen, konnten in der Reformation nicht mehr ohne Weiteres verwendet werden. Die ars moriendi der Reformation war die situations- und kunstgerechte Anwendung der evangelischen Lehre in der Sterbebegleitung, vermittelt durch Seelsorge und biblische Texte. In seinem „Sermon von der Bereitung zum Sterben" (1519), der in wenigen Jahren weite Verbreitung erreichte, überführt Martin Luther die Vielzahl der Bilder (der Sünden und Teufel ebenso wie der Tugenden und Heiligen) vom Sterben in ein einziges Gnadenbild: das Bild von Christus am Kreuz. Man solle die drei Bilder von Tod, Sünde und Hölle nicht zu Hause haben und den Tod nicht über die Tür malen: „Die kunst ists gantz und gar, sie fallen lassen unnd nichts mit yhn handeln." (WA 2, 688) Denn die Bilder von Tod, Sünde und Hölle entwickeln in Todesangst eine Eigendynamik, prägen sich „zu tieff" ein, sodass der Sterbende zaghaft und furchtsam werde, als dass ihn der Trost erreichen könne.

Hier erfolgt ein erstaunlicher Wandel, den es in der Diskussion um den „guten" oder „bösen" Tod eigentlich wiederzuentdecken gilt. Das Starren auf das Böse (ob Tod oder Teufel) verstellt letztlich den Blick auf das Gute. Moderne psychotherapeutische Ansätze unterstützen dieses Konzept: Wer nur auf Defizite blickt, übersieht die Ressourcen und kann keine Resilienz entwickeln. Als Luthers eigene Eltern sterben, 1530 der Vater, ein Jahr später die Mutter, schreibt ihnen Luther jeweils Briefe (abgedruckt bei Albrecht Beutel (Hg.), Den Menschen nahe, Leipzig 2011, S.7276), in denen er ihnen einschärft, sich auf jenes eine Bild zu besinnen, auf Christus den „Siegmann, de[n] rechte[n] Held[en]". Sollte der Vater sich wieder erholen, heiße es weiter aushalten, „in diesem betrübten und unseligen Jammertal mitleiden und Unglück sehen und hören". Der Tod ist weder gut noch böse. Er erhält auch kein Gesicht. Stattdessen gilt es, in ein einziges Gesicht zu blicken, das des liebevollen Christus.

Vielleicht täuscht der Eindruck: Auf Dürers Druck blickt der Ritter (als kriegerischer, mit Waffen ausgerüsteter, also Tod Verbreitender) eben nicht in das Gesicht von Teufel und Tod, sondern hält ihn starr ausgerichtet auf ein möglicherweise jenseits des Bildrahmens befindliches Ziel.

Der kreatürliche Tod

Die Rückkehr zu Luthers Ansatz ist kaum wünschenswert. Das reformatorische Solus Christus als Überwindung der Letztgültigkeit des Todes stellt aber die anthropozentrischen Deutungen von Tod und Übel nachhaltig infrage. Durch den Christusbezug wird der Tod ebenso wenig negiert wie die Existenz des Bösen; aber die mit dem Tod als Leid empfundene endgültige Trennung von Toten und L(i)ebenden wird durch die Liebe Gottes überwunden. Denn letztlich und im biblischen Sinn ist der Tod die völlige Beziehungslosigkeit, das Ende aller Beziehungen. In der Erfahrung Trauernder wird der Verlust der Beziehung zum Verstorbenen als kaum ertragbares Übel empfunden. Nicht ohne Grund tötet sich der mordende Ehemann aus dem Film „Liebe" am Ende selbst. Und das Morden im Namen des Terrors findet sein Ergötzen gerade darin, dass es alle Bindungen zerstören will, soziale wie werteorientierte. Mit der Erlösung löst er nicht nur das Leiden auf, sondern eben alles andere Sein auch.

Die Überwindung des Bösen ist die Liebe, die sich nicht scheiden lässt, auch nicht durch den Tod selbst. Der Tod kann angesichts der Liebe keine Ansprüche mehr stellen, er hat keine Geltung mehr, weshalb er auch keine Erlösung sein kann.

Franz von Assisi hat als letzte Strophe seines „Cantico delle Creature" (im Deutschen als „Sonnengesang" bekannt) den Tod versöhnlich in die Beziehungsgemeinschaft aller Geschöpfe eingetragen. Hier erhält der Tod endlich ein Gesicht, und zwar das eines Geschwisters:

> *„Gelobt seist du, mein Herr,*
> *durch unsere Schwester, den leiblichen Tod;*
> *ihm kann kein Mensch lebend entrinnen.*
> *Wehe jenen, die in tödlicher Sünde sterben.*
> *Selig jene, die er findet in deinem heiligsten Willen,*
> *denn der zweite Tod wird ihnen kein Leid antun."*

III. SPEKTRUM PHILOSOPHIE

Rüdiger Safranski

Das Böse oder das Drama der Freiheit
Eine Schlussfolgerung

Die modernen Naturwissenschaften, so hilfreich sie sind, eröffnen auch ein Panorama des Schreckens: Die Gene sind schlimme Egoisten und wollen nur ihre Erbinformation weitergeben, koste es, was es wolle. Im Tierreich hat man Mord und Totschlag entdeckt. Affenhorden führen regelrechte Kriege gegeneinander. Bei den Löwen richten neue Rudelführer unter den Jungen ein Blutbad an, Ameisenvölker rotten sich wechselseitig aus. Überhaupt wird das ganze Lebenstheater durch das Entropiegesetz in das fahle Licht der großen Vergeblichkeit getaucht. Das Entropiegesetz ist bekanntlich eine Modifikation des Gesetzes von der Erhaltung der Energie. Es besagt, dass unter bestimmten Umständen die Energie zwar erhalten bleibt, aber Teile dieser Energie in einen Zustand überführt werden, der nicht mehr umgewandelt werden kann. Systeme mit hoher Entropie verlieren jene Energie, die sie zu ihrer Selbsterhaltung brauchen: Ihre strukturbildenden Kräfte gehen verloren, lösen sich auf – wenn ihnen nicht von außen Energie zugeführt wird; je mehr Isolierung, desto mehr Entropiezunahme. Kein System aber, erklärt Prigogine, ist besser „isoliert" als das Universum insgesamt, also wird am Ende die Entropie triumphieren. Die alte Theologie scheint das geahnt zu haben, als sie die Selbsterhaltungskraft der Welt bezweifelte und auf die Gnade setzte. Das Gesetz der Entropiezunahme jedoch ist gnadenlos. Im Universum wirkt, so könnte man sagen, eine Art thermodynamischer Todestrieb. Das Entropiegesetz ist suggestiv genug, um zur Deutung anderer Lebensbereiche – der sozialen, ökonomischen, kulturellen – herangezogen zu werden. Wo Gesellschaft war, wird wieder sozialer Dschungel, aus Musik wird Geräusch, aus Gedanken Geschwätz. Der Mensch wird zur Erde und das Universum verwandelt sich in die Abwärme seiner selbst. Das Entropiegesetz ist darüber hinaus auch eine Art Fallgesetz: Die Welt ist alles, was der Fall ist, denn sie fällt von der Höhe komplexer

Strukturen wieder zurück in die große Simplizität. Die Entropietheorien sprechen selbstverständlich nicht vom „Bösen", aber sie gehen – wie übrigens auch die Chaostheorien – in den unterschwelligen Diskurs des Bösen ein, wo uralte Ängste und Beunruhigungen wieder zur Sprache kommen. Solche Ängste und Beunruhigungen beziehen sich auf Geschehnisse, die dramatisch über die individuellen Lebensfristen hinausgehen. Warum sollte die Entropie des Universums oder das Verlöschen der Sonne sonderlich beunruhigen, wo doch die moderne Zivilisation, wie man am Umgang mit den ökologischen Problemen täglich bemerken kann, sowieso schon die Haltung von Endverbrauchern begünstigt? Und doch gibt es jenseits der Aktualität Beunruhigungen, die ans kollektive Gedächtnis und an alte Traumatisierungen rühren. Es handelt sich um Ängste, aus denen einst Religionen als die großen Versprechen eines guten Gelingens entstanden. Nach der Sintflut versprach Gott: „Ich will hinfort nicht mehr die Erde verfluchen um des Menschen willen; denn das Dichten des menschlichen Herzens ist böse von Jugend auf. Und ich will hinfort nicht mehr schlagen alles, was da lebt, wie ich getan habe. So lange die Erde steht, soll nicht aufhören Saat und Ernte, Frost und Hitze, Sommer und Winter, Tag und Nacht." Offenbar benötigt das Weltvertrauen ein solches Versprechen. Deshalb musste sich der Schöpfergott zum Erhaltergott weiterentwickeln. Auf den Erhaltergott folgte dann die Entdeckung der Gesetze der Selbsterhaltung. Sie lassen sich plausibel machen, aber wie hat das alles angefangen, was sich dann im Folgenden erhält und wächst? Das Selbsterhaltungsgesetz setzt ja voraus, dass schon etwas da ist, das sich erhält. Die Gesetze der Erhaltung müssen an ihrem Anfang erhalten haben, was sie dann erhalten können. Es muss einen Anfang geben, und vor dem Anfang war ein Urknall, Urnebel – was schlechte Anfänge sind, weil sie immer schon angefangen haben, wenn es mit ihnen anfängt. An diesem Punkt, beim Anfang also, wird die eigenartige Abgründigkeit der biblischen Genesis – Gott schuf Himmel und Erde aus dem Nichts – spürbar. Da Gott durch nichts gezwungen war, eine Welt zu schaffen, wird man auch keine zwingenden Gesetze entdecken können, die dazu führen mussten, dass es diesen Kosmos mit seinem Urknall gegeben hat. Das ist – modern gesprochen – absolute Kontingenz. Das heißt: Was es gibt, das hätte es genauso gut auch nicht geben können. Der Schöpfungsglaube weiß von dieser Kontingenz des Anfangs, aber er deutet sie als Akt der Liebe. Liebe ist der Seinsgrund – damit fängt alles an. Wie aber kann man heute mit der Erfahrung der Kontingenz umgehen, wenn der Glaube an den Seinsgrund der Liebe abhandengekommen und die davon angeregten geistigen Kunststücke ferngerückt sind? Das Denken war über lange Jahrhunderte hin in das ehrgeizige Unternehmen verstrickt, das Ganze der Welt so zu denken, dass man schließlich doch wieder bei sich, beim denkenden Subjekt, ankam, nun aber mit dem ganzen Reichtum der Bestimmungen, die dem Subjekt seinen notwendigen Platz im Ganzen anwiesen. So wurde aus der eigenen zufälligen Existenz wieder etwas Notwendiges, weniger im Sinne der Kausalität – von ihr wollte man ja um der eigenen Freiheit willen gerne loskommen –, sondern im Sinne der Bedeutung. Es kommt auf das Gefühl an, „gemeint" zu sein. Man wünscht, sich selbst wie einen Text lesen zu können, der etwas bedeutet.

Seit ihren Anfängen wird Philosophie von diesem Verlangen nach Sinn umgetrieben. Und seitdem gilt auch das Böse als das Sinnabweisende, Sinnlose. Man nimmt Anstoß an diesem Skandal des Bedeutungslosen, der Kontingenz. Die Religionen, die Arbeit am Mythos und Logos sind Versuche, diese Kontingenz wegzuarbeiten, die vielleicht dem Gedanken erträglich ist, aber sich nur schwer in das alltägliche Lebensgefühl aufnehmen lässt. Denn der Mensch ist wohl doch ein Wesen, das ungern auf das Gefühl verzichtet, „gemeint" zu sein. Damit hängt auch der Wunsch zusammen, dass der eigene Anfang etwas mit einem selbst zu tun haben möge. Auf seine unnachahmliche Weise hat Kant das Problem formuliert, das sich dabei ergibt: Der Mensch entdeckt sich als Erdenbürger, an dessen Anfang eine „Untat der Eltern" steht. Sie haben eine „Person ohne ihre Einwilligung auf die Welt gesetzt und eigenmächtig in sie hinübergebracht". Das Geschrei des neugeborenen Kindes müsse man deshalb als Ausdruck der „Erbitterung" und „Entrüstung" verstehen. Und aus diesem Grund seien die Eltern auch verpflichtet, diese kleine Person „mit diesem ihrem Zustand zufrieden zu machen". Wie kann das gelingen? Nur so, dass sie in jener kleinen Person die Kräfte der Selbstbestimmung wecken, die eine Fremdbestimmung ablösen können. Das leistet die Vernunft. Mit ihr lässt sich der Skandal eines Anfangs, dessen man selbst nicht mächtig ist, kompensieren, einfach dadurch, dass man in seiner Vernunft die Freiheit des Anfangen-Könnens entdeckt. Dass ich angefangen worden bin, ist nur erträglich, wenn ich lerne, selbst anzufangen. Deshalb beschreibt Kant auch das Erwachen – besser: das Erwecken – der Vernunft als eine zweite Geburt. Was aber jetzt das Licht der Welt erblickt, ist nicht mehr ein unfreiwilliger Ankömmling, sondern ein Anfänger, der selbst anfangen kann. Doch zumeist bleibt einem die Erfahrung nicht erspart, dass man als Anfänger, der man ist, auch ziemlich alleine dasteht, wie in der Fremde. Die Freiheit setzt auch frei, sie entbindet. Deshalb auch spricht eine Tradition, die von der spätantiken Gnosis bis zu Heidegger reicht, vom „Sturz", „Fall" oder der „Geworfenheit" des Menschen.

Solche Erfahrungen wollen die Ersatzreligionen und totalitären Ideologien einem ersparen, im Unterschied zur wirklichen Religion. So lässt sich vielleicht der Unterschied zwischen der Religion und ihren Surrogaten definieren. Die Religion bewahrt eine Ehrfurcht vor dem Unerklärlichen und der Unergründlichkeit der Welt. Im Lichte des Glaubens wird die Welt größer, denn sie behält ihr Geheimnis, und der Mensch versteht sich als Teil davon. Er bleibt sich selbst ungewiss. Für den Ideologen jedoch schrumpft die Welt, er sucht sie ab nach Bestätigung seiner Meinungen. Er will die Welt aus einem Punkt erklären und kurieren. Die totalitären Ideologien dieses Jahrhunderts und die neueren Fundamentalismen geben schauerliche Beispiele. Sie behaupten zu wissen, was die Welt zusammenhält; sie wollen das Ganze begreifen und greifen nach dem ganzen Menschen; sie geben ihnen die Geborgenheit einer Festung mit Sehschlitz und Schießscharte; sie kalkulieren mit der Angst vor dem offenen Lebensgelände, vor dem Risiko der menschlichen Freiheit, die stets auch bedeutet: Ungeborgenheit, Alleinstehen, Ungewissheit. Sie wollen dem Menschen die Erfahrung ersparen, dass er mit einem Teil seines Wesens in der Fremde bleibt. Es gehört offenbar zur schwierigen Würde des Menschen, die doppelte Fremdheit, sich selbst und seiner Welt gegenüber, anzunehmen. Diese Schwierigkeit meint Georg Büchner, wenn er seinen „Danton“ sagen lässt: „Es wurde ein Fehler gemacht, wie wir geschaffen wurden; es fehlt uns etwas, ich habe keinen Namen dafür – aber wir werden es einander nicht aus den Eingeweiden herauswühlen, was sollen wir uns drum die Leiber aufbrechen?“ Bei anderen suchen, was man bei sich nicht findet, oder es dort zerstören, weil man es bei sich vermisst – das sind auch Quellen der Verfeindungsenergie zwischen den Menschen. Die Religion aber lenkt die horizontale Suchbewegung der Menschen in die Vertikale. Wenn es Gott gibt, sind die Menschen davon entlastet, füreinander alles sein zu müssen. Sie können aufhören, ihren Mangel an Sein aufeinander abzuwälzen und sich wechselseitig dafür haftbar zu machen, wenn sie sich fremd in der Welt fühlen. Sie brauchen auch nicht mehr so ängstlich um ihre Identität kämpfen, weil sie glauben dürfen, dass nur Gott sie wirklich kennt. Damit hilft die Religion dem Menschen, zur Welt zu kommen, indem sie das Bewusstsein der Fremde wachhält. Wahrhafte Religionen verhindern eine Einbürgerung mit Haut und Haaren. Sie erinnern den Menschen daran, dass er nur zu Gast ist, mit beschränkter Aufenthaltsgenehmigung. Die Religion mutet dem Menschen das Eingeständnis der Ohnmacht, Endlichkeit, Fehlbarkeit und Schuldfähigkeit zu. Und sie macht sie zugleich lebbar. Die Ideologien indes setzen auf die Selbstmächtigkeit des Menschen. Religion ist die spirituelle Antwort auf die Grenzen des Machbaren, sie lässt sich verstehen als „Kultur des Verhaltens zum Unverfügbaren" (Kambertel). Wenn diese Kultur schwindet, fallen die ökologischen und ökonomischen Maßhalteappelle auf wenig fruchtbaren Boden. Aber an der Diagnose Max Webers vom Anfang dieses Jahrhunderts ist wohl nicht zu rütteln: Wir sind eingetreten ins Zeitalter eines säkularisierten Polytheismus. In der pluralistischen Gesellschaft gibt es viele Götter, viele Wertorientierungen, eine Vielzahl von religiösen und halbreligiösen Sinnbestimmungen. Der eine Gott, der einmal den geistigen Zusammenhang der Gesellschaft verbürgte, ist zersprungen in die vielen politisch neutralisierten kleinen Hausgötter. Und über Bemühungen, die Religion ihrer wünschenswerten Effekte wegen wieder „herstellen" zu wollen, wie man auch andere Kulturbestände „herstellt", hat Paul Tillich schon vor einigen Jahrzehnten das Notwendige gesagt: Es handle sich um Versuche, „vom Sohn her die Mutter zu schaffen und den Vater aus dem Nichts zu rufen".

Und doch: Ebenso wie die Religion dem Menschen die Freiheit enthüllt, ist es umgekehrt die Freiheit, welche die Religion findet und erfindet als ein spirituelles Kunstwerk der Bindung und Selbstbindung angesichts des Bösen, das eine Option der menschlichen Freiheit bleibt. Und es ist auch diese Freiheit, die dem Menschen erlaubt, seinem geräumigen, transzendierenden Wesen die Treue zu halten.

Coda

Die menschliche Freiheit bleibt rätselhaft. Das Denken der Menschheit ist nie davon losgekommen. Die philosophischen Systeme, die Religion, die Moral – das gibt es, weil die menschliche Freiheit erfinderisch ist und zugleich einen Halt braucht, als Selbstbindung. Aber verschwindet heute in der technisch-wissenschaftlichen Zivilisation nicht in Wirklichkeit der Spielraum der Freiheit? Zwar gibt es nach wie vor individuelles Handeln, aber es ist so sehr in komplexe Systeme verwoben, dass zumeist ganz andere als die beabsichtigten Wirkungen daraus hervorgehen. Das war zwar schon immer so, aber heute wissen wir mehr darüber und haben die Unschuld des Nichtwissens verloren. Jedenfalls fragt man sich angesichts der Dynamik der technisch-wissenschaftlichen Zivilisation, was denn die Freiheit noch ausrichten kann und ob inzwischen nicht die Logik der Sachen gesiegt hat und man dabei ist, „von der eigenen Zivilisation verbrannt zu werden", wie das Arnold Gehlen einmal formuliert hat. Ist vielleicht dieser Zivilisationsprozess selbst zu etwas Unheilvollem und deshalb Bösen geworden? Hat der Mensch sich mittels der Zivilisation von der Natur emanzipiert, damit nun die Zivilisation sich ihrerseits vom Menschen emanzipiert? Gibt es überhaupt noch dieses verursachende Supersubjekt „Menschheit“ hinter dem Prozess, ein Supersubjekt, das die Dinge zum Guten oder zum Bösen lenken kann? Oder stecken wir inzwischen machtlos in diesen Prozessen wie in einer Lawine, die unaufhaltsam zu Tal donnert? Wenn es sich so verhalten sollte, dann allerdings wäre das ein Drama, das die frühere metaphysische Spekulation schon einmal antizipierte, gewissermaßen als Prolog im Himmel. Damals hatte man von Gott gesagt, er habe, als Schöpfer der Welt, den Menschen gerade dadurch gottähnlich gemacht, dass er ihm die Freiheit gab. Der Mensch war dann, mittels seiner Freiheit, Gott aus dem Ruder gelaufen und hatte ihn schließlich sogar totgesagt. Soweit der Prolog im Himmel. Nun haben die Menschen die technisch-wissenschaftliche Zivilisation hervorgebracht: ihre Schöpfung. Und vielleicht wird die Zivilisation dem Menschen gegenüber ebenso frei, wie es der Mensch seinem Gott gegenüber war; vielleicht geht die Zivilisation ihre eigenen Wege. Nach dem Tod Gottes nun also der Tod des Menschen als verantwortlich handelndes Wesen? Vielleicht triumphierte einst der menschliche Eigensinn über Gott und der Eigensinn der Zivilisation triumphiert nun über den altmodischen Menschen, der sich immer noch auf seine Freiheit etwas einbildet? Und was bedeutet es, wenn der Eigensinn der Zivilisation stärker ist als die Absicht der Menschen? Vielleicht müssen wir erst noch begreifen, dass wir uns mit der Logik der technisch-wissenschaftlichen Zivilisation auf Strukturen und Kräfte beziehen, die jenseits unserer Verfügungsgewalt liegen, auch wenn sie sich nur durch unsere Aktivität manifestieren. Wenn es aber die Strukturen und die Systemlogik sind, die uns bestimmen, so sind sie damit für uns zu einer neuen Art des Heiligen geworden, rational und numinos zugleich. Sie wirken durch uns, wir sind ihrer aber nicht mehr Herr.

Zu dieser Lage passen die Überlegungen der Systemtheoretiker, die von den unvorhersehbaren Entwicklungen der autopoietischen Systeme reden. Nachdem die Säkularisierung die Gnade Gottes hat verblassen lassen, hängen wir vielleicht jetzt von der Gnade dieser autopoietischen Systeme ab. Aber vielleicht ist der Unterschied dieser beiden Arten der gläubigen Zuversicht gar nicht so groß. An diesem Punkt entdeckt man plötzlich, dass sich die Situation für die Freiheit des Menschen doch nicht so gravierend verändert hat. Wenn man heute menschliches Bewusstsein und Freiheit zum vordergründigen Theater erklärt, hinter dem sich angeblich die wirkliche Wirklichkeit der unbeherrschbaren großen und kleinen Prozesse verbirgt, dann ist man ebenso klug wie früher, als man sagte: Der Mensch denkt, Gott lenkt. Gott war, so würden wir heute sagen, das absolut Überkomplexe. Dieser Gott bestimmt alles, dachte man. Aber da man natürlich die Bestimmung nicht kannte, so musste man eben doch so handeln, als ob man sein Leben selbst bestimmen könnte und müsste. Uns ergeht es heute ähnlich angesichts der komplexen Strukturen, von denen wir einiges wissen und das meiste nicht wissen. Ob wir wollen oder nicht, wir handeln und nehmen dabei unsere riskante Freiheit in Anspruch. Dabei wird man auf Zuversicht kaum verzichten können. In prekären Situationen, sagt Kant einmal, gibt es eine Art Pflicht zur Zuversicht. Sie ist der kleine Lichtkegel inmitten der Dunkelheit, aus der man kommt und in die man geht. Eingedenk des Bösen, das man tun und das einem angetan werden kann, kann man immerhin versuchen, so zu handeln, als ob ein Gott oder unsere eigene Natur es gut mit uns gemeint hätten.

Christiane Burbach

Die Büchse der Pandora
Variationen

Was erzählt der Mythos von der Büchse der Pandora? Die Entstehung des Bösen? Den Charakter der Götter? Die Bosheit der Frauen? Von allem etwas?

Schillernd ist der Mythos der Büchse der Pandora, diffus der Charakter der Pandora. Ist sie ursprünglich die Gaia, die Göttin der Erde, die die Gaben, die Lebewesen auf der Erde benötigen, großzügig verteilt? Genannt wurde sie auch Anesioda, die Gaben Sendende?[51] Pandora, die „Allgeberin" also? Pandora, die allen Lebenden großzügig zum Nutzen und lustvollen Genuss austeilt, was sie brauchen.[52] Wie aber kam es dann zu der Erzählung, dass sie Leiden aus ihrem Behältnis austeilt?

Oder ist sie das zwiespältige Geschöpf von Hephaistos, dem Gott des Feuers und der Schmiede, das er auf Geheiß des Göttervaters Zeus geschaffen hat und zwar zu dem eindeutigen Zweck, den prometheischen Diebstahl des göttlichen Feuers zu rächen und dessen Vorteil für die Menschheit zu relativieren? Ist sie diese durch aphroditische Schönheit geschmückte, mit den Web- und Wirkgaben der Athene begabte und von Hermes mit der Macht der schönen Worte und der Musikalität begabte erste Frau? Ist sie nicht die verführerische, anmutige junge Frau mit dem intensiv strahlenden Blick, nach der sich jeder

Mann sehnt? Doch Hermes gab ihr noch mehr: einen schamlosen Charakter und betrügerische Verhaltensweisen.[53] Pandora, die „Allbeschenkte" der Götter, die mit den himmlischen Gaben unter anderem auch den Schatten, besonders des Hermes, auf die Erde bringt. Die äußerlich begehrenswerte Pandora mit verheerenden Verhaltensweisen ist sie bei Hesiod.

Oder ist das Wesentliche an Pandora, dass sie ein Kunstgeschöpf ist, einzig hergestellt zu dem Zweck, Prometheus über dessen Bruder Epimetheus seinen listigen Frevel mit einer gegenläufigen List an der gesamten Menschheit heimzuzahlen, wie Erasmus von Rotterdam annimmt.[54] Obwohl von Prometheus, dem vorher Bedenkenden, gewarnt, keine Geschenke des Olymps anzunehmen, kann Epimetheus, der eben leider immer erst nachher nachdenkt, diesem Geschenk nicht widerstehen und erkennt erst im Nachhinein, welchen nicht wiedergutzumachenden Schaden sein Handeln angerichtet hat.

Als sicher jedoch gilt: „Büchse" ist ein Übersetzungsfehler. Es handelt sich nicht um eine Art Schmuckkästlein, wie es manch bildliche Darstellungen nahelegen, die Pandora sinnend betrachtet. Was Pandora bei sich trägt oder mit sich führt, ist ein Fass mit einem „gewaltigen Deckel"[55]. Diesen hebt sie ab und alles, was den Menschen Leiden, Traurigkeit und Kummer bereitet, ergießt oder verstreut sich über die Erde. Noch bevor auch die Hoffnung entweichen kann, schließt sie den Deckel wieder. Damit ist ihre Straf- und Unheilsmission beendet.[56] Sie taucht in der Mythologie nicht mehr auf.

Der Mythos erzählt vom Bösen; er erzählt primär nicht, wie man mit dem Bösen umgehen kann oder soll, sondern er erzählt, wie Leiden und Laster in die Welt gekommen sind. Dass das Böse durch die schöne Frau in die Welt kommt, ist der misogynen Sichtweise Hesiods geschuldet. Auch, wenn die Geschichte in vielfältiger Weise die Facetten des Bösen zeigt, das von Männern über Menschen gebracht wurde, macht es Sinn, in diesem Kontext über weibliche Aspekte des Bösen nachzudenken.

Drei Facetten dieses Mythos der Genese des Bösen sollen im Folgenden näher betrachtet werden.

Gott: der Urheber des Leidens

Unverhohlen ist es in der Erzählung Hesiods Zeus selbst, der den Menschen das Leben schwer macht: Er versteckt das Feuer, damit sie ihr Fleisch roh essen[57], er versteckt ihre Nahrung und hält verborgen, wie man sie findet.[58] Nachdem Prometheus den Menschen listig hinter dem Rücken der höchsten Gottheit das Feuer gebracht hat, ist diese derart wütend, dass sie Rache schwört und den Menschen jammervolles Sorgen zudenkt. Das erste, eigens zur Durchführung dieser Strafe kunstvoll geschaffene menschliche Geschöpf ist es dann, das diese Tat ausführt. Pandora hebt den Deckel vom Vorratsfass und die Leiden und Laster kommen über die Menschheit. Hesiod endet diese Erzählung mit folgendem Satz: „Also ist es nimmermehr möglich, dem Willen des Zeus zu entfliehen.“[59] Kein Zweifel, keine kunstvoll mäandernde Erzählung kann darüber hinwegtäuschen, dass in dieser polytheistischen, nichtdualistischen Theologie die Gottheit selbst das Böse über die Menschheit bringt. Mitleidslos sind die Menschen Spielbälle des Olymps. Auf der menschlichen Seite bleibt hier nur das Schaudern vor der gnadenlosen Härte des Schicksals und eventuell die heimliche Hoffnung, dass wieder einmal eine der Gottheiten der zweiten Generation sich hinten herum mit Zeus anlegt, ihn durch eine List besiegt, um sich bei Menschen beliebt und verehrenswert zu machen, indem er einem Menschen Linderung verschafft.

Die gekränkte Frau als Quelle des Bösen

Zweifellos betritt Pandora die Bühne des mythologischen Weltgeschehens als Inbegriff der attraktiven Frau. Sie wird geschaffen vom Gott der Kunstschmiede, geschmückt von der Göttin der Liebe, begabt mit Redekunst und Musikalität von Hermes, dem Götterboten. Es fehlt ihr an nichts. Alles, was einen Menschen, eine Frau begehrenswert machen kann, das verkörpert sie. Aber das Wunderbare ihres Äußeren und ihrer Begabung ist das eine. Das andere ist ihr Herz, das Zentrum, das ihre Person organisiert. Ihr Herz ist hündisch, schmeichlerisch, trügerisch, unverschämt, wie Hesiod beschreibt[60] – verlogen. Diese Spannung zwischen überwältigender Attraktivität und unheilbringender Instrumentalisierbarkeit ist brisant.

Die bildlichen Darstellungen, besonders aus dem 19. Jahrhundert, zeigen zwei unterschiedliche Facetten dieser Mischung.

Der französische Maler Jules-Joseph Lefebvre malt in seinem Gemälde von 1882 eine einsame Schönheit bei Nacht, auf rauem Fels über dem Meer oder über einem Fluss sitzend. Die schön verzierte Schatulle hält sie in den Händen. Ist es einfach nur eine Aktdarstellung? Da diese jedoch den Titel „Pandora“ trägt, nehmen wir es ernst, dass es sich um eine mögliche Variante der Mythosinterpretation handelt: die gelangweilte Pandora. Sie findet für ihre Begabungen und Möglichkeiten in der Welt kein adäquates Gegenüber. Sie ist unterfordert. Vielleicht werden die Welt und das Leben interessanter, wenn sie die anvertraute Schatulle öffnet?

Diesen Aspekt der Pandora hat Wedekind[61] 1892 unter Hinzunahme des Aspektes der stark erotikbetonten Femme fatale in Gestalt der Lulu auf die

Bühne gebracht. Auch sie findet in ihren Männern kein adäquates Gegenüber.

Eine andere Facette zeigt der englische Maler Dante Gabriel Rossetti[62]. Seine Pandora, die er mehrfach (dreimal) darstellt, ist eine dunkelhaarige Schönheit mit finsterem Blick, sinnlichem, leicht depressivem Mund. Immer ist die Schatulle ein wenig geöffnet und ihr Inhalt steigt wie Flamme und Rauch zugleich dynamisch auf, hüllt sie ein und macht sich daran, den Raum auszufüllen. Dieser wirbelnde Flammenrauch ist jeweils in derselben Farbe wie das Kleid der Pandora gehalten: zum Teil weiß[63], zum Teil feurig rot[64]. Es ist, als ob das Innere der Pandora und das Äußere zur Übereinstimmung kommen. Verfolgen wir die Facette des finsteren Blicks, so stellt sich die Frage: Woher rührt diese dunkle Seite der Schönen?

Im Leben von Frauen kommt der finstre Blick und kommen Vernichtungswünsche im Horizont von narzisstischer Kränkung, Betrug und Eifersucht vor. Eine narzisstisch gekränkte Frau kann in ihrer Wut eine Menge Unheil stiften. Das kann in der lautstarken Variante auftreten oder auch leise. In der Musik trifft man zum Beispiel auf diese Wut beim Hören von Mozarts „Zauberflöte" in der Arie der Königin der Nacht: „Der Hölle Rache kocht in meinem Herzen, Tod und Verzweiflung flammet um mich her!"[65] Literarisch begegnet man ihr wohl auch in Brechts Lied der Seeräuber Jenny in der „Dreigroschenoper". Die verkannte und erniedrigte Frau hat die grandiose Fantasie der Rache durch die Seeräuber, die mit einem majestätischen Schiff mit acht Segeln und fünfzig Kanonen im Hafen anlegen, aus jedem Haus auf ihre Anweisung einen Mann töten und dann mit ihr entschwinden in ein besseres Leben. In Strophe 2 finden sich folgende bezeichnende Zeilen:

> *„Und man wird mich stehen sehen hinterm Fenster*
> *und man sagt: Was lächelt die so bös?"*[66]

Endlich Rache für die vielen Demütigungen durch Männer.

Der Mythos der Pandora hat Platz für Facetten weiblicher Unterdrückungsgeschichten und Emanzipationshoffnungen. Er kann in diesem Horizont weibliche Bosheit erklärbar machen.

Das unerklärliche Böse

Bosheit aus Unterforderung und Langeweile oder aus gekränkter Eitelkeit, gekränktem Stolz mag der Empathie noch zugänglich sein. Es gibt aber auch das Phänomen der (weiblichen) Bosheit, die sich dem Zugang weitgehend verschließt. Auch dafür bietet dieser Mythos Raum. Ausgehend von der Charakterisierung Pandoras, als zu unheilbringender Beeinflussbarkeit und Instrumenalisierbarkeit neigend, soll an weibliche Brutalität und Bosheit erinnert werden, die hier ihren Ursprung zu haben scheint. Ist es ein Gefallenwollen, ist es der Drang zu negativer Perfektion oder ist es Letzteres, gepaart mit Gefühllosigkeit, oder ist es alles zusammen? Was brachte Maria Mandl dazu, im Konzentrationslager Auschwitz einen kleinen Dreijährigen mit entzückendem Lockenkopf, wie Fania Fénelon[67] erzählt, zunächst vor der Gaskammer zu retten, tagelang auf dem Arm herumzutragen, in einen dunkelblauen kleinen Anzug zu kleiden, ihm Schokolade zu schenken, mit ihm zu spielen, sich von ihm liebkosen und küssen zu lassen – um ihn dann doch eigenhändig der Gaskammer zu überantworten? Sogar ihr soldatischer Schritt war verschwunden. Sie passte ihren Gang den kleinen Schritten des Jungen an. In seiner Gesellschaft hörten die Häftlinge die Mandl zum ersten und einzigen Mal lachen. Dieses Kind war ihre wahre Leidenschaft geworden – für circa acht Tage, und dann zeigte sich wieder die „Bestie", wie die Frauen im Lager sie nannten. Fénelon kommentiert das damalige Erleben: „Viele weinen, weinen, weinen halt über dieses unerklärliche Drama, weinen um das Kind. Und, ohne es zu wissen, über diese Frau […]".[68] Die Lagerinsassinnen, die das beobachtet haben, suchen nach einer Erklärung: Ist sie verrückt? Ist dieses Handeln mit ihrem Fanatismus zu erklären? Ist sie eine, die sich nur kurze Zeit der Parteidoktrin widersetzen konnte und schließlich den Jungen abliefern musste? Oder wurzelte diese brutale Härte in der Tatsache, dass sie früher einen jüdischen Geliebten hatte, wofür sie sich selbst bestrafen musste?

Es sind Erklärungsversuche, aber keine Erklärungen.
Es bleibt ein erheblicher Rest an unerklärlicher Sinnlosigkeit.

Der Mythos erzählt die Genesis des Leidens und des Bösen so, dass man hinterher nicht klüger ist. Weder hat man den richtigen Schluss gezogen, wenn man sich vornimmt, schöne, attraktive Frauen zu meiden, noch, wenn man annimmt, Re-Flexion, Nach-Denken für überflüssig zu halten. Die Lösung liegt auch nicht darin, Gott, der den Auftrag für das Szenario gibt, zu meiden. Wie könnte man ihm entkommen? Auch die anderen Lehren, die man aus einzelnen Sequenzen der Erzählung ziehen könnte, erklären nicht, wie man das Böse, nachdem es auf der Erde ist, wieder loswird oder zumindest vermeiden kann.

Der Mythos hinterlässt – bei aller erklärenden Erzählung –
Ratlosigkeit und Ohnmacht.

Wolfgang Frühwald

Hannah Arendts „Bericht von der Banalität des Bösen"

I

Im August 1964 hat Hannah Arendt, die bei Weitem bekannteste Beobachterin des Prozesses gegen Adolf Eichmann in Jerusalem (zwischen April und Dezember 1961), das Vorwort zur „von der Autorin durchgesehenen und ergänzten deutschen Ausgabe" ihrer großen Berichtserie über diesen Prozess unterschrieben, der sie sogleich den heftig umstrittenen, weil programmatisch zu missdeutenden Untertitel gegeben hatte: Ein Bericht von der Banalität des Bösen. Hannah Arendt, die von der amerikanischen Zeitschrift The New Yorker als Berichterstatterin für den weltweit interessierenden Prozess verpflichtet worden war, wusste nicht, welches Aufsehen und welche Kontroversen sie mit ihren Berichten aus dem Gerichtssaal in Jerusalem hervorrufen würde. Diese bildeten nicht nur einen Einschnitt in das Leben und das Selbstverständnis des jungen israelischen Staates, sondern spalteten auch Hanna Arendts vormals ihr eng verbundenen Freundeskreis, aus dem nun sogar bewährte Freunde, wie Gershom Scholem, Kurt Blumenfeld und selbst Hans Jonas, in das Lager ihrer Kritiker wechselten. Hanna Arendt aber war eine Kämpferin, die nicht so rasch aufgab, auch wenn sie sich noch nie in ihrem Leben einer solch geschlossenen Front von Kritikern gegenüber gesehen hatte und niemals wieder ähnlich angegriffen wurde. Es war, als wollte „das Böse" beweisen, dass es auch in radikaler Form in der Welt der Menschen und nicht nur, wie Hannah Arendt behauptet hatte, in extremer Weise existiere und auch enge Freundschaftsbande noch lange nach dem aktuellen Streit zu sprengen in der Lage war.

Als Hannah Arendt sich als Reporterin für den Prozess in Jerusalem interessierte, vermutete sie, in dem dort angeklagten ehemaligen SS-Obersturmbannführer Adolf Eichmann, einem Angehörigen der eigenen Generation (beide geboren 1906), jenem „Monster" auf die Spur zu kommen, das den Massenmord an den europäischen Juden organisiert hatte und von israelischen Agenten schließlich mit seiner Familie an deren Fluchtort Buenos Aires aufgespürt, am 11. Mai 1960 dort überwältigt und nach Israel entführt worden war. Am 11. April 1961 begann der Prozess gegen Eichmann in Jerusalem, der am

15. Dezember mit einem Todesurteil endete. Nachdem der Supreme Court Israels eine Revision des Urteils (am 29. Mai 1962) und der Staatspräsident Israels neben einer großen Menge von Gnadengesuchen aus allen Himmelsrichtungen auch solche von Eichmanns Frau Vera, von seinen Geschwistern, seinem Rechtsanwalt und von Eichmann selbst abgelehnt hatte (Digitalisate der Gnadengesuche wurden im Internet erst am 27. Januar 2016 veröffentlicht), wurde das auf „Hinrichtung durch den Strang“ lautende Urteil in der Nacht vom 31. Mai auf 1. Juni 1962, wenige Minuten nach Mitternacht, vollstreckt. Die makabre Gedächtnisausstellung in der israelischen Knesset, aus Anlass des 50. Jahrestages des Todesurteils gegen Eichmann (2011), in der, in Bronze gegossen, die Lederhandschuhe gezeigt wurden, mit deren Hilfe Eichmann überwältigt worden war, seine Brille, sein Taschenkamm, sein gefälschter Ausweis, sein Zigarettenhalter und andere Utensilien, hätte vermutlich Arendts These von der Banalität jenes Typus des „Verwaltungsmassenmörders“ bestätigt, dem in Jerusalem persönlich zu begegnen, sie nicht hatte versäumen wollen.

Doch die Konfrontation mit der Person Eichmann, mit der Verhandlungsführung und dem offenkundigen politischen Willen der Regierenden in Israel, Eichmann zur Schicksalsfigur eines endzeitlichen Antisemitismus zu machen, hat Hannah Arendt schockiert. An Stelle des dämonischen Massenmörders saß vor ihr im Gerichtssaal ein durchschnittlicher Verwaltungsbeamter, dem es letztlich gleichgültig war, ob er Menschen, alte und junge, Kinder, Eltern und Großeltern in Vernichtungslager schickte oder Material und andere „Sachen“ transportierte. Eichmann nämlich versuchte sich als bloßen Befehlsempfänger darzustellen und alle geschehenen Grausamkeiten auf das legalistisch getarnte nationalsozialistische Unrechtsregime zu schieben. Dabei gehörte „Sache“ als viel gebrauchtes Wort zur Amtssprache des Nationalsozialismus, das seinen Anspruch auf absolute Befehlsgeltung und Gehorsam dadurch zu legitimieren suchte; und „Amtssprache“ war die einzige Sprache, die zu sprechen Eichmann auch vor Gericht bekannte: „Wenn diese Sache [sagte er bei der Verhandlung in Jerusalem und meinte damit den von unglaublichen Scheußlichkeiten begleiteten Völkermord an den Juden] einmal gemacht sein musste, dann war es besser, wenn Ruhe und Ordnung herrschten und alles klappte.“ (Arendt, S. 232) An ihren Doktorvater Karl Jaspers, für den sie noch wenige Jahre vorher (1958) in Frankfurt am Main die Friedenspreisrede gehalten hatte, schrieb Hannah Arendt aus Jerusalem nach den ersten Sitzungen des Prozesses am 13. April 1961: „Eichmann. Kein Adler, eher ein Gespenst, das noch dazu Schnupfen hat und gleichsam von Minute zu Minute in seinem Glaskasten [im Jerusalemer Gerichtssaal] an Substantialität verliert.“ (Grunenberg, S. 381) Der Anblick Eichmanns, das Hören auf seine gewissenslosen und verantwortungslosen Reden erzeugen wachsende Enttäuschung bei der Reporterin in Jerusalem.

Die erste Fassung von Hannah Arendts Berichten über Eichmann und die Shoah erschien dann in einer Serie von Artikeln in fünf aufeinanderfolgenden Ausgaben der amerikanischen Zeitschrift The New Yorker unter dem Titel „A Reporter at Large: Eichmann in Jerusalem“ (Februar/März 1963). Zwischen 1963 und 1965 publizierte sie ihr Buch „Eichmann in Jerusalem: A Report on the Banality of Evil“ in englischer und deutscher Sprache in unterschiedlichen Versionen, wobei die Eingriffe der Autorin in die erste deutsche Fassung (1964) stärker als die in die englische waren. Die zweiten Auflagen (1964) hat Hannah Arendt in englischer und deutscher Sprache stärker überarbeitet und ist in der Vorrede bereits auf die Kontroversen eingegangen, die um dieses Buch wie ein aufflammendes Feuer entstanden, weil hier der Wille zu rationaler Entmythisierung mit dem politischen Willen zur Mythisierung Eichmanns zusammentraf. Der Diskurs über das Bild des Bösen, den Hannah Arendt ausgelöst hat, wirkte weit über ihren Tod (am 4. Dezember 1975) hinaus. Eine Tragödie schon, und von ihr auch so empfunden, war der Tod des zionistischen Freundes Kurt Blumenfeld (am 21. Mai 1963), der ihr öffentlich heftig widersprochen hatte und starb, noch ehe sie sich mit ihm versöhnen konnte. Unnötig war, dass der authentische und ausdrucksstarke Film *Hannah Arendt* von Margarethe von Trotta (2012) die Freundschaft zwischen Hannah Arendt und Hans Jonas nach dem Eichmann-Streit als endgültig zerbrochen darstellte, obwohl sich beide später wieder nähergekommen sind, unglücklich scheint mir, dass Hannah Arendts großes Eichmann-Buch seit 1986 verändert und mit einem Essay von Hans Mommsen erschien, der den Text in eine sehr kritische Perspektive rückte, ohne dass die Autorin selbst noch widersprechen konnte, und wahrhaft tragisch war, dass der damalige Leiter des Piper Verlages in München, in dem die deutsche Ausgabe des Eichmann-Buches erschien, Hans Rößner war, der (vermutlich ohne Hannah Arendts Wissen) ehemals SS-Obersturmbannführer und im Reichssicherheitshauptamt verantwortlich für das Referat Volkskultur und Kunst gewesen ist.

II

Ein zentraler Punkt von Hannah Arendts Charakteristik Eichmanns, der sich durch alle Auflagen des Buches zieht, war ihre Korrelation zwischen dem Verbrechenstypus, den Eichmann zu verantworten hatte, und der des Angeklagten. Sie hat diese Feststellung auch bei späteren Korrekturen nicht zurückgenommen. Unter ihren Widersachern hat sie dabei vermutlich am stärksten Golo Mann beeindruckt, der sie unter anderem wegen ihrer kenntnisschwachen Darstellung des innerdeutschen Widerstandes gegen Hitler kritisierte und sie in diesem Punkt auch zur Korrektur veranlasste. Doch es ist, als erschrecke sie jedes Mal aufs Neue, wenn sie Eichmanns gedankenlose „letzte Worte" unter dem Galgen zitiert und beurteilt. Den Streit über die „Banalität des Bösen" jedenfalls hat Hannah Arendt vorausgesehen und sich schon früh gegen den Vorwurf der Vereinfachung verwahrt. Im Vorwort zu der deutschen Ausgabe von 1964 schrieb sie, dass „in dem Bericht selbst [...] die mögliche Banalität des Bösen nur auf der Ebene des Tatsächlichen zur Sprache [komme], als ein Phänomen, das zu übersehen unmöglich war". Im Vergleich mit den dämonischen, shakespearischen Bösewichten, die über Jahrhunderte hin im kulturellen Bewusstsein der europäischen Völker als Inbegriff des Bösen präsent waren und sind, hat Hannah Arendt die besondere Struktur des nationalsozialistischen Völkermordes beschrieben, dessen ordnungsbeflissener Verwalter Adolf Eichmann gewesen ist. Er „war nicht Jago und nicht Macbeth, und nichts hätte ihm fernergelegen, als mit Richard III. zu beschließen, ‚ein Bösewicht zu werden'." Eichmann war, nach Arendts Urteil, nicht dumm, aber er hat sich „niemals vorgestellt, was er eigentlich anstellte. [...] Er hat prinzipiell ganz gut gewusst, worum es ging, und in seinem Schlusswort vor Gericht von der ‚staatlicherseits vorgeschriebenen Umwertung der Werte' gesprochen; [...] Es war gewissermaßen schiere Gedankenlosigkeit – etwas, was mit Dummheit keineswegs identisch ist –, die ihn dafür prädisponierte, zu einem der größten Verbrecher jener Zeit zu werden. Und wenn dies ‚banal' ist und sogar komisch, wenn man ihm nämlich beim besten Willen keine teuflisch-dämonische Tiefe abgewinnen kann, so ist es darum noch lange nicht alltäglich. Es dürfte gar nicht so oft vorkommen, dass einem Menschen im Angesicht des Todes und noch dazu unter dem Galgen nichts anderes einfällt, als was er bei Beerdigungen sein Leben lang zu hören bekommen hat, und dass er über diesen ‚erhebenden Worten' die Wirklichkeit des eigenen Todes unschwer vergessen kann. Dass eine solche Realitätsferne und Gedankenlosigkeit in einem mehr Unheil anrichten können als alle die dem Menschen vielleicht innewohnenden bösen Triebe zusammengenommen, das war in der Tat die Lektion, die man in Jerusalem lernen konnte. Aber es war eine Lektion und weder eine Erklärung des Phänomens noch eine Theorie darüber." (Arendt, S. 15 f.)

Das Verbrechen, von dem Hannah Arendt sprach, dem Eichmann mit pedantischer Ordnungsliebe diente, war die verbrecherische Struktur des Völkermordes, ein Verbrechen „gegen Rang und Stand des Menschen", wie es der französische Hauptankläger François de Menthon im Nürnberger Prozess gegen die Hauptkriegsverbrecher genannt hatte. (Arendt, S. 306) Dass Eichmann, das steuernde Rad in einer von besessenem Antisemitismus gespeisten Mordmaschine, gegenüber der Furchtbarkeit der von ihm organisierten Verbrechen komisch und in seinen Äußerungen vor Gericht lediglich „banal" wirkte, das war die Lektion, die beim Eichmann-Prozess zu lernen war. Für Heinrich Himmler, den Reichsführer SS, und die Führungselite von Hitlers Mordkommandos galt der Antisemitismus nämlich als eine Frage der Hygiene und der Zweckmäßigkeit, Fragen der Moral sollten erst gar nicht gestellt werden. „Mit dem Antisemitismus", meinte Himmler, „ist es genau wie mit der Entlausung. Es ist keine Weltanschauungsfrage, dass man die Läuse entfernt. Das ist eine Reinlichkeitsangelegenheit. Genau so ist der Antisemitismus für uns keine Weltanschauungsfrage gewesen, sondern eine Reinlichkeitsangelegenheit." (Karl Anders, S. 282) Die Amoralität, die aus derartigen Äußerungen spricht, die dem Verbrechen alle Merkmale seines Typus abspricht, führt zu den Benennungsschwierigkeiten, mit denen auch Hannah Arendt zu kämpfen hatte. „Banalität" war schließlich ihr Begriff für die Perspektive, unter der sie den als „Hygiene" getarnten Massenmord und die Mörder zu erfassen suchte. Sie geriet damit in Gegensatz zur nationalsozialistischen Selbstdeutung, aber auch in Widerspruch zur Anklage im Jerusalemer Prozess, die mit hergebrachten Rechtsbegriffen ein Ausnahmeverbrechen zu deuten und zu beurteilen suchte, das kaum zu beschreibende Grausamkeiten mit sich brachte und je nach Land die Tür zu blutigen Schlächtereien aufgestoßen hat.

Dänemark und Rumänien waren die Länder, die Hannah Arendt für die Extrempole unterschiedlicher Ausführung der Pogrome angeführt hat. Bei der Differenzierung nach Ländern nämlich fiel ihr auf, dass an Eichmanns „mörderischer Ordnungsliebe", die ihn zu der Behauptung veranlasste, dass es besser gewesen sei, wenn bei dem Massenmord an der jüdischen Bevölkerung Europas „Ruhe und Ordnung herrschten und alles klappte [...]", doch ein Korn Wahrheit enthalten war? In Dänemark nämlich [begannen] „sogar Gestapoleute die Befehle aus Berlin zu sabotieren [...]. Die unaussprechlichen Greuel eines spontanen Pogroms gigantischen Ausmaßes waren sogar für die SS zu viel, ja versetzten sie in einen gewissen Schrecken; sie griffen ein, um die schiere Schlächterei zu stoppen, damit das Morden in der Weise vor sich gehen konnte, die sie für zivilisiert hielten" (Arendt, S. 232). Das Rumänien des Marschalls Ion Antonescu aber war sogar den mit Konsequenz durchgeführten deutschen Vertreibungs- und Vernichtungsaktionen immer einen Schritt voraus. „Im August 1941, also wenige Wochen, nachdem der Befehl zur ‚Endlösung‘ offiziell erlassen worden war“, soll Hitler zu Goebbels gesagt haben, „dass ein Mann wie Antonescu in dieser Frage viel radikaler vorgeht, als wir es bisher getan haben“. Im Sommer des Jahres 1941, so Hannah Arendt (S. 233), hätten „rumänische Soldaten [...] „eine Serie von ‚illegalen‘ Deportationen und Schlächtereien [begonnen], deren nacktes Grauen in dieser ganzen grauenvollen Geschichte nicht seinesgleichen hat [...]. Deportation im rumänischen Stil bedeutete, dass 5000 Menschen in Güterwagen gepfercht und dem Erstickungstod ausgeliefert wurden, während der Zug tagelang ohne Ziel und Plan durch die Gegend fuhr; ein beliebtes Nachspiel der Mordoperationen war es, die Leichen in jüdischen Fleischerläden auszustellen.“ (Arendt, S. 233)

Aus solchen Passagen im Bericht von der Banalität des Bösen wird erkennbar, dass die Historiographen der Shoah einerseits aus Hannah Arendts Darstellung die Notwendigkeit erkannten, konkret zu berichten, wenn das ganze Grauen des Massenmordes plastisch werden sollte. Dass auch die Stimme des „kleinen Mannes“ hörbar gemacht werden musste, dass der Jargon der Mörder und die Angstrufe der Opfer ebenso in der (kulturellen) Erinnerung bewahrt werden mussten, wie die beschämende Neugier der Zuschauer, die ihre Nachbarn den Mördern schamlos preisgegeben haben und nur selten den Mut aufbrachten, gegen Enteignung, Plünderung, Vertreibung und Vernichtung zu protestieren. Vielleicht hat erst Saul Friedländer (rund zwanzig Jahre nach Hannah Arendts Tod) in seiner monumentalen Geschichte über „Das Dritte Reich und die Juden“ (2 Bde., München 1998 und 2006) die Stimmen der Opfer in Protokollen, Briefen, Erinnerungen, Tagebüchern und Ereignisberichten so hörbar gemacht, dass sie sich in der Erinnerung der Nachgeborenen befestigen konnten. Ein „Tiefenmodell“ von Geschichte hat Saul Friedländer geschaffen, in dem sich die Todesschreie der Gequälten und Verfolgten zu einem Chor des Grauens vereinen und die Personen der Täter zu Gespenstern erstarren. In einem solchen Modell wird Geschichte nicht chronologisch abgehandelt, sondern ist Gewichtung der Ereignisse und der Katastrophen durch Zeitdehnung und Zeitschrumpfung möglich, ist der parallel zum Weltkrieg geschehende Völkermord letztlich gewichtiger als jedes noch so genaue Tableau der Schlachten und Kriegsereignisse.

III

Hannah Arendt hat in ihrem Eichmann-Buch mehrfach auf die formalistisch-floskelhaften Abschiedsworte des Verurteilten unter dem Galgen hingewiesen, ein Beleg dafür, wie repräsentativ bei der Beschreibung des Bösen ihr solche Szenen der Gedankenlosigkeit waren. Im Vorwort von 1964 wird auf diese Worte nur allgemein hingewiesen, erst am Ende des XV. Kapitels, als Fazit der vorhergehenden Charakteristik des Banal-Bösen, werden diese Worte endlich zitiert, um kenntlich zu machen, dass Eichmann auch unter dem Galgen „ganz Herr seiner selbst [war] – nein, er blieb ganz er selbst. Davon geben die letzten Worte unter dem Galgen, die er offenbar lange vorbereitet hatte, ein überzeugendes Zeugnis. Sie sind von einer makabren Komik: ‚In einem kurzen Weilchen, meine Herren, sehen wir uns ohnehin alle wieder. Das ist das Los aller Menschen. Gottgläubig war ich im Leben. Gottgläubig sterbe ich'. Er gebrauchte bewusst die Nazi-Wendung von der Gottgläubigkeit, hatte nur übersehen, dass sie ja eine Absage an das Christentum und den Glauben an ein Leben nach dem Tode besagte. ‚Es lebe Deutschland. Es lebe Argentinien. Es lebe Österreich. Das sind die drei Länder, mit denen ich am engsten verbunden war. Ich werde sie nicht vergessen.' Im Angesicht des Todes fiel ihm genau das ein, was er in unzähligen Grabreden gehört hatte: das ‚Wir werden ihn, den Toten, nicht vergessen.' Sein Gedächtnis, auf Klischees und erhebende Momente eingespielt, hatte ihm den letzten Streich gespielt: er fühlte sich ‚erhoben' wie bei einer Beerdigung und hatte vergessen, dass es die eigene war". (Arendt, S. 299 f.)

So konnte Hannah Arendt schließlich doch in Kürze das grundlegende Fazit eines kaum zu resümierenden Prozesses ziehen, in dem der Staat Israel, der Premierminister Ben Gurion und die Staatsanwaltschaft eine Reihe politischer Nebenabsichten verfolgte, mit denen der Gerichtshof überfordert war, da das eigentliche Prozessziel, Recht zu sprechen über einen bürokratischen Massenmörder, dadurch außer Sicht geriet. Arendt aber resümierte mit Eichmanns eigenen Worten unter dem Galgen: „In diesen letzten Minuten war es, als zöge Eichmann selbst das Fazit der langen Lektion in Sachen menschlicher Verruchtheit, der wir beigewohnt hatten – das Fazit von der furchtbaren Banalität des Bösen, vor der das Wort versagt und an der das Denken scheitert." (Arendt, S. 300 f.)

In „Eichmann in Jerusalem" sind solche Urteile, die das grundsätzlich Böse in aller Brutalität benennen, meist leicht ironisch eingefärbt, weil sich die Autorin selbst gegen die Furchtbarkeit der abgehandelten Untaten wehren musste und die Schilderung konkreter Einzelschicksale auch die Niederschrift der Prozessberichte zu einer kaum lösbaren Aufgabe machte. Sie hat Spott, Sarkasmus und Satire vermieden, die Komik gedankenloser Eichmann-Zitate aber akzentuiert und sich dabei in Ironie geflüchtet. Auch wenn in der anschließenden Kontroverse von Arendts Kritikern der Judenhass Eichmanns deutlicher beschrieben und damit auch persönliche Schuld skizziert wurde, die neue und bis dahin kaum bekannte Figur des „Verwaltungsmassenmörders" ist in aller Furchtbarkeit, Schlauheit und Wirkungsmacht erst von Hannah Arendt am Beispiel Eichmanns zureichend beschrieben worden.

IV

Am 7. November 1974, ein knappes Jahr vor Hannah Arendts Tod, schrieb ihr Hans Jonas zum 50. Jahrestag des Beginns ihrer Freundschaft einen Brief, der herzlicher kaum sein konnte. Er bezeugt, dass die Freundschaft zwischen dem nunmehr 71 Jahre alten Hans Jonas und der 68 Jahre alten Hannah Arendt mit dem Eichmann-Streit keineswegs beendet war. Im Gegenteil: Jonas konnte am Streit um „Eichmann in Jerusalem" beweisen, wie und dass er es verstanden hat, das Persönliche vom Sachlichen zu scheiden und dass die tiefe Freundschaft zu Hannah Arendt, die er seit der gemeinsamen Studienzeit in Marburg (ab Wintersemester 1924) empfunden hat, im Laufe der Jahre nur noch tiefer geworden ist. „Liebste Hannah!", begann der Brief von Hans Jonas aus Haifa am 7. November 1974:

„Wie schreibt man sich zur fünfzigsten Jährung eines Freundschaftsbeginns, wenn es sich um eine solche Freundschaft handelt? Vielleicht, indem man bekennt, dass man sich ohne das undenkbar geworden ist. Was daraus in 50 Jahren wurde, gehört für mich eben zu dem Unwegdenkbaren. Wir sind nicht gerade ‚verwandte Naturen', sehen Dinge oft recht anders und reagieren spontan verschieden darauf, aber worauf es im letzten und immer ankommt, darin haben wir uns von Anfang an verstanden, ohne es sagen zu müssen. Da war nie ein Zweifel, was wichtig und was unwichtig ist. So konnten wir uns (mit der einzigen Ausnahme der Eichmann-Sache) um das Strittige nach Herzenslust streiten mit dem Wissen, dass wir uns ‚im Grunde' oder ‚im Eigentlichen', oder wie man das Ding sonst nennen mag, doch einig sind. Und dazu die schlichte Tatsache, die man Gott sei Dank nicht mit Gründen zu erklären braucht, dass ich Dich ungeheuer gern habe. […]"

Hannah Arendt hat 1973 einen ersten Herzinfarkt erlitten, im Brief von November 1974 spricht Hans Jonas von ihrem „Schreckschuss in diesem Jahr", der ihm noch in den Gliedern stecke. So wurde der Brief von November 1974 unversehens zu einer Art von Abschiedsbrief mit dem Bekenntnis einer freundschaftlichen Beziehung, die sich 50 Jahre lang bewährt hatte, sodass „die Eichmann-Sache" darin nichts anderes ist, als eine kleine Irritation; sie hat der tiefen Zuneigung der Freunde keinen Abbruch getan. Am 4. Dezember 1975 erlitt Hannah Arendt den zweiten, tödlichen Herzinfarkt. Hans Jonas hielt ihr die Grabrede.

Otto Betz

Die Aufhebung des Fluchs

In mehreren griechischen Tragödien sieht man einen aus der Sünde hervorgegangenen Fluch sich von Geschlecht zu Geschlecht fortpflanzen, bis er auf ein völlig reines Wesen trifft, das seine ganze Not erleidet. Damit ist der Fluch aufgehoben […]. Nur durch das Leiden eines reinen, gottgefälligen Opfers kann der Fluch aufgehoben werden. (Simone Weil, V 20)

Die Verkettung der dunklen Schicksale macht uns manchmal Angst. Stehen wir nicht alle in undurchschaubaren Zusammenhängen, partizipieren an Schicksalen, die scheinbar nicht zu uns gehören, verwirren uns in einem Fadengeflecht, das offenbar lange vor unserer Geburt schon geknüpft wurde und tragen mit am Gepäck einer Schuld, an die wir uns nicht erinnern? Und – anders betrachtet – lösen nicht häufig Entscheidungen eine Kettenreaktion von Folgeereignissen aus, an die der Handelnde nicht im Traum gedacht hat, die sich aber nun mit einer eisernen Konsequenz vollziehen und Unheil bewirken? Es ist ja eine Selbsttäuschung, wenn wir von der Annahme ausgehen, jeder Einzelne von uns hätte sein isolierbares privates Schicksal, das er gesondert vom Leben der Übrigen verwirklichen könne.

Wenn wir mit den antiken Mythen umgehen, dann werden wir immer wieder konfrontiert mit solchen dunklen Verkettungen alter Schuldzusammenhänge. Irgendein Ahne hat die Götter versucht. Er wollte herausfinden, ob sie wirklich wissend und schauend sind und hat ihnen den eigenen Sohn Pelops zur Speise vorgesetzt. Aber dadurch hat er nicht nur eine persönliche Schuld auf sich geladen, sondern eine Unheilskette in Gang gesetzt, die sich nun durch die Generationen hin immer wieder erneuert. Ob sie wollen oder nicht, alle sind sie hineingewoben in diesen Schuldteppich und scheinen wie von einem Unheilsgen geprägt, dem man nicht entkommen kann. Mit einer grauenhaften inneren Notwendigkeit bricht in einer nächsten Generation das Unheil wieder auf und verschlingt die Menschen. Nimmt das kein Ende?

Simone Weil, die immer mit der antiken Dichtung und den Mythen der Völker umgegangen ist und sie als Schlüsseldokumente einer möglichen Daseinsdeutung empfand, war davon überzeugt, dass es eine Lösung der Tragik menschlicher Verstrickung geben könne. Bei einem Menschen, der allein an der Liebe Anteil hat und nicht am Hass, wird der Kreislauf unterbrochen, durch das Leiden eines reinen, gottgefälligen Opfers kann der immer noch weiterwirkende Fluch aufgehoben werden. Für sie war Antigone ein solcher Mensch. Sie war verpflichtet worden zum Hass auf den rebellischen Bruder, der sich gegen seine eigene Vaterstadt empört hatte und im Kampf gegen sie gefallen war. Nun aber der Bruder gestorben ist, muss da nicht auch der Hass erlöschen und können die geschwisterliche Verbundenheit und Fürsorglichkeit wieder erwachen? In einem Jahrtausendsatz kann sie ihre Überzeugung zum Ausdruck bringen: „Nicht mitzuhassen, mitzulieben bin ich da", einem Satz, der eine umwerfende Kraft hat und ein neues Denken zum Ausdruck bringt. Und als König Kreon sie auffordert: „Dann geh hinunter, wenn Du lieben willst, und liebe dort", so ist sie bereit, ihre schwesterliche Liebe und Verbundenheit auch durch ihren eigenen Tod zu besiegeln.

Wenn Simone Weil über das Böse nachdachte, dann ging es ihr nicht um das absolute Böse im philosophischen Sinn, sie stieß auf die Spuren des Bösen im Unglück, im schmerzhaften Leid. Und diese Phänomene haben – das mag uns überraschen – nicht nur einen negativen Sinn, sie können sich auch positiv auswirken. „Ich glaube an den Wert des Leidens, in dem Maße, wie man alles tut, um es zu vermeiden" (CI 57). Man darf also das Leiden nicht suchen, wenn es aber eintritt, muss es akzeptiert werden, denn es kann einen Sinn haben. Es mag sein, dass auch brutale Ereignisse erstaunliche positiven Wirkungen haben: „Im Menschenraub [...] kann die reinste Liebe entstehen." (CI 58)

„Gott hat eine Welt erschaffen, die nicht die bestmögliche ist, sondern die alle Grade des Guten und des Schlechten enthält." (Z 225) Es stecken also in dieser Schöpfung alle „Urmöglichkeiten", das Himmlische wie das Höllische. Simone Weil macht darauf aufmerksam, dass wir die gleichen Symbole für das Gute und das Böse verwenden. „Gut und Böse entsprechen einander durch dieselben Symbole Baum der Sünde und des Kreuzes – Flamme der Hölle und des Heiligen Geistes – Geist der Wahrheit und des Irrtums." (C III 295) Aber es gibt einen Punkt, an dem sich Gut und Böse unterscheiden, an dem „ein Gutes ins Böse umschlägt" (C III 255). Wo ist dieser Punkt? Er wird erkennbar im Umgang mit der Gewalt. Wenn ein Verwalter der Gewalt seine Untergebenen zur „Sache" macht, wenn er ihre menschliche Würde nicht mehr respektiert. Es muss Machthaber in unserer Welt geben, sonst gehen wir der Ordnung verlustig. Menschen drängen zur Macht, haben sie sie aber erlangt, dann neigen sie zur Willkür und respektieren die Gesetze nicht mehr. Simone Weil kommt zu der skeptischen Vorsichtsmaßnahme und Devise: „Die

Menschen an der Macht immer als gefährliche Dinge betrachten." (C I 74) Das Gefühl für das rechte Maß kann leicht verloren gehen. Irgendwann dringt das Dunkle, Boshafte und Zerstörerische in den Menschen ein, wenn er sich gegen das Maß zur Wehr setzt, denn dann löst sich ein ganzes Ordnungsgefüge auf; und sie befürchtet: „Das moderne Leben ist der Maßlosigkeit preisgegeben." (C I 114) An die Stelle ist der Erfolg getreten, an ihm definiert sich der Gegenwartsmensch – und der Erfolg ist von seinem Wesen her ohne Maß. Und wer davon gekennzeichnet ist, hat den Wunsch, andere in die gleiche Situation zu bringen, wie der Opiumsüchtige, der seine ganze Umgebung auch opiumsüchtig machen möchte.

Und wie unterscheidet Simone Weil Gut und Böse? „Gut ist, was Menschen und Dingen ein Mehr an Wirklichkeit gibt, böse, was es ihnen nimmt." (C I 149) Das klingt einfach, aber sie macht uns auch deutlich: Unsere Welt ist so gebaut, dass man dem Übel nicht entrinnen kann, dass man unvermeidlich in die Zusammenhänge mit dem Bösen hineingerissen wird. Uns werden schon früh Vorurteile und eine gewisse Voreingenommenheit einsuggeriert. Haben wir nicht alle die Vorstellung, die Hölle sei lustig, der Himmel aber langweilig? Werden wir nicht vom „spannenden Bösen" angezogen, sodass wir die andere Lesart gar nicht vernehmen wollen: „Man muss das Böse als gewöhnlich, eintönig, stumpf und langweilig erscheinen lassen." (C I 314) Wie kann man der Faszination und Anziehungskraft des Bösen begegnen? Aber die Frage bleibt: Gelingt es uns, „das wirklich Gute als das immer Neue, Wunderbare und Berauschende" erscheinen zu lassen? Längst haben sich die Vorstellungen eingeschliffen, dass es eine Verwandtschaft gibt zwischen dem Bösen und der Kraft, ja dem Sein schlechthin, des Guten dagegen mit der Schwäche, dem Nichts. Das Böse liegt offen zutage, das Gute ist geheimnisvoll und verborgen. Viele Phänomene unserer Erfahrungswelt haben ihre Ambivalenz: Sie ähneln sich, obwohl sie diametral entgegengesetzt sind. Simone Weil veranschaulich das an den Bildern von Paradies und Hölle.

„Die Hölle als Illusion des Paradieses. Nichts anders ist die Wollust. Künstliche Paradiese, ausgezeichneter Ausdruck. Die Wollust (aber nicht das reine Vergnügen) ist eine Illusion des Glücks. Das reine Vergnügen befindet sich an seinem Platz; es kann das Glück begleiten, schließt aber nicht die Illusion des Glücks mit ein. Es scheint nicht unendlich; es erscheint als begrenzt. Manche suchen das Reich Gottes, als ob es ein künstliches Paradies wäre, aber eben das beste der künstlichen Paradiese." (C II,10)

Das Böse verspricht uns die Fülle, aber es hat uns nur eine Eintönigkeit anzubieten, im Grunde ist es nichts Neues, sondern immer nur die Variation des Alten. „Wegen dieser Monotonie spielt die Quantität eine so große Rolle. Viel Macht, viele Reiche, viel Geld, viele Frauen oder Männer. Zur falschen Unendlichkeit verdammt. Das ist die Hölle." (C II 59) Gut und Böse sind als Urmöglichkeiten im Menschen angelegt. Die Umstände eines Lebensschicksals können dazu führen, dass ein Mensch ein solches Unglück erlebt, dass er geradezu einen Abscheu vor seiner eigenen Existenz bekommt und er dem Bösen in sich Raum gibt; er kann in dieser verzweifelten Situation nur noch das Vergebliche im Dasein wahrnehmen. Aber das Unglück kann auch durchgestanden und damit zum Ausgangspunkt eines neuen Verständnisses von Leben und Wirklichkeit werden. Simone Weils Schlüsselbegriff für die „Wende" ist: Leere. Wer leer von seinen bisherigen Vorstellungen und Träumen werden kann, der öffnet sich für eine neue Wirklichkeit. „Die Leere dient der Gnade." (Z.167) Allerdings wollen wir der Leere keine Chance geben, wir füllen sie mit allem möglichen Trödel und versperren dem göttlichen Geisthauch jede Einwirkung. „Die Einbildungskraft ist ständig bemüht, die geringsten Ritzen zu stopfen, durch welche die Gnade eindringen könnte." (Z.167)

Der falschen (angehäuften) Fülle muss also etwas entgegengesetzt werden: die Leere. Man braucht eine Vorstellung von der Welt, in der Leere ist, damit die Welt Gott braucht. Eine „wartende Leere" zieht Gott gewissermaßen an. Allerdings hält der Mensch die Leere nicht aus, er stopft sie gleich wieder mit Hilfe seiner Einbildungskraft zu. „Wir müssen die Leere in uns wieder herstellen." (C II 53) Es bedarf einer Übung, damit die Leere ausgehalten wird: „Stehenbleiben, sich zurückhalten heißt Leere in sich schaffen [...] Die Gnade erfüllt, aber sie kann nur da eintreten, wo es eine Leere gibt, durch die sie empfangen werden kann." (C II 91) Wir produzieren immerzu Wünsche, träumen uns Wunscherfüllungen, und tatsächlich: „Das Gefährliche an den Wünschen ist, dass sie erfüllt werden." (C II 238) Aber gerade die Wunscherfüllungen führen uns in die Sackgasse. Sie versperren unsere Mitte, verkleistern unsre seelischen Organe. Die Zugänge zu einer transzendierenden Betrachtung schließen sich.

Das Kreisen um das eigene Ich, das egozentrische Denken, kennzeichnet die „offene Flanke" für den Einbruch des Bösen. Gott bietet uns die „vollkommene Freude" an, die aber voraussetzt, dass wir nicht mehr an den Ichfreuden hängen. „Die vollkommene Freude schließt eigentlich das eigene Empfinden der Freude aus, denn in der ganz von ihrem Gegenstand erfüllten Seele ist auch nicht der kleinste Raum mehr verfügbar, um ‚Ich' zu sagen." (Z 175) Wem die vollkommene Freude angeboten wird und wer sie zurückweist, weil er sie nicht will, dann ist „diese Weigerung die Hölle." (Z 217) Das Ich ist also eine Endstation, eine Sackgasse, von dort führt kein Weg weiter. „Die Demut besteht in dem Wissen, dass es in dem, was man ‚Ich' nennt, keine Energiequelle gibt, die es einem erlaubt, höher zu steigen [...] Alles, ausnahmslos alles, was es an Wertvollem in mir gibt, kommt aus Geliehenem, das man unaufhörlich neu empfangen muss." (C II 58)

Ein entscheidender Gedanke steht im Denken Simone Weils immer im Hintergrund: Da Gott „alles in Allen" ist, das Eine und Ganze, musste er sich einschränken, musste sich gleichsam „verkleinern", um die Möglichkeit für eine Schöpfung überhaupt zu schaffen. „Gott konnte nur erschaffen, indem er sich verbarg. Sonst gäbe es nur ihn." (C II 140) Nun steht aber die Schöpfung (und damit auch der Mensch) einem Prozess im Weg, der dazu führt, dass Gott wieder der Eine und damit das Ganze ist. Das Unglück in der Welt macht uns auf diese Barriere aufmerksam. Im Kreuz wird uns aber ein Zeichen aufgezeigt, wie sich das äußerste Unglück durch das erlösende Leiden wenden kann. Erst wenn ich zustimme, zunichte zu werden, wenn die ganze Schöpfung in einen Vorgang der „decreation" gerät, der Zunichtewerdung, kann die göttliche Fülle wiederhergestellt werden. So kann Simone Weil sagen: „Mein Gott, gewähre mir, nichts zu werden. In dem Maße, wie ich nichts werde, liebt Gott sich durch mich." (C II 228) So wird also die „decreation" zur Aufgabe der Menschheit. Sie muss angenommen und bejaht werden: „Gott kann in uns nichts lieben als diese Einwilligung, uns zurückzuziehen, um ihn hindurchzulassen, wie er selbst, als Schöpfer, sich zurückgezogen hat, um uns ein Sein zu lassen." (Z 203) So gesehen, ist unsere Welt ein Bereich der Gottverlassenheit. „Dadurch, dass er das schuf, was anders ist als Er, hat Gott es notwendigerweise verlassen. Unter seiner Hut behält er einzig das, was in der Schöpfung Er ist – das Unerschaffene an jedem Geschöpf. Dies ist das Leben, das Licht, das Wort. Dies ist die Gegenwart des einzigen Sohnes Gottes hienieden." (Z 233f.) Die „Gottlosigkeit" dieser Welt ist nicht hoffnungslos, weil es eine verborgene Anwesenheit Gottes in seiner Schöpfung gibt. „Gott ist von dieser Welt abwesend, außer durch das Dasein derer in dieser Welt, in denen Seine Liebe lebt. Sie sollen darum der Welt gegenwärtig sein durch das Erbarmen. Ihre Barmherzigkeit ist die sichtbare Gegenwart Gottes hienieden." (Z 233)

Man kann also das Böse in der Welt zu verstehen suchen als das Auseinanderdriften von Gott und seiner Schöpfung, wenn sich die Welt in eigener Regie zu verstehen sucht und ihre eigene Herkunft leugnet. „Das Böse ist die Entfernung zwischen der Kreatur und Gott. Das Böse zu beseitigen, bedeutet

Entschaffen; aber das kann Gott nur mit unserer Mithilfe bewirken." So sind Simone Weils Aussagen zu verstehen: „Je mehr ich verschwinde, desto stärker ist Gott in dieser Welt gegenwärtig." (C II 320) „Aus Liebe aufhören zu sein." (C II 324) Es ist sogar ein schöpferischer Akt, diese Diaphanie zu erreichen und unser Teil dazu beizutragen, dem Auflösungsprozess zuzustimmen. „Wir haben an der Schöpfung der Welt Anteil, indem wir uns selbst entschaffen." (C II, 254) Das sprechende Symbol einer völligen Verfügbarkeit ist für sie das Wasser, das sich nicht verfestigt, sondern sich als das Flüssige immer wieder bereithält. „Das Wasser ist der Tod, die Verflüssigung, die Auflösung des Ich, die Materie in vollkommen passiver Form."(C II 283) Die Vollendung der Schöpfung wird also als völlig durchlässig gewordene Schöpfung gesehen, „durch die hindurch Gott sich lieben kann." (C II 284)

Am Ende dieser Überlegungen möchte ich wenigstens andeuten, in welcher Ausgesetztheit Simone Weil ihre Aufzeichnungen notiert hat. Sie hatte ja eigentlich nie Zeit für eine geruhsame philosophische Arbeit. In ihren letzten Lebensjahren war sie dauernd unterwegs, im Grunde auf der Flucht, in Südfrankreich, in Marokko, in Nordamerika und Südengland. Immer nachdenkend, sich Gedanken notierend, immer im Erwägen und Verwerfen. Wenn sie sich wieder auf den Weg zu ihrer nächsten Station machen musste, ließ sie ihre Cahiers bei Freunden zurück, ohne sie je wiederzusehen und sie möglicherweise korrigieren und ergänzen zu können. So sind manche sprunghaften Gedanken, ansatzhafte Konzepte, mögliche Perspektiven zu verstehen, die nach einer gründlichen Entfaltung verlangten, zu der sie aber nie kam, da sie ja schon mit 34 Jahren starb. Aber trotz dieser schwierigen Bedingung bei der Entstehung dieser Texte ahnt man doch ein Gesamtkonzept, eine Sehweise, die in sich zusammenhängt.

In einem Brief an ihren Freund Joe Bousquet hat Simone Weil, die sonst sehr zurückhaltend war mit Mitteilungen über ihre innere Sphäre, aus einem bestimmten Grund ihre Scheu überwunden und sich offener über ihre Situation und ihre Erfahrungen ausgesprochen. Bousquet war querschnittgelähmt, konnte sich kaum bewegen und wurde verständlicherweise mit seinem schweren Schicksal nicht fertig. So hatte er ihr geschrieben, er fühle den Unterschied zwischen Gut und Böse nicht. Simone Weil muss über diesen Satz erschrocken sein, da sie davon überzeugt war, dass sich jeder Mensch einmal grundsätzlich für das Gute oder das Böse entscheiden müsse. Wenn sich die Seele nicht einmal vom Guten bemächtigen lässt, dann gerät sie wider Willen unter die Herrschaft des Bösen.

„Ein Mensch kann während seines Lebens sich jederzeit dem Bösen ausliefern, denn man überlässt sich ihm unbewusst und ohne zu wissen, dass man einer äußeren Macht Einlass gewährt; die Seele schlürft ein Narkotikum, ehe sie ihm ihre Jungfräulichkeit preisgibt. Man muss dem Bösen nicht notwendigerweise sein Jawort geben, um von ihm ergriffen zu werden. Das Gute aber ergreift die Seele nur dann, wenn sie Ja gesagt hat.“ (Z 137).
Und sie berichtet ihrem Freund von den Unglückszuständen in ihrem eigenen Leben, die aber nicht grundsätzlicher Art gewesen sind, sondern „im Bereich der biologischen Mechanismen. Es ist körperlicher Schmerz. Seit zwölf Jahren haust in mir ein Schmerz, der am Zentralpunkt des Nervensystems sitzt, an dem Verbindungspunkt zwischen Seele und Körper, der noch im Schlaf fortwährt und niemals auch nur eine Sekunde lang ausgesetzt hat. Zehn Jahre war er derart, und von einem solchen Gefühl der Erschöpfung begleitet, dass oftmals die Anstrengungen meiner Aufmerksamkeit und meiner geistigen Arbeit von aller Hoffnung fast ebenso entblößt waren wie die eines zum Tode Verurteilten, der seine Hinrichtung für den andern Morgen erwartet.“ (Z 139)

Die Erschöpfung und der Schmerz hatten einen solchen Verfall der ganzen Seele zur Folge, dass sie ernsthaft über eine Selbsttötung nachdachte. Erst die Einsicht, dass ihre innere Zustimmung zu diesem Zustand gefordert war und die Bereitschaft, ihr ganzes Leben als „bedingten und befristeten Tod“ anzunehmen, brachten ihr den Seelenfrieden zurück. Weil sie aber in ihrem Leben so viel Hass und Leid und Unglück erfahren hatte, hat sie alles gegen sich selbst gerichtet, es schien ihr unmöglich zu sein, ihre eigene Person als liebenswürdig anzusehen und sich vorzustellen, jemand könne sich ihr freundschaftlich oder gar liebend zuwenden. Das führte wohl auch dazu, dass sie solche Schwierigkeiten hatte, eine positive Einstellung zu ihrem Leib zu bekommen, sodass sie einen Widerstand gegen das Essen bekam, keinen wirklichen Lebensmut im Sinne einer Selbstbehauptung und keine spontane Freude am Dasein empfand. Deshalb auch das Staunen über die religiösen Erfahrungen, die wie „das zärtlichste Lächeln eines geliebten Wesens“ empfunden wurden und sie nicht nur eine „Liebe zu der Civitas des Universums, der Heimat, dem geliebten Vaterland jeder Seele, geliebt um seiner Schönheit willen“ hatte, sondern dass sich auch der Name Gottes und Christi unwiderstehlich in ihre Gedanken mischte. Obwohl sie den Schmerz nicht loswurde und das Unglück sie weiterhin begleitete, stieß sie doch zu einer „Freude als rückhaltloser, uneigennütziger Zustimmung zu der vollkommenen Schönheit“ durch. Diese Verbindung von Unglück und Freude hat aber wohl auch zu einer eigenartigen Konsequenz geführt: Die persönliche Existenz, das eigene Ich, verliert an Bedeutung; die Seele hat nur noch die Sehnsucht, in das „reine Land" zu gelangen, „das Land, wo sichs atmen lässt, das Land des Wirklichen" (Z 142).Von diesen Erfahrungen her werden Aussagen verständlich, die sonst schwer nachvollziehbar wären: „In dem Maße, als ich nichts werde, liebt Gott sich durch mich hindurch." Und in ihrer Vaterunserdeutung heißt es: „Auf alles verzichten, was ich Ich nenne […]". Wenn Leben immer bedeutet, Schmerzen zu ertragen und im Reich des Unglücks zu leben, dann ist es naheliegend, ein Ende dieses „Experiments menschlichen Daseins" zu erhoffen und Gott zu bitten, er möge wieder „alles in allem" sein. Es ist ein Ruf, aus der Not geboren, nicht aus der Verzweiflung.

Heiner Bielefeldt

Religionshass

Kaum ein Thema beunruhigt die Öffentlichkeit so sehr wie terroristische Gewalt, verübt im Namen Gottes. Medial inszenierte Grausamkeiten; Selbstmordanschläge, bei denen selbst Kinder als Bombenträger eingesetzt werden; Messerattentate auf offener Straße; neuerdings der Einsatz von Autos als Waffen, die wahllos jeden zu jeder Zeit treffen können – solche Vorfälle schockieren. Nachdem man sich an entsprechende Fernsehbilder aus Afghanistan, Pakistan, Israel, Irak, Syrien, Tunesien, Somalia oder Nigeria gewöhnt hatte, ist religiös verbrämter Terror in den letzten Jahren auch den Europäern buchstäblich auf den Leib gerückt. Paris, Nizza, Brüssel, Berlin, Barcelona sind Schauplätze öffentlicher Massenmorde geworden.

Es handelt sich keineswegs um ein exklusiv islamistisches Problem – auch wenn sich Politiksekten wie Boko Haram, Al Shabaab und der sogenannte „Islamische Staat" mit spektakulären Attentaten immer wieder in das Bewusstsein der Weltöffentlichkeit bomben und mit ihren internetgestützten Hassbotschaften jugendliche Hirne vergiften. Religiös konnotierte Hass und Gewaltmanifestationen geschehen auch unter den Vorzeichen anderer Religionen. Militante Hindunationalisten gehören zu den treibenden Kräften jener „communal violence" in Indien, die keineswegs nur spontan aufflammt, sondern systematisch orchestriert wird und immer wieder Todesopfer fordert.

Ein buddhistischer Mönch steht im Zentrum der aggressiv antiislamischen „Bewegung 969", die über Hetzreden, ökonomische Boykottaufrufe und physische Übergriffe Zehntausende muslimischer Rohingyas aus Myanmar vertrieben hat. Das Äquivalent in Sri Lanka heißt „BBS"; die singhalesische Abkürzung wird auf Englisch mit „Buddhist Power Force" wiedergegeben. In Israel sorgt das Phänomen eines jüdisch-religiösen Terrorismus verstärkt für Beunruhigung. Es wäre ein Irrtum zu meinen, das Christentum habe sich von Gewaltexzessen mittlerweile durchgängig erfolgreich distanziert. Die Lord's Resistance Army im östlichen Afrika, die Kindersoldaten in ihren Reihen führt und Zehntausende Menschen umgebracht, versklavt und vertrieben hat, stützt sich auf eine bizarre Interpretation christlichen Glaubens.

„Gott ist gefährlich", betonte Ulrich Beck vor einigen Jahren in einem Interview mit der Wochenzeitung Die ZEIT. Darin vermerkte er ironisch: „Die Gesundheitsminister warnen: Religion tötet. Religion darf an Jugendliche unter 18 Jahren nicht weitergegeben werden." Ist den Religionen generell eine Tendenz zu Hass und Gewalt eingeschrieben? Handelt es sich dabei primär um ein Problem der monotheistischen Religionen, die aufgrund der „mosaischen Unterscheidung" zwischen dem einen wahren Gott und den vielen falschen Götzen, zu Intoleranz, Fundamentalismus und Fanatismus neigen, wie Jan Assmann es formuliert hat? Peter Sloterdijk attestierte den monotheistischen Religionen kürzlich sogar eine „Pflicht zur Grausamkeit". Besonders unter Verdacht steht diesbezüglich seit Langem der Islam. Er gilt in unseren Breiten vielfach als der Prototyp einer aggressiven, ja gewalthaltigen Religion, die für Andersgläubige bestenfalls Verachtung übrighabe. Terroristen, die sich als Soldaten des IS ausgeben, passen da ganz ins Bild.

Eine andere Sichtweise stellt demgegenüber darauf ab, dass die Religion in einschlägigen Gewaltakten lediglich „missbraucht" werde. Soll man den Söldnern der Lord's Resistance Army wirklich das Prädikat „christlich" zuerkennen? Stehen nationalistische Hetzredner in Myanmar oder Sri Lanka tatsächlich in der Tradition des Buddhismus – auch wenn sie Mönchsgewänder tragen? Und was ist mit dem Islam, dessen heiliges Buch fast jedes Kapitel im Namen Gottes des Barmherzigen und des Allerbarmers einleitet? Geht die Öffentlichkeit hier nicht allzu leichtfertig terroristischer Propaganda auf den Leim, wenn sie religiöse Inszenierung für bare Münze nimmt? Sollte man nicht besser allen Versuchen, sadistische Gewaltorgien religiösen Sinn und heroische Bedeutung zuzuschreiben, eine Absage erteilen?

Angemessene Antworten auf solche Fragen müssen komplex ausfallen. Auf der einen Seite wäre es zu simpel, die Verstrickungen von Religion und

Gewalt als bloße Missverständnisse abzutun. Der Spruch „das hat mit Religion nichts zu tun" wird der Wirklichkeit nicht gerecht. Schlimmer noch: Die Religionsgemeinschaften würden sich aus der Verantwortung stehlen, wollten sie es bei diesem evasiven Mantra belassen. Zwar mag es oftmals stimmen, dass Religion zur Gewaltrechtfertigung politisch „missbraucht" wird; die Mobilisierung religiöser Gefühle für Zwecke machiavellistischer Machtpolitik könnte von vornherein aber gar nicht funktionieren, wenn die ausgesendeten Hassbotschaften nicht auch eine gewisse Resonanz im Inneren der Religionsgemeinschaften selbst finden würden. Dem muss man sich stellen.

Auf der anderen Seite wäre es nicht minder falsch, Gewaltdispositionen schlicht im „Wesen" der Religion zu verorten – sei es im Kern jeder Religion, sei im Wesen des Monotheismus oder sei es spezifischer in der Botschaft des Islams. Die Konsequenzen einer solchen Annahme wären buchstäblich fatal. Die Absage an Gewalt geriete zwangsläufig zum Kulturkampf gegen die Religion im Allgemeinen oder – weit eher noch – gegen den Islam und seine Anhängerschaft im Besonderen. Dafür gibt es derzeit viele Anzeichen. Die Zuschreibung von Gewaltneigung an den Islam im Ganzen kann im Extremfall zum Motiv eines Religionshasses anderer Art werden. Die Quellen des Hasses liegen dabei nicht in der eigenen Religion, sondern im Akt der Zuschreibung an die Angehörigen einer anderen Religion, konkret: des Islams. Mehr als eine Milliarde Muslime – Orthodoxe und Mystiker, Reformer und Konservative, Männer und Frauen – werden auf diese Weise pauschal einem unhistorisch gedachten, angeblich durch Aggressivität definierten Wesenskern der Religion subsumiert; sie verschwinden als Individuen gleichsam hinter einer ihnen zugeschriebenen kollektiven religiösen Mentalität.

Beide Sichtweisen, die evasive wie die fatalistische, werden der Wirklichkeit nicht gerecht, was zugleich bedeutet: Sie werden den Menschen nicht gerecht. Überwinden lassen sie sich durch ein Verständnis von Religion als einer von Menschen getragenen, historisch offenen sozialen Praxis. Was aus einer religiösen Tradition wird, wie sie sich entwickelt, stagniert, zerfällt, öffnet oder abschließt, hängt entscheidend von den Menschen ab, die sich in Religionsgemeinschaften als Gläubige oder weniger Gläubige, Experten oder Laien, religiös Interessierte oder eher Distanzierte, Frauen und Männer bewegen. In solcher Praxis geschieht immer auch Interpretation. Jede gelebte Religion ist interpretierte Religion. Interpretation findet selbst in solchen Religionsgemeinschaften – wenn auch nur uneingestanden – statt, die den Raum für menschliche Interpretationsleistungen hinsichtlich religiöser Quellen theoretisch negieren. Außerdem ist Interpretation nicht das exklusive Reservat für Exegeten, Theologen oder Experten in Fragen des religiösen Rechts, die diesbezüglich besonderen Einfluss und damit eine herausgehobene Verantwortung haben mögen; sie vollzieht sich auch in der alltäglichen Praxis.

Eine Vielfalt expliziter oder lebensweltlich-impliziter Positionen besteht auch im Verhältnis zur Gewalt. Sie reichen von dezidierter Ablehnung über konditionale Befürwortung bis zu kultischer Gewaltverherrlichung. In jedem Fall aber wird die Beziehung zwischen Religion und Gewalt von Menschen zustande gebracht, und Menschen können diese Beziehung auch wieder unterbrechen. Mit anderen Worten: Gewalt fließt nicht unmittelbar aus dem zeitlosen „Wesen" einer Religion als solcher, sondern geschieht durch die Menschen, die solche Akte ausüben, stillschweigend zulassen, für gut befinden oder auch explizit theologisch rechtfertigen. Unterbrochen wird die Gewalt wiederum durch Menschen, die ihre Ablehnung der Gewalt über abstrakt-pflichtschuldige Distanzierungen hinaus deutlich artikulieren, ideologischen Rechtfertigungsmustern offen widersprechen, Hasspredigern jede Gefolgschaft verweigern und sich um Menschen, insbesondere Jugendliche, bemühen, die in Gefahr stehen, sich gegenüber der Gesellschaft abzuschotten.

Mit dem Verständnis von Religion als einer von Menschen gestalteten sozialen Praxis wird der Raum menschlicher Verantwortung systematisch offengehalten. Das ist wichtig. Die Verantwortung umfasst auch den Umgang mit religiösen Selbstverständnissen, Traditionen und Praktiken. Dies mag schon deshalb schwierig sein, weil religionskulturelle Prägungen derart eng mit lebensweltlichen Selbstverständlichkeiten verwoben sein können, dass es selbst gedanklich manchmal kaum möglich erscheint, dazu überhaupt reflexive Distanz zu gewinnen. Hinzu kommt die Erfahrung, dass diejenigen, die sich offen an heikle Themen heranwagen, womöglich als „Nestbeschmutzer" attackiert werden. Gleichwohl zeigen eindrucksvolle Beispiele aus allen Religionsgemeinschaften, dass es gelingen kann, den steilen und dornigen Weg innerreligiöser Kritik und „Aufklärung" im Interesse von Frieden und Gewaltfreiheit zu beschreiten. Die Themen, die es aufzuarbeiten gilt, sind mannigfaltig. Es geht um Wahrheit und Irrtum, Normvorgaben und Gewissensentscheidungen, Autorität und Zweifel, Ehrvorstellungen im Geschlechterverhältnis, Machtlegitimierung und Loyalitätserwartungen.

Ist es nicht pervers, wenn ausgerechnet der Buddhismus, in dem das „Ich" als eine zu überwindende Illusion gilt, zum ideologischen Schmiermittel für nationalistischen Kollektiv-Egoismus wird? Wie kann der Hinduismus mit seiner unüberschaubaren Vielfalt der Philosophien, Mythen, Rituale und Heilswege zum Instrument systematischer Spaltung zwischen landeseigenen und fremden Religionen degenerieren? Warum muss der Islam immer wieder für Akte unbeschreiblicher Grausamkeit herhalten, wo doch fast alle Koransuren im Namen des Barmherzigen und Allerbarmers beginnen? Und wie kommt es, dass die christliche Frohbotschaft auch in der Gegenwart manchmal Züge aggressiver Drohbotschaft annehmen kann? In allen Religionsgemeinschaften gibt es Menschen, denen Gewaltanwendung, die im Namen ihrer Religion stattfindet, nicht nur persönlich zuwider ist, sondern die auch öffentlich dagegen angehen und solche kritischen Fragen aufwerfen. Daraus können Projekte einer kritischen Re-Lektüre religiöser Quellen, Grundsatzreflexionen oder Neuorientierungen in der religiösen Ethik bzw. Normenlehre erwachsen. Auf diese Weise kann deutlich werden, dass den Religionen nicht nur Konfliktpotenzial, sondern auch ein enormes Friedenspotenzial eigen ist. Sie können nicht nur die Perspektiven fundamentalistisch verengen, sondern auch Herzen öffnen und Horizonte erweitern. Eine wichtige Rolle dabei spielen interreligiöse Dialoge, die dazu dienen, Missverständnisse auszuräumen, gemeinsame Interessen zu definieren und zu praktischer Kooperation zu finden.

Religionskritik ist längst zum selbstverständlichen Bestandteil des gesellschaftlichen Diskurses geworden. Sie entzündet sich heute vor allem am Thema Religion und Gewalt. Produktiv kann die Kritik allerdings nur sein, wenn sie die in den Religionen handelnden Menschen systematisch im Blick behält. Im Unterschied zu einem Fatalismus, der etwaige Gewaltdispositionen gleichsam in der „genetischen Hardware" bestimmter Religionen (oder aller Religionen) angelegt sieht, wie es für manche Exponenten der aktuellen „Islamkritik" kennzeichnend ist, sollte es darum gehen, auch religionsinterne Differenzen, offen oder versteckt ausgetragene theologische Auseinandersetzungen, religionssoziologische Veränderungsprozesse, Reformbemühungen und andere Faktoren nuanciert wahrzunehmen. Nur unter diesen Bedingungen kann Religionskritik ihre Adressaten auch in den Religionsgemeinschaften selbst finden. Eine Religionskritik „von außen" kann sich so gegebenenfalls auch mit theologischer Aufklärung und Selbstkritik „von innen" verbinden. Manche Hau-drauf-Varianten der Religionskritik erweisen sich demgegenüber eher als verheerend, sofern sie nämlich Menschen aufgrund ihrer religionskulturellen Herkunft oder Orientierung unter Generalverdacht stellen, Misstrauen säen und zu gesellschaftlichen Polarisierungen führen. Nicht jede Religionskritik und insbesondere Islamkritik, die derzeit im Gestus der Aufklärung daherkommt, hat auch nur einen Funken vom Geist diskursiver Aufklärung.

Während pauschale Gewaltzuschreibung eine Politik kulturkämpferischer Abschottung nahelegt, die sich in unseren Breiten derzeit vor allem gegen den Islam und seine Symbole richtet, sucht eine diskursive Religionskritik, die die handelnden Menschen in den Blick fasst, immer vor allem auch das Gespräch. Auch eine diskursiv ausgerichtete Religionskritik kann scharf ausfallen; sie kann apologetische Reflexe, halbherzige Distanzierungen und die Verweigerung der Auseinandersetzung mit theologischen und religionshistorischen Erblasten in aller Deutlichkeit ansprechen und Veränderungen entschieden anmahnen. Diskursiv orientierte Religionskritik ist auch nicht in einem vordergründigen Sinne optimistisch. Im Unterschied zu essenzialistischen Zuschreibungen ist sie aber dezidiert nichtfatalistisch. Sie behält die handelnden Menschen im Blick – innerhalb und außerhalb der Religionen. Denn auf die Menschen kommt es letztlich an.

IV. SPUREN IN THEOLOGIE UND RELIGIOSITÄT

Frank Crüsemann

‚Der Mensch als jene Kraft, die stets das Gute will und meist das Böse schafft'

Wie die Bibel das Böse in die Welt kommen sieht und was sie ihm entgegenstellt

Man muss sich „vorstellen, was Mengele
als Charakterzug für sich gewählt hat: nur das Gute.
Alles andere ist ihm bloß widerfahren."[69]

Mephisto, der Teufel, bezeichnet in Goethes „Faust" sich selbst als „Teil von jener Kraft, die stets das Böse will und stets das Gute schafft"[70]. Fragt man, wie nach der Bibel das Böse in die anfangs „sehr gute" Welt kam, muss man die Wendung umdrehen und auf die Menschen beziehen. Zwar nicht „stets", aber doch „meist" wird Böses bewirkt, gerade wenn alle nur das Gute wollen. Kommt für Goethe (und seine Zeit!?) Gutes selbst dann heraus, wenn der Böse das Böse intendiert, ist die Bibel viel radikaler. Schon damals sah sie etwas, was sich erst in den Höllenstürzen des 20. Jahrhunderts vollends gezeigt hat: Man will das Gute und bewirkt das Böse.

Es ist wohl erst dieses Wissen darum, wozu Menschen fähig sind, das eine solche Lektüre des biblischen Textes möglich macht. Dazu gehört auch die Anstrengung, den Text selbst wahrzunehmen und nicht die so überaus mächtigen Muster, die ihn besetzt halten. Sie wirken auch noch da, wo rekonstruierte Vorformen („Quellen") und angeblich selbständige Abschnitte („Perikopen") den gegebenen großen Erzählzusammenhang verstellen.

Was es mit den Menschen auf sich hat, ist in der Erzählung am Anfang der Bibel in negativer Hinsicht erst erreicht, wenn es im Auftakt zur Sintflutgeschichte heißt:

Gen 6

5 Da sah Adonaj, dass die Bosheit der Menschen auf der Erde groß war. Jede Verwirklichung der Planungen des menschlichen Herzens war durch und durch böse Tag für Tag. 6 Da tat es Adonaj leid, die Menschen auf der Erde gemacht zu haben, es schmerzte mitten im Herzen.[71]

Worin besteht hier die menschliche Bosheit? Luthers Wiedergabe, wonach „alles Dichten und Trachten ihres Herzens" böse ist, ist eine irreführende Fehlübersetzung. Nicht das menschliche Herz ist böse, nicht einmal seine Gedanken respektive Planungen, die werden vielmehr, wie üblich, auf Gutes zielen, sondern allein das Gebilde des Herzens, also die Realisierungen, Verwirklichungen, das, was dabei am Ende bewirkt wird. Die sind so böse, dass sie Gott dazu bringen, die Erschaffung der Menschen zu bereuen und die Menschheit fast in Gänze wieder zu vernichten. Doch selbst Gott kann das Böse, das sich als Gewalt zeigt, nicht wieder mit Gewalt beseitigen, sondern muss konstatieren, dass dieser Versuch nicht das Geringste geändert hat. So heißt es nach der Flut:

Gen 8

Da sprach Adonaj in seinem Herzen: „Nicht noch einmal werde ich die Erde um der Menschen willen erniedrigen, denn die Verwirklichungen der menschlichen Herzen sind eben böse von Jugend an. Kein weiteres Mal werde ich deshalb alles Leben schlagen, wie ich es getan habe."

Die Unüberwindbarkeit des menschlichen bösen Wirkens also ist es, die Gott zum Umdenken veranlasst. Was ihm entgegengesetzt wird, davon wird ab dem nächsten Kapitel (Gen 9) gehandelt. Wie es aber entstand und worin es inhaltlich besteht, dazu muss man den Zusammenhang von Gen 1 an in den Blick nehmen.

Am Anfang kann gar nicht häufig genug gesagt werden, dass alles, was Gott schafft, uneingeschränkt gut ist. Das beginnt mit dem ersten Schöpfungswerk:

Gen 1

4 „Gott sah das Licht: Ja, es war gut". Eine entsprechende Feststellung findet sich durchgehend bei allen Schöpfungswerken: Und Gott sah: Ja, es war gut (v. 10.12.18.21.25). Und am Ende ist zu konstatieren: 31 „und Gott sah alles, was Gott gemacht hatte: Sieh hin, es ist sehr gut".

Diese abschließende Feststellung schließt die Existenz der Menschen ein, insbesondere ihre Gottebenbildlichkeit (1,26.28). Diese Eigenschaft, die sie fast wie Gott macht, bleibt und wird durch nichts, was folgt, auch und gerade nicht durch die Aussagen über das Böse, das die Menschen hervorbringen, eingeschränkt (5,3; 9,6).

Vom Bösen ist zum ersten Mal überhaupt im Zusammenhang mit dem Baum der Erkenntnis die Rede, dessen Frucht dann verboten wird:

Gen 2
9 Aus dem Acker ließ Adonaj, Gott, sodann alle Bäume aufsprießen, reizvoll zum Ansehen und gut zum Essen, samt dem Baum des Lebens in der Mitte des Gartens und dem Baum der Erkenntnis von Gut und Böse. [...] 16 Dann sprach Adonaj, Gott, ein Gebot für das Menschenwesen aus: „Von allen Bäumen des Gartens kannst du ruhig essen. 17 Nur vom Baum der Erkenntnis von Gut und Böse – von dem darfst du nicht essen. An dem Tag, an dem du von ihm isst, bist du zum Tode verurteilt."

Noch immer aber ist es, wie in Gen 1, Gott allein, der dafür sorgt, dass das Gute geschieht:

18 Dann sagte Adonaj, also Gott: „Es ist nicht gut, dass der Mensch allein ist. Ich will für ihn eine Hilfe machen, so etwas wie ein Gegenüber."

Worum aber geht es bei der verbotenen Frucht? Da sich hier die dogmatischen Vorgaben konzentrieren, sollte man sich zunächst an Aspekte halten, die vom Sprachgebrauch der hebräischen Bibel her eindeutig zu erkennen sind. Das betrifft einmal das hebräische Wort für „erkennen" (jdʿ), das nicht nur einen kognitiven, inneren Akt meint, sondern stets auch den praktischen Umgang mit den „Objekten" der Erkenntnis. So bezeichnet es vielfach speziell den sexuellen Akt, „eine Frau erkennen" (Gen 4,1; 24,16; 38,26; 1Kön 1,4), auch in gewaltsamen Zusammenhängen (Gen 19,5.8).

Und dazu kommt das andere: Das Erkennen von Gut und Böse bezeichnet mehrfach das Selbständigwerden von Kindern (Dtn 1,39; Jes 7,15f). Gemeint ist offenkundig das Wissen darum, was für sie im Leben des Alltags gut und was schlecht ist, wodurch ein selbständiges Leben möglich wird, weil sie die Gefährdungen des Lebens und den angemessenen Umgang damit kennen. Das ist ein Wissen, das im Alter wieder verloren gehen kann (2 Sam 19,36), wie wir im Zeitalter der Demenz nur zu gut wissen. Dass die Geschichte nicht von einem „Sündenfall“ handelt, sondern von der Überwindung von Unmündigkeit, wie es zuerst Immanuel Kant[72] und dann wieder die feministische Exegese entdeckt haben, hat hier seine Basis. Im Zusammenhang der Frage nach dem Bösen ist wichtig: Es geht um nichts Außergewöhnliches, sondern um etwas, das zu jedem halbwegs erwachsenen menschlichen Leben gehört. Und die Schlange gibt lediglich den Anstoß zum Griff nach der Autonomie.

Wie diese Erkenntnis funktioniert, zeigen am eindeutigsten die Stellen, die die Übertretung des Verbots und dann seine Folgen schildern:

Gen 3

6 Da sah die Frau, dass es gut wäre, von dem Baum zu essen, dass er eine Lust war für die Augen, begehrenswert war der Baum, weil er klug und erfolgreich machte. Sie nahm von seiner Frucht und aß. Und sie gab auch ihrem Mann neben ihr. Und er aß. 7 Da wurden beiden die Augen geöffnet und sie erkannten, dass sie nichts anhatten.

Die Erzählung macht sehr deutlich, was gemeint ist. Die Frau sieht, also erkennt, dass es für sie jetzt im Moment gut ist, von dieser Frucht zu nehmen. Es ist der unmittelbare Genuss und es sind die unmittelbaren, absehbaren Folgen, die vor Augen stehen. Sie vollzieht damit genau das, was der Ausdruck semantisch besagt: Erkennen des Guten heißt, durch Handeln selbst zu vollziehen, was gut ist, für sie selbst und im Moment. Langfristige Folgen sind nicht im Blick und können nicht im Blick sein. Das ist nicht weit entfernt von dem, was man Narzissmus nennt: Der Narzisst „trifft seine Entscheidungen aus purer Eigenliebe.“[73]

Wie weit das allerdings von dem entfernt ist, was die christliche Auslegung jahrtausendelang hier gefunden hat: den Sündenfall – so zuletzt wieder und entgegen allen exegetischen Einsichten die (ja nicht zum Bibeltext gehörende, sondern eingefügte) Überschrift über Gen 3 in der revidierten Lutherbibel von 2016/2017 –, zeigt der erzählte Zusammenhang. Was als unmittelbare Folge konstatiert wird, ist ja genau das, was zu erwarten war: ein Erkennen. Von Schuld und ihren Folgen ist allerdings nicht die Rede, denn die vollzogene Erkenntnis führt zu etwas ganz anderem, zur Scham. Wenn es um einen Fall geht, dann um den in die Scham.[74] Und auch Gottes Reaktionen zielen auf die Scham und den Umgang mit ihr. So bekleidet Gott die beiden mit eigenhändig gemachten Kleidern (3,21). Und Gott ordnet das Leben so, dass auch seine neuen Härten nicht in andauernde Scham führen (3,16.19).

Will man nicht den puren Akt des Ungehorsams gegen den Sprachgebrauch der Bibel „Sünde" nennen, dann geht es erst um den Zusammenhang von weiteren möglichen Folgen dieser Erkenntnis von Gut und Böse, wie sie im Konflikt zwischen Kain und Abel zutage treten:

Gen 4
6 Da sagte Adonaj zu Kain: „Warum brennt es in dir? Und warum entgleiten deine Gesichtszüge derart? 7 Ist es nicht so: Wenn dir Gutes gelingt, schaust du stolz; wenn dir aber nichts Gutes gelingt, lauert die Sünde vor der Tür. Auf dich richtet sich ihr Verlangen, doch du – du musst sie beherrschen."

Hier, wo die Rede vom Guten mit den entsprechenden Verben fortgeführt wird, hier und nicht vorher kommt zum ersten Mal einer der biblischen Begriffe für Sünde vor (chattat) – in dem Moment also, wo es um den Umschlag in Gewalt geht und damit um massiv negative Folgen des Handelns. Der psychische Moment dieses Umschlags wird in der Ansprache Gottes sehr genau erfasst. Kain hat zweifellos genau wie sein Bruder Gutes mit seinem Opfer gewollt, in erster Linie für sich, ebenso zweifellos. Wo das nicht gelingt, wo also der Stolz auf die eigene – „reingewährte"[75] – Leistung nicht möglich ist, erhebt sich die Sünde und droht wie ein wildes Tier. Sie kann und sie soll beherrscht werden. Weil das möglich bleibt und immer wieder auch geschieht, sonst könnte es einen Noach nicht geben, kann im Titel dieses Textes nicht das Goethe'sche „stets" stehen bleiben. Aber es ist schwer und gelingt selten. Im Übrigen ist von Kriterien dafür, was inhaltlich als das Gute gilt und gelten soll, noch nicht die Rede.

Für den biblischen Gesamtzusammenhang ist entscheidend: Das Gute, das ich will, fast unausweichlich zuerst und zuletzt für mich, wird dann zum Bösen und damit zur Sünde, wenn es sich mit Gewalt meint durchsetzen zu sollen und zu können. Und diese Möglichkeit wird, so wird erzählt, nach dem Anfang bei Kain bei seinen Nachfahren zur Regel und steigert sich, um dann in der Folge die ganze Menschheit, ja die ganze Schöpfung zu erfassen. Gewalt wird damit zum universalen, allgemeinen Verhaltensmuster. Zwar werden nur wenige Beispiele dieses Prozesses ausdrücklich genannt. Dennoch ist der Weg von der Tat Kains über die gewaltsamen Grundsätze Lamechs:

Gen 4
23 Dann sprach Lamech zu seinen Frauen: „[…] Einen Mann töte ich für meine Wunde, ein Kind für meine Strieme."

Bis zu den zitierten Grundsatzaussagen über die Folgen menschlichen Tuns (6,5; 8,21) deutlich erkennbar. Auch begrifflich wird jetzt „Gewalt“ (chamas) zum entscheidenden Charakteristikum der Lage, die zur Flut führt (und durch diese nicht wieder beseitigt werden kann):

Gen 6
11 Und die Erde verdarb vor dem Angesicht Gottes, indem Gewalt die Erde erfüllte.

So wie das „sehr gut“ vom Anfang bleibt, wie auch alles bleibt, was das Paradies ausmacht, wie es zwar überdeckt wird und nicht mehr allein das Leben bestimmt, aber eben doch immer noch in allen Details erfahrbar bleibt, so bleiben auch die erschreckend weitreichenden Aussagen über die Menschen, die gerade, weil sie das Gute wollen, aber es meistens zuerst und zuletzt für sich wollen, das Böse bewirken, „durch und durch böse Tag und Nacht“. Die Sünde, das Böse wird hier (mit Mephisto) als „Zerstörung“, also als Gewalt gefasst.

Dass nach traditionell christlich-dogmatischem Verständnis, der Sündenfall unfähig zu allem Guten macht[76], kommt hier durchaus zu seinem Recht. Man darf nur nicht übersehen, dass das christliche Verständnis aus der Perspektive der Erlösung von dieser Ursünde formuliert wird, wie man sie im Glauben an Christus gegeben sieht. Dabei betrachtete man allerdings den Teil der Menschheit, der nicht im rechten Glauben ist, die Juden zuerst, aber auch „Türken“ und Ketzer aller Art, als in dieser Sünde verblieben, weswegen sie als durch und durch böse und gewalttätig angesehen wurden – mit der bekannten Folge, dass sie damit für die Christen außerhalb aller Regeln standen, sodass man selbst gegen sie Bosheiten aller Art verüben darf (wenn nicht sogar soll).

Die Bibel stellt der negativen Sicht des Menschen als „jene Kraft, die stets das Gute will, und meist das Böse schafft“ ein anderes Handeln Gottes entgegen. Aus den komplexen Vorgängen – da ist die bleibende Gegenwart Gottes, da ist die Wiederholung des Schöpfungssegens und seine Steigerung im Abrahamsegen (12,13) u.a. – weise ich hier nur auf die Hauptlinie hin. Sie beginnt in

Gen 9
1 Da segnete Gott den Noach und seine Familie und sprach zu ihnen: „Seid fruchtbar, vermehrt euch und füllt die Erde. 2 Doch Angst vor euch und Erschrecken vor euch komme über alle Tiere des Landes und über alle Vögel des Himmels, über alles, was auf der Erde kriecht, und über alle Fische des Meeres: In eure Gewalt sind

sie gegeben. 3 Alles, was sich regt und in dem Leben ist, das soll euch als Speise dienen. Wie das grüne Gewächs übergebe ich das alles an euch. 4 Doch Fleisch mit seiner Lebenskraft, seinem Blut, sollt ihr nicht essen. 5 Euer Blut aber, jedes eurer Leben, werde ich zurückfordern, aus der Gewalt jedes Tieres werde ich es zurückfordern. Und aus der Gewalt der Menschen – aus der männlichen Gewalt des Bruders – werde ich das Leben jedes Menschen zurückfordern. 6 Wer Menschenblut vergießt, deren Blut soll durch Menschen vergossen werden. Denn als Bild Gottes sind die Menschen gemacht.“

Es sind die ersten Lebensregeln, die die Bibel kennt, und sie dienen der Zähmung, nicht mehr der Beseitigung von Gewalt, das ist unmöglich geworden. Die gewaltlose Welt des Anfangs hatte offenkundig der Gewalt nichts entgegenzusetzen. Sie ist verloren und nicht wiederherzustellen. Die Existenz von Gewalt muss anerkannt werden. Zunächst geht es um die gegenüber den Tieren. Da wird sie nun gestattet, aber an entscheidender Stelle auch durchbrochen, symbolisch gebremst und kontrolliert. Das Blut als Zeichen des Lebens bleibt unantastbar. Ob eine Gesellschaft, in der die Gewalt gegenüber Tieren faktisch uneingeschränkte Geltung hat, die Gewalt zwischen Menschen effektiv begrenzen und kontrollieren kann, ist bisher wohl nicht ausgemacht.

Auch die Gewalt von Menschen gegen Menschen wirkt weiter, doch sie wird jetzt zum ersten Mal ausdrücklich untersagt. Gott selbst sagt sein Eingreifen zu. Wichtiger aber ist die unerhörte Neuigkeit von V. 6: Der Schutz des menschlichen Lebens wird den Menschen selbst anvertraut. Eben die Menschen, von denen die Gewalt ausgeht, eine Gewalt, die so oft wie anfangs bei Kain aus dem intendierten Guten erwächst, genau diese Menschen werden für die Sicherung menschlichen Lebens verantwortlich gemacht. Die jüdische Exegese hat mit diesem Satz immer und mit vollem Recht die Einsetzung von Gerichten intendiert gesehen. Die abschließende Begründung hat offenbar zwei Seiten: Zu schützen ist das Leben der Menschen vor den Menschen, weil sie Ebenbild Gottes und damit unantastbar sind. Und weil sie Ebenbild Gottes sind und bleiben, wird ihnen trotz ihres immer wieder in Gewalt umschlagenden Lebens das menschliche (wie das tierische) Leben anvertraut.

In dieser Anfangsformulierung ist der Schutz vor tödlicher Gewalt recht offen wiederum auf Gewalt aufgebaut, sofern die Sanktion für Menschentötung die Todesstrafe ist. Erst die weitere Linie göttlicher Rechtsbestimmungen in der Tora sieht dann Einschränkungen der Gewalt auch und gerade im Recht vor, und zwar durch Verfahrensregeln, die zur faktischen Überwindung der Todesstrafe bereits im antiken Judentum geführt haben. Dafür stehen die Zweizeugenregel (Dtn 17,6; Num 35,30) und besonders die Notwendigkeit des Nachweises bewusster Absichtlichkeit der Tat durch unmittelbare Warnung durch die Zeugen vor der Tat (so die rabbinische Auslegung von Num 35,11.15 u.a. in mSan 5,1; bSan 40b u.a.).

Mit dem Essen der Frucht ist das damit verbundene Wissen um Gut und Böse ins Innere der Menschen gelangt und so angeeignet worden[77]. Es gehört von da an zum Handeln der (erwachsenen) Menschen aus dem Inneren heraus. Was ihm entgegengestellt wird, kann deshalb, um wirksam zu werden, nicht etwas rein Äußerliches sein. Es reicht nicht, mithilfe von Autorität und Macht Gottes Gehorsam zu fordern. Hier bleibt eine Leerstelle, denn wie die Noach und seiner Familie und damit der gesamten Menschheit anvertrauten Regeln durch die Generationen weitergegeben werden, berichtet die Bibel nicht. Erst bei der Tora wird die Weitergabe durch die Generationen ins Auge gefasst. Immerhin ist doch das Entscheidende zu erkennen. Denn die Normen, um die es hier geht, mit dem Tötungsverbot als Zentrum, sind nach der Bibel nicht angeboren, nicht mit der Erschaffung gegeben, also in diesem Sinne auch kein Naturrecht im strengen Sinne. Es geht vielmehr um etwas, das in allen menschlichen Kulturen gelehrt, weitergegeben und so jeweils verinnerlicht werden muss. Es sind von außen gegebene und jeweils neu zu erlernende Normen, die nur dann, wenn sie verinnerlicht werden, eine wirksame Korrektur dessen bilden können, was die Menschen sich im Griff nach der verbotenen Frucht angeeignet haben.

Es ist freilich ein höchst labiles Gleichgewicht, das hier entsteht, wir wissen es. Vor allem aber wissen wir durch die Schrecken des 20. Jahrhunderts, dass da, wo diese Traditionskette reißt, wo also wie im religiösen Wahn oder im neuzeitlichen Nationalismus, Kolonialismus, Rassismus, die Menschheit nicht mehr als Einheit gesehen wird, wo die mit der Gottebenbildlichkeit gegebene unverlierbare Menschenwürde aller, auch der Verbrecher und Ungläubigen, infrage steht, wo das Tötungsverbot und sein Schutz durch ein funktionierendes Rechtssystem wegfällt, dass da die Durchsetzung des für gut Gehaltenen, das man erreichen will, gar kollektiv, etwa als kommunistische, als rassereine oder als religiös einheitliche Gesellschaft, in unausdenkbare Formen des radikal Bösen umschlagen kann.

Jörg Frey

Dämonen und Dämonien
Biblisch-theologische Anmerkungen zu einem vernachlässigten Motiv und seiner bleibenden Aktualität

Vom Dämonischen oder gar von Dämonen redet die neuere ‚seriöse' Theologie kaum mehr. Zu lange wurde der Terminus von einer übermächtigen Kirche missbraucht, um das, was sie um jeden Preis abwehren wollte – von abweichenden Lehren bis zu ‚illegitimer' Sexualität – zu verbannen. Zu naiv erscheint es, wenn im Neuen Testament (wie noch in vielen Kulturen unserer Welt) Krankheiten als ‚Besessenheit' gedeutet werden. Und wenn heute in pentekostalen Gruppen und auch in mariginalen Zirkeln im römischen Katholizismus Exorzismen praktiziert werden und die Kunde davon in die Öffentlichkeit gerät, schaut die offizielle Kirche verschämt weg. Wissenschaftlich gilt Dämonenglaube als vorwissenschaftlich und durch die Medizin obsolet, theologisch gilt er als ein ‚Aberglaube', der durch den wahren Gottesglauben ‚ausgetrieben' sein sollte und keine Berücksichtigung mehr verdient.

Die Frage stellt sich, ob nach dieser ‚Entmythologisierung' das Phänomen und der Begriff des Dämonischen anders gebraucht werden sollten. „Dämonisch" wären dann nicht mehr allerlei Krankheiten, esoterische Praktiken oder parapsychologische Phänomene, sondern eher die Techniken der kollektiven und individualisierten medialen Beeinflussung, die den Menschen die Freiheit zum Handeln, zum Denken oder selbst zum bloßen Neinsagen raubt und sie zu funktionierenden Rädchen im System einer Ideologie oder der Ökonomie werden lässt. Was bei dieser Form von ‚Dämonie' auf dem Spiel steht, ist – gleich dem ‚klassischen' Verständnis von ‚Besessenheiten' – die Freiheit menschlichen Handelns und Lebens.

Eine brüchige Kategorie

Nun ist die Kategorie ‚Dämon' alles andere als eindeutig weder in der altorientalischen und griechischen Antike noch in der biblischen Tradition.

Bildhaft oft dargestellt als fabelhafte Mischwesen aus unterschiedlichen Tiergestalten, verkörpern sie ehemalige, ‚depotenzierte' Götter oder ungreifbare bedrohliche Mächte. Während im Alten Testament und in den zeitgenössischen Kulturen eine Vielzahl von unterschiedlichen, positiv und negativ konnotierten Mächten und Figuren ohne Systematisierung nebeneinander begegnen, hat die griechische Sprache jenen Begriff des „daimon" bzw. „daimonion" hervorgebracht, der es erlaubte, die Fülle von Kräften und Wesenheiten zwischen Himmel und Erde bzw. zwischen den Göttern und den Menschen zusammenzufassen.

Platon fasst darunter zum Beispiel Mächte, die den Göttern untergeordnet sind, aber doch auch Verehrung erfahren, positive Kräfte wie den Eros, aber auch negative wie Totengeister. Auch das, was einen Menschen im Innersten leitet und bestimmt, was Dichter beseelt und Propheten zum Reden bringt, kann als daimon bezeichnet werden. Unklar bleibt dabei nicht zuletzt die Unterscheidung zwischen Dämonen und Engeln. Erst im frühen Christentum wird der Gebrauch der Termini dann so ‚sortiert', dass in Engeln zumeist nur noch helfende, positive und in Dämonen (bzw. ‚unreinen Geistern') schädliche, negative Mächte gesehen werden. In manchen Konzepten stehen sich dann ganze ‚Heere' von positiven und negativen Mächten gegenüber im Kampf um den Menschen.

Im Unterschied zu eigentlichen Göttern gelten Dämonen jedoch weithin als Mächte, die von Menschen beeinflusst, abgewehrt und vertrieben werden können. Damit werden diese Mächte zum Faktor im Ringen um die Erklärung und Gestaltung des menschlichen Geschicks: Dämonen befinden sich somit im Zwischenraum zwischen dem unabwendbaren Schicksal und dem selbstmächtigen Handeln des Menschen. Auf sie werden schädliche Einflüsse oder Krankheiten zurückgeführt und auf ihre Abwehr oder Vertreibung richtet sich das Handeln von Magiern und Exorzisten. Dass durch solche Aktivitäten Menschen in allerlei Abhängigkeiten geraten, ist evident.

Vor diesem Hintergrund ist es von Bedeutung, dass im Neuen Testament durchgehend von der Gebrochenheit der Macht der Dämonen ausgegangen wird – angesichts einer Welt, in der die Furcht vor solchen Mächten und die Versuche, sie zu beeinflussen, weithin verbreitet waren. Die Botschaft, dass Christus die Macht des Bösen gebrochen hat und dass uns keine Macht der Welt mehr von der Liebe Gottes scheiden kann (Römer 8,38 f.), könnte tatsächlich eine Revolution, die ‚Entzauberung' der Welt, bedeuten.

Die Frage nach den Ursprüngen – Einblicke in die jüdisch-christliche Überlieferung

Zu bedrängend ist jedoch die Frage, wie das Böse, das Menschen in ihrer Welt wahrnehmen, erklärt werden kann. Wie konnte es eindringen? Wie konnte die Welt so werden, wie sie in der täglichen Erfahrung der Menschen ist? Die jüdisch-christliche Tradition kennt eine Reihe von (mythologischen) Erzählungen und Modellen:

Der Sündenfall

In der christlichen Tradition hat sich dafür als ‚Mastererzählung' die Sündenfallerzählung (Genesis 2–3) etabliert: Adam ist schuld an der ersten Übertretung und brachte dadurch Unheil (Sterblichkeit, Ausschluss aus dem ‚Paradies') auf seine Nachkommen. Dass dies nicht bloß ein über die Menschen hereingebrochenes Verhängnis ist, ein ‚unschuldig' auf sie gekommenes ‚Erbe', dass vielmehr alle Menschen zugleich schuldhaft (und damit strafbar) mit in diesen ‚Fall' einbezogen sind, lässt sich nicht leicht plausibilisieren und ist vielleicht am ehesten aus der faktischen Sterblichkeit aller gefolgert. Dass Adam bzw. vielmehr zuerst Eva selbst getäuscht und verführt wurden und somit die ‚Schuld' an dem Geschehen noch bei einer anderen Figur liegt, kompliziert das Problem weiter. Diese Figur, die Schlange, wurde wohl erst seit dem 1. Jh. v. Chr. mit dem ‚Satan' oder ‚Teufel' als dem Anführer und Urheber des Bösen, in Verbindung gebracht. Doch weiß die Bibel auch zu erzählen, dass dieser Satan nicht immer als so ‚böse' angesehen wurde: im Hiobbuch ist er noch ein Mitglied im Thronrat Gottes, eine Art ‚Oberstaatsanwalt'; erst in späteren Texten wird er dann zum Urheber alles Bösen, zum Widersacher von Urzeit an. In der Sündenfallerzählung der Genesis ist ja von einem Satan noch gar nicht die Rede, und die Schlange ist ein schlichtes Geschöpf, klug und etwas ungreifbar, aber keinesfalls ‚böse'. Wie ‚das Böse' also in die Welt kam, bleibt in dieser Erzählung am Anfang der Bibel noch unerklärt. Erst ihre Ausdeutung Jahrhunderte später hat sie zu dem gemacht, was sie heute ist: zur Universalerklärung des Bösen und der Sünde in der Welt.

Die kleine Skizze zeigt, wie komplex und verwirrend der Diskurs um die Ursprünge des Bösen und um die Verantwortung für den Zustand der Welt in der biblischen Tradition ist. Vor allem in der Zeit ‚zwischen den Testamenten', also zwischen ca. 300 v. Chr. und 100 n. Chr., hat sich im antiken Judentum ein reicher Schatz von Narrationen entwickelt, die den

Zustand der Welt erklären und zum Teil mit einer letzten Überwindung des Bösen rechnen.

Der Wächterfall

Hier finden wir auch jene Erzählung, die wohl die älteste Erklärung der Ursprünge des Bösen bildet und aus der dann auch die Entstehung und Funktion von Dämonen verständlich gemacht wurde: die Erzählung vom Fall der Wächterengel im Henochbuch, einer aramäischen Schrift, die in weiten Kreisen des antiken Judentums (zum Beispiel auch in Qumran) und auch in der christlichen Frühzeit sehr geschätzt war. Im neutestamentlichen Judasbrief (Judas 14) wird Henoch als Prophet zitiert. Doch weil das Buch (wie die ganze ‚Apokalyptik') in der Neuformierung des Judentums nach der Tempelzerstörung des Jahres 70 n. Chr. nicht in den jüdischen Kanon aufgenommen wurde, geriet es auch bei Christen in Vergessenheit und blieb nur in der äthiopischen Kirche erhalten, wo es bis heute zum Kanon gehört.

Die Wächtererzählung (1 Hen 6–8), die auf die knappe Notiz über die ‚Göttersöhne', die sich Menschentöchter nahmen (Genesis 6,1), zurückgeht und diese erzählerisch breit erweitert, ist die älteste mythologische ‚Erklärung' des Bösen in der Welt in der jüdischen Tradition. Demnach haben sich 200 Engel der Klasse der ‚Wächter' unter ihrem Anführer Shemihazah verschworen, ihren angestammten Ort im Himmel verlassen und sich mit schönen Frauen auf der Erde verbunden. Ihnen werden ‚Riesen' geboren, die aufgrund ihrer Größe die Erde kahlfressen, sich gegenseitig auffressen und – was Juden ein Gräuel ist – ihr Blut trinken (1 Hen 7,5). Ein anderer Erzählstrang weiß von dem Wächter Aza'el, der die Menschen Metallverarbeitung (d.h. Waffenherstellung) sowie die Herstellung von Schmuck und Kosmetika lehrt. Die Reaktion Gottes auf diese Rebellion einiger seiner Diener ist klar: Diese werden gefangen und unter der Erde zum kommenden Gericht verwahrt, und zugleich sollen auch alle Ungerechten auf der Erde vernichtet und die Erde vom Bösen gereinigt werden, während den Gerechten eine Zukunft in Frieden und Fülle verheißen wird.

Grundmotiv dieser Narration ist die Grenzüberschreitung: Die schöpfungsgemäße Ordnung, in der alles seinen Platz hat, ist durchbrochen, wenn Engel eigenmächtig herabsteigen, sich Frauen nehmen und mit ihnen ‚Bastarde' zeugen. So breitet sich Gewalt auf der Erde aus und die Menschen lernen mit dem illegitimen Wissen, das ihnen die ‚Engel' gebracht haben, selbst Kriegshandwerk und die Kunst der sexuellen Verführung. Gleichwohl sind die Menschen hier noch ganz passiv – das Verhängnis bricht über sie herein, die Welt wird, wie sie eben ist – voll Gewalt und Ungerechtigkeit. Vom Gedanken an die bewusste ‚Tat' eines ‚Adam' ist diese erste Erklärung der Ursprünge des Bösen noch weit entfernt. Andererseits findet sich in jener Erzählung erstmals der Gedanke eines kommenden Endgerichts, in dem das Böse von der Erde getilgt und der paradiesische Zustand wiederhergestellt werden wird.

Schließlich bietet sie auch eine Erklärung zum Ursprung der Dämonen: Wenn die gigantischen ‚Bastarde' sich gegenseitig fressen, bleibt ihr unsterblicher, ‚engelhafter' Anteil übrig. Diese Totengeister gelten in der Henochtradition als jene ‚unreinen Geister', die die Menschen mit Krankheiten und anderen Übeln plagen oder zu sündigem Verhalten verführen. Oder umgekehrt: Sünde und Unrecht werden auf die Wirkung dieser Geister und damit letztlich auf die Folgen des Wächterfalls zurückgeführt. Freilich ist Gott an dem Geschehen nicht völlig ‚unschuldig': Nach dem ebenfalls in Äthiopien überlieferten, wohl im 2. Jh. v. Chr. hebräisch verfassten Jubiläenbuch will Gott zwar all diese Geister vernichten, doch ‚verhandelt' ihr Anführer mit Namen Mastema (= eine Parallelform von ‚Satan') mit Gott, dass er ihm doch ein Zehntel der Dämonen belasse, damit er mit ihrer Hilfe die Gerechten ‚versuchen' könne. Das Wirken der Dämonen und selbst dieses ‚Satans' geschieht hier im Rahmen eines göttlichen Auftrags. Können sie dann wirklich ‚böse' sein?

Der Satansfall

Eine dritte Variante führt – wohl erst in frühchristlicher Zeit – die Ursprünge noch weiter über den Fall der Wächterengel oder den Fall Adams zurück auf einen vorzeitlichen Fall Satans bzw. Luzifers, der als einer der Engel in unmittelbarer Gottesnähe beobachtete, wie Gott den Menschen schuf und dann aus Neid bzw. aus der Weigerung, das wunderbare Geschöpf Gottes zu verehren, auf Distanz zu Gott ging, aus dem Himmel gestürzt wurde und dann als ‚Gegenspieler' versuchte, den Menschen zu verführen und so Gott abspenstig zu machen. Mit dieser letzten ‚Mastererzählung' wird der Ursprung des Bösen in eine vorweltliche Urzeit zurückverlagert und somit auch der ‚Sündenfall' vom Anfang der biblischen Erzählung satanologisch ‚erklärt'. Satan wird zu dem prototypischen Verführer und Widersacher; er ist es letztlich, der hinter dem Fall Adams und hinter den Verfehlungen aller Menschen steht. In diesem Modell besteht zumindest die latente Gefahr, dass der Teufel zum übermächtigen Gegengott wird, der auch die Einheit und Herrschaft Gottes gefährdet.

Der offene Diskurs um Verhängnis und Verantwortung

Damit stehen wir mitten in einem offenen Diskurs, der auch in der biblischen Überlieferung nicht definitiv ‚gelöst' wird. Kommen alle Dinge, Gut und Böse, allein von Gott, wie es ein radikaler Monotheismus behaupten könnte und wie es in Spitzenaussagen der hebräischen Bibel (Jesaja 45,7) behauptet wird? Oder ist letztlich der Teufel an allem schuld? Ein vorzeitliches Verhängnis, durch namenlose Wesen initiiert? Oder Adam, der in einer jüdischen Schrift um 100 n. Chr. bitter angeklagt wird, dass er durch seinen Fall alle mit sich ins Verderben gerissen habe (4 Esra 7,118): „O Adam, was hast du getan?" Doch ist Adam ja nicht eine ‚historische' Einzelperson, sondern paradigmatisch der Mensch (hebr. ‚adam' = Mensch), der in seinen Taten ja nicht nur einem Verhängnis unterliegt, sondern selbst – verführt oder verantwortlich – mittut.

Eine Reihe von Modellen versuchen in diesem Diskurs zu vermitteln: Hat Gott am Anfang gute und böse Mächte eingesetzt, damit sie im Verlauf der Geschichte oder auch im Herzen eines jeden Menschen miteinander ringen, wie es die ‚Zweigeisterlehre' aus den Qumran-Funden (1 QS III 13 – IV,26) beschreibt? Hat er gar in jeden Menschen einen ‚guten Trieb' und einen ‚bösen Trieb' eingepflanzt, damit sich der Mensch in der Überwindung des letzteren als ethisch erweise (so die spätere rabbinische Lehre)?

Letztlich stellen sich hier grundlegende anthropologische Fragen: Ist der Mensch Spielball von inneren oder äußeren Mächten, determiniert durch die Verfehlungen der Vorfahren oder gar durch eine undurchsichtige göttliche ‚Vorherbestimmung'? Ist er dem allem rettungs- und hoffnungslos ausgeliefert oder gibt es eine Gegenkraft, eine Hoffnung, die mehr ist als die Vertröstung auf die Wiederherstellung irgendwann einmal, am Ende?

Von der Befreiung her denken – Neutestamentliche Impulse

Das Neue Testament ist ja im Blick auf die Frage nach den Ursprüngen des Bösen extrem zurückhaltend. Es denkt stattdessen von der Erlösung, von der Befreiung her und entwickelt daraus vielleicht die wirksamste Gegenkraft. Nicht die Welterklärung, sondern der Zuspruch der Befreiung aufgrund der Zuwendung Gottes zu den Beladenen ist bestimmend. Die Evangelien erzählen Geschichten der Heilung und Befreiung. Nicht die vorausgesetzte Weltanschauung ist das Entscheidende, sondern das Zustandekommen von Heilung und Heil.

Jesus

Die Welt, in der Jesus auftrat, war geprägt vom dämonologischen Denken: Dämonenfurcht und Dämonenabwehr waren weit verbreitet. Krankheiten und Devianzen wurden auf ‚unreine Geister' zurückgeführt und oft als Strafe für eigenes Verschulden (Lukas 13,14) oder das von Vorfahren (Johannes 9,23) gedeutet. Wo (hippokratische) medizinische Diagnosen unerreichbar waren, blieb Menschen kaum anderes übrig. Als Exorzist, Heiler und Prediger der Herrschaft Gottes lebte der irdische Jesus in diesem Kontext und in diesen Vorstellungen. Und dass er als solcher auftrat und auch Erfolg hatte, ist historisch kaum zweifelhaft. Doch scheint in seiner Praxis etwas am Werk gewesen zu sein, was ihn von anderen Exorzisten, Magiern oder Schamanen unterschied. Jesus steht nicht für den Kampf des ‚Theurgen' oder Magiers mit Gegenmächten, auch nicht für den Einsatz von Heilmitteln und Medien, sondern für das schlichte, kontrafaktisch anmutende Vertrauen, dass die Macht der Finsternis gebrochen ist (Lk 10,18); er befiehlt den Dämonen und tröstet die Belasteten. Das Austreiben der Dämonen mit dem „Finger Gottes" (Lk 11,20) wird zum Zeichen der Gegenwart der Gottesnähe und Gottesherrschaft. Der Zuspruch von Heil und Vergebung, die vorbehaltlose Annahme von individuell und sozial Belasteten, die Eröffnung von neuer Gemeinschaft für die Marginalisierten lassen die Frage nach den Ursachen des Leidens und den Schuldigen zurücktreten. Nicht die Schatten der Vergangenheit, sondern das Licht des neuen Lebens im Angesicht Gottes sollen das Denken und Leben bestimmen. Die neutestamentlichen Befreiungsgeschichten sind dabei durchaus offen für überindividuelle Nöte: Wenn der ‚Dämon' des besessenen Geraseners in Markus 5,9 seinen Namen ‚Legion' preisgibt, dann wird zumindest damaligen Leserinnen und Lesern überdeutlich, dass die Besessenheit auch mit der Besatzung durch die römische Macht zu tun hat. Dämonie, die das Leben einengt, die Luft zum Atmen nimmt und vielfältig krank macht, kann eben auch durch geistige Mächte, soziale Zustände und politische Herrschaft bestimmt sein. Die Erzählung gerät fast zur Humoreske, wenn ‚die Legion' nach der Austreibung in die Schweine einfährt und diese dann „im Gleichschritt, marsch!" in den See stürzen. So eine Erzählung will mehr sein als nur Bericht eines damaligen Geschehens – sie ist selbst wirksames Mittel der Befreiung, einem Trickfilm oder politischen Witz zu vergleichen, der zum Lachen befreit und die bedrängenden Mächte zumindest zeitweise verschwinden lässt.

Christus und die Mächte

Auf einer anderen Ebene wird die Botschaft des Evangeliums konkret, wenn in den Briefen des Paulus und seiner Schüler den Adressaten die Unmittelbarkeit des Zugangs zu Gott durch Jesus Christus zugesprochen wird. Wenn Christus der Herr ist, dann sind die vielen „Engel, Mächte und Gewalten", denen die Menschen aus irgendwelchen Gründen meinten Reverenz erweisen zu müssen, inferiore Gestalten, die am Ende nichts zu sagen haben und von der Liebe Gottes nicht zu trennen vermögen (Römer 8,38). Wenn Menschen in der Antike den sublunaren Raum durch allerlei Kräfte beseelt sahen und durch Beachtung von Kalendertagen und Verehrung von Ordnungsmächten („es kann ja nicht schaden") ihr Leben zu sichern suchten, ist der kritische Hinweis, dass diese Mächte alle keine Verehrung verdienen (Kolosser 2,16) und durch Christi Herrschaft definitiv entmachtet sind, ein zentraler kritischer Impuls des Evangeliums gegen den ‚Aberglauben' (‚deisidaimonia') der damaligen Welt. Es braucht nur wenig Fantasie, um in unserer Zeit jene Instanzen zu identifizieren, auf die Menschen Aufmerksamkeit und ‚Verehrung' richten, um alles ‚richtig' und nichts ‚falsch' zu machen und das Lebensglück vor allen Eventualitäten zu sichern. Wenn der Satz Luthers „Woran du dein Herz hängst, das ist dein Gott" zutrifft, dann kann fast jede Einstellung und Bemühung, jede Befürchtung und Gefahr zum ‚Götzen' werden, durch den Menschen letztlich bestimmt, ja ‚besessen' werden und in Unfreiheit geraten. Kann das Vertrauen auf Gottes Liebe in Christus vor dieser Dämonie befreien?

Prüfet die Geister" (1 Johannes 4,1) – eine bleibend aktuelle Verpflichtung

Das Evangelium verpflichtet uns gewiss nicht, an vorwissenschaftlichen Weltbildern festzuhalten und einem ‚Geisterglauben' zu huldigen. Es wäre fatal, die Dämonen heute nur dort zu vermuten, wo sie vor 2000 oder 500 Jahren ausfindig gemacht wurden. Es geht vielmehr darum, das Geschehen der Befreiung, von dem die Evangelien erzählen, in unsere Welt sachgemäß zu übertragen. Und es kommt darauf an, in der Vielfalt der Stimmen und Ratgeber die Geister zu unterscheiden und zu prüfen: Wo wird mit der Angst hantiert, um Macht oder Gewinn zu erlangen? Wo werden Menschen unfrei und bedrückt? Und wodurch wird ihnen Freiraum eröffnet und neue Lebensgewissheit zugespielt?

Der Glaube an das Evangelium von Christus bietet einen Grund, den Geistesmächten unserer Welt mit kritischer Unterscheidungskraft zu begegnen. Bestünde eine Dämonenaustreibung heute vielleicht nicht eher in Ideologiekritik, in der furchtlosen Aufdeckung kollektiver Lügen oder in der Praxis eines Vertrauens, das nicht zuerst die eigene Absicherung bedenkt? Eben weil die Zuversicht, dass mein Leben gehalten ist, von der Angst und von der steten Frage nach den Schuldigen befreit und zum Handeln für andere befähigt?

Marcel Nieden

Dämonen, Pogrome, Fegefeuer
Das Mittelalter und das Böse

„Oft, wenn ich die Augen schließe, sehe ich die Dämonen, die mich wie eine dicke Staubwolke von allen Seiten umgeben, und ihre winzigen Körper wie Staub oder Partikel, wenn sie sich im Sonnenlicht zusammenballen, und ich glaube, dass sie jeden Menschen auf dieselbe Weise umgeben und ihm anhängen." Richalm, Abt des Zisterzienserklosters Schöntal an der Jagst (gest. nach 1219), sieht nicht nur die bösen Geister, er hört sie auch miteinander lateinisch sprechen, hört, wie sie sich verabreden im Husten der Mitbrüder oder im Zwitschern der Vögel. Moderne Wahrnehmung mag im Schöntaler Zisterzienserabt einen pathologischen Fall mittelalterlichen Dämonenglaubens erkennen. Nahmen einzelne scholastische Theologen wie Petrus Lombardus (gest. 1160) an, dass jedem Menschen neben seinem persönlichen Schutzengel auch ein persönlicher Anfechtungsdämon beigegeben sei, so sah sich Richalm gleich von einem ganzen ‚Dämonenheer' umgeben, das es auf ihn abgesehen hatte. Solche und ähnliche Erfahrungen des ‚Dämonischen' scheinen indes, das legen die Quellen nahe, in der lateineuropäischen Christenheit des Mittelalters keine Ausnahme gewesen zu sein. Zumindest war man davon überzeugt: Das Böse in der Gestalt des Teufels und seines dämonischen Anhangs lauerte überall.

Die neutestamentlichen Schriften hatten die Macht des Teufels schon nicht eben gering angesetzt (Joh 12,31: „Fürst dieser Welt"; 2 Kor 4,4: „Gott dieser Welt"), ließen aber die Fragen offen, wie weit sich sein Einflussbereich genau erstreckte und wie man sich sein Einwirken auf Natur und Mensch im Einzelnen vorzustellen hatte. Auch sahen sie im Wirken Jesu die Grenzen seiner Macht hervortreten oder rechneten doch wenigstens in naher Zukunft mit seinem Sturz vom Himmel (vgl. Lk 10,18). Demgegenüber saß der mittelalterliche Teufel fester denn je im Sattel der Macht. Dass er eine im Wirken

Jesu bereits überwundene Größe war, drang kaum mehr ins Bewusstsein. Sein Kompetenzbereich wurde vielmehr ausgeweitet. Neben seiner Tätigkeit als „Versucher" wurde er zu einem höchst wirkmächtigen Verursacher vielfältiger physischer und moralischer Übel. Richalm zögert nicht, ihm und den Dämonen nahezu jedes kleine Ungemach zuzuschreiben. Die Dämonen wirken Schnarchen, Blähungen, Schlaf und Appetitlosigkeit, vorzeitige Alterung der Haut und so fort. Einem Bruder, so erzählt Richalm dem Novizen, habe beim Stundengebet im Chor die Stimme vor Heiserkeit versagt. Nachdem der Abt ein Kreuzeszeichen in die Richtung des geplagten Bruders geschlagen habe, sei es diesem sogleich besser ergangen und er habe wieder mit voller Stimme mitsingen können. Waren es bei Richalm die Molesten des monastischen Alltags, in denen er den Dämonen begegnete, sahen andere Theologen den Teufel und sein Heer vor allem in Unwetter, Krankheit und Krieg am Werk. Der Teufel beeinflusste auch das Denken, Empfinden und Handeln der Menschen. Mit seiner zunehmenden Entmaterialisierung und ‚Vergeistigung' im 13. Jahrhundert öffneten sich ihm vielleicht noch schneller die Tore zur Innenwelt des Menschen. Aber auch schon in der christlichen Antike konnten er und die Seinen das „Herz erfüllen" (vgl. Apg 5,3), böse Gedanken einflüstern, unziehmliche Begierden wecken und anderes mehr. Doch verstanden die meisten Theologen derlei Einwirkungen des Teufels auf den Menschen nicht nach Art einer Vergewaltigung, abgesehen vielleicht vom Fall der Besessenheit. Das hätte der Grundüberzeugung von der in der Freiheit des Willens begründeten Verantwortung des Menschen widersprochen. So wenig wie die Einwirkungen der Gnade galten auch die Einwirkungen des Teufels als unwiderstehlich. Es lag letztlich immer noch am Menschen selbst, ob der Teufel mit seinem unmoralischen Ansinnen bei ihm zum Zug kam oder nicht. Das christliche Leben war eine fortdauernde Bewährungsprobe bis zum Tod. Man führte es im „Bewußtsein einer noch unentschiedenen Kampfsituation" (Kurt Flasch) zwischen der Seele und dem Teufel. Die Möglichkeit zu fallen, bestand jederzeit. Aber auch die Möglichkeit, das Böse – mithilfe der Gnade – zu überwinden (vgl. Röm 12,21). Solche Überzeugungen wurzelten zweifellos im Dämonenglauben des antiken Christentums; allein, im Mittelalter wurden sie ausgebaut und gleichsam zum christlichen Lebensbewusstsein schlechthin: Frommsein wurde geradezu identisch mit einem permanenten „Auf-der-Hut Sein" (Georges Duby) vor den heimtückischen Einflüsterungen und Peinigungen des Teufels. Der Teufel wurde zum maßgeblichen, negativen Stimulans christlichen Lebens; er erlaubte zugleich, wenn sich seine Angriffe mehrten, die Selbstvergewisserung der eigenen christlichen Existenz. Denn davon sind die Quellen überzeugt: Je mehr sich jemand auf den christlichen Weg einlässt und trotz der Anfechtungen ein christliches Leben zu führen versucht, desto heftiger werden die Attacken des Teufels.

Nicht alle Menschen, so nahmen die Theologen an, setzten freilich dem Bösen den nötigen Widerstand entgegen. Man rechnete damit, dass einige geradezu gerne und willig den Eingaben des Teufels folgten, ja sich förmlich mit ihm verbanden. In der näheren und weiteren sozialen Umgebung identifizierte man immer wieder solche „Agenten Satans" (Jean Delumeau), denen man übernatürliche Kräfte und schädigenden Einfluss auf die Gemeinschaft nachsagte. Heiden galten schon früh als Diener des Teufels. Zu ihnen gesellten sich im 13. Jahrhundert die Ketzer, insbesondere die Katharer, von denen sich wahrscheinlich das deutsche Wort „Ketzer" herleitet. Sie wurden zur Projektionsfläche satanischer Fantasien. In den geheim praktizierenden, häufig von dualistischen Grundvorstellungen geprägten katharischen Gemeinschaften, die unter starker Beteiligung von Laien eine Kirche der „Reinen" abbilden wollten, sahen die Theologen geradezu eine satanische Gegenkirche realisiert. Die Päpste riefen zum Krieg gegen diese Feinde der Kirche und etablierten das Instrument der päpstlichen Inquisition, dessen Handhabung auch die Folter zuließ. Wohl unter dem Eindruck der verfemten katharischen Gemeinden unterstellten die Theologen im 14. Jahrhundert auch den bislang eigentlich immer nur vereinzelt aufgetretenen und als Individualphänomen wahrgenommenen Zauberinnen und Zauberern einen Hintergrundsverband. In dem immer weiter ausgestalteten Hexenmuster wurde die Hexe zum Mitglied einer Teufelssekte, deren Anhänger und vor allem Anhängerinnen zum mitternächtlich-orgiastischen Tanzfest des Hexensabbats einflogen und den Teufel kultisch verehrten. Allerdings begann das Zeitalter der legalen Hexenverfolgungen erst im 15. Jahrhundert und lag seinem Schwerpunkt nach in der Frühen Neuzeit. Für das Mittelalter sind vorrangig einzelne kirchliche Inquisitionsprozesse und Akte der Lynchjustiz seitens der vermeintlich geschädigten Bevölkerung gegen Hexen nachgewiesen.

Neben Heiden, Ketzern, Hexen standen von den Anfängen des Christentums an auch die Juden im Verdacht des Paktierens mit dem Teufel (vgl. Joh 8,44). Mittelalterliche Deutung sah sie in der Regel von Gott dazu verurteilt, im Exil unter Christen zu leben – auf ihre künftige Bekehrung zum Christentum hin. Im Sog der Dämonisierung des Hoch- und Spätmittelalters wurden die Juden jedoch verstärkt zu von Gott verfluchten Gottesmördern, denen man in der furchtbaren Trias (Ritualmord, Hostienschändung, Brunnenvergiftung) ein stereotypes, umfassend kollektivschädigendes Verhalten vorwarf. Gerade an ihnen entlud sich immer wieder – von den Exzessen im Zusammenhang des Ersten Kreuzzugs bis zur gewaltsamen Vertreibung aus den Städten im Spätmittelalter – der Hass fanatisierter Christenmassen.

Neben den auffälligen dämonischen Personifkationen des Bösen erweisen in heutiger Perspektive gerade die teilweise unbegreiflichen Grausamkeiten der Judenpogrome, Kreuzzüge, Inquisitionsprozesse, aber auch die unbarmherzigen Krankheiten wie Pest und ‚Antoniusfeuer' (Ergotismus) das *malum* („Übel") als eine Grundsignatur mittelalterlichen Lebens. Selbst über den Tod hinaus war nicht mit einem sofortigen Ende des Leids zu rechnen. Zwar wussten sich die Christen durch den Tod Jesu, dessen Heilswirkung ihnen in der Taufe zugeeignet worden war, von der Erbsünde befreit; aber es wurde ihnen doch vonseiten der Theologen unmissverständlich klar gemacht, dass sie für die nach der Taufe begangenen „Tatsünden" fortan selber hafteten und sie deshalb, auch wenn die Sünden schon gebeichtet und von Gott vergeben worden waren, noch zeitliche Sündenstrafen zu tragen hatten. Wer dafür nicht zu Lebzeiten genugtat, musste im Fegefeuer genugleiden. Da man im Blick auf die zeitlichen Sündenstrafen nicht sicher sein konnte, schon hinreichend Buße getan zu haben, hatte man sich realistischerweise auf einen mehr oder weniger langen Aufenthalt im Fegefeuer einzustellen. Dessen Hitze war unerträglich. Alle Pein der Welt galt für geringer als die geringste Pein des Fegefeuers. Immerhin wussten die „Armen Seelen", dass es sich um eine zeitlich begrenzte Tortur handelte. Auch durften sie auf die Unterstützung durch die noch lebenden Angehörigen hoffen, die mit Gebeten, Almosen und anderen guten Werken Gott womöglich zu einer Verkürzung oder wenigstens Linderung der „Qualen" zu bewegen vermochten. Die Dämonen zogen auf den Bildern des Spätmittelalters erst sehr spät und fast zögerlich auch in das Fegefeuer ein – im Unterschied zur Hölle, der klassischen ‚Dämonenwerkstatt' –, doch zeigt die Tatsache, dass der von den Dämonen geplagte Einsiedler Antonius als Schutzheiliger der „Armen Seelen" angerufen wurde, wie sehr man auch im Blick auf das Jenseits das Übel mit dem Dämonischen assoziierte. Mittelalterliche Menschen erlebten Grausames, aber „es scheint, als habe die Sprache zur Beschreibung und Anklage von Grausamkeiten im Mittelalter gefehlt" (Jean-Claude Wolf). Sie beschrieben das Böse vor allem als ein Tun des Teufels. Man kann überspitzt sagen: Das Böse war im Mittelalter vor allem der Böse.

Was ließ die mittelalterlichen Menschen gegen den Bösen bestehen, der die eigene wie die kollektive Vergangenheit, Gegenwart und Zukunft maßgeblich bestimmte? Der hier nur angedeutete Dämonenglaube war in Laien- wie in

Theologenkreisen beheimatet. Allerdings teilten nicht alle Theologen die massiven Dämonenvorstellungen eines Richalm von Schöntal oder eines Caesarius von Heisterbach (gest. nach 1240). Im Hochmittelalter mehrten sich vielmehr kritische Stimmen. An der Wende vom 11. zum 12. Jahrhundert hatte bereits Anselm von Canterbury (gest. 1109) die verbreitete Vorstellung in Zweifel gezogen, der Teufel habe nach dem Sündenfall Adams ein Anrecht auf die Menschen erworben, sodass Christus durch seinen Sühnetod am Kreuz dem Teufel ein Lösegeld habe zahlen müssen, um die Menschen aus dem Machtbereich der Dämonen zu befreien. Auch Petrus Abaelard (gest. 1142) verwarf die Vorstellung einer Lösegeldzahlung an den Teufel. Seiner Meinung nach vollzog Gott das Erlösungswerk zuerst und zunächst aus Liebe zu den Menschen, nicht aus Gründen der Abgeltung eines satanischen Rechtsanspruchs. Wurde der Teufel im früh- und hochmittelalterlichen Volksglauben aufgrund einer nahezu alle Bereiche des Lebens ergreifenden antagonisierenden Weltdeutung zu einem gefährlichen Konkurrenten Gottes, so betonten die scholastischen Theologen die begrenzte Macht und die allenfalls abgeleitete Existenz des Teufels. Das lässt sich etwa bei einem der großen Theologen des Hochmittelalters beobachten, bei Thomas von Aquin (gest. 1274). Er nimmt die alte Vorstellung Augustins wieder auf, das Böse sei letztlich ein Mangel des Guten. Das Wesen des Bösen besteht darin, dass etwas anderes, nämlich das Gute, fehlt. Das Böse ist gleichsam eine Leerstelle. Da alles Sein sich nach den von Thomas übernommenen platonischen Vorstellungen der Schöpfergüte Gottes verdankt und damit selbst gewissermaßen etwas „Gutes" ist, vermag Thomas zwar plausibel zu machen, dass das Böse nicht von Gott stammen kann. Aber bedeutete das auch, dass das Böse deswegen nicht existierte? Diese Frage war für den Aristotelesschüler Thomas nicht leicht zu beantworten. Thomas beheimatet das Böse in der Ethik. Die Unterscheidung zwischen Gut und Böse bezeichne eigentlich nur eine moralische Differenz. Zwar ziele der menschliche Wille von Natur aus auf ein Gut, aber der Mensch sei in seiner Freiheit doch auch in der Lage, etwas Nichtseiendes als Gut zu wollen – das dann kraft seines Handelns ins „operative Sein" (Ludwig Hödl) tritt. So wird das Nichtseiende durch den Menschen Realität. Damit fiel der Gegensatz zwischen Gut und Böse nicht mehr einfach mit dem von Sein und Nichtsein zusammen; die Unterordnung des Bösen unter das Gute war aber klar zum Ausdruck gebracht.

Noch weiter gingen einzelne Mystiker. Etwa Meister Eckhart (gest. 1328). Er steht wie Thomas im Bann neuplatonischer Ontologie. Auch für ihn hat das Böse eigentlich kein Sein; der Teufel ist ihm, wenn er überhaupt auf ihn zu sprechen kommt, ein *ab esse cadens*, „einer, der vom Sein abfällt" oder – so muss man vielleicht treffender übersetzen – „einer, der aus dem Sein herausfällt". Aber anders als Thomas, der das Böse in den Bereich des Menschen schiebt, hat für Eckhart auch das Böse, sofern es eben (noch) ist, Teil an der Seinsfülle Gottes. „In jedem Werk, auch im bösen, im Übel der Strafe ebensosehr wie im Übel der Schuld, offenbart sich und erstrahlt gleichermaßen Gottes Herrlichkeit", lautet der vierte der von Papst Johannes XXII. im Jahr 1329 verurteilten Sätze Eckharts. Selbst in den Verdammten, ja selbst im Teufel und den bösen Geistern bleibt nach Eckhart das, was zu ihrer Natur gehört, „unversehrt und strahlend." Noch im gefallnen Engel ist der Engel gegenwärtig. Das waren sicher Spitzensätze einer die Mystik durchziehenden Tendenz zur „Entbösung des Bösen" (Edeltraut Luise Marquard). Mit ähnlicher Intention vermochten auch Johannes Tauler (gest. 1361) und Heinrich Seuse (gest. 1366) das Böse zu depotenzieren, indem sie es als falsche Lebensausrichtung, nämlich als Abwendung von dem einen Seinsursprung und Hinwendung ‚nach außen' zum geschaffenen Sein, bestimmten. Die Folgen eines solchen Seinsabfalls sind deutlich genug. Tauler zufolge wäre eine Seele, die sich mit ihrem ganzen Lieben und Leben auf kreatürliches Sein ausrichtete, im Grunde ebenso „unnutzlich und engstlich als der túfel ist."

Der evangelische Theologe Paul Tillich verstand die Mystik als eine von „jenen religiösen Strategien [...], in denen Gott entdämonisiert wird" (Alois M. Haas). Man mag darüber streiten, inwiefern diese Deutung auf die spätmittelalterliche Mystik zutrifft. Die von Tillich vorausgesetzte Dimension des Dämonischen in Gott scheint im damaligen Gottesbild indes ein erheblicher Faktor gewesen zu sein. Freilich ist hier zu differenzieren: Es war vor allem die Person Gottvaters, die im Spätmittelalter immer unnahbarer wurde. Stifterbilder zeigen ihn als streng blickenden Richter, dem Christus und Maria zur Seite treten. Christus, der auf seine Seitenwunde weist und dem Vater das Faktum des stellvertretend übernommenen Kreuzestodes vorhält, und Maria, die mit der Hand an der entblößten Brust den Vater an die mütterliche Fürsorge gegenüber dem Sohn erinnert. Beide sind die Fürsprecher der Christenheit. Auf ihre Einrede gegenüber dem zornigen Richtergott hoffen Lebende wie Tote. Im Spätmittelalter erscheint das christliche Gottesbild polarisiert: Dem unheimlich-gerechten Gottvater steht der vertraut-barmherzige Gottessohn gegenüber. Dass angesichts dieser beiden Pole der Ausgang des Gerichts für den Einzelnen unsicher blieb, liegt auf der Hand. Eine häufig zitierte Bibelstelle war Koh 9,1: [...] *nescit homo an amore vel odio dignus sit* – „der Mensch weiß nicht, ob er der Liebe oder des Hasses würdig ist." Wer nicht den Weg der Mystik gehen wollte oder konnte, nahm seine Zuflucht zu den Heilsangeboten der Kirche. Es gab zweifellos Menschen, die, mit den Sakramenten der Kirche versorgt, im Frieden aus der Welt schieden und dem Gericht zuversichtlich entgegensahen. Am Ende des Mittelalters dürfte indes für die meisten Christen nicht der Teufel, sondern Gott selbst die größere spirituelle Herausforderung gewesen sein.

Wolfgang Sommer

Martin Luther und die Macht des „altbösen Feindes"

In dem bekannten Lied Martin Luthers „Ein feste Burg ist unser Gott" heißt es gleich am Anfang nach dem Dank für die Hilfe Gottes aus aller Not:

Der altböse Feind,
mit Ernst er's jetzt meint;
groß Macht und viel List,
sein grausam Rüstung ist,
auf Erd ist nicht seinsgleichen.

Die Hilfe Gottes aus aller Not und die Macht und List des altbösen Feindes – das ist der Kampfplatz, auf den sich Luther zeit seines Lebens gestellt sah. Was verbirgt sich hinter dieser Rede vom altbösen Feind? Es ist die widergöttliche Macht, die Luther sowohl neutrisch als das Böse wie in der personalen Gestalt des Teufels zum Ausdruck bringen kann. Für Luther bestand in einer solchen unterschiedlichen Ausdrucksweise kein wesentlicher Unterschied. Der Böse und das Böse haben die gleiche Wurzel der widergöttlichen Macht. Damit ist schon eine wichtige Erkenntnis für uns heute gewonnen: Luthers Teufelsglaube und unsere heutige Rede vom Bösen stehen sich nicht als Gegensätze gegenüber. Sie zeigen in dem langen geschichtlichen Abstand zwischen unserer Gegenwart und Luther sowohl Unterschiede wie Gemeinsamkeiten in der Wahrnehmung des uns bedrohenden Bösen.

In seinen frühen Predigten und in seinen Auslegungen des Vaterunsers von 1519 hat Luther das Übel noch ganz allgemein als Plagen zum

Ausdruck gebracht, die als apokalyptische Reiter die Welt bis zum Ende bedrohen: Pest, Krieg und Teuerung. Die Wurzel des Übels liegt in der Sünde der Menschen, um deren Erlösung wir im Vaterunser bitten. Erst im Großen Katechismus von 1529 hat Luther die Bitte um Erlösung von dem Bösen in personaler Deutung auf den Teufel bezogen: „Darum haben wir auf Erden nichts zu tun, denn ohne Unterlass wider diesen Hauptfeind zu bitten. Denn wo uns Gott nicht erhielte, wären wir keine Stunde vor ihm sicher." Die Macht des Teufels ist zwar durch Christus, seinen Tod am Kreuz und seine Auferstehung gebrochen, sodass er die Glaubenden nicht mehr ins Verderben stürzen kann. Umso heftiger aber versucht er deshalb, die ihm entglittenen Menschen wieder in seinen Machtbereich hineinzuziehen und sie mit schlechtem Gewissen, mit Todesnot und Höllenängsten und allerlei Übeln zu plagen. Deshalb heißt die letzte Vaterunser-Bitte auch im Kleinen Katechismus, ebenfalls aus dem Jahr 1529: „Sondern erlöse uns von dem Übel."

Die personale Deutung des Bösen auf den Teufel, auf den altbösen Feind, sowie die neutrische Fassung des Bösen verweisen auf dieselbe reale, von Luther sehr konkret erfahrene widergöttliche Macht als Ursprung alles Bösen in der Welt. Seine Erfahrungen und Deutungen dieser Macht haben für uns heute eine erstaunliche Aktualität, die die Rede von Luthers Teufelsglauben als bloßes Relikt aus dem Mittelalter verstummen lassen. Freilich ist der Abstand groß zwischen Luthers Berichten über seine Erfahrungen mit dem Teufel und unserer heutigen Welt. Der Teufel war schon in Luthers Elternhaus entsprechend der spätmittelalterlichen Religiosität eine immer wieder erfahrbare Wirklichkeit und blieb es lebenslang für Luther. An Melanchthon schrieb er 1521, dass sein Vater gefürchtet habe, sein Eintritt ins Kloster sei ein Gaukelspiel des Teufels gewesen. In seinen Klosteranfechtungen war der Teufel ein ständiger Begleiter. Bei seiner Reise zum Wormser Reichstag im April 1521 sagt Luther im Rückblick: „Wenn ich gewusst hätte, dass so viele Teufel auf mich gezielt hätten, als Ziegel auf den Dächern wären zu Worms, so wäre ich dennoch eingeritten." Und in einem Bericht in den Tischreden kurz vor seinem Tod hat Luther von einem gewaltigen Gepolter berichtet, das er in der Nacht auf der Wartburg erlebt habe: An der Treppe zu seiner Kammer hätte es einen solchen Krach gegeben, als fielen mehrere Fässer hinunter. Luther sei aufgestanden und habe zu dem Bösen gesagt: Bist du es, so sei es! Er habe Christus angerufen und dann sei es wieder ruhig gewesen.

Auf der Wartburg hat man allerdings eine andere Geschichte von Luthers Kampf mit dem Teufel erzählt: Dort habe Luther mit dem Tintenfass nach dem Teufel geworfen, von dem der berühmte Tintenfleck an der Wand stamme. Diese, auch an anderen Orten erzählte Geschichte, wurde schon lange als Legende entlarvt. Aber seit ihrer ersten Erwähnung in der Mitte des 17. Jahrhunderts ist sie immer wieder nacherzählt worden. Sie entspricht ja auch sehr gut einem neuzeitlichen Lutherbild, wie es die Theologen der Aufklärungszeit und auch Friedrich Schleiermacher am Anfang des 19. Jahrhunderts zum Ausdruck brachten: Luther habe die Vorstellung vom Teufel mit geistigen Mitteln, mit seinen Schriften, überwunden. Aber eine solche Sicht wird Luther nicht gerecht. Der Teufel war für ihn eine reale, hörbare, Angst und Schrecken einjagende Macht, die in sehr konkreter Gestalt in sein Leben eingriff. Der niederländische Lutherforscher Heiko A. Oberman spricht mit Recht von Luther als einem Menschen zwischen Gott und Teufel, der einen Kampf zwischen Heil und Unheil in endgeschichtlicher Dimension zu führen hatte.

In Luthers Tischreden wird von zahlreichen Begegnungen mit dem Teufel berichtet, die nicht nur Luther, sondern auch seine Wittenberger Freunde hatten. In ganz bestimmten Situationen kommt der Teufel zu Luther, so zum Beispiel beim Aufwachen bzw. Halbschlaf, um mit ihm zu diskutieren und ihn zu bedrängen. Das zeigt, wie persönlich-konkret der altböse Feind von Luther erlebt wurde. Im persönlichen Leben macht er den Teufel bei den gedrückten Stimmungen der Seele, bei Traurigkeit, Melancholie und bei den Krankheiten verantwortlich. Aber auch Kriege, Unwetter und Pestepidemien gehören zu seinem Wirkungsbereich. Die ganze Welt ist durchwirkt von der Macht und List dieses bösen Feindes, der immer darauf aus ist, den Menschen in seinen Machtbereich einzufangen. Dabei hält Luther fest, dass die Welt letztlich in der Hand Gottes ist. Aber sie ist ein Kampfplatz, auf dem der Mensch ständig der Angriffe des verschlagenen Gegners Gottes gewärtig sein muss.

In diesen Teufelsbegegnungen Luthers und seiner Freunde hat die natürliche, rationale Erklärung der Menschheitsplagen keine Chance. Es ist das Weltbild des 16. Jahrhunderts, das uns die Ferne von Luthers Teufelserfahrungen in der heutigen Welt bewusst werden lässt. Wir müssen sie in ihrer antirationalen Gestalt ernst nehmen und sie nicht vorschnell zu spiritualisieren versuchen. Dennoch reichen seine Erfahrungen mit der Macht des altbösen Feindes in der Art, wie Luther sie zu bekämpfen versucht, in unsere heutige rationale Weltdeutung auf erstaunliche Weise hinein. Es ist das von Luther wieder neu zum Leuchten gebrachte Evangelium von Jesus Christus, das seinen geistlichen Kampf mit dem Teufel charakterisiert. Und in diesem geistlichen Kampf kann Luther uns in unserer heutigen Erfahrung mit der Macht des Bösen sehr nahe kommen. Die Teufelserfahrungen Luthers haben ihre zeitgeschichtlichen Bedingungen, aber inmitten der Wandlungen in der Wahrnehmung der

Realität des altbösen Feindes vom 16. Jahrhundert bis zu uns heute, ist seine weiterwirkende Kraft in nach wie vor bedrohender Weise spürbar.

Diese den Menschen in seinem seelischen Haushalt bedrohende Kraft des altbösen Feindes zeigt sich nach Luther auf zweifache Weise: einmal in der Art, sich vermeintlich sicher zu fühlen und unbeschwert seine Tage zu leben. Zum anderen in der Not der Anfechtung, die sich bis zur Verzweiflung wandeln kann. Beide Male ist der Weg zu Christus versperrt. Die vermeintliche Sicherheit des Menschen bezeichnet Luther als die gefährlichste Anfechtung, wenn keine Anfechtung da ist. Auf dem Weg zu Christus haben die Glaubenden stets die Anfechtung neben sich, sodass der Glaube niemals zum Besitz werden kann. Allein die Anfechtung lehrt auf das Wort Gottes zu achten, die das wichtigste Arzneimittel gegen die Versuchung ist. Aber die Anfechtung kann auch in die abgründigste Verzweiflung führen. Diese Ambivalenz der Anfechtungen führt nach Luther in das Geheimnis von Gott selbst, der es seinem Widersacher erlaubt, den Menschen in die Finsternis der Gottverlassenheit zu stürzen. In diesen tiefsten spirituellen Erfahrungen, die Luther im Kloster erlebte, ist seine Rede vom verborgenen Gott begründet, der in die Hölle führt und wieder heraus (1 Sam 2,6).

Gott selbst ist es, der es dem altbösen Feind eine Zeit lang gewährt, den Menschen in die tiefe Verzweiflung zu stürzen. Aber seine Macht ist begrenzt. Sie kann sich nur innerhalb des von Gott bestimmten Wirkungsbereiches bewegen. Dieses ambivalente Handeln Gottes in seiner von ihm geschaffenen Welt, die das Wirken des altbösen Feindes zulässt, ist die Frucht tiefer spiritueller Erfahrungen Luthers. Sie haben immer wieder zu Kritik an seinem Gottesbild geführt. Von der Verlorenheit und Gottverlassenheit flieht der angefochtene Mensch zu dem in Jesus Christus offenbaren Gott, der sich im Evangelium kundtut. Nicht um Widerspruch oder Dualismus geht es in diesem Handeln Gottes, sondern um sein Geheimnis, das von der menschlichen Vernunft nicht entschlüsselt werden kann. Luther vergleicht Gott mit der Sonne, die sich öfters unter Wolken verbirgt, ohne dadurch aufzuhören, ein und dieselbe Sonne zu sein.

Die gefährlichste Anfechtung durch den altbösen Feind liegt nach Luther in den Bestrebungen der Menschen, den Forderungen Gottes selbstsüchtig gerecht werden zu wollen. Hier greift der Widersacher Gottes direkt die zentrale Botschaft der Reformation an, dass der Mensch nicht durch Werke, sondern durch das Geschenk der Gnade Gottes zu Recht gebracht, d.h. gerechtfertigt wird. Der Widersacher Gottes aber nennt Christus einen strengen Richter, der vom Menschen die Erfüllung des göttlichen Gesetzes verlangt. Dadurch stürzt er in tiefe Verzweiflung, da er an den Forderungen Gottes permanent scheitert. Mit seiner reformatorischen Grunderkenntnis von der bedingungslosen Güte Gottes hat Luther die Macht des altbösen Feindes entscheidend getroffen. Sie ist ihm die wichtigste Waffe im Kampf gegen die teuflischen Anfechtungen. Immer erneut ist ihm der Blick auf die in Christus wahr gemachte Liebe Gottes, auf die der Mensch vertraut, der allergrößte Trost inmitten der bleibenden Anfechtungen. Das reicht schon biografisch bis in die Klosteranfechtungen Luthers zurück, als ihm sein Beichtvater Johann von Staupitz den Satz sagte: „Man muß den Mann ansehen, der da heißt Christus." Das „Solus Christus" Luthers und seine weiteren reformatorischen Grundaussagen von der Alleingültigkeit der Gnade, des Glaubens und der Schrift sind schon in dieser frühen Zeit Luthers grundgelegt und haben in seiner Theologie der Rechtfertigung weitere christuszentrierte Ausgestaltungen gefunden.

Der Kampf der Christusgläubigen gegen den altbösen Feind ist nach Luther letztlich eine Auswirkung desjenigen Kampfes, den Gott mit seinem Widersacher von Anbeginn der Welt führt. Dieser Kampf in kosmischen Dimensionen ist zwar mit der letzten Herrschaft Gottes über seinen Widersacher durch den auferstandenen Christus und seinem Sieg über den Tod schon entschieden, aber das Leben der Menschen bleibt ein Kampfplatz, auf dem Gott und der altböse Feind um die Seele des Menschen ringen. In seiner Schrift „Vom unfreien Willen" des Menschen gegen den führenden Humanisten seiner Zeit, Erasmus von Rotterdam, hat Luther einen berühmten Vergleich gebraucht, wonach der Mensch als Reittier entweder von Gott oder vom Teufel geritten wird. In diesem Bild geht es Luther um Heil oder Unheil für den Menschen, je nachdem, von wem er geritten wird. Nicht um einen Determinismus handelt es sich bei dieser Weichenstellung, sondern um die den Menschen gefangen nehmende Gewalt, die ihn unfrei macht, die Richtung zu bestimmen. Der von der Macht des altbösen Feindes unterdrückte und gedemütigte Mensch sieht nur in ein schwarzes Loch, das ausweglose Verderben, aus dem er sich nicht selbst retten kann. Dabei bedient sich der Teufel des göttlichen Anscheins, indem er sich zum Richtergott aufschwingt und die strenge Einhaltung des Gesetzes fordert. Wie betäubt folgt dieser Mensch dem bösen Geist mit seinem ganzen Willen, der nicht frei, sondern von der zum Abgott erhobenen Macht bestimmt ist.

Auch ein Dualismus von Gott und Abgott, von einem guten und einem bösen Gott, wie es die altpersische und die manichäische Religion lehrte, will Luther mit diesem Bild nicht zum Ausdruck bringen. Für Luther steht der Teufel nicht neben Gott über dem Menschen, sondern zwischen Gott und dem Menschen hat sich der altböse Feind hineingeschoben. Der Blick des Menschen auf Gott ist damit verfinstert, ja versperrt. Wenn aber Christus zwischen Gott und dem Menschen steht, dann sieht der an Christus Glaubende den gnädigen, barmherzigen Gott, der nicht durch den altbösen Feind verfinstert und verborgen ist. Immer erneut aber will sich der altböse Feind an die Stelle Christi setzen, der den Menschen mit göttlichem Anschein ins Verderben stürzt. Die zentrale Stellung und Bedeutung Jesu Christi im Denken und Glauben Martin Luthers über die Macht des altbösen Feindes wird damit deutlich unterstrichen.

Das kommt besonders in Luthers Interpretation der Versuchungsgeschichte Jesu in Matthäus 4,1–11 zum Ausdruck. Anhand dieser dreifachen Versuchung Jesu durch den Teufel hat Luther mit allem Nachdruck auf das Wort Gottes hingewiesen, mit dem die Versuchungen überwunden und der Satan aus dem Feld geschlagen werden muss. Wie der Gottessohn sollen auch die Gläubigen den Versucher mit einem Bibelwort in die Wüste schicken. Der Anruf von Jesus Christus bei den Gläubigen erschreckt den Teufel zutiefst und lässt ihn verstummen. Deshalb heißt es auch in der dritten Strophe von „Ein feste Burg ist unser Gott“:

Und wenn die Welt von Teufel wär,
und wollt uns gar verschlingen,
so fürchten wir uns nicht so sehr,
es soll uns doch gelingen.
Der Fürst dieser Welt,
wie sau'r er sich stellt,
tut er uns doch nichts;
das macht, er ist gericht':
Ein Wörtlein kann ihn fällen.

Der Kampf der Glaubenden gegen den Teufel ist zugleich ein Kampf mit Gott. Wie Jakob die Zusage der Verheißung am Jabbok Gott abgerungen hat: „Ich lasse dich nicht, du segnest mich denn (Gen 32,26), so ergreifen auch die Glaubenden gegen den Augenschein die Güte Gottes und klammern sich an sie. Mit seelsorgerlichem Ernst hat Luther diese Zurüstung den Glaubenden zur Überwindung der Versuchung eingetrichtert, die er selbst durchlebt hat. Dabei hat er ihnen auch oft sogenannte Widerreden gegen den Teufel in den Mund gelegt, tröstliche, zentrale Bibelworte sowie auch Worte der Tauferinnerung. In einer Predigt zum Johannesevangelium heißt es:

„Denn gewiß ist's, wenn einer auch in der höchsten Anfechtung das Wort ‚Et verbum caro factum est' mit rechtem Glauben und starker Zuversicht sprechen könnte, der würde gewißlich von seinem Anliegen und Not errettet. Denn wo ein gläubiger Mensch ist, da muß der Teufel dieses Wort scheuen, und ich hab's oft gelesen und auch gesehen, daß viele in höchsten Nöten und Schrecken diese Worte gesprochen haben ‚Et verbum caro factum est' und mit der Hand ein Kreuz für sich gemacht, daß der Teufel von ihm gewichen ist, denn der Glaube an diese Worte ist so kräftig gewesen, daß er die Welt und den Teufel überwindet."

In dieser, auf das biblische Wort gründenden Strategie zur Überwindung der Versuchung macht Luther mit der Inkarnation nach Johannes 1,14 ernst: „Und das Wort ward Fleisch und wohnte unter uns, und wir sahen seine Herrlichkeit, eine Herrlichkeit als des eingeborenen Sohnes vom Vater, voller Gnade und Wahrheit." Nicht mit Werken hat Christus den Teufel besiegt, sondern mit dem Wort Gottes. Das ist auch für die Gläubigen die rechte imitatio Christi.

Luthers Erfahrungen, Berichte und Vorstellungen von der Macht des altbösen Feindes mögen uns in unseren gegenwärtigen Konstellationen fremd erscheinen. Aber diese Fremdheit kann in dem Maße schwinden, indem man zu begreifen versucht, dass die Herausstellung des Urbösen im Menschen mit Hilfe der Personifikation desselben in Gestalt des Teufels uns in die Lage versetzt, gegen das Böse in uns anzukämpfen. Die Frage nach dem Woher und Wozu des Bösen bleibt das Urrätsel des Menschseins.

Aber wie ein Christenmensch aus seinem Glauben heraus Widerstand gegen die Macht der Versuchung zu leisten vermag, dafür hat Luther uns bleibende, zum Teil köstliche Anweisung gegeben. Mit dem aus einem festen Glauben hervorgehenden Humor kann der Christ den Teufel und seine Versuchungen geradezu verlachen und verspotten, da er weiß, dass seine Macht schon längst gebrochen ist. Luthers Art der Teufelsvertreibungen bedient sich zuweilen auch verschiedener Vulgarismen, wenn er zum Beispiel den Teufel durch einen Furz abzuweisen versucht. Der Glaubende vermag sich in seiner Freiheit dem Teufel gegenüber geradezu paradox zu verhalten. Er kann ihm in seiner Forderung nach pünktlicher Erfüllung des Gesetzes recht geben und die Menge der Sünden in einem riesigen Register so sehr anhäufen, dass das Sündenregister schließlich ad absurdum geführt wird. Angst, Traurigkeit und Schwermut, die Attribute des Versuchers, kann der Angefochtene sowohl mit geistlichen wie auch mit äußerlich leiblichen Hilfsmitteln zu überwinden versuchen. Als Gaben Gottes gebraucht der Glaubende sie gegen die teuflische

Verzagtheit. Neben dem Wort Gottes und dem Gebet sind es die leiblichen Freuden, die nicht zu verachten sind. Mäßiger Weingenuss, die Gesellschaft von Freunden und Bekannten, vor allem aber Gesang und Musik, die der Teufel überhaupt nicht leiden kann, können die Traurigkeit vertreiben. Es ist eine vielstimmige Strategie, die Luther gegen den altbösen Feind aufbietet. Auch die Verwandlungskunst des Teufels, die Dialektik und Rhetorik seiner Verführungen nimmt Luther scharf in den Blick. Der böse Geist lässt nicht nur Christus als Gesetzesprediger und Verkläger der Gewissen auftreten, sondern kann sich auch als Engel des Lichts verkleiden, ja sogar in Gestalt Gottes oder Christi selbst die Menschen in furchtbarer Weise täuschen. Gegen diese dämonische Macht des altbösen Feindes hilft nach Luther nur die immer wieder erneute Anrufung Jesu Christi und der feste Glaube an ihn, wie er in seinem Evangelium bezeugt ist.

In Martin Luthers Erfahrungen und Anschauungen von der Macht des altbösen Feindes nimmt Jesus Christus, der Gottessohn, die entscheidende Bedeutung ein. Er hat alle Versuchungen und Anfechtungen, die Menschen plagen, getragen, die Höllen, Gerichts- und Zorneserfahrung ein für allemal durchlitten und damit die an ihn Glaubenden vor dem geistlichen Tod bewahrt. Die Macht des altbösen Feindes ist durch Christus endgültig gebrochen. Aber der Glaube an diesen Sieg geht durch bleibende Anfechtungen hindurch und macht den Kampf gegen das bzw. den Bösen zu einer immerwährenden Aufgabe.

Ferdinand Schlingensiepen

Bonhoeffer und das Böse

Im Juli 1932 erklärte Bonhoeffer auf einer Jugendfriedenskonferenz in der Tschechoslowakei, die Nationalsozialisten missbrauchten die demokratischen Möglichkeiten und strebten eine Diktatur an. „Der Sieg der Hitlerpartei hätte unabsehbare Folgen nicht nur für die Entwicklung des deutschen Volkes, sondern auch für die Entwicklung der ganzen Welt.“[78] Man fragt sich, wie ist es bei einem 26-jährigen Pfarrer zu einem derart klaren Blick auf die deutschen Verhältnisse gekommen ist.

Bonhoeffer hatte 1931 während eines Studienjahres in New York das Böse in einer Form beobachten können, die es ihm für immer unmöglich gemacht hat, rein theoretisch über „das Böse als Frage oder Rätsel" nachzudenken und zu reden. Er hatte als Lernender und als Mitarbeiter in der Jugendarbeit der Abyssinian Baptist Church, einer afroamerikanischen Gemeinde in Harlem, erleben können, was es bedeutet, wenn eine Minderheit durch eine Mehrheit unterdrückt wird. Als er nach Harlem kam, befand sich diese große Gemeinde in einer schweren Krise. Nach dem Bankenkrach von 1929 war es zu einem Niedergang der Industrie gekommen, und die ersten Arbeiter, die entlassen wurden, waren die Afroamerikaner. Sozialgesetze gab es nicht. Die Entlassenen und ihre Familien gerieten in schwere Not. Damals waren es die Gemeinden, die ihre Mitglieder aufgefangen haben. Die Pfarrer verzichteten auf ein Drittel ihres Gehaltes, richteten Tafeln und Kleiderkammern ein und sammelten Spenden. Sie predigten die Botschaft von Jesus, der den Armen und Kranken hilft, der aber Unrecht nicht lediglich erträgt, sondern für das Recht der Entrechteten eintritt. Bonhoeffer erlebte also eine Form von gewaltlosem Widerstand, wie er sie gerne bei Gandhi in Indien gründlich studiert hätte, was ihm trotz dreier Versuche nicht gelungen ist. Er lernte Jesus als den sehen, der mit den Unterdrückten und nicht mit ihren Unterdrückern solidarisch ist. Und das konnte er nur in einer Gemeinde von Benachteiligten lernen, die umgeben war von einem „weißen Christentum", das die Vormacht des „weißen Mannes" für gottgegeben hielt. Die Gemeindeglieder kannten die Geschichte ihrer Unterdrückung genau. Über 5000 Afroamerikaner waren in den Jahrzehnten vor 1930 gelyncht worden, ohne dass ihre Mörder zur Rechenschaft gezogen worden wären. Bei einem Fall krassen Unrechts hat Bonhoeffer sich einzumischen versucht. Im Süden der USA waren neun jugendliche Afroamerikaner wegen einer Gruppenvergewaltigung zum Tode verurteilt worden, obwohl ihre Beteiligung an der Tat zweifelhaft war. Bonhoeffer hat seine Heimatkirche gebeten, sich für eine Begnadigung einzusetzen, aber man beschied ihn, das sei nicht Sache der deutschen Kirche. Nachdem die Jugendlichen gehenkt worden waren, stellte sich heraus, dass sie unschuldig gewesen waren. Bonhoeffer hat in einer Gemeinde mitgearbeitet, die unter dem Eindruck rassistischer Diskriminierungen und Schandtaten leben musste, und unter ihrer Kanzel hat er erkannt, was es heißt, unterdrückt zu werden und dennoch, ja gerade dann, am Glauben festzuhalten. Jahre später wird er das in die Worte fassen: „Es bleibt ein Erlebnis von unvergleichlichem Wert, dass wir die großen Ereignisse der Weltgeschichte einmal von unten, aus der Perspektive der Ausgeschalteten, Beargwöhnten, Schlechtbehandelten,

Machtlosen, Unterdrückten und Verhöhnten, kurz der Leidenden, zu sehen gelernt haben."[79] Als er das schrieb, dachte er vor allem an die verfolgten Juden in Deutschland; aber dass er 1933 so hellwach war und für die Juden eintrat, als noch kaum jemand in der Kirche die „Judenfrage" für ein ernstes Problem hielt[80], verdankte er seiner Mitarbeit in Harlem, wo sein Blick für Herrschaft und Unterdrückung, und was sie für die kirchliche Botschaft bedeuten, geschärft worden war. Dass Hitler die rassischen und politischen Minderheiten mit Terror überziehen würde, hatte er nicht nur in seinem Buch „Mein Kampf" zynisch verkündet, sondern er hatte, als SA-Männer in dem schlesischen Ort Potempa einen jungen Kommunisten vor den Augen seiner Mutter zu Tode getrampelt hatten und dafür vor Gericht gestellt worden waren, die Richter öffentlich bedroht, sie würden zur Rechenschaft gezogen werden, falls sie es wagen sollten, die Mörder nicht zum Tode zu verurteilen.[81]

Auf den Straßen Berlins lieferten sich kommunistische und nationalsozialistische Banden täglich ihre blutigen Kämpfe, als der Privatdozent Bonhoeffer für das Wintersemester 1932/33 eine einstündige Vorlesung über „Schöpfung und Sünde" anmeldete. Bonhoeffer hat diese Vorlesung über die drei ersten Kapitel der Bibel später auf Drängen seiner Hörer veröffentlicht. Es wurde das erste von drei Büchern Bonhoeffers, die der Christian Kaiser Verlag in München während der NS-Zeit veröffentlicht hat.[82] An den erhalten gebliebenen Mitschriften der Hörer kann man bis heute feststellen, wie gebannt die kleine Schar von Studenten, von denen einige nur wenig jünger waren als der Dozent, der Vorlesung gefolgt sind. Hilde Enterlein, die später den Bonhoefferschüler Albrecht Schönherr heiratete, erklärte zwar, Bonhoeffer erzähle „Märchen", aber sie scheint trotzdem keine der Vorlesungen versäumt zu haben. Hat Bonhoeffer von ihrem Urteil Kenntnis bekommen, hat sie ihn am Ende selbst damit konfrontiert? Jedenfalls erklärt er zu Beginn des fünften Abschnitts unter der Überschrift „Die Mitte der Erde":

„Wie sollte man von der ersten, der jungen Erde anders reden als in der Sprache der Märchen? Gott bereitet dem Menschen, den er mit eigener Hand geschaffen hat, einen überaus herrlichen Garten. Und woran denkt der Mensch der „Wüstenlandschaft hier eher als an ein Land mit herrlichen Strömen und Bäumen voller Früchte? Kostbare Steine, seltene Gerüche, prächtige Farben, damit ist der erste Mensch umgeben. Das fruchtbare Land im fernen Osten zwischen Euphrat und Tigris, von dem so viele wunderbare Dinge gesagt wurden, vielleicht war es jener Ort, jener Garten des ersten Menschen. Wer kann von diesen Dingen anders reden als in Bildern, Bilder sind ja nicht Lüge, sondern sie bezeichnen

Dinge, lassen Dinge durchscheinen, die gemeint sind. Aber freilich, Bilder wechseln, die Bilder eines Kindes sind anders als die eines Erwachsenen, die des Menschen der Wüste anders als die des Menschen der Großstadt. Aber ob so oder so, sie bleiben wahr, wie eben menschliche Rede, auch Begriffsrede überhaupt wahr bleiben kann, nämlich wahr, sofern Gott in ihnen bleibt."[83]

Das Zitat macht deutlich, worum es Bonhoeffer bei der Vorlesung gegangen ist. Die übliche wissenschaftliche Textbetrachtung, die nach der Gestalt des Textes und ihren Quellen und der Situation der Verfasser und der damaligen Leser fragt, kennt er zwar und er benennt sie auch, wo es ihm nützlich erscheint; aber vor allem will er den Text als Gottes Wort für die Kirche in der Zeit eines bevorstehenden Umbruchs sichtbar machen. Am 31. Januar 1933 kam er durch ein Meer von Hakenkreuzfahnen zum Hauptgebäude der Universität Unter den Linden, um das „Versprechen der Schlange" auszulegen, das sie der Eva macht: „Ihr werdet mitnichten des Todes sterben, sondern Gott weiß, dass welches Tages ihr davon esset, so werden eure Augen aufgetan und ihr werdet sein wie Gott und wissen, was gut und böse ist." Bonhoeffer nennt das „das erste Gespräch ü b e r Gott, das erste religiöse, theologische Gespräch. Nicht gemeinsame Anbetung, Anrufung Gottes, sondern Rede über Gott, über ihn hinweg."[84] Ein Mensch, der sich zum Alleinherrscher Deutschlands machen wollte und darauf brannte, einen europaweiten Krieg zu entfesseln, war am Tag zuvor deutscher Reichskanzler geworden. *Sicut deus*, wie Gott sein zu wollen und nach seiner Macht zu greifen, macht den, dem das gelingt, zum Götzen. Bonhoeffer sagt über das Paradies: „So gerät Adam zwischen Gott und Götze, wobei eben der Götze sich selbst als den wahren Gott ausgibt." Hitler, der durch eine konservative Clique um Hindenburg Reichskanzler geworden war, sprach von seiner „Machtergreifung", so als hätte er diese Wende aus eigener Kraft vollbracht und als gelte schon darum von nun an allein sein Wille.

Bonhoeffers kleines Buch ist eine einzige Auseinandersetzung mit der Frage nach dem Rätsel des Bösen, die die vorliegende Veröffentlichung stellt. Auf den ersten Blick kann sein Buch als naiv missverstanden werden; aber dann entdeckt man die Auseinandersetzungen mit Kant, Hegel und Nietzsche, die das Wissen über Gut und Böse zum Eigentlichsten des Menschen erklären. Der Mensch versucht nach dem Anfang zu fragen: „Warum ist etwas und nicht vielmehr nichts?" Oder: „Woher kommt das Böse?" Aber, so sagt Bonhoeffer, diese Fragen sind spekulativ und bleiben ohne Antwort. Könnte der Mensch die Frage nach dem Ursprung des Bösen beantworten, dann könnte er seine Schuld einem anderen zuschieben; und diese Möglichkeit hat Gott ihm verschlossen.

„Der Mensch bleibt mit seinem ganzen, in ‚tob' und ‚ra' (d.h. in Gut und Böse) gespaltenen Dasein in der Gottferne, im Sturz, in der gefallenenfallenden Welt. Und weil er im Zwielicht ist, darum ist all sein Denken über Schöpfung und Fall – auch das Denken des biblischen Autors – sofern es sachliches Denken bleibt und nicht phantastisch wird, an dieses Zwielicht gebunden. [...] Er bleibt im Zwielicht und Gott bejaht ihn in dieser seiner neuen Sicut-deus-Welt, indem er ihn dort erhält."[85]

Die Vorlesung schließt mit einem Blick auf Kain, der seinen Bruder Abel erschlägt,

„[...] aus Hass gegen Gott. Dieser Hass ist groß. Kain ist groß; er ist größer als Adam, denn sein Hass ist größer und das heißt doch seine Sucht nach dem Leben ist größer. Die Geschichte [der Menschheit] steht unter dem Zeichen Kains. Christus am Kreuz, der gemordete Sohn Gottes, das ist das Ende der Geschichte Kains, und damit das Ende der Geschichte überhaupt. Das ist der letzte verzweifelte Ansturm auf das Tor des Paradieses. Und unter dem hauenden Schwert, unter dem Kreuz stirbt das Menschengeschlecht. Aber Christus lebt. Der Stamm des Kreuzes wird zum Holz des Lebens, und mitten in der Welt ist nun aufs neue auf dem verfluchten Acker das Leben aufgerichtet. [...]Seltsames Paradies, dieser Hügel von Golgatha, dieses Kreuz, dieses Blut, dieser gebrochene Leib, seltsamer Lebensbaum, dieser Stamm, an dem Gott selbst leiden und sterben musste, – aber eben von Gott in Gnade wiedergeschenktes Reich des Lebens, der Auferstehung, aufgetane Tür der unvergänglichen Hoffnung, des Wartens und der Geduld. Baum des Lebens, Kreuz Christi, Mitte der gefallenen und erhaltenen Welt Gottes, das ist das Ende der Paradiesgeschichte für uns."[86]

Bonhoeffer schließt mit der Strophe eines Weihnachtsliedes. Bei einer Vorlesung an der Berliner Universität kam das einem Tabubruch gleich. Es war geradezu ein Eingeständnis von „Unwissenschaftlichkeit". Er aber machte damit deutlich, dass für ihn auch Vorlesungen eine Form der christlichen Verkündigung waren.

„Heut schleußt er wieder auf die Tür
zum schönen Paradeis.
Der Engel steht nicht mehr dafür.
Gott sei Lob, Ehr und Preis."[87]

II

Bonhoeffer hat, weil ihm der Kampf der Kirche gegen den „Arierparagraphen“, durch den auch alle judenchristlichen Pfarrer und Kirchenbeamte ihre Ämter verlieren sollten, nicht ausreichend erschien, Deutschland verlassen und sich von zwei Auslandsgemeinden in London zum Pfarrer wählen lassen.[88] Erst als durch das Bekenntnis der Synode von Barmen im Mai 1934 die Bekennende Kirche entstanden war, die sich auf der Synode von Dahlem im Herbst desselben Jahres eine Verfassung gegeben und damit von den hitlerhörigen „Deutschen Christen“ klar getrennt hatte, war er bereit, nach Deutschland zurückzukehren und die Leitung eines Predigerseminars der Bekennenden Kirche in Finkenwalde südlich von Stettin zu übernehmen. Dort hat er, um es in der Begrifflichkeit unseres Themas zu sagen, seine Aufgabe darin gesehen, seine Kandidaten für den Kampf gegen das im Nationalsozialismus aufgebrochene Böse zu schulen. Damals war überall von „Führer und Gefolgschaft“ die Rede. Im zweiten Weltkrieg ist daraus ein Lied mit dem Refrain „Führer befiehl, wir folgen Dir“ geworden. Bonhoeffer hält seinen Kandidaten, die in Kursen von einem halben Jahr auf ihren Dienst als Pfarrer der Bekennenden Kirche vorbereitet wurden, eine Vorlesung mit dem Titel „Nachfolge“. Der Herr, dem Christen zu folgen und Gehorsam zu leisten haben, ist Jesus Christus. Er allein führt nach Bonhoeffers Erkenntnis „vom Gehorsam zur Freiheit.“[89]

Von heute her gesehen war alles, was Deutsche zwischen 1933 bis zum Ausbruch des Zweiten Weltkriegs gegen die Verbrechen Hitlers unternommen haben, viel zu wenig. Darum wird auch der Bekennenden Kirche zu Recht vorgeworfen, sie habe gekämpft, um zu überleben, statt gegen Hitlers Verbrechen zu protestieren. Bonhoeffer soll sich darum nach Meinung vor allem amerikanischer Biografen von der Bekennenden Kirche getrennt haben. Das hat er in Wirklichkeit nie getan; und da es politische Proteste der Bekennenden Kirche gegeben hat, sollte man die nicht einfach verschweigen. Zu Pfingsten 1936 hat die Leitung der Bekennenden Kirche (BK) in einer Denkschrift Hitler auf seine gegen die Gebote Gottes gerichtete Politik hin angeredet. In der illusorischen Hoffnung, dass darüber mit ihm wirklich zu reden sei, hatte man die Denkschrift nicht veröffentlicht, sondern in einem Exemplar der Reichskanzlei überbracht. Das einzige andere Exemplar lag in einem Panzerschrank der Geschäftsstelle der BK. Als die Denkschrift am 23. Juli im vollen Wortlaut in den Baseler Nachrichten stand, glaubte man in der Leitung der BK, sie könne nicht durch ihre Schuld dorthin gelangt sein und bat die Reichskanzlei um Ermittlung der Täter. Aber die hatte die Gestapo bald gefunden. Dr. Friedrich Weißler, der Leiter der Geschäftsstelle der BK hatte das Exemplar aus dem Panzerschrank zwei jungen Männern mit Kontakten zur Auslandspresse für eine Nacht ausgehändigt. Beide gehörten in den Umkreis Bonhoeffers. Ernst Tillich hatte zu dessen Berliner Hörern gehört und Werner Koch war in Finkenwalde gewesen. Sie sollten sich einen Eindruck von dem Text verschaffen und der ausländischen Presse einen Hinweis darauf zukommen lassen. Da aus der Reichskanzlei keinerlei Echo gekommen war, hatte Weißler wohl gehofft, auf diese Weise eine Reaktion erzwingen zu können. Aber Tillich und Koch hatten sich keine Notizen gemacht, sondern den Text Wort für Wort abgeschrieben und weitergeleitet. Alle drei kamen daraufhin ins Konzentrationslager Sachsenhausen, wo der Judenchrist Friedrich Weißler schwer gefoltert und umgebracht wurde. Die beiden jungen Publizisten wurden nach längerer Zeit freigelassen und haben überlebt.[90] Es hatte immer der Plan bestanden, neben der Denkschrift eine Kanzelabkündigung für die Gemeinden herauszugeben. Und hier zeigt sich ein Unterschied zwischen Bonhoeffers Vorstellung vom Kampf gegen das Böse und dem der Leitung der Bekennenden Kirche. Bonhoeffer entwarf mit seinem Freund Franz Hildebrandt, der an der Denkschrift mitgearbeitet hatte, eine Kanzelabkündigung, die der Denkschrift sehr viel genauer folgte als der Text, den die Leitung der BK ausgearbeitet hatte und den dann Hunderte von Pfarrern im Gottesdienst abgekündigt haben. Bei Bonhoeffer und Hildebrandt hieß es nach einer Einleitung:

„Brüder und Schwestern, lasst euch nicht irremachen, wenn ein Netz von Lüge die öffentliche Meinung, das berufliche Leben und die persönlichen Beziehungen der Menschen umfängt. Habt acht darauf, dass nicht auch unsere Kirche nach außen und innen durch dieselbe Unwahrheit gefährdet und missbraucht werde. [...] Lasst euch nicht kränken und erbittern, wenn Unrecht und Willkür herrschen dürfen und euch und den Euren Gewalt tun, wenn das Leben der Familie zerstört, wenn die Ehre und Sicherheit Unschuldiger bedroht und verletzt wird. [...] Brüder und Schwestern, lasst euch nicht vergiften von dem Haß, der Völker, Rassen und Klassen zerreißt. Habt acht auf euch und eure Kinder, dass ihr diesem Geist keinen Raum lasst und bewahrt bleibt vor dem Verderben in dieser und jener Welt. Besiegt den Widersacher in euch durch die Kraft des Wortes, des Sakraments, des Gebetes und der Gemeinschaft. Denn der heilige Geist ist der Friede und wird uns Frieden schaffen. Der in euch ist, ist größer, als der in der Welt ist. Um solches lasst uns zu Pfingsten beten.“[91]

Bonhoeffer hielt es für richtig, auch den Gemeinden gegenüber Verbrechen des Staates furchtlos zu benennen. Die Kanzelabkündigung des Rates appellierte sehr viel allgemeiner an den Glauben und die Treue der Gemeinden. Auch so machte man sich damals auf eine scharfe Reaktion des Staates gefasst; aber die blieb aus, weil Hitler und seine Leute bei der bevorstehenden Olympiade dem Ausland ein positives Bild des „Dritten Reiches" präsentieren wollten. Aber die Namen aller Pfarrer, die damals die Kanzelabkündigung verlesen haben, sind von der Gestapo sogleich registriert worden.

Einen zweiten, noch schärferen Protest der Bekennenden Kirche gegen die Verbrechen des Staates hat es gegeben, als nach der „Wannseekonferenz" am 20. Januar 1942 unter Reinhard Heydrich die Ausrottung der europäischen Juden beschlossen worden war und in Deutschland die ersten Nachrichten von der Deportation jüdischer Menschen umliefen. In der Kanzelabkündigung, die am 16. und 17. Oktober 1943 in Breslau beraten und verabschiedet wurde, heißt es: „Wehe uns und unserem Volk, [...] wenn es für berechtigt gilt, Menschen zu töten, weil sie für lebensunwert gelten oder einer anderen Rasse angehören."[92] Bonhoeffer saß zu dieser Zeit seit einem halben Jahr im Gefängnis; aber er hatte die Aussagen der Breslauer Synode entscheidend mit vorbereitet. In seinem Vortrag über die Geltung der Gebote hieß es: „[...] auch der Gemeinde in den Katakomben wird niemals die Universalität ihres Auftrags abgenommen. [...] Sie wird erfahren, dass die Welt im Argen liegt und dass das Reich Gottes nicht von dieser Welt ist, aber sie wird sich gerade dadurch ihres Auftrages an die Welt erinnern". Mit anderen Worten, auch eine verfolgte und hart bedrängte Kirche, zu der die Bekennende Kirche geworden war, muss sich zu ihrem Glauben und den Geboten Gottes bekennen und muss das Böse, das sie erkennt, klar benennen.

Wir kehren noch einmal zu der Zeit zurück, in der Bonhoeffer in Finkenwalde Kandidaten für das Pfarramt auszubilden hatte. Es hat dort im Juli 1937, kurz ehe das Seminar von der Gestapo geschlossen und das Gebäude versiegelt wurde, eine heftige Diskussion zwischen dem Direktor und den Kandidaten gegeben, nachdem Bonhoeffer über Psalm 58, einen Schrecken erregenden Rachepsalm, gepredigt hatte. Der Psalm endet im alten Lutherdeutsch, das Bonhoeffer verwendete, mit den Sätzen:

„Der Gerechte wird sich freuen, wenn er solche Rache siehet, [gemeint ist die Rache Gottes an den Gottlosen] und wird seine Füße baden in des Gottlosen Blut, dass die Leute werden sagen: Der Gerechte wird ja seiner Frucht genießen; es ist ja noch Gott Richter auf Erden."

Bonhoeffers Predigt beginnt mit den Worten: „Ist dieser furchtbare

Rachepsalm unser Gebet? [...] Darauf heißt die Antwort ganz klar: Nein, wir, wir dürfen so gewiss nicht beten! Wir tragen ja an aller Feindschaft, die uns begegnet und uns in Not führt, selbst viel eigene Schuld. Wir müssen ja bekennen, dass es Gottes gerechte Strafe ist, die uns sündige Menschen trifft und demütigt. [...]? Nur wer selbst ganz ohne Schuld ist, kann so beten."[93] Was dann folgt, wird dem modernen Leser so abenteuerlich vorkommen wie den Kandidaten in Finkenwalde; denn Bonhoeffer fährt fort, so habe David (dem der Psalm zugeschrieben wird) nur beten können, weil es Gott gefallen habe sich in „David d e n zu bereiten, der der Sohn Davids genannt wird: Jesus Christus". David, der selbst schuldig ist, dürfe nicht umkommen, „weil von ihm der Christus kommen soll". Bonhoeffer sagt, in David sei Christus und damit sei in ihm auch die Kirche Gottes. Darum seien Davids Feinde die Feinde Gottes und seiner heiligen Kirche. „So betet in David die Unschuld Christi selbst".

Wir werden hier Zeugen der „christologischen Theologie" Bonhoeffers, auf die wir am Ende der Darstellung von Bonhoeffers früher Vorlesung „Schöpfung und Sünde" bereits gestoßen waren. Was nicht direkt auf Christus bezogen wird – beispielsweise eine historisch-kritische Auslegung der Psalmen – ist für ihn keine Theologie. Seine Kandidaten, die ja alle von der Universität zu ihm gekommen waren und es ganz anders gelernt hatten, konnten ihm das so wenig abnehmen, wie die Professoren für das Alte Testament, mit denen er befreundet war,[94] oder wir heute; aber es kann kein Zweifel daran bestehen, dass es Bonhoeffers Glaube an das Kreuz und die Auferstehung Jesu Christi gewesen ist, der ihm die Kraft gegeben hat, dem Bösen, das in Deutschland zur Herrschaft gelangt war, bis zu seinem Tod am Galgen zu widerstehen. Zu diesem Glauben gehörte die feste Überzeugung, dass Jesus Christus schon im Alten Testament zu finden ist, das darum ein Buch der christlichen Kirche ist, an dem sie festhalten muss, wenn sie Kirche bleiben will. Diskussionen, wie diese Predigt sie seinerzeit ausgelöst hatte, haben uns die wenigen Kandidaten Bonhoeffers, die den Krieg überlebt hatten, bei den Tagungen über Bonhoeffers Theologie als eine der wichtigsten Ausbildungsformen ihres Lehrers geschildert. Gegen Bonhoeffers Thesen durfte man protestieren, denn in der Diskussion gewinnt man bleibende Erkenntnisse.

In Bonhoeffers Predigt fällt auf, wie kritisch er sich selbst und seine Freunde gesehen hat, wenn er sagt: „Wir tragen ja an aller Feindschaft, die uns begegnet und uns in Not führt, selbst viel eigene Schuld. Wir müssen ja bekennen, dass es Gottes gerechte Strafe ist, die uns sündige Menschen trifft und demütigt. [...] Während seiner Zeit im Widerstand, von der noch ausführlich die Rede sein muss, kann er plötzlich Mitverschwörer fragen: „Sind wir noch brauchbar?

Wir sind stumme Zeugen böser Taten geworden, wir haben die Künste der Verstellung und der mehrdeutigen Rede gelernt, wir sind durch Erfahrungen misstrauisch gegen die Menschen geworden und mussten ihnen die Wahrheit und das freie Wort oft schuldig bleiben [...] Wird unsere innere Widerstandskraft gegen das uns Aufgezwungene stark genug und unsere Aufrichtigkeit gegen uns selbst schonungslos geblieben sein, dass wir den Weg zur Schlichtheit und Geradheit wiederfinden?" [95]

III

Einen entscheidenden Schritt gegen das Böse in seiner schrecklichsten Form, nämlich den Krieg, wollte Bonhoeffer 1939 unternehmen. Ich kehre hier noch einmal zurück zu seinem Buch „Nachfolge". Es ist 1937 in München erschienen, und ich zitiere einen kurzen Abschnitt daraus: „Wer sich Jesus Christus ganz ergibt, der wird und muss sein Bild tragen. Er wird zum Sohne Gottes, er steht neben Christus als dem unsichtbaren Bruder in gleicher Gestalt, als das Ebenbild Gottes. [...] Es ist die Neuschöpfung des Ebenbildes Gottes durch den Gekreuzigten."

Bonhoeffer war damals fest entschlossen, den Wehrdienst zu verweigern. Er war der Meinung, alle Christen müssten das tun, und die beiden großen Kirchen müssten dazu aufrufen. Für Wehrdienstverweigerung wurde man hingerichtet; aber an Hunderttausenden von evangelischen und katholischen Christen wäre selbst Hitler gescheitert. Eine solche Aktion wäre der entscheidende Schlag der Kirchen gegen das Böse gewesen. Die meisten Menschen wussten, dass Hitlers Krieg ein ungerechter Krieg war; und nach der katholischen Lehre und dem lutherischen Bekenntnis dürfen Christen an einem ungerechten Krieg nicht teilnehmen.[96] Weil aber kein Gedanke daran war, dass die Christen in Deutschland diese Art von Gehorsam gegenüber Gott leisten würden, wollte Bonhoeffer durch das Martyrium ein Zeichen setzen. Er hätte dem entkommen können, als er im Frühjahr 1939 in die USA eingeladen wurde; aber er hat das als Flucht empfunden und ist nach nur einem Monat aus New York nach Deutschland zurückgekehrt – immer noch mit dem festen Entschluss, den Wehrdienst zu verweigern, und koste es das Leben.

Es kam aber ganz anders, als Bonhoeffer es erwartet hatte. Er wurde nicht einmal gemustert und schon gar nicht eingezogen, sondern konnte noch nach dem Polenfeldzug in den Wäldern Hinterpommerns eine letzte Gruppe von Vikaren ausbilden. In dieser Zeit hat er den 119. Psalm, den längsten, den es in der Bibel gibt, studiert und dabei erkannt: Wir sollen Gott nicht vorschreiben, wie wir ihm dienen und für ihn Zeugnis ablegen wollen, sondern wir sollen auf ihn h ö r e n. Bonhoeffer hatte etwas aus sich machen wollen: einen Märtyrer, und er hatte ja recht, wenn er in der „Nachfolge" schreibt, dass Jesus Christus den Märtyrern das größte Geschenk zuteilwerden lässt, das es gibt: Sie werden ihm gleich. Dieses größte Geschenk war ihm, wie wir heute wissen, zugedacht; aber nicht zu diesem Zeitpunkt und nicht auf diese Weise; denn es gab noch eine ganz andere Aufgabe für ihn. Ich versuche hier, die Situation so nachzuzeichnen, wie er sie später seinem Freunde Eberhard Bethge in einem Brief vom 21. Juli 1944 beschrieben hat.[97] Die Möglichkeit, etwas aus sich zu machen, in diesem Fall einen Märtyrer, ist Bonhoeffer durch die Ereignisse weggenommen worden. Stattdessen hat er im Widerstand und im Gefängnis zu spüren bekommen, dass Glauben etwas anderes ist, als der Wunsch, die Krone des Lebens aus der Hand Jesu zu empfangen. „Sei getreu bis in den Tod, so will ich dir die Krone des Lebens geben" (Offb 2,10), zu diesem Geschenk gehört die Erfahrung der Wirklichkeit, gerade auch in einer Zeit und in einem Land, in dem Gottes Zorn spürbar wird. Bonhoeffer zitiert in diesem Brief eine Stelle aus dem Buch des Propheten Jeremia, über die er viel nachgedacht hatte und die nach seiner Auffassung die Situation der Christen gegen Ende des Zweiten Weltkrieges sehr genau beschreibt. Da spricht Gott in seinem Zorn: „Siehe, was ich gebaut habe, das reiße ich ein, und was ich gepflanzt habe, das reiße ich aus, nämlich dies, mein ganzes Land. Und du begehrst für dich große Dinge? Begehre sie nicht; denn siehe, ich will Unheil kommen lassen über alles Fleisch." Das Wort für den Propheten selbst, beschließt den Spruch: „Aber dein Leben sollst du wie eine Beute davonbringen, an welchen Ort du auch ziehst." Bonhoeffer sagt, dass man „nur in der vollen Diesseitigkeit des Lebens [...] glauben lernt, nämlich in der Fülle der Aufgaben, Fragen, Erfolge und Misserfolge, Erfahrungen und Ratlosigkeiten, – dann wirft man sich Gott ganz in die Arme, dann nimmt man nicht mehr die eigenen Leiden, sondern das Leiden Gottes in der Welt ernst, dann wacht man mit Christus in Gethsemane, und ich denke, das ist Glaube, das ist Metanoia[98]; und so wird man ein Mensch, ein Christ. Wie sollte man bei Erfolgen übermütig oder an Misserfolgen irrewerden, wenn man im diesseitigen Leben Gottes Leiden mitleidet?"

Durch Diesseitigkeit kommt man in der Wirklichkeit an, und die Wirklichkeit ist der eigentliche Lebensraum für den christlichen Glauben. Wir hätten gern immer nur Erfolge und müssen mit Misserfolgen fertigwerden. Wir wären gern Ratgeber für andere, und erleben uns als Menschen, die ratlos sind. Wir müssen weitermachen, weil Aufgaben auf uns warten und Fragen gelöst werden müssen, und erleben uns dabei als unvollkommen. Hier erweist

Bonhoeffer sich ganz als Schüler Luthers, der gesagt hat: Ein Christ ist immer im Werden und nie im Gewordensein. Aber gerade wenn wir wissen, wie weit wir noch vom Ziel entfernt sind, tut sich die Möglichkeit des Glaubens und der Begegnung mit Gott für uns auf: „Dann wirft man sich Gott ganz in die Arme“ und dann kann man sogar etwas, was die Jünger Jesu noch nicht konnten: „Dann wacht man mit Christus in Gethsemane“. (Matth 26. 36 ff.)

Bonhoeffer hat erst durch seine Mitarbeit im Widerstand und vom 5. April 1943 an im Gefängnis die Diesseitigkeit als Lebensraum für den Glauben entdeckt. Sein Schwager Hans von Dohnanyi und Oberst Oster hatten ihn als Agenten in die Abwehr geholt, weil man ihn seiner vielen belastbaren Freundschaften in England, in den Niederlanden und in Skandinavien wegen brauchen konnte, um seitens des deutschen militärischen Widerstands Kontakt mit den Regierungen der Gegner aufzunehmen. Das ist auch gelungen. Bonhoeffer hat 1942 in Schweden seinen väterlichen Freund George Bell, den Bischof von Chichester getroffen, und hat ihm im Auftrag von Generaloberst Beck gesagt, dass die Widerstandsbewegung in Deutschland nach einem geplanten Attentat auf Hitler Verhandlungen über einen Waffenstillstand wünsche. Bonhoeffer hat Bell die Namen der Anführer des Widerstands gegen Hitler genannt. Es war ein klarer Akt von Hochverrat um der Zukunft Deutschlands willlen. Bonhoeffer hat sich seinen Freunden im Widerstand gegenüber klar für das Attentat auf Hitler ausgesprochen. „Die frei verantwortete Tat“, wie er das Attentat genannt hat, war nach der Entlassung Brauchitschs[99] im Dezember 1941 und vor allem nach der Wannseekonferenz[100] nur noch durch ein Attentat möglich, wenn man versuchen wollte, das Anwachsen der deutschen Verbrechen ins Unermessliche aufzuhalten. Bischof Bell hat Bonhoeffers Botschaft dem britischen Außenminister vorgetragen, und als Churchill davon erfuhr, hat er jeden Kontakt mit Deutschland verboten und erklärt, es gebe keine deutsche Widerstandsbewegung.

Die Entscheidung Bonhoeffers, für den Widerstand tätig zu werden, wird bis heute von manchen Gruppen für falsch erklärt. Ein gelehrtes Buch aus den USA bestreitet sogar, dass Bonhoeffer an diesen Plänen beteiligt gewesen sei. Die Verfasser halten das für eine Verdrehung der Tatsachen durch Eberhard Bethge und alle, die seiner Darstellung gefolgt sind.[101] In einer katholischen Rezension meiner Bonhoeffer-Biografie hieß es, wenn Bonhoeffer sich am Widerstand nicht beteiligt hätte, wäre er „noch größer“, (was immer darunter zu verstehen sein mag). Und bei einem Vortrag im Bergischen Land, in der Nähe von Wuppertal, ist mir 2006 entgegengehalten worden, dass Bonhoeffer durch seine Mitwirkung bei den Plänen des Widerstands eine schwere

Sünde begangen habe. Aber vielleicht habe er ja, ehe er gehenkt wurde, Gott um Vergebung gebeten. Dann würde er trotz dieser Sünde in den Himmel kommen. Bonhoeffer hat vor seinem Tod sicher gebetet; aber, dass er für seine Teilnahme an der „frei verantworteten Tat" um Vergebung gebeten hat, kann man ausschließen. Die hielt er für absolut notwendig. Er hat sich dazu sehr klar geäußert: In seiner „Ethik" schreibt er: „Wer in Verantwortung Schuld auf sich nimmt – und kein Verantwortlicher kann dem entgehen – der rechnet sich selbst und keinem anderen diese Schuld zu und steht für sie ein, verantwortet sie. Er tut es nicht aus dem frevelnden Übermut seiner Macht, sondern in der Erkenntnis zu dieser Freiheit genötigt und in ihr auf Gnade angewiesen zu sein. Vor den anderen Menschen rechtfertigt den Mann der freien Verantwortung die Not, vor sich selbst spricht ihn sein Gewissen frei, aber vor Gott hofft er allein auf Gnade."[102]

Bekannt geworden ist Bonhoeffers Glaubensbekenntnis in seinem Essay „Nach 10 Jahren"[103], das in dieser Darstellung nicht fehlen dürfte:

Ich glaube, dass Gott aus allem,
auch aus dem Bösesten,
Gutes entstehen lassen kann und will.
Dafür braucht er Menschen,
die sich alle Dinge zum Besten dienen lassen.
Ich glaube, dass Gott uns in jeder Notlage
soviel Widerstandskraft geben will, wie wir brauchen.
Aber er gibt sie nicht im Voraus,
damit wir uns nicht auf uns selbst,
sondern auf ihn allein verlassen.
In solchem Glauben müsste alle Angst
vor der Zukunft überwunden sein.
Ich glaube, dass auch unsere Fehler
und Irrtümer nicht vergeblich sind,
und dass es [für] Gott nicht schwerer ist,
mit ihnen fertig zu werden,
als mit unseren vermeintlichen Guttaten.
Ich glaube, dass Gott kein zeitloses Fatum ist,
sondern dass er auf aufrichtige Gebete
und verantwortliche Taten wartet.

Antje Vollmer

Apokalyptiker der Gegenwart
Weltmacht, Ohnmacht und gefährliches Denken

Im Gegensatz zu den östlichen Kulturen und Religionen, die sich besonders der im Einzelnen selbst verankerten Gewaltpotenziale und Leidenschaften widmen, waren die monotheistischen Religionen und Kulturen immer durch einen missionarischen Eifer gekennzeichnet. Die Welt war nicht einfach erlöst, sie musste auch, und sei es mit Gewalt, erlöst werden. Die Ankunft des Gottes hatte immer zu wenig Zeit, zu wenig heitere Geduld, immer musste ihr mit apokalyptischer Ungeduld nachgeholfen werden und sei es mit irdischer Macht. Das Moment der Beschleunigung, der Überwältigung, der Überrumpelung und der Unterdrückung anderer Überzeugungen liegt einem so religiös motivierten Aktivismus sehr nahe. Die Macht legt sich dazu oft die Maske des Rechts an. Der zu Überwältigende wurde zum Heiden, zum Ungläubigen, zur Achse des Bösen, zum Moralisch-Verkommenen erklärt. Das gab den Überrumpelungen einen Anschein von Recht und Berechtigung, ja gelegentlich auch von Gottesauftrag und Gotteswille. Diese Überwältigung in vermeintlich göttlichem Auftrag ist damit auch der fatalste Kurzschluss in der Verschmelzung politischer und religiöser Machtansprüche.

Das alles warnt uns zur äußersten Vorsicht im Gebrauch der apokalyptischen Rede, insbesondere, wenn sie in politischer Absicht gebraucht wird. Schon bei den diversen politischen Gegenreligionen hatten wir eine Usurpation religiöser Formen, Denk- und Sprachstile festgestellt. Das lässt sich leicht ins Apokalyptische steigern. Schon unter dem Stalinismus bedeutete der Redestil des „Letzten Gefechts" die Vernichtung einer Gegenwart und der existierenden gesellschaftlichen Kulturen zugunsten eines kommenden, jetzt säkularen, aber doch pseudoreligiös überhöhten Reiches. Auch der Nationalsozialismus dachte in solchen apokalyptischen Formulierungen, wenn er die bestehende europäische Welt zugunsten des kommenden „Tausendjährigen Reiches" vernichten und seine Stadt auf dem Berge: Germania, das neue Jerusalem, errichten wollte. Auch er fand die Welt nicht überlebenswürdig, wenn der eigene Untergang unumgänglich war. Besonders beunruhigend ist, dass die aktuellen Gegenwartskrisen nach der großen Zeitenwende 1989/90, insbesondere im Nahen Osten, zunehmend apokalyptisch gedeutet werden. So schrieb der amerikanische Prediger Jerry Falwell in seiner wöchentlichen Kolumne: „Es ist ganz offensichtlich, dass die aktuellen Ereignisse im Heiligen Land sehr wohl Auftakt und Vorbote der Schlacht von Armageddon und damit für die glorreiche Rückkehr Christi sind.“ Diese Zeilen sollte man mit einem leicht jubilierenden Unterton lesen, denn der Apokalyptiker amerikanischer Provenienz unterscheidet sich vom landläufigen europäischen Pessimisten vor allem dadurch, dass er in der Apokalypse nicht das Ende der Welt, sondern die Erlösung sieht. Vor allem die Rückkehr der Juden nach Israel gilt als eindeutiges Zeichen, weswegen amerikanische Protestanten wie Jerry Falwell das israelische Staatsgründungsdatum des 18. Mai 1948 als wichtigstes historisches Datum seit der Geburt Christi ansehen (und somit als endgültiges Anfangsdatum der damit bereits berechenbaren Schlussphase dieser sündhaften Welt). Das wiederum hat dazu geführt, dass derzeit laut Umfrage mehr amerikanische Protestanten als amerikanische Juden hinter der Politik der Härte Israels stehen. Fundamentalistenkirchen haben Solidaritätsorganisationen für Israel gegründet und spenden Millionen Dollar, denn nur die sichere Rückkehr der Juden ins Heilige Land kann die Wiederkehr Christi vorbereiten, glauben sie. Die Tsunami-Katastrophe, Hurrikan Katrina, die Erdbeben in Iran und in der Türkei sowie die Vogelgrippe sind demnach allesamt der Beginn der tödlichen sieben Jahre. Der Krieg im Libanon aber stellt ihrer Auffassung nach den Beginn der Schlacht von Armageddon dar, die in direkter Umgebung von Jerusalem beginnen soll und nach Meinung einiger Apokalyptiker in einem Atomkrieg mit Iran gipfeln wird, der mit Mahmud Ahmadinedschad den Antichristen zum Präsidenten (den Drachen A.V.) gewählt hat. Im Antichristen Mahmud Ahmadinedschad haben die protestantischen Apokalyptiker übrigens einen Bruder im Geiste gefunden. Der glaubt nämlich gemäß den schiitischen Lehren seines geistlichen Mentors Ayatollah Mohammed Taghi Mesbah Yazdi, dass die Zerstörung Israels und die folgende Apokalypse der Rückkehr des Madhi, des seit rund eintausend Jahren verschollenen 12. Imams, und damit dem weltweiten Sieg des Islams, vorausgehen wird. So ähneln sich die messianischen Sehnsüchte.[104] Rund 80 Millionen aller Amerikaner bezeichnen sich als „Wiedergeborene Christen“, rund 40 Prozent aller US-Bürger gehören einer evangelikalen Kirche an. Es begann in den 70er-Jahren, als Konzept einer „moral majority“, die auf die Erfolge der Bürgerrechtsbewegungen um Martin Luther King ihrerseits eine religiös aufgeladene Kampagne startete, bei der Pastoren wie Jerry Farewell, Pat Robertson, Ted Haggard und Robert Grant eine Rolle spielten. Mit der

Regierung um George W. Bush jr. erhielt dieser charismatisch aufgeladene Politikstil Zugang zu den zentralen Machtpositionen in Washington. Rationale Herrschaft wurde in charismatische Herrschaft überführt. Als Ziel galt, nach dem Zusammenbruch des gottlosen Systems des sowjetischen Sozialismus eine neue weltweite Zivilisation jener Werte zu installieren, für die „Gods own country", Amerika, das Vorbild war. Die Geschichte der großen weltgeschichtlichen Wende nach dem Ende des Kalten Krieges schien diesem Konzept recht zu geben. Hatte nicht die demokratische Elite aller posttotalitären Staaten gerade Amerika, seine Werte, die Menschenrechte, die kapitalistische Marktwirtschaft und die NATO gewählt, und zwar freiwillig? Musste man nicht dem kleinen Rest der Welt, der im Chaos zu versinken drohte, auch endlich die Segnungen und die Führungskompetenz jener größten Macht zukommen lassen, die durch den geschichtlichen Verlauf von Gott selbst als berechtigter Sieger dieses welthistorischen Prozesses bestätigt war?

Auch in anderen Weltregionen ist vieles in Bewegung. Innerhalb der letzten 40 Jahre hat sich in Lateinamerika eine erstaunliche Veränderung im Bereich der Religionszugehörigkeiten entwickelt. 17–20 Prozent des früher rein katholischen Kontinents gehören inzwischen schon zu protestantisch geprägten fundamentalistischen Kirchen, dabei zählen sich rund 80 Prozent aller protestantischen Religionsgemeinschaften in Lateinamerika zu den Pfingstbewegungen. In den bevölkerungsreichsten Ländern Chile, Brasilien, Guatemala sind es sogar ein Drittel der Bevölkerung. Die fast 500 Jahre währende Monopolstellung der Katholischen Kirche ist zerbrochen. Rios Montt, der sich 1982 in Guatemala an die Macht putschte, war ein wiedergeborener Christ, war bekennender Anhänger einer Pfingstkirche, wurde der erste protestantisch fundamentalistische Präsident eines lateinamerikanischen Landes, in den Fernsehshows des Fernsehpredigers Pat Robertson war er ein gern gesehener Gast. Politisch und kirchenpolitisch gesehen sind diese Pfingstkirchen eine Reaktion auf die religiösen Armutsbewegungen in Lateinamerika infolge der Theologie der Befreiung der 60er- und 70er-Jahre. Auch sie sammeln die Armen, für die sie gewaltige Geldsummen aus dem amerikanischen Mutterland organisieren. Sie sind streng antikommunistisch, unterstützen außenpolitisch ein militärisch starkes Amerika als Schutzmacht des christlichen Westens. Ihr Bibelverständnis ist wortgetreu, bis hin zu einem Schöpfungsglauben nach der Ordnung der Genesis-Erzählungen. Sie sind Kritiker eines naturwissenschaftlichen Weltbildes, Gegner von Abtreibung und Homosexualität, die Stärkung der Familie im traditionellen Sinne spielt eine außerordentlich große Rolle und damit die Unterordnung der Frauen unter männliche Autoritäten und

Dominanz. Auch in den Ländern Osteuropas, in Russland, in Zentralasien, in China und Japan wird von einem starken Anwachsen von Zahl und Einfluss der Pfingstkirchen-Bewegungen berichtet. Dies alles könnte als natürliche politische Auswirkung des Endes des Kalten Krieges und des Untergangs des sich atheistisch verstehenden Sowjetimperiums verstanden werden. Seine besondere Zuspitzung erhielt die These der geschichtstheologischen Finalität der Weltentwicklung aber nach dem 11. September 2001. Da trat nun der Fall ein, dass die einzige, die größte und siegreiche Weltmacht sich durch die Angriffe islamistischer Fundamentalisten so sehr im Kern bedroht fühlte, dass sich zunehmend in ihrer Regierungsspitze eine endzeitliche Stimmung breitmachte. Die apokalyptische Sehnsucht kam also diesmal nicht von unten, nicht aus objektiver Unerträglichkeit eines Lebens in Armut, Qual und Verfolgung, sie kam nicht aus der Erfahrung völliger Ohnmacht gegenüber übermächtigen Feinden, sie kam aus dem Schock, dass der eigentliche Sieger der Geschichte in seinem symbolischen Kern so weltöffentlich angegriffen und verletzt wurde. Hinzu kam der interpretatorische Kurzschluss der sich gleichzeitig dramatisierenden existenziellen Bedrohung des Staates Israel mit apokalyptischen Denkmustern. Das alles wurde nun als Zeichen der Endzeit, wortgetreu nach der Apokalypse des Sehers Johannes, interpretiert. Das Schicksal Israels und das Schicksal Amerikas, politisch seit Langem verbunden, wurde somit zur endzeitlich letzten Entscheidungsschlacht dramatisiert, zwischen dem Reich des Bösen mit seinen Drachen und drohenden Löwen und dem Reich des Guten, des unschuldigen Lammes. Da es sich um einen weltgeschichtlichen Endzeitkampf handelte, war die ganze Welt zur Entscheidung gerufen: Seid ihr für uns oder gegen uns? Gehört ihr zum „Heiligen Rest" der Gerechten oder zu dem diabolischen Heer des Antifürsten? Absurderweise entstand so ein hochgefährliches, politisch-religiöses, charismatisches Gebräu: Die größte Macht der Welt mit ihrem aktuellen Regierungszentrum fühlte sich tatsächlich als größtes Opfer der Welt, rief die himmlischen Heerscharen und die ganze Welt an seine Seite, um den letzten, endzeitlichen Kampf zwischen der Achse des Bösen und der Stadt auf dem Berge (Washington, Jerusalem) siegreich zu bestehen. Und alles, was in Jahrhunderten von Kirchengeschichte gelernt war: Dass politische und religiöse Macht getrennt werden muss, dass der Sieger sich nicht zum Opfer erklären kann, dass Gott immer aufseiten der wirklich Armen, der Entrechteten und Ohnmächtigen ist, selten aber mit der politischen Macht, das alles verschwand in der charismatisch aufgeladenen apokalyptischen Hitze, die doch vielleicht nichts anderes war als die unvermeidliche Urkränkung einer ungerechtfertigten Allmachtsvorstellung, verbunden mit einem konkret erfahrenen Leidensschock. Wie sich die Seiten eines Konfliktes oft gleichen, wie Zwillinge! Es ist ganz sicher so, dass eine solche Kränkung von ungerechtfertigten Allmachtsvorstellungen auch auf der Gegenseite, auf der Seite des islamistischen Fundamentalismus, eine entscheidende Rolle gespielt hat. Die schon immer problematische Vorstellung eines gerechten „Heiligen Krieges" wird von dieser Seite in der derzeitigen Auseinandersetzung mit dem Urfeind Amerika in hohem Maße und mit Inbrunst apokalyptisch aufgeladen. Auch für die Islamisten spielt die Wiedererrichtung des Gottesreiches in diesem Fall des Welt-Kalifats unter der Führung des wirklich gerechten, wiederkommenden 11. Imam eine große Rolle. Auch für sie steht im Zentrum die Reinigung der heiligen Stätten und der heiligen Städte, Jerusalem, Mekka und Medina, von der Besetzung durch die als böse definierten Ungläubigen. Auch sie zielen auf die Wiederherstellung eines Lebens aller Gläubigen in den guten ursprünglichen Gottesordnungen, wozu die Überwindung aller westlichen Laster und Dekadenzen gehört, also fast paradiesische Zustände. Man kann die Psychologie der religiös motivierten Taten nicht verstehen, schon gar nicht überwinden, wenn man nicht begreift, dass diese selbst ihre Taten nicht als böse, sondern geradezu als Gottesauftrag, ja als Gottesdienst betrachten.

„Wir sind also mit einer hassenswerten Tat konfrontiert, die in einem Geist von Hingabe und Liebe begangen wird, in einer Art Seligkeit, die ihren Höhepunkt nicht nur in der anderen, sondern in der Selbsttötung findet. Es geht um eine symbiotische Gleichzeitigkeit von Töten und Sterben, bei dem man eins mit seinen Opfern werden, sich mit ihnen ‚vermählen' muß, um in die innige Beziehung zu Gott Vater einzutreten [...] Diese mystische Erfahrung, so meine These, beinhaltet die Verwandlung von Selbsthass und Neid in Liebe zu Gott, wobei es sich um eine Gottesliebe handelt, die der Auslöschung jener Teile des Selbst Vorschub leistet, die im Widerspruch zur zwanghaften Reinheit stehen [...] Unter dem Schutz des geliebten und gefürchteten Gottes verschwindet jegliche Gewissensangst."[105]

Was hier zum Ausdruck kommt, ist, dass es eine Nähe zwischen apokalyptischen Sehnsüchten, dem Wunsch nach dem Untergang der Welt und nach der Auslöschung des eigenen Ich gibt. Die Apokalypse selbst dient dabei nur als Bildmaterial, als Geheimsprache und Welträtsel-Symbolik, um jenen großen Strom zu illustrieren, der die religiös motivierten Akteure todessüchtig davonzureißen droht. Das ist gefährliches Denken, politisch und religiös. Bezogen aber auf die realexistierenden Handlungsmöglichkeiten und Machtpotenziale einer all ihren Widersachern weit überlegenen Weltmacht ist es, religiös gesprochen, Blasphemie, Gotteslästerung.

Karl-Heinz Röhlin

Erlösendes Lachen
Vom Umgang mit dem Bösen

Angesichts von bösen Taten und Abgründen menschlichen Leides erscheint es fragwürdig, Humor und Witz als Ressourcen zu thematisieren. Und doch ermutigen uns gerade leidende Menschen eben dazu. Viktor Emil Frankl, der Begründer der Logotherapie und Existenzanalyse, berichtet, dass es sogar in den Konzentrationslagern der Nationalsozialisten einen speziellen „Lagerhumor" gab. Er selbst habe seine Mithäftlinge dazu ermutigt, sich jeden Tag eine humorvolle Geschichte zu erzählen. Oft erfanden Frankls Kameraden dann Geschichten, die sich nach der Befreiung und Rückkehr in den Alltag ereignen könnten. So erzählte ein Mithäftling von der Einladung zum Abendessen in vornehmer Gesellschaft. Er würde die Gastgeberin, so wie der Capo bei der Essensausgabe im Lager, darum bitten, die Suppe von unten zu schöpfen, damit er ein paar Erbsen oder eine halbe Kartoffel abbekomme.

Offenkundig ist der Humor eine Waffe des Geistes. Er unterstützt die Selbstdistanzierung und transzendiert bedrückende Lebensbedingungen. Dabei bedient sich der Humor oft des Witzes und doch sind nach Sigmund Freud Humor und Witz zu unterscheiden. Der Humor hat nicht nur etwas Befreiendes, wie der Witz und die Komik, sondern auch etwas Erhabenes.

Das Komische und die Satire

Philosophen wie Immanuel Kant und Helmuth Plessner betonen, dass logische und moralische Widersprüche die komische Wirkung hervorbringen und zum Lachen reizen. So lachen wir über einen Mann mit Glatze, der ein Haarwuchsmittel anpreist und dabei hundertprozentige Wirkung garantiert. Oder über ein Schwergewicht, das Schlankheitsmittel propagiert. Die Figur par excellence für den komischen Gegensatz ist der Clown. Er ist der ungeschickte Tollpatsch, der immer wieder an der Tücke des Objektes scheitert. Was schiefgegen kann, geht schief. Trotz alledem gibt der Clown nicht auf und sucht unverdrossen nach der Lösung seines Problems.

Ein treffendes Beispiel dafür ist die bekannte Szene des großen Clowns Grock. Er möchte Klavier spielen, wird aber mit dem Problem konfrontiert, dass der Flügel und der Klavierstuhl so weit auseinanderstehen, dass er die Tasten nicht erreicht. Nach gestenreichen Augenblicken des Nachdenkens, versucht er schließlich, den schweren Flügel an den Klavierstuhl heranzuschieben, doch seine Kräfte reichen nicht aus. Schließlich kommt dem Clown die Erleuchtung. Er löst die vertrackte Situation von der anderen Seite und schiebt den leichteren Stuhl an das Klavier heran. Als diese Aktion endlich gelingt, führt er einen Freudentanz auf. Warum lachen nicht nur Kinder über die absurden Versuche des Clowns, wenn er sich gegen den Flügel stemmt? Offenbar ist uns der Kampf mit der Tücke des Objektes vertraut. Absurdes Verhalten und vergebliche Versuche gehören zu unserem Alltag. Der Clown erinnert daran, dass Scheitern und Krisen nicht das Ende sind, sondern der Beginn eines neuen Spieles.

Eine spezielle Form der Komik ist die Satire. Durch beißenden Spott kritisiert sie gesellschaftliche Schieflagen und gibt Personen des öffentlichen Lebens der Lächerlichkeit preis. So löste der amerikanische Präsident Donald Trump nach seinem Amtsantritt nicht nur in den USA. eine Satirewelle aus. Die Einschaltquoten der Comedy-Show „Saturday Night Life" erreichten ein Rekordniveau. In Europa entstand ein satirischer Wettbewerb, welches Land gemäß dem Slogan Trumps „America first" „Europe second" sein dürfe.

Dabei ist die Satire als literarische Form keineswegs ein Phänomen unserer Zeit. Im Mittelalter halten Hofnarren weltlichen und geistlichen Würdenträgern den Narrenspiegel vor. Satirische Narrenliteratur wird zum Kampfmittel im religiösen Streit. So enthüllen in den Jahren 1515/1516 die sogenannten „Dunkelmännerbriefe", von Humanisten verfasst, Heuchelei und dünkelhafte Unwissenheit.

Ein komisches Meisterwerk ist das „Lob der Torheit" von Erasmus von Rotterdam. In diesem Buch tritt die personifizierte Torheit auf und stellt sich als göttliche Quelle des Lebens vor. Sie entlarvt dabei alle törichten Anmaßungen des Menschen in der Philosophie, der Politik und in der Kirche. Angesichts von Prunksucht und Machtstreben im Klerus lässt Erasmus die Torheit sagen: „Das haben die Geistlichen mit den Weltleuten gemeinsam, dass sie alle auf ihren Vorteil bedacht sind." Mit beißender Ironie geht die Torheit mit der Kriegstreiberei von Päpsten ins Gericht: „Da die Kirche

Christi auf Blut gegründet, mit Blut gestärkt und durch Blut vermehrt worden ist, führen sie ihre Sache nun mit Schwert und Eisen."

Schon in der Antike bietet der große Satiriker Diogenes Alexander dem Großen die Stirn. Aus seiner Tonne heraus fordert er den Feldherren respektlos auf, er möge ihm doch bitte aus der Sonne gehen. Und im alten Rom kritisiert der Philosoph Seneca mit satirischen Schriften den religiösen Kaiserkult.

Der Witz als Waffe des Geistes

Über die Eigenart des Witzes gibt es viele Erklärungsversuche. Dabei wird meist auf die Analogie von Witz und Rätsel hingewiesen. Beide verstecken etwas, das erraten werden soll. Beim Rätsel ist es die Lösung, beim Witz die Pointe. Beide richten sich an den Verstand der Hörerinnen und Hörer. Kennzeichen des Witzes sind der „Sinn im Unsinn", der Vorstellungskontrast, und geistreiche Wortspiele. Das Spiel mit Buchstaben und Begriffspaaren konterkariert die zweckrationale Alltagswelt. Gerade Kabarettisten greifen gerne auf Wortspiele zurück. So formuliert der Kabarettist Frank-Markus Barwasser in seinem Programm: „Die Internationale der Nationalen schickt sich an, die Macht zu übernehmen." Christoph Sieber reimt zum Valentinstag 2017: „Vor meiner Tür da rußt der Diesel, in meinem Herzen ruhst nur du." Auch das Durcheinanderwirbeln von Sprichwortelementen gehört zu den Sprachspielen, zum Beispiel: „Wie man sich bettet, so schallt es heraus", oder: „Wer den Schaden hat, spottet jeder Beschreibung."

Sigmund Freud untersuchte in seiner Witzanalyse erstmals die Beziehung des Witzes zum Unbewussten. Er weist dabei auf Parallelen zwischen Traumbildern und Witzfiguren hin. Genauer unterscheidet er erotische, aggressive und skeptische Witze. Zu den aggressiven Witzen gehört für ihn der politische Witz. Er richtet sich gegen unangefochtene Autoritäten und setzt politischen Druck voraus. Aktuelle Bezüge und doppeldeutige Anspielungen sind dabei typisch. So erzählt der Kabarettist Weiß Ferdl, er habe von seinem Freund Hitler ein handsigniertes Bild bekommen. Nun wisse er nicht: „Soll ich ihn aufhängen oder an die Wand stellen?"

Es ist gewiss kein Zufall, dass der Jude Sigmund Freud in seiner Schrift „Der Witz und seine Beziehung zum Unbewussten", fast nur jüdische Witze analysiert. Seine Aussage, „der Witz ist die letzte Waffe der Wehrlosen", trifft auf den jüdischen Witz in besonderem Maße zu. Die Situation der Juden im Exil, ihre Armut, die politische Verfolgung und ihre talmudische Bildung fördern den Witz als „Waffe der Wehrlosen". Dass der jüdische Witz in der

Nazizeit seine besondere Wirkung entfaltete, belegen viele Beispiele: „Kohn, was ist der Unterschied zwischen Hitler und einem Leberkranken? Nu? Der eine ist leberleidend, der andere leider lebend."

Humor als Trotzmacht des Glaubens

„Humor ist, wenn man trotzdem lacht", so formuliert Otto J. Bierbaum treffend in einem Aphorismus. Er beschreibt den Humor als existenzielle Haltung, als „Trotzdem-Lachen". Ganz auf dieser Linie charakterisiert Viktor Emil Frankl den Humor als „Trotzmacht des Geistes". Für Frankl gründet diese „Trotzmacht" in der geistigen Dimension. Der Mensch ist zur Selbstdistanzierung fähig und geht in seiner leiblichen und seelischen Verfassung nicht auf. Ihm bleibt immer ein Spielraum der Freiheit. Neben der Fähigkeit, von sich selbst abzurücken, nennen Frankl und mit ihm andere Vertreter der humanistischen Psychologie die Selbsttranszendenz als menschliche Möglichkeit. Sie zeigt sich im Spiel, in der Hingabe an eine Aufgabe und im Humor. Der Humor überwindet und relativiert die Diskrepanzen der Welt und wird so zu einer Spur der Transzendenz.

Für die religiöse Weltsicht braucht die Selbsttranszendenz eine Bezugsgröße, auf die hin der Mensch sich verlässt. Durchaus treffend beschreibt der Priesterdetektiv Pater Braun den Humor als Weltüberwindung des Glaubens: „Humor ist eine Erscheinungsform der Religion – denn nur der, der über den Dingen steht, kann sie belächeln."

Die religiöse Seite des Humors hat im „Osterlachen" des Mittelalters sogar liturgische Formen angenommen. Besonders in der Ostkirche war diese österliche Praxis weit verbreitet. Die Menschen versammelten sich am Ostermorgen auf dem Friedhof. Sie sangen Osterlieder und beteten. Dann fingen sie an zu lachen. Sie lachten, bis ihnen die Tränen kamen. Sie lachten den Tod aus, im Bewusstsein des Glaubens: „Der Herr ist auferstanden! Er ist wahrhaftig auferstanden!"

Den Teufel verspotten

Betrachtet man die prägenden Gestalten der Kirchengeschichte, dann könnte man sagen, dass neben Erasmus von Rotterdam Martin Luther den größten Sinn für Humor zeigte. In seinen Briefen, in Tischgesprächen und Flugschriften finden wir feine Ironie, beißenden Spott und derbe Satire. Als er gefragt wurde, was Gott vor Erschaffung der Welt getan habe, antwortete er: „Er hat im Busch gesessen und Ruten geschnitten für Leute, die so törichte Fragen stellen." Als ihn ein junger Pfarrer um Rat fragte, wie er bei der Predigt seine

Angst vor der Gemeinde überwinden könne, schlug ihm Luther vor, er solle sie sich alle nackt vorstellen.

Ein satirisches Kunststück gelingt Martin Luther mit seiner „Werbung für den Ablass“ in der Neuen Zeitung vom Rhein. Diese Zeitungsreklame trommelt für den einmaligen Ablass des Mainzer Kardinals. Ironisch preist Martin Luther die kostbaren Reliquien in der Sammlung des Kardinals an: „Drei Flammen vom Busch des Mose auf dem Sinai, zwei Federn und ein Ei des Heiligen Geistes, ein halber Flügel des Erzengels Gabriel, fünf Saiten von der Harfe Davids, drei Locken von Absalom, mit denen er an der Eiche hängen blieb.“

Hohn und Spott Martin Luthers gelten auch dem Teufel, von dessen Existenz er überzeugt ist. Ermöglicht wird der Teufelsspott durch das innige Vertrauen auf Christus, den Sieger über die Macht des Todes. Die Höllenfahrt Christi wird für den Reformator zur Chiffre für die Entmachtung der finsteren Mächte.

In dem bekannten Choral, „Ein feste Burg ist unser Gott“ verdichtet Martin Luther die Gewissheit des Glaubens so: „Und wenn die Welt voll Teufel wär und wollt uns gar verschlingen, so fürchten wir uns nicht so sehr, es sollt uns doch gelingen.“ Und M. Luther fährt fort: „Der Fürst dieser Welt, wie sauer er sich stellt, tut er uns doch nichts; das macht, er ist gericht't; ein Wörtlein kann ihn fällen.“ (EG 362,3)

In alle Bereiche des Lebens hinein strahlt die Freude des Glaubens. Wie der Apostel Paulus kann M. Luther sagen, dass uns weder „Mächte noch Gewalten“ von der Liebe Gottes trennen.

In seiner Seelsorge an Freunden konkretisiert der Reformator die Folgen der „Rechtfertigung des Sünders“: „Verlacht den Feind und sucht euch jemanden, mit dem ihr plaudern könnt [...] oder trinkt mehr, oder scherzt, treibt Kurzweil oder sonst etwas Heiteres.“ Martin Luther schreibt weiter: „Aus was für einem anderen Grunde glaubt ihr, dass ich kräftiger trinke, zwangloser plaudere, öfter esse, als um den Teufel zu verspotten [...]“ Seinem Mitstreiter Philipp Melanchthon rät Martin Luther ganz in diesem Sinne: „Sündige tapfer, aber noch tapferer glaube und sei fröhlich in Christus.“

Von der Heilkraft des Lachens

Im Evangelischen Gesangbuch bringen viele Lieder das Trotzdem-Lachen als Frucht des Glaubens zum Ausdruck. So dichtet Paul Gerhardt in einem Osterlied: „Die Welt ist mir ein Lachen, mit ihrem großen Zorn. Sie zürnt und kann nichts machen, all Arbeit ist verloren. Die Trübsal trübt mich nicht, mein Herz und Angesicht, das Unglück ist mein Glück, die Nacht mein Sonnenblick." (EG 112) Das verheißene, zukünftige Heil erhellt jetzt schon die leidvolle Gegenwart Paul Gerhardts, während der leidvollen Zeit des Dreißigjährigen Krieges.

Kein geringerer als Karl Barth führt ein wesentliches Qualitätsmerkmal für Theologen und Theologinnen an: „Ein Christ treibt dann gute Theologie, wenn er im Grunde immer fröhlich, ja mit Humor bei der Sache ist." In diesem Sinne, legen Pfarrerinnen und Pfarrer im Kirchenkabarett „Das Weißblaue Beffchen" seit über 40 Jahren vorzügliche Programme vor. Und der Kölner Kabarettist Hans-Dieter Hüsch dichtet:

Ich bin
vergnügt
erlöst
befreit
Gott nahm in seine Hände
Meine Zeit
Mein Fühlen Denken
Hören Sagen
Mein Triumphieren
Und Verzagen
Das Elend
Und die Zärtlichkeit

Was macht dass ich so unbeschwert
Und mich kein Trübsal hält
Weil mich mein Gott das Lachen lehrt
Wohl über alle Welt

Heute bestätigen Lachforscher die alte Volksweisheit, dass Lachen gesund ist. So regt das Lachen die Herztätigkeit so stark an, wie sonst nur anstrengende körperliche Betätigung. Gleichzeitig steigt der Blutdruck, die Lunge wird reichlich mit Sauerstoff versorgt und die Immunabwehr gefördert. Insbesondere wird das Zwerchfell so stark beansprucht, dass es eine Reihe von inneren Organen gleichsam massiert. Die Neurowissenschaften entdeckten, dass bei lachenden Menschen im Gehirn sogenannte Endorphine ausgeschüttet werden. Endorphine wirken ähnlich wie Morphium, beseitigen also die Schwermut, lindern Schmerzen und steigern die Lust. Nach dem Lachen folgt ein Zustand der Entspannung. Der Blutdruck sinkt wieder und die Körpermuskulatur entspannt sich.

In Psychotherapie und Seelsorge findet in den letzten Jahren die heilende Kraft des Lachens neue Beachtung. Therapeuten und Seelsorgerinnen verwenden humorvolle Anekdoten, paradoxe Interventionen und Witze, um den Wahnsinn des „Normalitätsprinzips" und den zwanghaften Perfektionismus zu entlarven. Der Humor führt dabei zu neuen Einsichten, und lockert festgefahrene Emotionen auf. Auch in Gremien und hitzigen Diskussionen entschärft der Humor die Gesprächssituation. Eine humorvolle Bemerkung ersetzt manchmal langatmige Erklärungen und Analysen.

Auch wenn der Sinn für Humor nicht allen Menschen in die Wiege gelegt wurde, so können wir ihn doch entwickeln und wie der italienische Humorist Filippo Neri († 1595) beten: „Herr, schenke mir Sinn für Humor. Gib mir die Gnade, einen Scherz zu verstehen, damit ich ein wenig Glück kenne im Leben und anderen davon mitteile."

Woty Gollwitzer-Voll

Gott lässt sich nicht entschuldigen
Zur Frage der Theodizee

Es war ein Moment der Unachtsamkeit, als Sebastian (Name geändert) am frühen Morgen über die Straße lief, um zusammen mit seinen Schulkameraden in den Zug zu steigen. Vielleicht war er auch nur abgelenkt durch einen Ruf oder ein Winken von der anderen Straßenseite. Wer wollte es einem 12-jährigen, vor Energie sprühenden Jungen verdenken, dass er einem spontanen Impuls folgte und, ohne sich noch einmal umzusehen, über die Straße rannte? Dann kam ein lauter Schlag und zugleich der entsetzte Schrei des jüngeren Bruders, der auf der anderen Seite wartete. Der Fahrer des Lieferwagens hatte die Kinder am Straßenrand bemerkt und versucht, mit ihnen Blickkontakt aufzunehmen. Als er auf Höhe der Kinder vorüberfuhr und Sebastian plötzlich loslief, hatte er keine Möglichkeit mehr, den Zusammenstoß zu verhindern.

An diesem Morgen standen viele Schüler unterschiedlichster Jahrgangsstufen am Bahnsteig und wurden so Augenzeugen des Unfalls. Einige wurden zwangsläufig zu Ersthelfern, verständigten die Rettungskräfte und kümmerten sich um Sebastian, der schwerst verletzt auf der Straße lag. Die Eltern eilten zum Unfallort, ein Kriseninterventionsteam war ebenfalls zur Stelle. Die Notärzte versuchten, Sebastian zu reanimieren und forderten einen Hubschrauber an, der den Verunglückten ins Klinikum flog. Dann begann das Warten ...

Viele Schüler hatten einen Schock, stiegen aber dennoch in den Zug und kamen voller Angst in der Schule an. Provisorisch richteten wir mit den Mitgliedern des schulinternen Krisenteams einen Auffangraum ein, den alle besuchen konnten, die das Bedürfnis danach hatten. Mit einigen besonders betroffenen Klassenkameradinnen von Sebastian machten wir einen Spaziergang am nahe gelegenen Fluss. Das Gehen bringt bekanntlich auch die Gedanken wieder in Gang, und tatsächlich begannen die Mädchen nach einiger Zeit, sich untereinander zu unterhalten. Aber über allem lag die bange Frage, ob es den Ärzten gelingen würde, Sebastians Leben zu retten.

Um die Mittagszeit kam von der Polizei die Nachricht, dass Sebastian im Krankenhaus gestorben war. Das war für die Schülerinnen und Schüler der schlimmste Moment. Von da ab wurde unser provisorischer Raum zu einem Gedenk- und Erinnerungsort für Sebastian, zu einem großen Wohnzimmer inmitten der Schule, zu einem Trostraum, in dem wir uns in wechselnder Besetzung eine Woche lang aufhielten. Es waren schmerzlich schöne Tage, an denen viel geredet und viel geschwiegen wurde. Tränen hatten dort ebenso ihren Platz wie das erste vorsichtige Lachen, das die Brücke in unser Leben schlug, das auch nach dem Tod von Sebastian weiterging, wenn auch anders als zuvor.

Mit der Zeit entstand ein liebevoll gestalteter Erinnerungstisch für Sebastian: ein paar bunte Tücher, Kerzen, Tränensteine, Gedankenwolken umgaben ein schönes Foto des verstorbenen Mitschülers. Zugleich begann die sorgsame Arbeit an einem Kondolenzbuch, das Sebastians Eltern eines Tages als Ausdruck der Anteilnahme und der bleibenden Erinnerung erhalten sollen. Die Klassenleiterin begleitete die Mitschüler am Tag von Sebastians Beerdigung auf den Friedhof. Wie eine Hirtin stand sie auf der Wiese und hielt nicht nur die Klasse, sondern auch das Ausmaß an Trauer und Verzweiflung zusammen. Der Andachtsraum in der Schule blieb noch ein paar Tage nach der Beerdigung geöffnet. Mittlerweile haben die Mitschüler den Erinnerungstisch in ihr Klassenzimmer integriert. Noch wird Sebastians Tisch freigehalten.

Im Gedenkraum hatten wir unter anderem ein Gebet ausgelegt – als Angebot bzw. als Anregung, um ins eigene Beten hineinzufinden. Das Gebet hatte folgenden Wortlaut:

„Gott,

fassungslos stehen wir vor Dir.

Unser Mitschüler, unser Freund ist tot.

Wir sehen ihn vor uns, können ihn hören, erinnern uns an die Zeit mit ihm. Und doch ist er nicht mehr bei uns.

Wir fühlen uns traurig, hilflos, allein mit unseren Gedanken und Gefühlen.

Wir können nicht begreifen, wie das geschehen konnte, wie Du das zulassen konntest.

Wir bitten Dich: Schenke uns das Vertrauen, dass er bei Dir geborgen ist.

Sei bei seiner Familie und gib ihr Kraft.

Begleite uns an diesem Tag und lass uns einander Trost und Halt geben können.

Amen.“[106]

Eine schon etwas ältere Schülerin, die das Unglück mit ansehen musste, fragte, ob sie eine Passage in diesem Gebet weglassen bzw. verändern dürfe. Es ging um folgenden Satz: „Wir können nicht begreifen, wie das geschehen konnte, wie Du das zulassen konntest.“ Damit sind wir mittendrin in der Theodizeefrage. Liegt es nicht nahe zu fragen, wieso Gott seine schützende Hand nicht über Sebastian hatte? Warum hat sein Schutzengel an diesem Morgen nicht auf ihn aufgepasst? Kein „Glück gehabt“, kein „Noch mal gut gegangen“. Warum? Aber die Schülerin störte sich an der Vorstellung, dass Gott an diesem Tag etwas zugelassen hat, was er hätte verhindern können. Wie könnte man ihr Unbehagen beschreiben? Sicher meinte sie damit nicht primär, dass Sebastian hätte schauen müssen, ehe er über die Straße lief. Das war ja ohnehin klar. Es ging ihr um etwas anderes, Größeres. Offensichtlich widerstrebte es ihr, Gott entschuldigen zu müssen.

Denn das hieße ja, Gott eine Schuld an dem Unglück zu geben, wenn schon keine aktive, so doch eine passive Schuld, die darin besteht, den Lauf der Dinge nicht aufgehalten zu haben. Wenn dem so wäre, wäre zugleich die Frage der Gerechtigkeit aufgeworfen: Wieso an diesem Morgen, an diesem Ort und warum ausgerechnet Sebastian? Dazu kommt das hinlänglich bekannte Problem, dass keiner einen anderen entschuldigen kann, sofern dieser sich seiner Schuld nicht bewusst ist und um Vergebung bittet. So lässt sich auch Gott nicht entschuldigen, es sei denn, wir weichen in einen Anthropomorphismus aus und schreiben Gott menschliche Eigenschaften und Gefühle zu. Gleichwohl hat sich in der jüdischen Tradition das Bewusstsein erhalten, dass auch Gott selbst leiden und quasi in die Distanz zu sich selbst zu gehen vermag. So heißt es in einer Erklärung zur Geschichte von der Errettung der Israeliten am Schilfmeer (Gen 14 f.):

„Als sie die Vernichtung der Ägypter sahen, wollten die Engel einen Gesang anstimmen, aber Gott gebot ihnen Schweigen und sprach: ‚Das Werk meiner Hände ertrinkt im Meer, und ihr wollt singen!'" (Babylonischer Talmud Megilla 10b)

Diese theologischen Erwägungen hatte die Schülerin vermutlich mehr erahnt als gewusst, als sie vorschlug, das Gebet an dieser einen Stelle abzuändern. Ihr schien daran gelegen zu sein, die Wirksamkeit Gottes nicht in den Aporien der Theodizeefrage verlöschen zu sehen. Die Antwort auf die zutiefst schmerzlichen und verstörenden Ereignisse musste also woanders liegen. Am besten lässt sich das durch den doppelten Wortsinn des Satzes „Gott lässt sich nicht entschuldigen" erklären. Jemand, der sich nicht entschuldigen lässt, bleibt da. Er ist präsent und geht nicht weg, wenn es schwierig wird. In unserer konkreten Situation wurde diese heilsame Präsenz Gottes spürbar in den Stunden des gemeinsamen Ausharrens, die neben der intensiven inneren Arbeit jedes Einzelnen von einem großen Warten bestimmt waren. Allen war klar, dass es in dieser Situation keinen billigen Trost geben konnte und dass die Antworten von weiter herkommen mussten.

In den schmerzlich schönen Tagen des gemeinschaftlichen Trauerns haben wir es vermieden, uns ein Bild von Gott zu machen. Wir haben ihn einfach den „ganz Anderen" sein lassen, im Sinne von Ex 3,14: Er wird sich uns als der erweisen, der Er sein wird. Dabei haben wir gespürt, dass wir in einem größeren Zusammenhang miteinander verbunden sind und im gleichen Seinsgrund wurzeln. Auch das Leid ist in diesem Urgrund des Seins aufgehoben. Die Opfer und die Leidenden sind gleichwertig in dieses Netzwerk einbezogen, auch Sebastian ist ein Teil davon. Im Grunde war es der Inklusionsgedanke, der uns durch die Theodizeefrage getragen hat. Leiden kann ein besonderer Ort der Lebensfindung und der Gotteserfahrung sein. Zu erleben, wie wir im Moment tiefster Erschütterung unseres Humanums Verantwortung füreinander übernehmen konnten – über die Lehrer-Schüler-Grenze hinweg – und die Bereitschaft und die Fähigkeit zu gemeinsamem Leben und gegenseitiger Hilfe in uns spürten, das hat uns bestehen lassen in diesen Tagen.

In seinem Buch „Der Schrecken Gottes" (2005) zeichnet der Schriftsteller Navid Kermani die Empörung wider Gott als ein wiederkehrendes Motiv in der jüdischen Geschichte nach, vom Hiob des Alten Testaments bis zur chassidischen Mystik. Letztendlich, so macht er deutlich, ist Glaube eine freie Wahl. „Wofür? Vielleicht für eine besondere Beziehung. Wozu? Vielleicht zu einem unendlichen Gespräch."[107] Und so lautet der abgewandelte Text des Gebets:

Gott,
wir fühlen Trauer und Verzweiflung,
trotzdem wird Sebastian ewig
in unseren Herzen sein.

Wir bitten Dich:
Schenke uns das Vertrauen,
dass er bei Dir geborgen ist.
Mach, dass es ihm gut bei Dir geht.

Sei bei seiner Familie
und gib ihr Kraft.
Begleite uns an diesen Tagen
und lass es Menschen geben,
die der Familie in diesen
schwierigen Zeiten beistehen.
Amen.

Ute Leimgruber

Das Malum als Mysterium
Eine theologische Betrachtung zum Geheimnis des Bösen

Einer der interessantesten Bösewichte der jüngeren Filmgeschichte taucht in der BBC-Fernsehserie „Sherlock" (Erstausstrahlung 2010) auf, in der Sherlock Holmes und sein Kollege Dr. Watson im London der Gegenwart ermitteln: Moriarty. Dem überragend intelligenten Meisterdetektiv Holmes (gespielt von Benedict Cumberbatch) wird mit Moriarty (Andrew Scott) ein Widersacher an die Seite gestellt, der ihm an Intelligenz in jeder Hinsicht gewachsen ist, und der gleichzeitig in seiner Bosheit völlig unergründlich und unbegreiflich erscheint. Moriarty ist äußerst schillernd und vielschichtig, für sein böses Tun wird keine wirkliche Erklärung geliefert. Das Böse ist einfach da. Und es scheint unausrottbar zu sein. Wir dürfen annehmen, dass Moriarty nicht als absolut Böser geboren worden ist. Ob und wie er zu dem unbegreiflich Bösen geworden ist, als der er dargestellt wird, darüber gibt der Film keine Antwort. Genau dies aber macht die Lücke so groß: Weil Moriarty scheinbar grundlos böse handelt, verweist er auf das Böse an sich, das nichts als böse ist, das keinen Grund hat. Seine Boshaftigkeit erscheint sinnlos und spiegelt damit das prinzipiell Sinnlose des totalen Bösen. Indem der Film keine Erklärung – und damit in gewisser Weise auch keine Rechtfertigung – für das böse Handeln Moriartys liefert, erscheint er so besonders nahe an allem absolut Bösen. Dass Moriartys Taten unbegreiflich scheinen, lässt das Unbegreifliche des Bösen an sich umso bedrängender werden. Das Böse tut sich hier tatsächlich als Böses kund. Moriarty ist gewissermaßen der Inbegriff des absolut Bösen – und damit auch Kristallisationsfigur für eine der großen Fragen der Religionsgeschichte: Unde malum?

Die Frage nach dem Bösen: Frage nach Gott und dem Menschen

Die Frage, woher das Böse kommt, das in so vielerlei Gestalten daherkommt und schon immer so zerstörerisch ist und war, ist zentral in der Geschichte der Menschheit. Besonders Religionen und Weltanschauungen stellen sich ihr – ist sie ja besonders in Kombination mit der Gottesfrage virulent.[108] Theologisch und existenziell ist man damit im Auge des Sturms: Wie ist von Gott zu reden angesichts von Unrecht und Leid? Welche Rolle spielt der Mensch dabei? Es geht zentral um den Gottesbegriff, der sich vor den Zuständen auf der Welt zu rechtfertigen hat, ebenso wie um den Begriff vom Menschen, der das Böse tut. Bereits die frühen christlichen Theologen diskutierten diese Frage und nahmen sich ihrer theologisch und philosophisch an. Der aus Nordafrika stammende Theologe Laktanz (ca. 250–320) näherte sich dem Problem mit Hilfe Epikurs, einem griechischen Philosophen aus dem 3. Jh. v. Chr., dem folgendes Zitat zugeschrieben wird:

„Entweder will Gott die Übel beseitigen und kann es nicht, oder er kann es und will es nicht, oder er will es nicht und kann es nicht oder er will es und kann es. Wenn Gott es will und nicht kann, ist er schwach und nicht allmächtig;

wenn er es kann und nicht will, widerspricht das seiner Güte; wenn er es nicht kann und nicht will, ist er kein Gott; wenn er es aber will und kann – warum beseitigt er dann die Übel nicht?“

An dieser Stelle ist eine Unterscheidung wichtig, denn der Begriff des Bösen – Malum – ist nicht ganz eindeutig. Neben dem physischen Übel, dazu gehören zum Beispiel Naturkatastrophen oder Krankheiten, steht das moralisch Böse, also das getane Unrecht, die dezidiert böse Tat. Selbstverständlich kann diese Differenz nicht ganz so holzschnittartig gezogen werden. In Zeiten von menschengemachtem Klimawandel haben Überschwemmungen oder Dürreperioden auch viel mit menschlichem Tun oder Unterlassen zu tun, und nicht jede Tat ist bewusst und eindeutig einem Täter oder einer Täterin zuzuweisen. Auch gibt es viele physische Übel, doch nicht jedes dieser Übel ist böse. Es ist hier jedoch nicht der Ort, der Komplexität der Frage nach physischem und moralischem Malum nachzugehen. Vielmehr sollen Denkstrukturen und Argumentationslinien nachgezeichnet werden, die in der christlichen Tradition um die Frage nach dem Woher des Bösen, an dieser Stelle mit Fokussierung auf das Böse im Sinne von Unrecht, gezogen worden sind.

Das Vierte Laterankonzil: wider den Dualismus und die Verteufelung des Menschen

Am Ende der frühen christlichen Debatten um den Ursprung des Bösen im Zusammenhang mit einem guten und allmächtigen Gott stand zentral stets: die Freiheit – im Dreieck zwischen Gott (der die Welt geschaffen hat und dem damit zumindest die Verantwortung zukommt, den Menschen mit seiner Freiheit geschaffen zu haben und das Böse „zuzulassen“), dem Menschen (der sündhaft und unter Gebrauch seiner Freiheit das Böse tut) und dem „Teufel“ (der „der Böse in persona“ ist und als Versucher der Menschen agiert). Damit war der Aufschlag gemacht für alle weiteren Erörterungen im Diskurs um das Böse. Die christliche Tradition griff in der Lösung der Frage, wie der gute Gott und das böse Übel zusammenzudenken sind, auf dämonologische Vorstellungen zurück. Der Teufel figurierte lange Zeit als Gegenspieler Gottes, der – obgleich nicht von Anfang an böse, sondern böse geworden – als Urheber des Bösen in der Schöpfung galt. Gott wird bei dieser Vorstellung erst einmal von seiner Verantwortung für das Böse entlastet. Die eine Gefahr dabei ist allerdings, den Bösen zu einem bösen Prinzip zu machen und damit ein dualistisches Weltbild zu vertreten; ein eigenständiges böses Prinzip neben einem guten Gott widerspricht jedoch der monotheistischen jüdisch-christlichen Tradition. Gottes Allmacht darf nicht von einem anderen, womöglich ähnlich mächtigen Prinzip begrenzt werden. Die andere Gefahr ist, die dämonologischen Aussagen als dämonologische Aussagen zu interpretieren, d.h. als zielgerichtete Aussagen über Wesen und Beschaffenheit des Teufels, zum Beispiel dass es ihn in Person als Anführer der Dämonen und der Unterwelt gebe. Dies sollte man wissen, wenn man den wichtigsten (und bislang einzigen) Text, den das kirchliche Lehramt zum Thema veröffentlicht hat, liest. Das Vierte Laterankonzil von 1215 trifft Entscheidungen in Sachen Gotteslehre und christliche Anthropologie (und nicht hinsichtlich der Existenz einer personalen Teufelsfigur) und gegen jeglichen Dualismus:

„Denn der Teufel und die anderen bösen Geister sind von Gott ihrer Natur nach gut geschaffen, aber sie sind durch sich selbst schlecht geworden. Der Mensch aber sündigte auf Eingebung des Teufels." (DH 800)

Das Konzil sagt damit eindeutig aus, dass es kein eigenständiges böses Prinzip gibt, das Gott geschaffen hat oder das neben (dem guten) Gott als zweite göttliche (böse) Macht existiert. Es gibt nur einen Anfang der Dinge, und der ist gut; Gott hat alles gut geschaffen, auch den „Teufel". Dieser, so das Konzil, ist erst später und vor allem aus sich selbst, also aus seiner Freiheit heraus böse geworden – das Konzil nennt wohlweislich hier keine Gründe. Hinzu kommt, dass das Konzil die Verantwortung des Menschen eindeutig benennt. Gegen alle damals boomenden ketzerischen Gruppen wie zum Beispiel die Katharer macht das Lehramt hier klar, dass der Mensch, auch wenn er böse gehandelt hat, nicht völlig mit seinen Untaten zu identifizieren ist. In der Sünde handelt nicht der „Teufel" – kein Mensch ist der Teufel! –, sondern der Mensch selbst aus freiem Willen, allerdings infolge der Versuchung durch den „Teufel". Doch damit wird die Zurechenbarkeit nicht aufgehoben. Wenn also hier vom „Teufel" gesprochen wird, wird nicht das Böse von seinem metaphysischen Ursprung her begründet, sondern gerade eine Differenz zwischen „Teufel" und Mensch aufgezeigt. Wenn der Mensch einer Versuchung erliegt, steht er nicht an gleicher Stelle mit dem „Teufel", der „aus sich selbst schlecht geworden" ist. Dies ist ungemein wichtig. Denn das Konzil anerkennt damit, dass die Welt unvollkommen und leidvoll ist, doch es zieht gewissermaßen eine theologisch und seelsorglich enorm relevante Unterscheidung ein: die zwischen dem Menschen und seiner bösen Tat. Das Böse kommt nicht aus dem Menschen selber, in ihm kann nicht die alleinige Ursache für das Böse gesucht werden. Auf die volle Tatverantwortung hat dies keinen Einfluss, das heißt die Tat ist dem

Menschen sehr wohl zuzurechnen, und der Mensch – und nicht irgendein handelnder „Teufel" oder „Dämon" – ist vor den Menschen und vor Gott für seine Taten verantwortlich. Auch wenn eine Tat noch so unmenschlich ist, nichtmenschlich ist sie nicht, selbst bei allen Unübersichtlichkeiten der Welt. Der Teufel darf nicht als Instrument der Exkulpation der menschlichen bösen Taten dienen. Und er darf gleichermaßen nicht als Instrument dienen, die Menschen zu verteufeln, sie ineins zu setzen mit ihren Taten, sie selbst zu Bösen zu machen. Für die böse Tat braucht es ein Gericht. Der Mensch wird für seine Taten angeklagt und belangt, weil er böse gehandelt hat, nicht, weil er böse ist. Soteriologisch gewendet heißt dies: Der Mensch ist und bleibt erlösungsbedürftig, aber eben auch immer erlösungsfähig. Hier trifft sich die Theologie im Übrigen mit Diskussionen in vielen anderen Disziplinen. Die Ablehnung der Todesstrafe ist ebenso ein Beispiel dafür wie der Diskurs um den Begriff des Mörders, also ob nicht schon die Bezeichnung eines Menschen als Mörder diesen Menschen mit seiner Tat ineins setzt (vgl. § 211 Abs. 2 StGB: „Mörder ist, wer [...]") oder ob hier nicht auch sprachlich eine Differenz zwischen Tat und Täter eingezogen werden sollte (also zwischen „Mörder sein" und „einen Mord begehen").

Das mysterium iniquitatis: Geheimnis des Bösen

Zurück zur Theologie. Die Frage des Unde malum wird in der lehramtlichen Verkündigung nicht eindeutig geklärt. Auch nicht mit der Rede vom Teufel. Allerdings ist die christliche Tradition einer Rede vom Teufel auch nicht vorschnell im Archiv der entmystifizierten Überflüssigkeiten zu verstauen. Das Böse ist ein „Grundfaktum menschlicher Existenz" (Gert Scobel) – und es ist und bleibt ein Geheimnis. Es ist im Letzten nicht enträtselbar. Man kann die Freiheitsfrage kneten, wie man will, man kann Gottes Allmacht wenden, wie man will: Sie erklären das Böse nicht. Die Wirklichkeit des Bösen ist mit einem umfassenden Geheimnischarakter ausgestattet: mysterium iniquitatis. Und genau hier kommt die Figur des Teufels erkenntniskritisch in den Blick: Die Tradition hat das böse Geheimnis immer wieder reflektiert und mit dem Teufel eine Figur ins Spiel gebracht, die die böse Wirklichkeit narrativ illustriert. Der Teufel macht das zutiefst Böse zum Gegenstand. Das Geheimnis wird thematisiert, aber – siehe Viertes Laterankonzil – nicht aufgelöst. Mit der Rede vom Teufel kann das Unsägliche der bösen Wirklichkeit in eine sprachliche Form finden – und damit angesichts der nicht gehörten Schreie und des Schweigens der Opfer klargemacht werden, dass der Glaube vor dem

Bösen gerade nicht schweigt. Die christliche Tradition einer Rede vom Teufel kann dem Bösen in seiner abgrundtiefen Geheimnishaftigkeit eine sinnvolle Aussagegestalt verleihen. Dass die Rede vom Teufel viel zu oft selbst teuflisch war und sich in die Fallen des bösen Geheimnisses begeben hat, gehört unbestritten zu den verhängnisvollsten Unrechtstaten auch innerhalb der Kirche und soll an dieser Stelle deutlich benannt werden. Trotz der angebrachten Skepsis wird aber in der Rede vom Teufel ein Bezug zur Wirklichkeit deutlich gemacht, der anders kaum erkennbar ist.

Anknüpfungspunkt ist erneut die Rede von der Freiheit des Menschen. Der Philosoph Rüdiger Safranski fasst es in klare Worte: „Man muss nicht den Teufel bemühen, um das Böse zu verstehen." Und fährt fort: „Das Böse gehört zum Drama der menschlichen Freiheit. Es ist der Preis der Freiheit." (Safranski, Rüdiger: Das Böse oder das Drama der Freiheit, München 1997, 13.) Safranski sagt, dass der Mensch Böses tun kann, weil er frei ist – und weil er Mensch ist, tut er es auch. Doch hier wird es knifflig. Denn die ausschließliche Rückführung des Bösen auf das „Drama der menschlichen Freiheit" lässt einen bestimmenden Aspekt der menschlichen Erfahrung und der religiösen Dimension außer Acht: Der Mensch erfährt das Böse als Böses, das Böse ist weder erklärbar noch verstehbar und auch niemals endgültig von der Erde zu eliminieren. Die Rückführung der Frage nach dem Bösen alleine auf die menschliche Freiheit vernachlässigt das Unergründiche und den prinzipiellen Charakter des Bösen. Das Geheimnis des Bösen droht aus dem Blick zu geraten, da die absolute Sinn- und Grundlosigkeit des Bösen nicht (mehr) thematisiert wird. Selbstverständlich und zu Recht thematisiert die Theologie das freiheitliche Tun des Menschen, die Sünde ist die ethische und anthropologische Verortung des Bösen. Die Theologie spricht von der Sünde, um die moralischen Implikationen des Handelns zu benennen. Der Mensch ist faktisch der einzige Täter des Bösen, das Böse geschieht ja nicht von selbst, sondern es wird getan. Nun ist das Böse aber in vielen Fällen nicht einfach auf das Tun eines oder mehrerer Menschen eindeutig rückführbar. Zu oft ist der Täter zugleich auch Opfer, zu oft sind die Verantwortlichkeiten aus soziologischer, psychologischer oder neurologischer Sicht gar nicht eindeutig zuzuordnen. Dennoch wird man der Frage nach dem Geheimnis des Bösen auch mit strukturellen oder psychosozialen Debatten nur begrenzt näherkommen. Denn man bleibt dabei auf der Tatseite, auf der Seite des Individuellen. Bei der Frage nach dem Bösen an sich aber geht es um mehr, diese Frage liegt auf der Ebene des Prinzipiellen. Es geht um die Bösartigkeit des Bösen selbst, um das unsagbare Geheimnis des Bösen. Dieses kann nicht alleine auf die menschliche Sünde/Freiheit fokussiert und schon gar nicht mit ihr erklärt werden, das hat bereits das Vierte Laterankonzil deutlich gemacht.

Die Rede vom Teufel: nicht Erklärung, sondern „Inszenierung"

Wenn man theologisch über das Geheimnis des Bösen nachdenkt, kommt man an der Tradition der Rede vom Teufel nicht vorbei. Die mythische Sprachfigur des Teufels kann etwas über die Wahrheit des Bösen enthüllen, das die Rede von Sünde und Freiheit alleine kaum aufdecken kann. Es geht also um einen enorm wichtigen Unterschied, den die Theologie hier einzuziehen hat, wenn sie vor dem Geheimnis des Bösen nicht selbst sprachlos bleiben will: die Differenz zwischen der bösen Tat und der prinzipiellen Bosheit. Die böse Tat macht die Wirklichkeit des Bösen leidvoll offenbar, diese Erfahrung lässt die Frage nach der Wahrheit des Bösen und seiner totalen Sinn- und Grundlosigkeit virulent werden. Das bedeutet keinesfalls, dass hier gefordert würde, dass im 21. Jahrhundert an die Existenz eines bösen Geistwesens zu glauben ist. Sondern vielmehr, dass die Rede vom Teufel ein Schlüssel sein kann im Diskurs um das mysterium iniquitatis (theologisch maßgeblich erschlossen von Jürgen Bründl). Der Teufel ist gewissermaßen die theologische „Inszenierung des Glaubens" dieses mysteriums (Bründl, Jürgen: Masken des Bösen. Eine Theologie des Teufels, Würzburg 2002, 347), und damit zeigt es, was am Bösen böse ist und weist über das ethisch-individuelle Verständnis hinaus. Das Geheimnis des Bösen ist mehr als die Tat eines Menschen und mehr als nur Tat. Es ist eine Macht. Das Geheimnis des Bösen weist auf das Prinzipielle des Bösen hin. Es überwältigt seine Opfer. Die christlich-theologische Rede vom Teufel inszeniert diese Macht ebenso wie den personalen Charakter der Untat. Und: Das Geheimnis des Bösen ist letztlich stärker als Opfer und Täter. Auch der gefallene Engel war nur am Anfang der Verführer – am Ende war er der Verdammte, so schildern es die Schriften über den Engelssturz. Die kirchliche Lehre macht mit dem Vierten Laterankonzil deutlich: Auch der Teufel war von Gott gut geschaffen. Doch er erlag dem Bösen. Er, das gute Geschöpf Gottes, verdammte sich selbst. Die böse Tat und die Bosheit, aus der sie stammen, sind zu unterscheiden. Der Verantwortungsbezug für die bösen Taten bleibt bestehen. Das Böse jedoch ist nicht beherrschbar, schon gar nicht von dem, der es verbricht: Das teuflische Geheimnis ist größer als der Mensch, der Böses tut.

Der Begriff des Teufels ist eine theologische Kategorie, die hoch missverständlich ist, die eine lange Missbrauchsgeschichte hinter sich hat und die zu Recht entmystifiziert werden musste, die aber – und das zeigen die vorangegangenen Zeilen – als metaphorische Rede etwas Bedeutsames aufdecken kann: Sie kann das Böse benennen, es entlarven und den Raum der menschlichen Verantwortung und Versuchung, Freiheit und Verlorenheit ausloten. Wenn das Christentum sagt, dass der Teufel ein Geschöpf Gottes ist, liegt darin eine spezifisch christliche Pointe. Das Geheimnis des Bösen wird als solches umrissen, aber nicht aufgelöst. Das Böse wird benannt, aber jenseits einer dualistischen Denkweise. Die bilderreichen Mythen um den Engelssturz, ebenso wie die lehramtlich trockene Feststellung, dass der Teufel „durch sich selbst schlecht geworden" ist, zeigen dies. Es ist nicht zu erklären, warum Luzifer, der Lichtengel, aus freien Stücken die Liebe Gottes zurückweist und sich selbst aus dem Himmel verbannt. Es ist nicht dadurch zu rechtfertigen, dass es sich um eine wie auch immer geartete Emanzipation von Gott handeln soll. Es ist nicht zu erklären, dass es sich dabei um den Richterspruch eines unbarmherzigen und endgültig strafenden Gottes handeln soll. Die Rede vom Teufel erklärt das alles nicht. Doch sie qualifiziert die böse Tat in ihrer Tiefe: als Tat des Unglaubens, als Tat gegen ein Leben vor Gott. Das Geheimnis des Bösen ist übermächtig, es ist hinterhältig, und es irritiert jegliches Sinnverlangen des Menschen und die Heilshoffnung des Glaubens.

Die christliche Rede vom Teufel ist damit eine Aussage über die Welt und die Menschen. Sie macht einsichtig, erklärt aber nicht. Sie deutet auf das Geheimnis hin, löst es aber nicht auf. Sie zeigt auf, wie man das Böse wahrmacht: indem man es verwirklicht. Der Bereich der menschlichen Verantwortung bekommt hier klare Konturen: Der Mensch kann sich seiner eigenen Freiheit auch insofern bedienen, als er sich von Gott entfernt – auch dies weist die Figur des Teufels auf. Der Teufel ist die Metapher für das von Gott abgefallene Geschöpf, und er versinnbildlicht damit auch die Versuchung als grundlegende Täuschung: Man meint, dass das Böse das Bessere sei. Eine Rechtfertigung, die die böse Tat so begründet, dass sie nicht als böse gelten kann, trägt selbst die Kennzeichen des Bösen. Die christliche Rede vom Teufel kann die Wahrheit über die Wirklichkeit des Bösen benennen. In ihr wird das böse Geheimnis offengelegt. Erklärt wird es nicht. Hier liegt die seelsorglich so wichtige Relevanz einer recht verstandenen Rede vom Bösen. Der Teufel ist der „symbolische Hinweis, dass allein der Mensch der Täter des Bösen ist" (Bründl: Masken des Bösen 377), dass also der Mensch die volle Verantwortung für seine Schuld zu tragen hat, und gleichzeitig ist die Rede vom Teufel das Mahnmal, dass der Täter mit seinen Taten nicht identifiziert werden darf. Niemals darf ein Mensch, egal wie fremd, andersgläubig oder sündhaft er daherkommt, dämonisiert werden. Kein Mensch darf zu einem Teufel gemacht werden. Im Übrigen auch Moriarty nicht.

Annette Kurschus

Ökumenischer Gottesdienst zum gemeinsamen Gedenken an die Opfer des Flugzeugabsturzes in den französischen Alpen 17. April 2015 im Hohen Dom zu Köln

Ansprache über Psalm 56,9

I

Unbegreifliches ist geschehen,
liebe Angehörige der Passagiere und der Crew des verunglückten Flugzeuges,
verehrte Staats- und Ehrengäste,
liebe Trauergemeinde im Hohen Dom zu Köln und im Land.

Unbegreifliches ist geschehen. Eltern und Kinder, Männer und Frauen, Freunde und Freundinnen, Kollegen und Kolleginnen wurden aus dem Leben gerissen. Menschen wurden abgeschnitten von ihren Lieben und von allem, was noch bis vor dreieinhalb Wochen so selbstverständlich schien.

Unbegreifliches wurde getan. Abgründe klaffen auf, in Seele und Menschenherz.
Nie für möglich gehalten, kaum je geahnt und doch wirklich gemacht –
auch für, nein gegen so viele, die leben und lieben konnten und
wollten und sollten.

Unbegreiflich!

Das Unbegreifliche muss ausgehalten werden. Familien, Häuser und Nachbarschaften; Schulen, Städte und Dörfer, ein ganzes Land, ja mehr als nur ein Land rücken zusammen im Aushalten-Müssen und im Begreifen-Wollen. Menschen reichen einander die Hände. Tun das wenige, das getan werden kann – und das viele, das getan werden muss. Geben Nähe und halten Abstand. Leihen Ohren und versuchen Worte. Schenken Zeit und gehen mit.
Teilen Kräfte und Ohnmacht. Sie bleiben da, halten mit aus, schweigen, beten und weinen.

Unbegreiflich auch das.
Und doch - Gott sei Dank! - wirklich.

II

Mitten da hinein hören wir – wiederum unbegreiflich, ja beinahe unsagbar: Einmal und einst komme eine Zeit, in der all dies aufhören wird; in der es zur Ruhe und zum Frieden kommt. Alles rastlose Tun und ohnmächtige Aushalten, alles Fragen und Weinen. Weil Gott selbst alles neu macht. Weil Gott selbst abwischen wird alle Tränen.

Und bis dahin?
Was wird bis dahin aus den Tränen?

Aus den vielen Tränen, die schon geweint wurden in Tagen und Nächten, allein und gemeinsam, zu Hause und in der Fremde. Geweint von jenem ersten unwirklichen Moment an, als die Nachricht kam – bis heute.
Was wird aus all den Tränen, die noch geweint werden müssen –
bis einmal und endlich, vielleicht ...?

Gott, sammle meine Tränen in deinen Krug.

So betet ein Mensch in der Bibel Israels. Ein Mensch in großer Not.
Er kann nicht warten, bis irgendwann irgendwie irgendeiner vielleicht ... Jetzt will er wissen und spüren, dass Gott da ist.
Für ihn und für alle und alles, was er verloren hat. Jetzt.
Womöglich hat dieser Mensch in all dem Unbegreiflichen eines längst begriffen;
er spürt es in seiner Wut und Todtraurigkeit: Kein Mensch, kein Luftfahrtexperte

und Psychologe – auch keine Bischöfin und kein Kardinal – kann eine Brücke schlagen über den Abgrund, der aufgerissen ist zwischen mir und dem Leben, zwischen mir und der Welt und in mir selbst.

Gott selbst muss da sein für mich und für die, die ich verloren habe.
Gott selbst muss einstehen für das, was geschehen ist und was er hat geschehen lassen. Gott selbst muss das Unbegreifliche zu seiner Sache machen.
Bis hin zur kleinsten Träne, die ich geweint habe, die ich noch weinen muss oder schon gar nicht mehr weinen kann.

Gott, sammle meine Tränen in deinen Krug,

bittet dieser Mensch. Mehr nicht. Aber weniger kann er nicht verlangen.
Wir rufen heute mit seinen Worten. Rufen miteinander und füreinander:
Ach Gott, in Jesu Namen sammle doch unsere Tränen in deinen Krug.
Mach Menschentränen zu Gottestränen. Wenn wir schon fragen
und klagen müssen, wo du warst, als aus hellem Morgen
finstere Nacht wurde, als es tiefdunkel wurde – erst in einem Herzen
und dann in den Herzen so vieler anderer – so müssen wir, Gott,
doch dies jetzt erbitten und verlangen:
Sammle unsere Tränen in deinen Krug.
Mach unser Weinen zu deinem.

III

So viel wurde geweint in diesen Tagen. Von so vielen.
Und dann sind da Tränen, die können von so vielen Männern und Frauen,
Eltern, Kindern, Jugendlichen nun nie mehr geweint werden:
Freudentränen; Tränen des Glücks und der Rührung;
Tränen des Verstehens, Tränen des Wiedersehens.
Muss, wer lebt, auch diese Tränen noch mitweinen? Stellvertretend für alle, die das nicht mehr können? Oder dürfen wir hoffen, dass Gott es tut?

Erbitten dürfen wir es. Ja, wir müssen es erbitten:

Ach Gott, im Namen Jesu, der lachte und litt und weinte und starb,
sammle doch nicht nur meine Tränen in deinen Krug.
Die, die ich vergoss und noch vergießen werde.
Ach Gott, sammle und bewahre das ungelebte Leben,

das ungeweinte und das ungelachte Leben derer,
die wir verloren haben. Hüte auch ihre Tränen, Gott,
und verwandle sie.

Wen, wenn nicht dich, könnten wir darum bitten?

IV

Nie sind wir mehr Mensch als dann, wenn wir weinen.
Nie ist unsere Menschlichkeit stärker gefragt als da, wo andere weinen. Nie ist die menschliche Würde sichtbarer und verletzlicher.
Wie gut ist es, wenn wir weinen können. Miteinander und füreinander.
Und wie würdelos ist es, ein Geschäft mit den Tränen von Menschen zu treiben.
Die Tränen der Trauernden gehören niemandem als ihnen selbst.
Und wenn er der Letzte und der Einzige wäre, der dafür einsteht: Gott tut es.
Er sammelt und birgt die Tränen.
Er ehrt und schützt die Menschen, die sie weinen.
Und wenn es nur eins wäre, was Gott von uns Menschen und unserer Gesellschaft erbittet: Dies erbittet und dies verlangt er.
Um Gottes und um der Menschen willen:
Achtet die Tränen. Ehrt und schützt diejenigen, die sie weinen.

V

Tränen fließen – und Tränen versiegen.
Zurückhalten kann man sie kaum. Herbeizwingen kann man sie gar nicht.
Und festhalten auch nicht. Tränen fließen – und Tränen gehen aus.
Sie trocknen – und sie werden weggewischt.
Zu voreilig manchmal. Und oft, gottlob, auch zärtlich.
Vergänglich sind sie, die Tränen. Und deshalb unendlich kostbar –
wie das Leben selbst. Auch bei Gott. Gerade bei Gott.

Ob dann, wenn in Gottes Krug eine jede Träne gesammelt und gezählt
und bewahrt ist – ob dann auch Menschen aufhören können und
aufhören dürfen, über dem Unbegreiflichen zu weinen?
An dieser Hoffnung will ich festhalten. Darum will ich und muss ich Gott bitten. Auch für alle, die es jetzt nicht können:

Sammle du, Gott, unsere Tränen in deinen Krug.
Halte fest, was wir nicht festhalten können - so wie du Jesus,

dein Kind, unsern Menschenbruder, gehalten hast.
Noch durch Sterben und Tod hindurch.
Bewahre wie einen Schatz, was wir hergeben müssen.
Sammle du, Gott, die Tränen und all jene, um die sie geweint wurden.
Bewahre sie, wenn ich mich müde getrauert habe und nicht mehr weinen kann. Und sollte ich eines Tages vielleicht sogar wieder lachen können, so halte die Tränen und die Beweinten weiter in Acht.
Dann, Gott, werde ich gewiss sein, dass du wirklich alles neu machst und alles veränderst: Mich, jede Träne und jeden Menschen. In Jesu Namen.
Amen.

Dorothee Sölle / Fulbert Steffensky

Statt eines Nachwortes
Ein Gespräch über Tod und Unsterblichkeit[109]

Dorothee Sölle
Ich ringe um ein klareres Verständnis von dem, was wir mit dem Wort „Ewigkeit" meinen. Wenn ich auf Friedhöfen das Schild „Auf Wiedersehn" wahrnehme, kommt mir das verlogen vor. Sich mit dem Tod auseinanderzusetzen, das bedeutet auch, über das, was „Seele" heißt, nachzudenken. Die schönste Aussage über dieses Wort ist für mich in dem Gedicht Eichendorffs versteckt, das mit den Worten beginnt: „Es war, als hätt der Himmel / die Erde still geküsst." Dieses Abendlied schließt mit den Worten: „Und meine Seele spannte / weit ihre Flügel aus, / flog durch die stillen Lande, / als flöge sie nach Haus." Wir sind alle nicht ganz zu Hause, hier. Vielleicht machen wir dann und wann die Erfahrung, endlich zu Hause zu sein, aber dass wir Heimat brauchen, die wir hier nicht finden, ist den meisten immer wieder klar. Ist der Tod denn ein Nach-Hause-Kommen? Für viele, gerade ältere Menschen mag das so sein, aber das bedeutet nichts für die vielen sinnlosen, allzu frühen Tode. Ich glaube nicht, dass die Unsterblichkeit der Seele eine Antwort auf diese Fragen gibt. Die abendländische Tradition stellt eine problematische Mischung aus Unsterblichkeit und Auferstehung dar, die heute nur noch wenigen weiterhilft.

Was bedeutet Ewigkeit für mein Leben? Habe ich daran Anteil? Sollte ich mich nicht mit der Endlichkeit meines Lebens zufriedengeben?

Fulbert Steffensky
Warum soll da „Auf Wiedersehn" verlogen sein? Wie kann die Hoffnung von Menschen verlogen sein? Was immer Menschen in ihrer Hoffnung sagen „Auf Wiedersehn, Gott wird die Toten auferwecken, unsere Tränen werden getrocknet werden", es sind Spiele und Lieder der Hoffnung. Es sind Umspielungen der Hoffnung, dass das Leben geborgen wird und dass Menschen mit ihrem Tod nicht in eisige Abgründe stürzen. Auch der Satz von der Unsterblichkeit der Seele ist ein solcher Hoffnungstanz. Vielleicht gibt es bessere Tänze als diesen, das mag schon sein. Menschen gehen mit ihrer Hoffnung und mit ihrer Sprache aufs Ganze. Selbst wenn du diese Hoffnung nicht teilst; wenn du in deiner Sprache nicht so weit springen willst, warum willst du die Hoffnungssprachen der anderen diskreditieren als Lüge? Das Einzige, was du dann sagen kannst, ist doch: So weit kommt meine Hoffnung nicht. Es ist doch genug, dies zu sagen. Warum willst du unbedingt wissen, dass diese andere Hoffnung falsch oder verlogen ist? Ist das nicht ein Stück negativer Dogmatik? Das „Ich weiß es nicht" wäre doch die humanere Antwort. „Sollte ich mich nicht mit der Endlichkeit meines Lebens zufriedengeben?", fragst du. Sag mir lieber, warum sollte sich eigentlich die Frau in Bolivien, die allein und in Armut auf dem Land lebte und dann aus Verzweiflung Rattengift genommen hat, mit ihrer Endlichkeit zufriedengeben? Warum sollen die jungen Kerle, die zum Militär gezwungen wurden und mit 18 Jahren von Granaten zerrissen wurden, sich mit ihrer Endlichkeit zufriedengeben?

Dorothee Sölle
Mit dieser Endlichkeit gebe ich mich genauso wenig zufrieden wie die Bibel oder wie du. Diese Unzufriedenheit, dieses Nein zum falschen Leben, diese Ergebenheit in das barbarische Ende, egal ob man das „Vorsehung" oder „Gottes Wille" nennt, ist gerade das, was Paulus „der Sünde Sold" nennt (Römer 6,23). Ich suche etwas, das nicht Unterwerfung unter die Katastrophen, die Menschen anderen angetan haben, verlangt, nicht Anbetung des Herren, „der alles so herrlich regieret", und das gänzlich unberührt von den 40 000 Kindern, die heute verhungern. Ich wehre mich aber gegen ein Verständnis des Lebens, das die Endlichkeit, die Sterblichkeit negiert. In der Schöpfung sind vorgegeben ein Rhythmus des Lebens, ein Kommen und Gehen, eine Zeit des Tages und eine der Nacht, eine Zeit der Wärme und eine der Kälte.

Das macht Zeitlichkeit aus, und dieses Jetzt oder Für eine Zeit im Gegensatz zum „Immer" gehört einfach zum Leben der Geschaffenen. Vielleicht rede ich so, weil ich 73 Jahre alt bin, vielleicht auch, weil ich mich nicht so total von den Blumen, den Bäumen, den Tieren unterscheiden will. Ich kann den frechen Ausruf gut verstehen: „Hunde, wollt Ihr ewig leben?!"

Fulbert Steffensky
Mir ist der Gedanke zu schön: Der Rhythmus von Werden und Vergehen ist vorgegeben, es gibt Tag und Nacht und Wärme und Kälte. Das unterschlägt die Bitterkeit des Sterbens. Welcher Gott wäre das, der in kalter Gleichgültigkeit Menschen erblühen ließe, in ihre Jugend das Versprechen der Schönheit und der Ganzheit legt und sie ihn dann aussichtslos absterben lässt? Vielleicht könnten dies die in stoischem Gleichmut hinnehmen, deren Leben Glück und Gelingen war. Wie viele sind es? Meine Frage entsteht hauptsächlich, aber nicht allein an denen, an denen das Glück vorbeigegangen ist. Wenn man Gott als Liebe und Gerechtigkeit denkt, dann kann ich mir nicht vorstellen, dass er so achtlos mit dem Leben seiner Kreaturen umgeht. Ich kann mir nicht vorstellen, dass er das Leben verspricht und es dann kühl wieder durchstreicht. Natürlich verstehe ich ewiges Leben auch nicht als das in die zeitliche Unendlichkeit gestreckte Leben. Ich kann nicht sagen, was ich darunter verstehe. Ich kann nur Gott gegen Gott anführen, der zugesagt hat, dass das Leben nicht in eisige Abgründe stürzt; dass es geborgen ist in seiner Hand. Mehr weiß ich auch nicht, aber weniger will ich auch nicht sagen. Ich habe kein Recht, jemanden aufzugeben, nicht einmal mich selber. Gegen die Bilder vom ewigen Leben, von der Unsterblichkeit der Seele und von der Auferstehung der Toten werde ich nur angehen, wenn es Vertröstungsbilder sind; wenn mit ihnen das gegenwärtige Leben entwertet oder geschmäht wird. Kannst du das feststellen, dass die Bilder vom ewigen Leben das irdische Leben beleidigen?

Dorothee Sölle
Ich glaube schon, dass es jahrhundertelang einen Missbrauch des ewigen Lebens gegeben hat, eine falsche Vertröstung, dieses „Im Himmel wird es besser sein". Gott hat doch hier auf der Erde, in dieser Zeit Leben für alle in Freiheit und Würde versprochen. „Ihr sollt mein Volk sein, und ich will euer Gott sein", ein Zusammenhang von Geliebtwerden und das Liebenlernen existiert und „soll" sein. Mystische Sätze wie „Wo die Liebe ist, da ist Gott" bleiben auch im Sterben eines Menschen wahr. Sie werden nicht zunichte. Der Tod kann sie nicht aufheben, muss er nicht vor der Liebe kapitulieren? Was

die Tradition „ein seliges Ende“ nannte, war eine Bejahung des Fortgehens, ein nicht mehr krampfhaft am Weiterleben Festhalten, ein Ja zur Endlichkeit des geschaffenen Lebens. Ein todkrankes Kind von fünf Jahren sagte seinen Eltern: „Ich gehe schon vor, ihr könnt noch nicht mit.“ Lässt sich nicht eine Geborgenheit denken, die nicht in meiner Weiterexistenz liegt, wohl aber in Gottes Weiterexistenz? „Ich in dir, du in mir, niemand kann uns scheiden“ – reicht das nicht?

Fulbert Steffensky
Ja, es gibt eine Missbrauchsgeschichte des Ewigkeitsglaubens. Es ist ein Unterschied, ob von den Tränenlosen und Leidlosen die Sätze vom ewigen Leben gesagt werden oder ob der ungestillte Durst in diesem Leben Menschen Sätze sagen lässt, die ausgreifen bis in das Land, in dem die Tränen getrocknet sind und in dem Tod nicht mehr sein wird. Es kann sein, dass der Glaube an das ewige Leben manchmal die Erde und das Leben auf ihr gleichgültig gemacht hat. Aber das andere ist, dass Menschen sich das Menschenrecht der Hoffnung nicht nehmen lassen. „Dies mein armseliges Leben wird nicht alles sein!“, sagen sie im Trotz. Du kommst auch nicht ohne mystische Formeln der unendlichen Bergung des Lebens aus. Ja, Gottes Weiterexistenz und der Satz „Ich in dir, du in mir, niemand kann uns scheiden“ reichen völlig. Aber mit ihm gehst du aufs Ganze. Damit sagst du nichts anderes, als andere mit anderen Bildern der Ganzheit aussagen.

Epilog

Bertolt Brecht

An die Nachgeborenen

1

Wirklich, ich lebe in finsteren Zeiten!
Das arglose Wort ist töricht. Eine glatte Stirn
Deutet auf Unempfindlichkeit hin. Der Lachende
Hat die furchtbare Nachricht
Nur noch nicht empfangen.

Was sind das für Zeiten, wo
Ein Gespräch über Bäume fast ein Verbrechen ist
Weil es ein Schweigen über so viele Untaten einschließt!
Der dort ruhig über die Straße geht
Ist wohl nicht mehr erreichbar für seine Freunde
Die in Not sind?

Es ist wahr: ich verdiene noch meinen Unterhalt
Aber glaubt mir: das ist nur ein Zufall. Nichts
Von dem, was ich tue, berechtigt mich dazu, mich satt zu essen.
Zufällig bin ich verschont. (Wenn mein Glück aussetzt
Bin ich verloren.)

Man sagt mir: iß und trink du! Sei froh, daß du hast!
Aber wie kann ich essen und trinken, wenn
Ich es dem Hungernden entreiße, was ich esse, und
Mein Glas Wasser einem Verdurstenden fehlt?
Und doch esse und trinke ich.

Ich wäre gerne auch weise
In den alten Büchern steht, was weise ist:
Sich aus dem Streit der Welt halten und die kurze Zeit
Ohne Furcht verbringen
Auch ohne Gewalt auskommen
Böses mit Gutem vergelten
Seine Wünsche nicht erfüllen, sondern vergessen
Gilt für weise.
Alles das kann ich nicht:
Wirklich, ich lebe in finsteren Zeiten!

2

In die Städte kam ich zu der Zeit der Unordnung
Als da Hunger herrschte.
Unter die Menschen kam ich zu der Zeit des Aufruhrs
Und ich empörte mich mit ihnen.
So verging meine Zeit
Die auf Erden mir gegeben war.

Mein Essen aß ich zwischen den Schlachten
Schlafen legt ich mich unter die Mörder
Der Liebe pflegte ich achtlos
Und die Natur sah ich ohne Geduld.
So verging meine Zeit
Die auf Erden mir gegeben war.

Die Straßen führten in den Sumpf zu meiner Zeit
Die Sprache verriet mich dem Schlächter
Ich vermochte nur wenig. Aber die Herrschenden
Saßen ohne mich sicherer, das hoffte ich.
So verging meine Zeit
Die auf Erden mir gegeben war.

Die Kräfte waren gering. Das Ziel
Lag in großer Ferne.
Es war deutlich sichtbar, wenn auch für mich
Kaum zu erreichen.
So verging meine Zeit
Die auf Erden mir gegeben war.

3

Ihr, die ihr auftauchen werdet aus der Flut
In der wir untergegangen sind
Gedenkt
Wenn ihr von unseren Schwächen sprecht
Auch der finsteren Zeit
Der ihr entronnen seid.

Gingen wir doch, öfter als die Schuhe die Länder wechselnd
Durch die Kriege der Klassen, verzweifelt
Wenn da nur Unrecht war und keine Empörung.

Dabei wissen wir ja:
Auch der Haß gegen die Niedrigkeit
Verzerrt die Züge.
Auch der Zorn über das Unrecht

Macht die Stimme heiser. Ach, wir
Die wir den Boden bereiten wollten für Freundlichkeit
Konnten selber nicht freundlich sein.

Ihr aber, wenn es soweit sein wird
Daß der Mensch dem Menschen ein Helfer ist
Gedenkt unsrer
Mit Nachsicht.

Literatur

Ajzen, Icek: Theorie des geplanten Verhaltens, in: D. Frey, & M. Irle (Hrsg.), Theorien der Sozialpsychologie (S. 361-384), Hans Huber Verlag Bern1993.

Anders, Günther: Die Kirschenschlacht. Dialoge mit Hannah Arendt und ein akademisches Nachwort. München 2011.

Anders, Karl: Der Fluch der bösen Tat, in: Steffen Radlmeier, (Hg.), Der Nürnberger Lernprozess. Von Kriegsverbrechern und Starreportern (S. 276-283), Frankfurt am Main 2001.

Arendt, Hannah: Eichmann in Jerusalem. Ein Bericht von der Banalität des Bösen, München 1965.

Baumeister, Roy F., in: Weber, Sigrid: Vom Bösen. Warum es menschliche Grausamkeit gibt, Göttingen 2013.

Browning, Christopher R.: Ganz normale Männer. Das Reserve-Polizeibataillon 101 und die „Endlösung" in Polen, Reinbek 1999.

Esser, Hartmut: Theorie der rationalen Entscheidung, in: Soziologie. Band 3, Soziales Handeln, Frankfurt 2000.

Flottau, Heiko: Rache statt Religion, Süddeutsche Zeitung 01.08.2002.

Friedländer, Saul: Das Dritte Reich und die Juden. 2 Bde., München 1998 und 2006.

Ders.: Den Holocaust beschreiben. Auf dem Weg zu einer integrierten Geschichte, Göttingen 2007.

Frühwald, Wolfgang: Laudatio auf Saul Friedländer. Friedenspreis des Deutschen Buchhandels 2007 (S. 31 – 58), Frankfurt am Main 2007.

Gottfredson, Michael R., und Travis Hirschi: A General Theory of Crime, Stanford 1990.

Götte, Monika: Von den Wächtern zu Adam. Frühjüdische Mythen von den Ursprüngen des Bösen und ihre frühchristliche Rezeption, WUNT II/426, Tübingen 2015.

Grunenberg, Antonia: Hannah Arendt und Martin Heidegger. Geschichte einer Liebe, München und Zürich 2006.

Heuer, Wolfgang: Hannah Arendt mit Selbstzeugnissen und Bilddokumenten, Hamburg 1987.

Hoffmann, Bruce: Terror – Der unerklärte Krieg, Frankfurt 2001.

Jessen, Jens: Das kosmische Vergehen. Andrej Kontschalowski Film „Paradies" über den Holocaust aus DIE ZEIT 31/2017 vom 26.07.2017.

Kernberg, O.F: Borderline-Störungen und pathologischer Narzissmus, Suhrkamp Frankfurt 1983.

Klee, Ernst: Das Personenlexikon zum Dritten Reich, Frankfurt am Main 2005.

Kohut, Heinz: Narzissmus, Suhrkamp Frankfurt, 1978.

Kollmann, Bernd: Jesus und die Christen als Wundertäter, FRLANT 170, Göttingen 1996.

Kratzer, Hans: Süddeutsche Zeitung, 29.11.2004.

Poplutz, Uta: Dämonen – Besessenheit – Austreibungsrituale, in: Ruben Zimmermann (Hg.), Kompendium frühchristlicher Wundergeschichten, Bd. 1: Die Wunder Jesu, Gütersloh 2013, 94107.

Renninger, Suzann Viola: Neue Züricher Zeitung, 23.09.2004.

Schmid, Alex P., Janny de Graaf: Violence as Communication, London (Sage London) 1982.

Schmidbauer, Wolfgang: Jetzt haben – später zahlen. Die seelischen Folgen der Konsumgesellschaft, Rowohlt Reinbek 1995.

Schmidbauer, Wolfgang: Der Mensch als Bombe. Eine Psychologie des neuen Terrorismus, Rowohlt Reinbek 2003.

Schmidt-Salomon, Michael: Jenseits von Gut und Böse. Warum wir ohne Moral die besseren Menschen sind, Pendo Zürich 2009.

Strecker, Christian: Jesus und die Besessenen. Zum Umgang mit Alterität im Neuen Testament am Beispiel der Exorzismen Jesu, in: W. Stegemann etc. (Hg.), Jesus in neuen Kontexten, Stuttgart 2002, 5363.

Twenge, Jean M., W. Keith Campbell: The Narcissism Epidemic. Living in the Age of Entitlement, Atria Books New York 2010.

Weil, Simone: Cahiers. Aufzeichnungen, Erster Band, herausgegeben und übersetzt von Elisabeth Edl und Wolfgang Matz, München 1991 (C I).

Weil, Simone: Cahiers. Aufzeichnungen, Zweiter Band, München 1993 (C II).

Weil, Simone: Cahiers. Aufzeichnungen, Dritter Band, München 1996 (C III).

Weil, Simone: Das Unglück und die Gottesliebe, übertragen von Friedhelm Kemp, München 1961 (U).

Weil, Simone: Zeugnis für das Gute. Traktate, Briefe, Aufzeichnungen, übersetzt und herausgegeben von Friedhelm Kemp, Olten und Freiburg 1976 (Z).

Weil, Simone: Vorchristliche Schau, übersetzt von Fritz Werle, München-Planegg 1959 (V).

Weil, Simone: Entscheidung zur Distanz. Fragen an die Kirche, übertragen von Friedhelm Kemp, München 1988 (E).

Wildt, Michael: Die Generation des Unbedingten. Das Führungskorps des Reichssicherheitshauptamtes, Hamburg 2002.

Zimbardo, Philip G.: Der Luzifer-Effekt. Die Macht der Umstände und die Psychologie des Bösen, Springer Berlin und Heidelberg 2016.

Anmerkungen

1 Max Horkheimer, Notizen 1950 bis 1969 und Dämmerung, hg. v. Werner Brede, Frankfurt am Main 1974, 353 f.

2 Kristin Haug, Kinofilm über Sebastião Salgado. Wir sind bösartige, schreckliche Tiere. Spiegel online vom 30.10.2014.

3 Jasper von Altenbockum, „Verrohung", Frankfurter Allgemeine, 14.3.2015, S. 1.

4 S. „Und das ist mir von der Liebe zur Kirche geblieben..." Hans Blumenbergs letzter Brief. Mit einem Nachwort von Uwe Wolff, in: Communio, 43. Jg. , Mai/ Juni 2014, S.173 ff.

5 Max Horkheimer/ Theodor W. Adorno, Dialektik der Aufklärung. Philosophische Fragmente. Frankfurt/Main 2013, 21. Auflage, 9.

6 Vgl. Svenja Flaßpöhler, Woher kommt das Böse? In Philosophie Magazin, Nr. 1, 2014, 39 ff.

7 Gen 4, 7.

8 Helmuth Plessner, Die Frage nach der Conditio humana. Frankfurt/Main 1976, 138 ff.

9 Gottfried Benn, Das Hauptwerk. Wiesbaden/München 1980, 320.

10 Günter Eich, Träume. Vier Spiele. Frankfurt/Main 1964, 190.

11 Die Zitate folgen der Übersetzung von Uli Aumüller, rororo 2015

12 Bei den Schloss-Spielen in (Hagen) Hohenlimburg – ein kleines Festival, das ich vierzehn Jahre geleitet und dann in andere Hände übergeben hatte. Regisseur war Dario Weberg, zusammen mit Indra Janorschke.

13 In dem von Siegfried Melchinger und Henning Rischbieter herausgegebenen Buchwerk Welttheater. Braunschweig 1962, S. 537. Hans Sahl, der mit amerikanischer Hilfe (Varian Frye) aus Frankreich vor dem VichySystem und der Gestapo fliehen konnte, hat seinen Rettern die Treue gehalten und offenbar den Schwenk vom Antifaschismus zum Antikommunismus mit vollzogen.

14 Arthur Miller, Zeitkurven. Ein Leben. Frankfurt 1994, S. 437. – In der englischen Ausgabe Timebends. A Life. London 1999, S. 331. – Miller fährt fort: „Der Betreffende wurde vor den Ausschuss zitiert und mit dem Schimpfnamen ‚Kommunist' belegt. Der Schimpfname konnte ihm jedoch seine berufliche Laufbahn zerstören."

15 Zeitkurven. A.a.O., S. 448.

16 Ebda., S. 449.

17 Zit. nach dem Programmheft der Kölner Inszenierung von 1978; vermutlich in Arthur Miller, Dramen I. Ffm 1973.

18 Zit. nach dem Kölner Programmheft.

19 Es ist zwar richtig, dass Menschen die Systeme zustande gebracht haben, doch sind sie ihnen längst zu einer Art Naturzustand geworden, unabhängig vom Wil-

len und der Eingriffsmöglichkeit des Einzelnen und der gesellschaftlich Organisierten. Das ‚System' kann hinter ihrem Rücken Böses veranlassen – anders als Bettina Stangneth in ihrer Bilanz des bösen Denkens das veranschlagt. (Böses Denken. Reinbek b. Hamburg 2016)

20 Max Beckmann, Apokalypse. Fotomechanische Wiedergabe des Erstdrucks als Propyläen-Reprint in einer Auflage von 400 nummerierten Exemplaren, Frankfurt am Main – Berlin – Wien 1974, Nr. 328/400, S. 78. Einen Eindruck der kolorierten Exemplare vermitteln die farbigen Abbildungen in: Jo-Anne Birnie Danzker/Amélie Ziersch (Hg.), Max Beckmann. Welt-Theater. Das graphische Werk 1901 bis 1946, München 1993, S. 178-208 (mit detaillierter Beschreibung durch Christian Lenz), ebenso in: Max Beckmann. Apokalypse. Ausstellungskatalog Museum Wiesbaden, Wiesbaden 2004, S. 25-106 sowie bei Mayen Beckmann/Siegfried Gohr/Max Hollein (Hg.), Max Beckmann. Die Aquarelle und Pastelle. Werkverzeichnis der farbigen Arbeiten auf Papier, Köln 2006, Nr. 102, S. 234-247:Apokalypse 1941/1942-44 aquarelliert. 27 aquarellierte Lithographien zur Offenbarung des Johannes 1-22, davon 16 ganzseitig, auf Bütten, gebunden, 82 Seiten mit geprägtem Pappeinband, 400 x 300 mm (Blattmaße). Bezeichnet mit typographischem Text S. 79. Verlag: Bauersche Gießerei, Frankfurt am Main (Privatdruck).

21 Max Beckmann, Tagebücher 1940-1950, München 1955, S. 10.

22 Beckmann, Tagebuch 9. September 1940, zit. nach Hans-Dieter Mück, Von der Magie der Realität: Max Beckmann, Stuttgart 1997, S. 142.

23 Andreas Hansert, Max Beckmann im Amsterdamer Exil und sein Frankfurter Mäzen Georg Hartmann, in: Max Beckmann: Apokalypse. Der wiederaufgefundene handkolorierte Zyklus. Ausstellungskatalog Museum Wiesbaden u.a., Wiesbaden 2004, S. 13-20, S. 18.

24 Siegfried Gohr, Beckmanns Aquarelle und Pastelle, in: Mayen Beckmann/Siegfried Gohr/Max Hollein (Hg.), Max Beckmann: Die Aquarelle und Pastelle. Werkverzeichnis der farbigen Arbeiten auf Papier, Frankfurt am Main und Köln 2006, S. 17-47, S. 41.

25 Vgl. Werkverzeichnis ebd., S. 237.

26 Vgl. insgesamt zur Entstehung des Zyklus Christian Lenz, Apokalypse 1941 – 1942, in: Jo-Anne Birnie Danzker/Amélie Ziersch (Hg.), Max Beckmann: Welt-Theater. Das graphische Werk 1901 bis 1946. Ausstellungskatalog Villa Stuck München 1993, S. 178-208.

27 Vgl. Siegfried Gohr, Beckmanns Aquarelle und Pastelle, in: Mayen Beckmann/Siegfried Gohr/Max Hollein (Hg.), Max Beckmann: Die Aquarelle und Pastelle. Werkverzeichnis der farbigen Arbeiten auf Papier, Frankfurt am Main und Köln 2006, S. 17-47, S. 42f.

28 Zur Chronologie des Werkes: Am 22. August 1941 beginnt Beckmann mit der Arbeit an den Zeichnungen zur Apokalypse, die er am 28. Dezember 1941 abschließt. Im März 1942 erfolgt die Lieferung der Abzüge aus Frankfurt und Beckmann beginnt mit der Kolorierung. Am 29. Dezember 1942 dann sind zwei kolorierte Abzüge in Amsterdam fertiggestellt.

29 Vgl. ebd., S. 238.

30 Volker Rattemeyer u.a., Beckmanns Apokalypse. Vorwort, in: Max Beckmann: Apokalypse. Der wiederaufgefundene handkolorierte Zyklus. Ausstellungskatalog Museum Wiesbaden u.a., Wiesbaden 2004, S. 7-8, S. 7.

31 Max Beckmann, Ein Bekenntnis. Beitrag zum Thema Schöpferische Konfession in der Reihe Tribüne der Kunst und Zeit, 1918, S. 23, zit. nach Jo-Anne Birnie-Danzker/Amélie Ziersch (Hg.), Max Beckmann: Welt-Theater. Das graphische Werk 1901 bis 1946. Ausstellungskatalog Villa Stuck München 1993, S. 23.

32 Feldpostbrief 4.5.1915, zit. nach Beckmann: Welt-Theater, a.a.O., S. 50.

33 Brief vom 24.5.1915, zit. nach ebd.

34 Brief vom 4.5.1915, zit. nach ebd.

35 Vgl. Klaus Raschzok, Christuserfahrung und künstlerische Existenz. Praktisch-Theologische Studien zum christo-morphen Künstlerselbstbildnis (Erfahrung und Theologie 32), Frankfurt am Main, Berlin, Bern, New York, Paris, Wien 1999, S. 210-212.

36 Uwe M. Schneede, Vorbemerkung, in: Peter Beckmann/Joachim Schaffer (Hg.), Die Bibliothek Max Beckmanns. Unterstreichungen, Kommentare, Notizen und Skizzen in seinen Büchern, Worms am Rhein 1992, S. VIII-IX, S. VIII. Sowie dort S. 100-107 aus Beckmanns Bibliothek abgedruckt: Die heiligen Schriften des Alten und Neuen Bundes deutsch von Martin Luther. Vierter Band. München und Leipzig bei Georg Müller. S. 457-487: Die Offenbarung S. Johannis des Theologen.

37 Peter Beckmann, Die Arbeit Max Beckmanns an seinen Zeichnungen zur Apokalypse, in: Max Beckmann: Apokalypse. Der wiederaufgefundene handkolorierte Zyklus. Ausstellungskatalog Museum Wiesbaden u.a., Wiesbaden 2004, S. 21-23, S. 21.

38 Max Beckmann, Über meine Malerei. Rede, gehalten in der Ausstellung „Twentieth Century German Art" in den New Burlington Galleries, London, 21. Juli 1938, S. 192, zit. nach dem Abdruck bei Mathilde Beckmann, S. 189-198.

39 Klaus Gallwitz, Apo Endspurt, in: Max Beckmann: Apokalypse. Der wiederaufgefundene handkolorierte Zyklus. Ausstellungskatalog Museum Wiesbaden u.a., Wiesbaden 2004, S. 9-10, S. 10.

40 Mathilde Q. Beckmann, Mein Leben mit Max Beckmann, München und Zürich 1983, S. 28 f.

41 A.a.O., S. 30.

42 Vgl. a.a.O., S. 31f.

43 A.a.O., S. 33.

44 Vgl. Christian Lenz, Apokalypse 1941 – 1942, a.a.O., S. 188: Blatt 25, ganzseitig, 332 x 263 mm. Offb 21,4. Der Künstler stellt sich selbst als denjenigen dar, dem der Engel die Tränen abwischt. Der Engel erscheint in goldgelbem Kleid mit blauen Flügeln, dahinter eine Lichtvision im Regenbogenkreis mit dem hellblauen Meer, dem hellgrünen Himmel und ungewöhnlichen Gestirnen nach Offb 21,1 mit dem neuen Himmel und der neuen Erde.

45 Zum Tod des großen Kulturanthropologen René Girard.

46 Bernhard Pörksen ist Professor für Medienwissenschaft an der Universität Tübingen. Zuletzt veröffentlichte er – gemeinsam mit Friedemann Schulz von Thun – das Buch „Kommunikation als Lebenskunst" (Carl Auer-Verlag). Sein Beitrag über die neue Medienverdrossenheit erschien in leicht veränderter Form zuerst in der Wochenzeitung „Die Zeit."

47 Giovanni Pico della Mirandola (1990). De hominis dignitate. (dt. Über die Würde des Menschen). Hamburg: Meiner 1990.

48 Margalit, Avishai (2012). Politik der Würde. Über Achtung und Verachtung. Alexander Fest Verlag.

49 Kruse, Andreas (2017). Lebensphase hohes Alter: Verletzlichkeit und Reife. Heidelberg: Verlag Springer.

50 Arendt, Hannah (1960). Vita activa oder vom tätigen Leben. Stuttgart: Kohlhammer.

51 Hier ist Pandora die Allschenkende. Vgl. Aristophanes, Die Vögel, Scholion 971, das einen Pandora-Kult kennt analog dem Demeterkult. Vgl. auch Hesych II 334, in Almut-Barbara Renger/ Immanuel Musäus (Hg.): Mythos Pandora. Texte von Hesiod bis Sloterdijk,

52 Vgl. Philo von Alexandrien, Von der Unvergänglichkeit der Welt, Kap. 63.

53 Vgl. V. 67: Hesiod, Works and Days, edited with Prolegomena and Commentary by M.L. West, Oxford 1978, 160.

54 Vgl. Desiderius Erasmus von Rotterdam, Adagia, I.i.31: Aus Schaden wird man klug, in: Renger/Musäus, 73.

55 Ebd., 92.

56 Vgl. Hesiod, Werke und Tage, 81 f.

57 Hesiod: Theogonie 521-64; Lukian, Dialoge der Götter 1 und Prometheus auf den Kaukasos 3, in: von Ranke-Graves, Robert, Griechische Mythologie. Quellen und Deutung, Köln 2008, 128.

58 Vgl. Hesiod, Werke und Tage, 47.

59 Hesiod, Werke und Tage, 105, in: Renger/Musäus, 51.

60 Hesiod, Werke und Tage, 66.

61 Wedekind, Frank: Die Büchse der Pandora, Berlin 1902.

62 Rossetti, Pandora, 1879.

63 Rossetti, Pandora, 1879.

64 Rossetti, Pandora, 1869 und dunkelrot 1871.

65 Mozart, Wolfgang Amadeus, Die Zauberflöte, Akt, Teil 2.

66 Brecht, Bert, Die Dreigroschenoper, GW 2, Frankfurt a.M. 1967, 416.

67 Fénelon, Fania, Das Mädchenorchester in Auschwitz, 6 München 1987, 271 ff. Die von Fénelon und dem Verlag gewählte Schreibweise „Mandel" ist nicht korrekt.

68 Ebd., 274.

69 Chris Kraus im Interview über seinen Roman über den Nazi-Großvater (Das kalte Blut, Zürich 2017), Zeit Literatur Nr. 12, März 2017, 14.

70 Hamburger Ausgabe Bd. 3, 111981, 1335 f.

71 Bibelübersetzungen nach (oder im engen Anschluss an): Bibel in gerechter Sprache, Gütersloh [4]2011.

72 Mutmaßlicher Anfang der Menschengeschichte (1786), Werke hg. v. W. Weischedel, Bd. VI, Darmstadt 1964, 82-102.

73 C. Kraus (o. Anm. 69) ebd.

74 Zu diesem Verständnis im Detail: F. Crüsemann, Was ist und wonach fragt die erste Frage der Bibel? Oder: das Thema Scham als „Schlüssel zur Paradiesgeschichte", in: K. Schiffner u.a. Hg., Fragen wider die Antworten, Gütersloh 2010, 63-79.

75 Eine Formulierung aus R. M. Rilkes Gedicht „Da dich das geflügelte Entzücken" (1924).

76 Man denke nur an die Aussagen in den reformatorischen Bekenntnissen, etwa in CA 7: „alle von Mutterleib an voll böser Lust und Neigung", Heidelberger Katechismus Fr 8: „ganz und gar unfähig zu irgendeinem Guten und geneigt zu allem Bösen".

77 F. Crüsemann, Essen und Erkennen (Gen 2 f.). Essen als Akt der Verinnerlichung von Normen und Fähigkeiten in der hebräischen Bibel, in: M. Geiger u.a. Hg., Essen und Trinken in der Bibel, FS R. Kessler, Gütersloh 2009, 85-100.

78 Vgl. DBW 11, 349 (Dietrich Bonhoeffer Werke = DBW mit folgender Band- und Seitenzahl.)

79 Vgl. DBW 8, 38.

80 Siehe Dietrich Bonhoeffer: „Die Kirche vor der Judenfrage" aus dem April 1933. DBW 12, 349 ff.

81 Die Mörder sind bald nach Hitlers „Machtergreifung" aus dem Zuchthaus entlassen worden.

82 Da es bereits ein Buch unter dem Titel „Schöpfung und Sünde" gab, bekam das Buch den Titel „Schöpfung und Fall". Es erschien 1933 in München. Dort kam 1937 Bonhoeffers Buch „Nachfolge" heraus und 1939 die kleine Schrift „Gemeinsames Leben", das bis heute meistgekaufte Buch Bonhoeffers.

83 Siehe DBW 3,75 f.

84 DBW 3,103. Wegen dieses „Gespräches" hat Karl Barth in seiner berühmten Auslegung des Römerbriefs Eva „wahrhaftig zu ihrer Ehre" die erste religiöse Persönlichkeit genannt. Gerade die Anmerkungen in Bonhoeffers Text zeigen, dass die Vorlesung in ihrer schlichten Sprache alles andere als naiv ist. Bonhoeffer nimmt die Gedanken vieler anderer Theologen auf. Hier z.B. noch Friedrich Gogarten, der sagt, die Lüge habe immer nur eine geraubte Existenz, und zwar raube sie sich die Existenz von der Wahrheit.

85 DBW 3,130.

86 ebd S.135 f.

87 Es handelt sich um den letzten Vers des Liedes „Lobt Gott ihr Christen alle gleich" von Nikolaus Hermann 1560.

88 In dem Gesetz zur Wiederherstellung des Berufsbeamtentums waren die Kirchen zwar eigens ausgenommen von der Bestimmung über die Entlassung der

Juden aus allen Beamtenverhältnissen, aber die hitlerhörigen „Deutschen Christen" verlangten umgehend, dass das Gesetz auch in der Deutschen Evangelischen Kirche anzuwenden sei. Dagegen protestierte der von Martin Niemöller und 21 anderen Pfarrern, darunter Bonhoeffer, gegründete „Pfarrernotbund", dem im Laufes des Jahres 1933 8000 Pfarrer in Deutschland beitraten. Aus dieser frühen Opposition gegen die „Deutschen Christen" ging 1934 die Bekennende Kirche hervor.

89 Was das im Rahmen der Theologie Bonhoeffers bedeutet, habe ich in meinem Buch „Vom Gehorsam zur Freiheit", München 2014 ausführlich zu zeigen versucht. Vgl. dort die Kapitel über Bonhoeffer.

90 Ernst Tillich, ein Neffe des aus Deutschland vertriebenen Theologen Paul Tillich, hatte den kirchlichen Bereich schon damals verlassen. Er wurde 1949 „principal agent"der CIA in Deutschland und von 1951 an Leiter der gegen die DDR gerichteten KgU. Siehe Klaus-Dietmar Henke: Die Kampfgruppe gegen die Unmenschlichkeit. Widerstand und Spionage im Kalten Krieg 1948-1959, Böhlau Verlag 2014. Werner Koch wurde Pfarrer in Netphen, Kreis Siegen.

91 In DBW 14, 156 – 159 sind die beiden Texte nacheinander abgedruckt worden.

92 Siehe zur Breslauer Synode: Eberhard Bethge, Dietrich Bonhoeffer 9. Aufl. Gütersloh 2005 S. 796 f.

93 DBW 14, 980 ff.

94 Siehe W. D. Zimmermann: Begegnungen mit Dietrich Bonhoeffer, München 1964, S. 140 ff. Der Alttestamentler Gerhard von Rad berichtet, wie Bonhoeffer und er über diese Frage gestritten haben, als sein Jugendfreund Bonhoeffer überraschend in seiner Vorlesung in Jena gesessen hatte und sie danach zu ihm nach Hause gingen. Neben Bonhoeffers Predigt erschien im nächsten Rundbrief aus Finkenwalde die Meditation eines seiner Schüler. Siehe Finkenwalder Rundbriefe, Herausgegeben von Ilse Tödt, 2013 Gütersloh 2013, S. 368 ff. und 375 ff.

95 DBW 8, 38.

96 Der österreichische Bauer Franz (1907–1943) hat das – gegen den Rat seines Bischofs – so vertreten und ist dafür im Zuchthaus Brandenburg ermordet worden. Selig gesprochen wurde er am 26. Oktober im Mariendom in Linz. Für den Protestanten Hermann Stöhr, der ebenfalls als Kriegsdienstverweigerer ermordet worden ist, konnte es eine vergleichbare Ehrung natürlich nicht geben. Ist er drum fast vergessen? Noch nach dem Zweiten Weltkrieg haben die Kirchenoberen solche Gedanken lange empört zurückgewiesen.

97 Der Brief vom 21. Juli 1944 ist vermutlich der faszinierendste Brief eines deutschen Widerständlers, der aus dieser Zeit erhalten geblieben ist. Siehe DBW 8, 541 f.

98 Metanoia ist das griechische Wort für Buße, Umkehr.

99 Hitler hatte Brauchitsch entlassen und sich an seiner Stelle zum Oberbefehlshaber der Wehrmacht erklärt. Dadurch war ein Umsturz nur noch möglich, wenn er vorher ausgeschaltet wurde.

100 Am 20. Januar war in einem Haus am Wannsee unter Leitung Heydrichs die Ausrottung der Juden in Europa beschlossen worden.

101 Siehe M.Th. Nation, A.G. Siegrist und D.P. Umbel: Bonhoeffer the Assassin? Challenging the Myth, Grand Rapids 2013. Es ist ein groteskes Buch. Frei nach Christian Morgenstern schließen die Autoren wie dessen „Palmström" „messerscharf, dass nicht sein kann, was nicht sein darf."

102 DBW 6, 283.

103 Gemeint sind am Ende des Jahres 1942 die 10 Jahre der Hitlerherrschaft. Aus dem Essay gibt es in diesem Aufsatz bereits zwei Zitate: siehe die Anmerkungen 79 und 95. Der Essay bietet für alle, die sich auf Bonhoeffer einlassen möchten, eine kraftvolle Einführung.

104 Andrian Kreye, Das jüngste Gerücht, in: Süddeutsche Zeitung 27.07.2006.

105 Ruth Stein, Das Böse als Liebe und Befreiung: Zur psychischen Verfassung religiös motivierter Selbstmordattentäter, in: Psyche. Zeitschrift für Psychoanalyse und ihre Anwendungen, Heft 2, Februar 2005.

106 Aus: Melanie Jacobi, Gebete fürs Klassenzimmer, Don Bosco Medien GmbH, München 2017.

107 Elisabeth Kiderlen, in: Die Zeit Nr. 44/2005.

108 Die Frage nach dem Ursprung des Bösen ist auch in den biblischen Schriften virulent.

109 Aufgezeichnet sechs Wochen vor dem Tod von Dorothee Sölle.

Liste der Autorinnen und Autoren

Assheuer, Thomas, Dr., Germanistik, Feuilleton „Die Zeit“

Auchter, Thomas, Dr. Dipl.-Psych., Aachen, Psychoanalyse, Autor

Becker, Peter, Prof., Hannover, Musikwissenschaft

Betz, Otto, Prof. Dr., Passau, kath. Theologie, Pädagogik

Bielefeldt, Heiner, Prof. Dr. Dr. h.c., Erlangen, Kath. Theologe, Philosoph und Historiker, Lehrstuhlinhaber für Menschenrechte und Menschenrechtspolitik

Brecht, Bertolt (1898-1956), deutscher Dichter, Dramatiker, Lyriker, Regisseur

Burbach, Christiane, Prof. Dr., Göttingen, Theologie, Pastoralpsychologie

Crüsemann, Frank, Prof. Dr., Bielefeld, Theologie, Altes Testament

Doerfler, Walter, Prof. Dr., Weißenburg/Köln, Biochemie, Genetik, Virologie

Elm, Theo, Prof. Dr., Erlangen, Literaturwissenschaft, Komparatistik

Erbguth, Frank, Prof. Dr. Dipl.-Psych., Nürnberg, Chefarzt der Neurologie

Frey, Jörg, Prof. Dr., Zürich, Evang. Theologie, Neues Testament

Frühwald, Wolfgang, Prof. Dr., Augsburg, Germanistik, Philosophie

Gallwitz, Adolf, Prof., Lahr, Polizeipsychologie

Gollwitzer-Voll, Woty, Dr., Altenmarkt, Religionspädagogik, Therapie, Autorin

Jessen, Jens, Hamburg, Germanistik, Kunstgeschichte, Feuilleton „Die Zeit“

Kappauf, Herbert, Dr. med., Starnberg, Onkologie, Psychoneuroimmunologie

Kast, Verena, Prof. Dr., St. Gallen, Psychoanalyse, C. G. Jung-Institut Zürich

Koopmann, Helmut, Prof. Dr. Dr. h.c., Augsburg, Literatur der Neuzeit

Kruse, Andreas, Prof. Dr. Dr. h.c. Dipl.-Psych., Heidelberg, Gerontologie

Kurschus, Annette, Theologie, Präses der Evangelischen Kirche in Westfalen

Leimgruber, Ute, Prof. Dr., Regensburg, Kath. Pastoraltheologie

Münkler, Herfried, Prof. Dr. phil., Berlin, Politologie, Geschichtswissenschaft

Nieden, Marcel, Prof. Dr., Essen, Kirchengeschichte

Pörksen, Bernhard, Prof. Dr., Tübingen, Medienwissenschaft

Raschzok, Klaus, Prof. Dr., Neuendettelsau, Praktische Theologie, Ästhetik

Reddemann, Luise, Prof. Dr., Klagenfurt, Psychoanalyse, Traumatherapie

Riedel, Ingrid, Prof. Dr. Dr., Autorin, Dozentin, Lehranalytikerin

Riess, Richard, Prof. Dr. Dipl.-Psych., Erlangen, Praktische Theologie, Seelsorge

Röhlin, Karl-Heinz, Dr., Nürnberg, Regionalbischof a.D., Rektor i.R.

Roser, Traugott, Prof. Dr., Münster, Theologie, Palliativmedizin

Różewics, Tadeusz (1921-2014), polnischer Schriftsteller, Lyriker, Dramatiker

Safranski, Rüdiger, Prof. Dr., Badenweiler, Germanist, Philosoph, Autor

Schlingensiepen, Ferdinand, Dr., Düsseldorf, Theologie, Oberkirchenrat i.R.

Schmidbauer, Wolfgang, Dr.phil., Dipl.-Psych., Psychoanalytiker, Autor

Schütze, Peter, Dr., Hagen, Schauspieler, Dramaturg, Regisseur

Sölle, Dorothee (1929-2003), Dr., Evang. Theologin, Schriftstellerin

Sommer, Wolfgang, Prof. Dr., Neuendettelsau, Theologie, Kirchengeschichte

Steffensky, Fulbert, Prof. Dr., Luzern, Theologe, Schriftsteller, Kirchenreformer

Steinkamp, Hermann, Prof. Dr. Dr., Münster, Kath. Theologie, Soziologie

Strunk, Reiner, Dr., Denkendorf, Theologe, Studienleiter a.D., Schriftsteller

Türcke, Christoph, Prof. Dr., Leipzig, Philosophie

Ulrich, Hans G., Prof. Dr., Erlangen, Evang. Theologie, Ethik

Vollmer, Antje, Dr., Berlin, Theologin, Bundestagsvizepräsidentin a.D., Autorin

Zeilinger, Thomas, Dr. PD, München, System. Theologie, Medien, IT

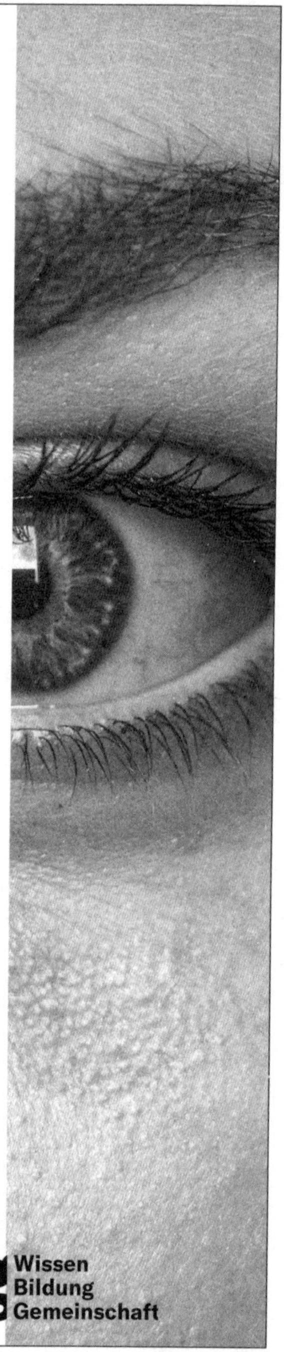